뉴노멀, 초연결, 플랫폼시대의

인적자원개발론

인적자원개발론

FOR
NEW NORMAL,
PLATFORM

HUMAN RESOURCE DEVELOPMENT

한국평생교육박사연구회

| 강마리아 · 강은숙 · 김한준 · 백주현 · 이종훈 |

dm 동문사

머리말

지금까지 경험하지 못한 코로나19 재앙으로 인해 인류에게는 앞으로 다가올 미래사회에 대한 두려움과 함께 역경을 헤쳐나갈 새로운 역량과 지혜가 요구되게 되었다. 세계 경제의 글로벌화, AI의 일상화, 로봇 상용화, 챗GPT 같은 새로운 변화는 지금까지 쌓아온 경험과 일하는 방식이 전혀 다른 시대를 나타내주고 있다. 따라서 인적자원개발의 변화는 자명하며 새로운 변화의 물결 속에서 빠르게 변모하고 새로운 시대에 적응하도록 요청되는 충분조건을 형성했다.

이 책은 총 5부로 구성되며 제1부는 인적자원개발의 기본 개념과 변천 과정 제2부는 인적자원개발의 전개로 실제 현장에서 교육프로그램을 실시하기 위해 필요한 과정과 내용 제3부는 인적자원개발 영역으로 개인개발, 경력개발, 조직개발 제4부는 인적자원개발 정책과 제도 제5부는 Digital Transformational for HRD로 HRD와 기술 환경의 변화, HRD 담당자 역량 및 역할, HRD 미래 전망 및 과제를 다루어 총 15장으로 구성되어 있다.

제1장은 인적자원개발의 개념과 목적, 인적자원개발의 중요성과 개념, 인적자원개발의 1차, 2차, 3차 목적을 제시하였다. 또한 인적자원관리와 인적자원개발을 비교하고 인적자원개발의 유사 개념을 설명하였다.

제2장은 교육의 역사와 인적자원개발에 대한 내용과 근대 이후 인적자원개발 역사는 19세기 경영학교와 도제제도, 사내학교의 등장을 소개하고 20세기 인적자원개발의 변화과정을 제시하였다.

제3장은 프로그램 분석으로 교수체제설계 모형의 특징을 제시하고 교수체제설계 절차를 소개하였다. ADDIE 모형과 교육프로그램이 요구분석 개념 및 절차, 목적, 과정을 소개한 후, 학습자분석의 개념 및 평가 방법, 직무분석의 개념, 절차, 직무분석 방법을 제시하였다.

제4장에서는 교육프로그램 설계의 필요성과 실제에 대해 살펴보았다. 학습목표를 설정하고, 학습내용을 추출·조직화하며, 효율적·효과적 학습 촉진을 위한 다양한 교수-학습 방법과 평가 설계 방법을 정리하였다. 아울러 교육프로그램 설계 사례를 제시하여 이해도를 높이도록 하였다.

제5장에서는 교육프로그램 개발에 대한 전반적인 과정을 기술하였다. 학습목표 달성과 학습내용의 효과적인 전달을 위해 교재, 교안(강의 PPT), 강사용 매뉴

얼, 학습매체, 수업계획서, 강사양성 매뉴얼, 평가 도구 등을 정리하고 아울러 교육프로그램 개발 사례를 제시하여 이해도를 높였다.

제6장은 교육프로그램 평가에 대해 전반적인 과정을 기술하였다. 프로그램의 자료를 수집하고 분석하여 의사 결정되는 과정을 제시하였다. 또한 교육프로그램의 평가모델들을 비교·분석하며 평가가 어떻게 이루어지는지를 정리하였다. 아울러 교육프로그램 평가 사례를 제시하여 이해도를 높였다.

제7장에서는 인적자원개발의 구성요소 중 개인개발에 대해서 다루었다. 개인개발을 개인 차원과 조직 차원으로 구분하여 개인개발의 확장된 개념을 제시하였다.

제8장에서는 인적자원개발의 구성요소 중 경력개발에 대해서 다루었다. 경력의 개념이 조직 중심에서 개인 중심으로 변함에 따라 개인 스스로 자신의 경력을 책임져야 하므로 경력개발은 개인에게 매우 중요한 개발요인이다. 다양한 경력개발이론을 통해 경력개발 개념을 폭넓게 이해하고, 프로티언 경력개발과 무경계 경력개발 등 현대적 경력개발도 학습할 수 있도록 정리하였다.

제9장에서는 인적자원개발의 구성요소 중 조직개발에 대해서 다루었다. 조직개발의 다양한 접근방법과 조직의 변화관리를 성공적으로 이끌어내는 전략적인 조직개발 방법을 체계적으로 학습할 수 있도록 정리하였다.

제10장에서는 국가 인적자원개발 정책과 제도를 다루었다. 국가 인적자원개발이 대두된 배경과 유형을 제시하고 인적자원개발기본법 등 관련법의 제정과 주요 내용들을 서술하였다. 국가 차원의 인적자원개발제도를 정리하여 제시하였다.

제11장에서는 우리나라 기업의 인적자원개발 전개와 제도에 대해 다루었다. 경제개발 5개년 계획 이후 본격화된 기업 인적자원개발의 역사와 특징을 살펴보았다. 이후 대부분의 기업에서 활용되고 있는 기업 인적자원개발 제도를 기술하였다.

제12장에서는 경제 양극화가 심화되고 노동시장 이중구조가 고착되어가는 한국 사회에서 취약계층 범주와 이에 대한 인적자원개발 필요성과 의의를 먼저 살펴보았다. 인적자원개발에 대한 역할과 정책 모형, 관련 제도를 정리하였다. 또한 여성 인적자원개발과 관련된 현황과 이슈를 살펴보았다. 이슈와 정책, 이를 해결하기 위한 기업의 사례를 제시하였다.

제13장에서는 인적자원개발의 기술적인 변화에 대하여 이해하고 시대적 변

화 단계를 제시하며 인적자원개발의 포스트 팬데믹 이전, 이후 인적자원 개발 이슈와 플랫폼의 변화 사례를 제시하여 인적자원개발의 환경에 대한 변화를 알도록 하였다.

제14장에서는 HRD 담당자의 역량과 역할을 다루었다. 전 세계는 코로나19 펜데믹으로 인한 변화와 Digital Transformation에 따라 HRD 담당자에게 새로운 역할이 부여되고 그에 따른 새로운 역량을 요구받게 되어 HRD 담당자에게 요구되는 역할과 역량이 무엇인지를 규명 제시하였다.

제15장에서는 코로나19 팬데믹과 Digital Transformation으로 인한 변화와 과제를 다루었다. 변화들이 HRD 분야에 미치는 영향을 살펴본 후, HRD의 미래 방향과 전략을 예측하고 조직의 환경 변화와 조직구성원의 업무, HRD 기능의 변화에 적극 대처하기 위한 과제를 알아보았다.

본 교재는 인적자원개발 분야 박사학위와 현업 경험이 풍부한 분들의 참여로 인적자원개발 이론뿐 아니라 실제 사례를 자세히 제시하여 실무 적용에도 도움이 될 수 있도록 구성하였다. 인적자원개발에 대한 기이드북으로 인적자원개발 교육훈련을 담당하는 실무자, 평생교육 인적자원개발을 학습하고 있는 학생들, 인적자원개발에 관심이 있는 분들에게도 인적자원개발을 이해하는 데 많은 도움이 되기를 바란다.

끝으로, 5권의 필수과목 책들에 이어 3권의 선택과목 책들을 낳기 위해 앞에서 열정적으로 일하신 한국평생교육박사연구회의 회장 임정임 박사와 임원진들의 노고에 깊이 감사를 드린다. 아울러 이 책이 나오기까지 아낌없는 지원을 해주신 도서출판 동문사 이중수 사장님과 좋은 책이 나올 수 있도록 주야로 애써주신 출판사 관계자분들에게도 감사의 마음을 전한다.

2023년 6월

서사 일동

차례

CHAPTER 01

인적자원개발의 이해

제1절 인적자원개빌의 개념과 목적

제2절 인적자원관리와 인적자원개발 기능 및 영역

학습목표

본 장에서 제1절은 인적자원개발의 개념과 목적을 알아보기 위해 현대사회 변화와 인적자원개발을 먼저 살펴보고, 이와 관련하여 인적자원개발의 중요성, 각 연구자의 인적자원개발에 대한 개념, 인적지원개발의 1차 목적, 2차 목적, 3차 목적 중심으로 제시하였다.
제2절은 인적자원관리와 인적자원개발에 관한 내용으로 먼저 각 주요 기능에 대해 알아보고 이를 비교하며, 인적자원개발의 교육, 훈련, 개발, 학습, 수행 또는 성과 등 주요 개념을 제시하였다. 그리고 인적자원개발의 유사 개념으로 교육현장에서 주로 사용되는 용어인 인력개발, 산업교육, 기업교육, 직업훈련, 일터학습 등을 학습한다. 인적지원개발의 활동 영역으로 개인개발, 경력개발, 조직개발에 관한 내용을 간략히 제시하였다.

제1절 인적자원개발의 개념과 목적

1. 현대사회 변화와 인적자원개발

현대사회는 지식이 자본 및 노동을 대체하여 지식과 정보의 창출, 확산, 활용은 모든 경제 활동의 핵심으로 작용하고, 이는 국가, 기업, 개인의 경쟁력과 부가가치를 창출하여 지식이 경쟁력과 성장의 원천이 되는 지식기반 경제(knowledge-based economy)로 전환하고 있다. 단순히 아는 것을 넘어 새로운 것을 창출할 수 있는 지식은 현실적으로 활용할 수 있는 실용적인 지식과 기초과학 등 모든 학문적 지식이 포함되어 지식기반경제의 범위가 포괄적이기 때문에 사회 자체를 지식기반사회로 간주하고 있다(정수진 외, 2015).

즉 지식기반산업 사회는 토지, 자본, 노동력 등의 물질적 가치에서 인간의 지식과 지적 능력이 생산과정에 최대한 활용되어 고부가가치의 지식서비스 자체를 제공하는 사회를 의미한다. 이에 기업은 유·무형의 자산과 기업가치를 중시하는 가치창조경영을 목표로 무형의 자산 확대를 위해 각 구성원에게 새로운 학습을 요구하고 있다.

지식기반사회에서 기업의 성장은 지식을 창조하는 한 개인으로부터 출발하기에, 이제 구성원은 단순히 주어진 업무를 수행하는 것이 아니라 지식을 응용하여 결과를 창출하는 사람으로 변화되어야 한다. 즉 구성원은 학습자로서 지식을 창출·공유하고, 자신의 노하우를 활용하여 부가가치를 창출하는 전문가로서의 역할을 담당해야 한다.

이에 각 기업은 지식기반사회에 대응하기 위해 노동경제 법률과 정책 변동, 새로운 기술의 출현과 발달, 정보통신 및 운송수단의 발전으로 인한 국제화, 구성원의 고학력에 따른 능력개발 요구의 증가, 고령화에 따른 가치관 및 의식 변화로 노동 생산시장의 변화 등을 고려하여 구성원의 인적자원개발(Human Resources Development: HRD)을 위한 계획을 수립해야 할 것이다.

2. 인적자원개발의 중요성, 개념, 목적

1) 인적자원개발의 중요성

최근 기업은 변화에 능동적이고 창의성과 혁신능력을 발휘할 수 있는 조직 구성원을 선발하고 육성하는 노력을 기울이고 있으며, 이를 통해 경쟁력 창출이 가능하도록 개인의 행동과 직무태도를 향상시키는 데 많은 관심을 기울이고 있다(이찬 외, 2022). 즉, 사람은 기업경영에서 경쟁력의 원천이자 지속적이고 차별화된 경쟁우위의 원천(Pfeffer, 1994)이라는 점에서 인적자원을 우선 살펴볼 필요가 있다.

경제학적 측면에서 물적 자원(physical resource)과 대비되는 인적자원은 인간이 소유한 지식을 총체로 경제적 가치에 초점을 맞춘 용어이고, 교육학 측면은 인간을 하나의 성장 가능한 자원으로 인식하고 인적자원을 개발하여 개인 및 조직의 성장을 개선하는 데 초점을 두고 있다(신형철, 2018).

인적자원은 조직에 고용된 사람으로 고정자산이나 유동자산처럼 정형화된 측정기준이나 방법과 달리 가치를 측정하기는 어렵지만 효율성과 효과성을 추구하는 가치창출의 핵심요소이다. 즉, 인적자원은 유형의 물적·재무적 자원과 달리 무형자산으로 교육훈련을 통한 구성원의 역량 강화는 지식근로자로서 효과성과 효율성을 동시에 추구하여 조직의 발전과 가치에 더 많은 기여를 하게 된다.

이러한 점에서 인적자원개발은 물적 자원, 재정적 자원만을 중요시하는 태도에서 인간 자체가 지닌 자원의 개발을 동일하게 중요시하는 학습경험을 말한다. 이처럼 조직은 기본적으로 인간에 의해서 관리되고 성과를 도출한다는 점에서 인적자원개발이 중요하다(서정재, 2020). 그리고 인적자원개발 분야는 조직 구성원의 학습과 개발 활동을 통해 지식·능력·기술·태도 등 인적자원 역량 향상으로 개인, 팀, 조직 성과를 창출하고 비전을 달성하기 위한 전략수행, 변화 주도 및 지원 역할을 한다는 점에서 중요성이 확대되고 있다(이찬 외, 2022).

2) 인적자원개발의 개념

인적자원개발은 학문적 관점에 따라 다양한 접근법을 가지며, 경영학적 인사관리(Human Resources Management: HRM)의 차원에서는 조직 관점이, 최근에는 일터에서의 학습이라는 교육학적 관점이 좀 더 강하게 대두되어 실제로, 인적자원개발은 인간과 조직을 포함하고 이 가운데 어느 측면을 더 강조하는지에 따라, 그리고 인간과 조직에 대해 근본적으로 어떤 관점을 취하는지에 따라 다양한 패러다임으로 나타난다(장원섭, 2021).

조직은 교육훈련과 개발을 통해 인적자원을 육성하기에 인적자원개발의 개념은 교육의 의미를 강하게 내포하고 있지만 급변하는 환경과 치열한 경쟁 속에 조직이 유지 발전하기 위해 인적자원개발에 대한 기대는 단순한 학습을 위한 교육역할에서 생존을 위한 경영전략을 실천하는 데 필요한 인적자원을 확보하고 개발하는 전략적 역할을 요구하게 되어 인적자원개발에 대한 개념이 확대되었다(서정재, 2020).

인적자원개발에 대한 개념을 살펴보면 각 학자별로 다양한 정의를 내리고 있다. 즉, 인적자원개발의 용어는 처음에 '정해진 시간 동안 진행되며 행동 변화를 목표로 한 일련의 조직화된 활동'(Nadler, 1970)으로 정의하였고, '개인이 현재 또는 미래 직무를 수행하는 데 있어 인지해야 할 핵심 역량 파악과 평가를 하여 계획된 학습을 통해 개발할 수 있도록 돕는 활동'(McLagan, 1983)으로 정의하였다.

이외에도 '개인 능력을 통해 조직성과를 향상시키는 프로세스 직무설계, 적성, 전문기술, 동기를 다루는 활동'(Swanson, 1987)으로, 제이콥스(Jacobs, 1988)는 인간수행 공학에 주목하여 인적자원개발이란 '인적성과 시스템 개발이고, 시스템에 기인한 관리로서, 조직과 개인목표를 달성하기 위해 시스템 접근을 사용하는 것으로 정의하였다.

그리고 지식기반사회로의 변화에 따라 인적자원개발은 '주어진 시간 범위에서 행동변화의 가능성을 가져오는 조직화된 학습경험'(Nadler et al., 1994)이며, 추가적으로 길레이와 메이쿤치(Gilley & Maycunich, 2000)는 인적자원개발을 조직역량, 경쟁력 및 변화대응능력을 강화하기 위해 행하는 조직적인 활동으로 조직의 학습, 수행, 변화를 촉진하는 과정이라고 정의하였다. 이외에도 인적자원개발은 '조직의 효과성을 증진시키기 위한 역동적이고 발전적인 실천 활동'(Gilley et al., 2002)을, '조직의 전문성을 개발하고 발휘하여 개인 및 팀 성과 업무 프로세스 그리고 조직 시스템 등의 향상을 목적으로 하는 과정'이라고 정의하였다(Swanson et al., 2001).

요크스(Yorks, 2005)는 인적자원개발은 조직성과향상을 위하여 계획된 학습, 설계, 전달을 포함한 개념으로 정의하였으며, 개인의 학습 및 성과향상뿐만 아니라 조직의 학습 및 성과향상을 위한 활동으로 인적자원의 개발에 주안점을 둔 조직 활동(Holton III et al., 2011)으로 정의하였다. 이외에도 1989년 맥라건 인터내셔널(McLagan International)과 미국훈련개발협회(American Society for Training and Development: ASTD)는 '개인, 집단, 조직의 효과성을 높이기 위한 구성원 개인들의 훈련 및 개발, 조직개발, 경력개발의 통합적인 활용'으로 인적자원개발을 정의하여(노남섭 외, 2021) 인적자원관리의 개념과 구분하였다.

한편 국내에서 인적자원개발 개념을 살펴보면 다양한 관점의 인적자원개발은 '개인과 조직 그리고 국가사회의 목표 실현을 위해 훈련, 교육, 개발의 가장 발전된 단계로서 인간 발달과 조직 성장의 적극적인 개입 활동'(배을규, 2009)으로 인적자원개발을 정의하였고, 조직 구성원의 직무 수행능력 향상과 조직의 발전을 위해 학습의 증진을 도모하는 총체적인 시도'(황안숙, 1999)로 정의하였다.

이처럼, 인적자원개발이 학습을 통해 고용인의 태도를 변화시키고 기술과 지식을 증가시켜 직무수행능력을 증대시킴으로써 이들의 직무수행(performance)을 향상하려는 시도 또는 현재의 직무나 과업의 수행을 향상시키는 데 필요한 기술, 지식, 태도를 학습하는 데 초점을 맞춘 기법이다. 그리고 직무, 개인, 조직의 개선을 목적으로 직무수행이나 개인적 성장을 향상시키기 위해 조직 내에 마련된 조직화된 학습활동 등으로 정의하였다(정수진 외, 2015).

그리고 인적자원개발은 조직 내 물적 자원, 재정적 자원 등과 마찬가지로 인적자원을 조직목표 달성의 중요한 수단으로 간주하며, '조직 구성원의 직무능력 개발을 통하여 조직의 성과를 달성하기 위한 모든 조직적 활동'이라고 정의하였다(서정재, 2020).

장원섭(2021)의 인적자원개발에 대한 정의는 '조직 구성원의 성장과 발달을 돕는 모든 활동을 의미하며, 조직이 제공하는 공식적인 교육프로그램을 통한 학습 활동과 무형식적 또는 비공식적으로 이루어 가는 다양한 배움 및 성장의 과정을 포함하며 인적자원개발은 조직이라는 맥락에서 이루어지는 교육 활동의 한 형태로써 인간 성장을 위한 교육의 보편성이 조직이라는 특수성 속에서 행해지는 활동'으로 정의하였다. 이외에도 노남섭과 박양근(2021)은 인적자원개발을 두 가지로 구분하여 개인 입장은 지식·기술·능력을 증진하여 조직성과를 창출하고, 조직의 입장은 직무 환경과 동기부여 체제를 업무성과 향상, 조직개발 활동을 지원할 수 있도록 직무 환경과 동기부여 체제를 재구성하며 교육훈련, 경력개발, 조직개발을 포함하는 것으로 정의하였다.

인적자원개발은 '개인 수준에서 사람이 일하는 데 필요한 능력을 습득·육성하기 위해 학습하고, 조직은 구성원을 교육, 훈련 개발하며, 국가는 이러한 활동을 지원하는 제도를 확립·촉진하는 등 사람이 지닌 일하는 역량과 전문성을 발굴, 육성, 강화하는 것과 관련된 여러 가지 의도적인 활동'을 말하며, 그 특징은 다음과 같다(임세영, 2014).

첫째, 인적자원의 궁극적 주인은 개인이다. 둘째, 인적자원개발의 주체는 개인, 조직, 국가 등 주체적으로 목표를 수립하고 목표 달성을 위한 수단을 투입할 수 있는 개인이나 집단이다. 셋째, 넓은 의미의 인적자원개발 활동에는 모든 형식, 비형식 학습과 교육을 포함시킬 수 있다. 넷째, 인적자원개발의 결과에 대해서는 포괄적 의미의 역량을 사용하나 경우에 따라 역량과 구별하여 경험과 시간의 흐름에 따라 심화되는 '전문성'이라는 용어도 사용한다.

3) 인적자원개발의 목적

인적자원개발의 목적은 강조점에 따라 달라질 수 있다. 개인의 성장 그 자체에 일차적인 관심을 갖는 관점과 개인의 성장은 궁극적으로 조직의 발견을 위한 수단이라는 관점은 인적자원개발의 목적을 다르게 파악하게 한다(Kuchinke, 1999). 개인과 조직 중 어디에 우선을 두어야 하느냐의 문제는 다차원적 목적이 있어야 하는데, 이에 대해 다음과 같이 설명하고 있다(장원섭, 2021).

인적자원개발의 1차 목적은 개인의 학습과 역량 증진에 있고, 이를 통해 인적자원개발이 의도하는 2차 목적을 달성하고자 한다. 이는 효과적 또는 효율적 업무수행으로 업무성과를 높이고자 하는 것으로서, 학습이 조직 차원에서 이루어지게 되면 인적자원개발은 조직학습(organizational learning)으로 나타나서 결국, 조직학습은 학습이 조직 차원으로 확대된 인적자원개발의 2차 목적이 된다.

그리고 인적자원개발 2차 목적이 조직 차원의 성과로 이어진다면, 인적자원개발의 3차 목적인 조직의 성과와 이익을 달성할 수 있는 조직성과로 나타나고, 이러한 성과는 효과적인 인적자원개발 활동이 외적으로 발현된 결과라고 할 수 있다. 이처럼 인적자원개발의 목적은 다양한 차원의 목적들을 모두 포함하는데, 이는 내적 학습과 외적 성과로 구분할 수 있고, 이를 다시 개인과 조직의 수준으로 구분하면 개인학습, 업무수행, 조직학습, 조직성과 등 네 가지 목적이 도출된다. 이를 도식화하면 다음의 그림 1-1과 같다.

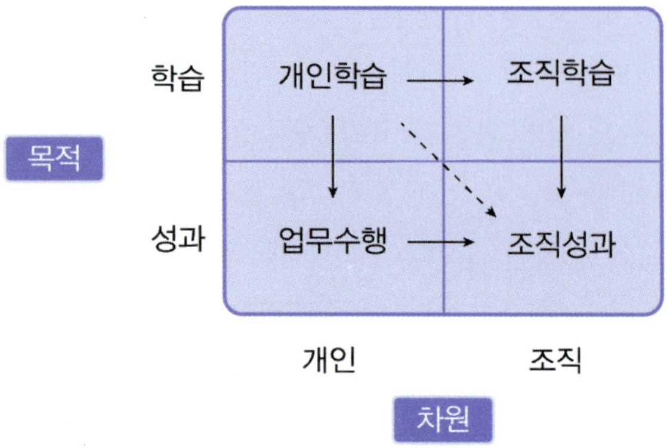

그림 1-1 **인적자원개발의 목적**

출처: 장원섭(2021). p.34.

인적자원개발은 이상의 목적 외에도 개인과 조직으로부터 한 차원 더 나아가서 고려할 수도 있는데, 그것은 사회적 차원이다. 개인과 이를 포함하는 조직은 사회 속에 존재하므로, 조직 구성원으로서 사람과 관련한 활동인 인적자원개발은 사회적 차원에서 해당 조직의 사회적 사명과 공헌을 지향하는 가치 논의가 필요하다. 이처럼 인적자원개발은 조직의 성과가 궁극적으로 사회적 가치창출로 이어지기 때문에 4차 목적으로 인적자원개발은 사회적 가치를 추구하게 된다.

이처럼 인적자원개발은 조직을 구성하는 개인이 성장함으로써 그 조직이 가진 사명을 달성하고 사회적으로 유의미한 가치를 실현 및 공헌할 수 있으므로 개인과 조직이 조화를 이루어 함께 성장 발전하면서 사회에 기여하는 것을 목적으로 한다. 따라서 인적자원개발은 사회적 가치의 실험과 창출을 추구하고 개인과 조직의 성장을 동시에 지향하는 활동이라 할 수 있다.

제2절 인적자원관리와 인적자원개발 기능 및 영역

1. 인적자원관리와 인적자원개발의 기능

인적자원관리의 주요 기능은 다음과 같이 설명할 수 있는데(노남섭 외, 2021), 주요기능은 인적자원계획 활동, 고용 평등 활동, 고용관리 활동, 보상과 복지 활동, 노사관계 활동, 안전과 보건 활동, 인적자원개발 활동이 있고, 부수적 기능은 조직 및 직무설계 활동, 성과관리와 성과평가시스템 활동, 조사 및 정보시스템 활동이 있다.

인적자원관리의 여러 기능은 상호 간에 밀접한 연결 관계로 우수한 인적자원을 선발했다 하더라도 직무체계와 보상제도가 그들의 능력 발휘를 뒷받침하도록 설계되지 않으면 높은 성과를 기대할 수 없고, 우수한 인력이 아니더라도 교육훈련과 현장지도가 잘 이루어지면 그들의 능력개발과 더불어 높은 성과를 기대할 수 있다. 이와 같이 인적자원관리 기능 간의 연계와 조화 그리고 상호 보완관계는 조직의 높은 성과를 달성하는 데 크게 기여한다.

한편 인적자원개발은 독립된 기능으로 존재할 수도 있고, 인적자원관리 부서 안에서 핵심 기능으로 존재할 수도 있으며, 인적자원개발 기능의 구조와 영역은 조직이 직면한 방향에 따라 설정된다. ASTD 연구(1987~1989)는 전통적인 훈련활동과 인력개발에 관한 주제들이 경력개발과 조직개발 문제를 포함하는 기능으로 변환되어야 함을 주장하였다(McLagan, 1989).

인적자원개발의 기능을 세부적으로 살펴보면 다음과 같다(노남섭 외, 2021).

첫째, 계획된 학습을 통해 구성원이 현재 및 미래의 직무를 수행하는 데 도움을 주는 핵심능력을 판단하고 유지하고 지원해주는 훈련 및 개발, 둘째, 구성원과 조직의 욕구가 이상적으로 달성될 수 있도록 종업원의 경력계획과 조직의 경력관리 과정을 유지하는 경력개발, 그리고 마지막으로 바람직한 내·외적 관계를 유지하고 변화를 관리하고 주도하는 것을 돕는 조직개발로 구성된다.

이와 같이 인적자원관리와 인적자원개발의 관계에 대한 입장은 두 가지로 정리할 수 있다. 하나는 인적자원개발은 인적자원관리의 하위에 있고, 다른 하나는 인적자원관리와 인적자원개발은 대등한 관계에 있다고 보는 것이다. 즉, 인적자원관리는 조직 및 직무설계, 인적자원 계획, 선발과 배치, 보상 및 복리후생, 구성원 지원, 노사관계, 인적자원 정보체계 그리고 인적자원개발 활동과 같은 구성원 훈련 및 개발, 조직개발, 경력개발 기능을 수행하고 있는데, 이러한 이유로 대부분 조직에서 인적자원개발은 인적자원관리 영역에 포함하고 있다(DeSimone et al., 1998). 즉, 기업경영을 연구하는 경영학에서 인적자원개발 또는 교육훈련은 인적자원관리의 하위영역으로 간주하고 있다(이찬 외, 2022).

그러나 맥라간(McLagan, 1989)은 HR Wheel 모델을 통해 인적자원 관련 활동을 인적자원관리와 인적자원개발 활동으로 대등한 관계 속에서 구분하고 있는데 이를 바탕으로 인적자원관리와 인적자원개발에 대한 정의와 주요 영역에 대한 비교는 다음의 표 1-1과 같다.

표 1-1 인적자원개발과 인적자원관리 비교

구분	HRD 인적자원개발	HRM 인적자원관리
정의	개인, 집단, 조직의 효과성을 증진하기 위한 훈련, 개발, 경력개발, 그리고 조직개발의 통합적인 과정	인적자원의 획득, 개발에 관한 활동으로 기업의 장래 인적자원의 수요를 예측하여, 기업전략의 실현에 필요한 인적자원을 확보하기 위하여 실시하는 일련의 활동
영역	개인개발(Training & Development) 경력개발(Career Development) 조직개발(Organization Development)	조직/직무설계, 인력자원계획, 선발과 직무배치, 인력자원 정보체제, 보상, 종업원 지원, 노사관계

출처: 이찬 외(2022). p.88.

2. 인적자원개발의 주요 개념과 활동 영역

인적자원개발은 물적자원, 재정자원과 구분되는 개념으로 인적자원과 개발의 두 단어로 구성된다(배을규, 2009).

첫째, 인적자원은 조직에 의해 고용되는 사람을 말하며, 인적자원은 물적 또는 재정자원처럼 가치 측정할 수 없기 때문에 조직성과 측정에 어려움이 있어 무시되는 경향도 있지만, 조직 구성원이 지닌 지식, 기술, 역량에 의해 발휘되는 생산성과 효율성은 인적자원의 가치로 간주되어야 한다.

둘째, 개발은 조직 내 구성원으로서 개인적 차원과 전문적 차원에서 요구되는 지식, 기술, 태도, 역량을 증진시키고 행동을 변화시키는 것을 말한다. 개발

유형은 조직 구성원 자체에 초점을 두는 개인개발, 조직 구성원 스스로 전문성을 증진하는 경력개발, 조직 자체 이익을 위해 조직의 효율성과 경쟁력을 강화하는 조직개발로 구분되어 실시될 수 있다(배을규, 2009).

1) 인적자원개발의 주요 개념

학습활동 결과적용 시점을 기준으로 교육, 훈련, 개발로 구분할 수 있는데(Nadle, 1984; Nadler et al., 1989), 주요 개념을 상세히 살펴보면 다음과 같다.

(1) 교육

교육은 현재의 직무와 다른 분야이거나 동일 분야이더라도 구성원의 능력을 현재보다 더 향상하기 위한 것으로 미래의 확정된 직무를 위한 준비학습(서정재, 2020)을 말한다.

교육의 목적은 아동과 성인에게 그들이 살고 있는 사회에 영향력이 있는 생각과 전통에 대한 이해를 향상시키기고 그들이 사회에 공헌할 수 있게 만들기 위한 필수적인 환경을 제공하는 것이다(이찬 외, 2022). 교육은 그들의 고유문화와 다른 문화의 학문, 자연의 법칙 및 언어의 습득 그리고 학습, 자기계발, 창의성, 의사소통에 기초가 되는 기술을 포함한다(CEDEFOP, 1996).

(2) 훈련

훈련은 구성원에게 특정 업무 및 직무에 필요한 지식과 기술을 제공하는 것과 행동 변화를 유도하는 것이 포함된다. 구성원이 현재하는 직무 또는 채용되어 바로 수행해야 할 직무에 대한 능력을 향상하기 위한 모든 활동으로 현재의 직무와 관련된 학습(서정재, 2020)을 의미한다.

그리고 훈련은 산업현장 내의 활동에서 실질적인 성과를 달성하는 학습경험을 통해 지식, 기술, 태도를 익히는 계획된 절차의 총체를 말한다. 훈련의 목적은 근무 상황에서 개인의 역량을 개발하고 현재와 미래에 요구되는 조직적 필요(이담철, 2021)를 충족시키는 것이다.

이처럼 훈련은 특정한 작업에서 요구되는 지식과 기술을 가르치기 위해 설계된 활동 또는 프로그램으로 교육과 비교하면, 교육은 학교기관에서 일어나는 반면 훈련은 일터에서 발생한다(이찬 외, 2022). 그리고 훈련은 보통 습득한 지식 및 기술의 즉각적인 활용을 전제로 하고 일반적으로 교육보다 짧은 기간에 완료된다는 특징이 있다(VanWart, et al., 1993).

(3) 개발

개발은 조직과 개인을 함께 성장시켜 조직은 인적자원의 역량을 개발하고 개인은 조직을 통하여 가능성과 창의력을 배양하는 것이다. 현재나 미래의 직무와 무관하게 개인과 조직의 성장을 위한 학습을 의미한다. 그리고 개발은 개인이 현재 직무수행 능력을 키우면서 동시에 미래 직무를 준비하는 장기적인 것으로, 현재나 미래의 특정 업무와는 무관하지만 조직 및 개인의 성장을 위한 학습(서정재, 2020)을 말한다. 이런 의미에서 일반적으로 기업에서 실시하는 인적자원개발 활동은 교육이나 훈련의 의미보다는 개발 의미에 보다 가깝다고 할 수 있다.

인적자원개발의 특성은 조직적인 학습 형태로, 일정 기간 내에 이루어져야 하며, 조직의 현재 또는 미래 직무성과 향상을 위하여 효과적인 방법과 내용을 중심으로 계획 추진되어야 하고, 직무성과 향상 가능성을 증대시켜야 하며, 개인과 조직의 성장 가능성을 증대시키는 것이다(Nadler, 1994; 황병수, 1996).

(4) 학습

학습은 형식적인 교육, 훈련의 결과 또는 무형식적인 경험의 결과로 발생하는 지식, 기술, 태도의 비교적 영구적인 변화를 말한다. 교수는 종교행사, 군사훈련, 기업의 핵심가치 교육 등 다양한 영역에서 발견할 수 있는데, 교수활동은 개인 및 조직이 특정한 심동적 모형에 적응하도록 의도하는 활동으로 학습에 있어 반드시 수반되는 것이다(이찬 외, 2022).

(5) 수행 또는 성과

수행은 교육학에서 메이거(Mager)의 학습목표 진술에 포함되는 요소 중 하나이다. 학습자가 학습의 성취를 증명해 보이기 위해 무엇인가 하는 것이며, 이러한 활동은 관찰 가능하고 측정 가능한 행동목표로 기술되어야 한다. 성과(performance)는 인간 수행의 결과를 의미하며, 일반적으로 요건과 기대에 맞도록 행동하는 것, 또는 특정의 과제를 수행한 결과 등으로 해석되는 등 과정과 결과가 모두 포함된 개념이라 할 수 있다(이찬 외, 2022).

2) 인적자원개발의 유사 개념

인적자원개발의 유사 개념으로 인력개발, 산업교육, 기업교육, 직업훈련 그리고 일터학습은 인적자원개발과 혼용되는 용어들이나, 엄밀히 말해 인적자원개발과는 개념적 차이를 가지고 있으며 이를 상세히 살펴보면 다음과 같다(장원섭, 2021).

(1) 인력개발(manpower development)

인력은 주로 경제개발계획 시대에 사람을 육성하는 국가적 차원에서 사용되었던 양직 투입 개념이며, 인적자원은 현대사회에서 조직의 경쟁력이 사람의 지식이나 창의력 같은 질적 수준을 제고하는 것에 달려 있다는 인식에 기초하여 확산된 개념이다.

(2) 산업교육(industrial education)

산업교육은 산업체에서 시행되는 다양한 형태의 교육으로서 역사성을 가지고 있기에 학교에서 이루어지는 직업교육과 동일한 의미로 사용된다.

(3) 기업교육(corporate education)

기업교육은 영리를 추구하는 기업에서 시행되는 교육으로 공공기관 같은 비영리조직을 배제하는 용어로 사용될 수 있기에 모든 조직을 포함하는 인적자원개발의 그 대상과 범위에서 차이를 가진다.

(4) 직업훈련(job training)

직업훈련은 사전적으로 특정한 직무를 위한 기능의 반복적 숙달을 의미하는 개념으로써 훈련은 낮은 수준의 숙달 반복적 교육을 의미한다는 점에서 개발과의 차이를 가진다.

(5) 일터학습(workplace learning)

일터학습은 최근에 성인교육의 한 분야로 장소로서 일터를 고려하고 그 안에서 이루어지는 개인의 모든 공식적·비공식적 배움을 강조하며 인적자원개발에 가장 널리 통용되는 용어다. 인적자원개발은 성인학습의 하나의 장으로서 일터에서 이루어지는 개인의 학습 관점을 가지는 일터학습과는 관점에서 차이가 있다(Rowden, 2007).

3) 인적자원개발의 활동영역

인적자원개발의 근본 목적은 조직과 수행관리에 있어서 변화를 유도하고, 이를 통해 조직을 성장·발전시킬 수 있는 것으로(Nadier et al., 1986), 조직의 학습활동, 경력개발제도, 수행개선활동, 변화촉진활동은 업무성과를 개선하고 비용을 절감하며 품질을 향상시키고 조직의 경쟁력을 강화시키는 데 있다.

길레이와 에글랜드(Gilley & Eggland, 1989)는 인적자원개발의 활동 영역은 네 가지 기본요소로 개인개발(Individual Development), 경력개발(Career Development), 수행관리(Performance Management), 조직개발(Organization Development)로 구분하였고, 결과로 개인개발과 수행관리는 둘 다 즉각적인 결과를 산출하도록 계획되기 때문에 1년 내 단기적 접근으로, 경력개발과 조직개발은 개인의 경력개발 또는 조직의 체제변화를 위해 필요한 활동을 통해서 개인과 조직에 영향을 미치므로(Gilley et al., 2002; 노남섭 외, 2021), 1년 이상의 장기, 그리고 그 초점은 개인과 조직으로 구분하였다.

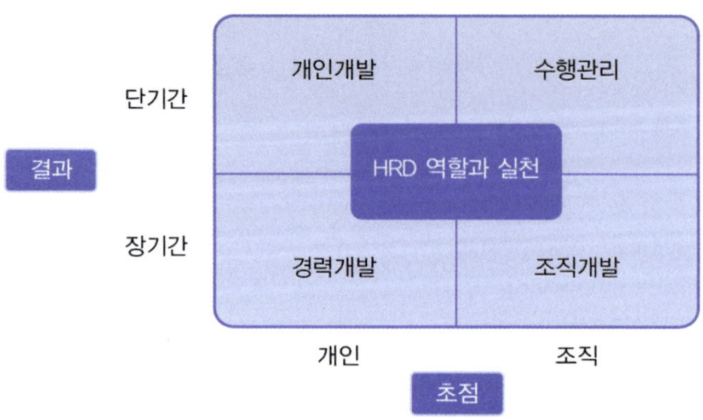

그림 1-2 HRD 모형의 원리

출처: Gilley, Eggland & Gilley(2002). p.22.

한편, 개인개발과 경력개발은 개인의 성장과 발전에 초점을 두는 반면, 수행관리와 조직개발은 조직의 효과성에 초점을 둔 조직 전체적인 접근법을 채택하고 있으나 이를 명확히 구분하기가 어렵고, 연속적 활동내용으로 상호보완적 관계가 있다(노남섭 외, 2021).

개인개발, 경력개발, 조직개발을 살펴보면 첫째, 개인개발은 단기적이고 조직능률을 향상시키기 위해 실무층에 적용하는 것으로 단순한 작업이나 집단작업에 영향을 미치는 지식, 기술, 태도를 바람직한 방향으로 변화시키는 것을 말하고, 둘째, 경력개발은 조직 운영에 영향을 줄 수 있는 수준까지 도달할 수 있도록 지속적인 개발기법을 구성원들에게 제공하기 때문에 개인개발보다 장기적이며 복잡하고 조직의 능률에 영향을 주며, 셋째, 조직개발은 조직의 능률을 높은 수준까지 향상시키지만 인적자원의 역량을 향상시키기 위해 보다 많은 기술적인 노력을 요구한다(서정재, 2020). 이와 관련된 상세한 내용은 다음 제3부 인적자원개발 영역에서 상세히 설명하기로 한다.

연구문제

1. 인적자원개발의 중요성을 설명해 봅시다.

2. 인적자원개발의 개념과 목적을 설명해 봅시다.

3. 인적자원관리 기능과 인적자원개발 기능을 구분하여 설명해 봅시다.

4. 인적자원개발과의 주요개념과 유사개념을 설명해 봅시다.

5. 인적자원개발의 활동영역을 설명해 봅시다.

CHAPTER 02

인적자원개발의 변천 과정

학습목표

본 장에서는 인적자원개발의 역사적 변천과정에 대한 내용을 소개한다. 제1절은 교육의 역사와 인적자원개발에 대한 내용을 간략히 소개하고, 시대별로 구분하여 고대·중세시대 인적자원개발을 원시시대, 그리스·로마 시대의 인적자원개발의 형태인 교양교육과 도제제도에 관한 내용을 소개하였다. 그리고 중세시대 인적자원개발의 특징으로 도제제도, 상공업 길드의 형성과정을 소개하고 르네상스 시대의 노작교육에 관한 내용을 제시하였다.

제2절은 근대 이후 인적자원개발에 관한 내용으로 19세기 경영학교와 도제제도, 사내학교의 등장을 소개하고 20세기 인적자원개발의 변화과정을 제시하였다. 즉 1990년대 초반, 세계대전과 신입교육, 제2차 세계대전 이후, 1940~1980년대 및 1990년 이후 인적자원개발에 대한 내용을 소개하였다.

제1절 고대·중세시대 인적자원개발

1. 교육의 역사와 인적자원개발

인적자원개발의 역사는 인류가 시작된 원시시대의 생존을 위한 간단한 도구개발, 도구의 사용과 상호협력 과정에서 시작하여 기원전 그리스·로마 시대의 정치·사회적 합의 수행에 필요한 조직체를 만들고, 학교 조직과 교육 인프라구축까지 이어졌다. 이후 중세시대에 접어들면서 과거의 문화와 교육은 그리스도교의 훈련과 의식으로 대체되면서 공식적 학교교육을 대신하여 도제제도가 도입되었고, 도제제도는 공업 전문가 집단으로서 전문가 양성 및 자격 부여 등에 관련된 권력 집단인 길드의 탄생으로 이어졌다.

한편 유럽에서 르네상스 시대가 도래하면서 교육과 훈련을 통해 사람을 개발 가능성이 있는 존재로 파악하여 경험 중심의 교육을 강조하였다. 교육 기회는 모든 사람에게 부여되어야 하고 아동을 위한 보통교육이 강조되었다. 19세기 산업혁명에 따라 도제식 훈련방법은 개인과 경제발전에 지대한 영향을 미치게 되었으나, 이후 도제 교육이 쇠퇴하면서 학교를 설립하여 상공업 분야 교육이 주로 이루어지게 되었다.

20세기 미국에서의 인적자원개발은 기업학교를 중심으로 직업분야 훈련을 강조하였다. 1, 2차 세계대전은 미국의 급속한 발전을 가져오며, 산업 내 훈련 프로그램이 개발되어 생산, 효율성, 비용 효과성 향상에 초점을 맞추었고, 품질관리 기법 도입 이후에 인간관계를 다루는 감독자 훈련프로그램 등이 개발되었다. 인적자원개발은 미국의 경제성장과 함께 직무훈련, 연수교육 평가, 조직개발 훈련, 연구단체 출현 등 다양한 분야에서 지속적인 발전을 이루고 있다.

인적자원개발이라는 전문영역의 근원인 출발점과 발전과정에 연계된 주요 사건을 확인하여 인적자원개발의 발전 방향을 예측해 볼 수 있다는 점에서 중요성을 가진다. 이에 인적자원개발의 역사와 발전과정을 시대별로 구분하면 살펴보면 다음과 같다.

2. 원시시대

인적자원개발 또는 교육의 원형은 원시 인류로부터 시작되며, 이 시기는 가장 간단한 형태의 훈련으로 생존을 위한 인적개발 활동이 시작되었다. 인간은 최초로 나무, 돌 등의 간단한 도구 등으로 수렵에 나서고, 이후 불, 금속 사용법을 숙지하면서 이를 후대에 전수하는 것이 인류 발전에 중요한 요소로 작용하게 되었다. 특히 원시 교육은 가족이나 부족에 한정되며, 생존을 위한 교육방법도 비형식, 비체계적인 형태로 이루어지고 가족 또는 종족의 우두머리로부터 무의식적 모방에 의한 학습과정이 발생하였다(권대봉, 2003).

인류는 도구로 불을 사용하여 음식을 만들고, 금속으로 생활에 필요한 물품과 농기구를 제작하면서 정착 생활이 이루어지게 되었다. 인류가 도구를 개발하고 이를 정교화하는 과정은 기술발전을 의미하는 것으로 정착 생활과 분업을 통한 상호협력으로 생산기술을 전수하게 되었다. 그러나 원시시대에서 토기 제작, 불의 사용, 사냥 도구 제작 등의 교육에 대한 증거는 발견할 수 없다. 원시시대의 교육은 매우 기초적인 과정으로 전수되거나 체득되는 과정으로 한정되어(Swanson et al., 2001) 모방의 수준으로 원시적 수준에 그치고 있다.

그렇지만 원시시대에 물리적·사회적 환경에 적응하기 위한 노력의 일환으로 인류가 지적 발달을 이룩했다는 점은 부인할 수 없기에, 이러한 원시적인 생활방법의 전수와 훈련의 필요성은 거듭해서 새로운 교육의 형태를 양산하게 했으며, 그러한 교육의 형태와 방법은 계속하여 진보를 거듭하였다. 원시시대의 훈련과 교육은 생존을 위해 모방과 관찰을 주로 사용해 도구 사용법, 직물 제조법, 식품 저장법 등을 전수하였고, 이는 구체적인 경험과 내용을 가지고 이루어진 실생활 중심의 활동이었다.

현재 인적자원개발이 국가, 사회, 기업 개인 등 분야에서 다양한 방법, 내용 및 활동이 전개되고 있는데, 그 본질은 원시시대의 훈련 및 교육 활동에 비롯되어 인적자원개발의 기원이 원시시대로부터 시작된다고 볼 수 있다(권대봉, 2003).

3. 그리스·로마 시대

서구 문화유산은 그리스·로마 시대로부터 시작하며, 서구의 사고와 사회 체제의 기틀을 제공하여 학교 조직과 교육 인프라(infrastructure) 구축 등에 필요한 조직체가 만들어졌다. 최초 그리스 시대 교육개념은 개인개발의 다양한 내용을 자유교양이라는 분야로 전수되었고 현대의 자유교육 개념과 가장 일치한다. 그리스에서 교양교육은 개인은 성공을 위한 필수적인 요소로, 개인은 자아실현 도구로써 교양교육을 간주하였다(Swanson et al., 2001; 권대봉, 2003).

그리스의 교육은 선천적인 재능을 발굴하여 개발할 수 있는 기회를 제공하는 도구로 인식되어 개인의 탁월성을 중심으로 사회와의 조화를 추구하는 교육 문화였다. 그리스 시대 교육은 자연, 인간, 초자연에 대한 인간의 탐구가 주요 영역으로 현재 지식 그 자체를 추구하는 활동으로 보고 있다(오헌석 외, 2010).

그리스 시대에 최초로 탄생한 도덕교육은 개인의 윤리적 권리와 책임을 상소하였고 심미적 차원의 교육, 문화 전달자로서의 교육, 시민교육은 모두 그리스 시대에서 시작한다. 이들의 생각은 교육이란 개인의 발달과 성취를 위한 도구로써 교육을 통해 자신의 재능을 활용하여 이익까지 얻을 수 있는 능력을 습득하는 것으로 여겨졌다. 이 시대는 이상적 교육이란 자아실현의 철학적 견해를 가지고 있음에도 그리스인들은 주로 육체노동에 종사하는 하급 계층을 천시하였다. 그리고 하급 계층의 가축 사육, 농업, 신발 제작, 대장간 일(금속 세공) 등 상업과 기술 분야에서 훈련의 역할을 동등하게 인정하지 않았다(Bennett, 1926; 오헌석 외, 2010).

그럼에도 불구하고 현대의 인적자원개발은 다수 그리스 유산으로 하류 계층의 노력과 도제교육인 견습공의 신분으로 훈련에 임하는 형태에서 출발하였다. 그리스 문명은 건설, 제조, 농업, 기타 영역 등 하류 계층에서 도제교육을 통해 기술이 전수되어 고대 그리스의 발전에 중요한 역할을 수행했다. 이처럼 그리스에서 태동한 인적자원개발은 상위계층이나 지배계층이 아닌 하류 계층에서 도제교육을 통한 훈련과 지식 및 기술 전수를 통해 발전하게 되었고(오헌석 외, 2010). 그리스의 교육은 선천적인 재능을 발굴하여 개발할 수 있는 기회를 제공하는 도구로 인식하였다.

한편 로마 시대는 그리스의 학문성이나 조화를 추구하기보다는 실제 지식을 어떻게 활용할 것인가에 관심을 두어 지식의 유용성과 효과성을 중시하였고,

법과 정치적 인프라를 갖추어 장기적으로 사회, 경제, 문화의 변화를 달성하는 데 사용할 수 있도록 하였다(권대봉, 2003). 로마 시대 기술 전수는 주로 가족 도제제도를 통해 이전되었고, 아버지의 중요한 의무는 자녀에게 실용적인 기술을 전수하는 것이었다. 실용성을 강조한 로마의 부모들은 살아가는 데 필요한 지식과 기술을 자식에게 전수하고 사회가 요구하는 바람직한 품성을 육성하는 일을 의무로 여겼다(안희돈, 2013).

그리스 시대와 마찬가지로 로마 시대에도 도제제도 대상은 천시받는 하위계층이며, 생산과 노동력은 주로 노예를 통해 이루어졌고, 노예계층은 로마사회를 유지하는 힘으로 작용하여 도제제도를 시행하는 가족의 도제제도는 수공업이나 건축 등의 분야에서 종사했던 일부 계층에게만 적용되었다(권대봉, 2003).

4. 중세시대 특징

중세시대는 종교와 도제제도의 영향으로 정치 및 경제 체제가 더욱 발전했던 시대로 가정교육뿐만 아니라 사회교육도 보다 체계화된 모습을 보였다. 중세의 교육과정은 가톨릭교회에서 성직자와 수도사를 훈련시킬 목적으로 정립되었고(권정언 외, 2019), 중세의 교육은 그리스도교의 지배 속에서 도제제도, 상공업 길드가 형성되면서 점차 변화하기 시작하였다.

1) 도제제도

중세시대에 학문, 예술, 출판에 대한 교육 중심은 수도원에서 이루어졌고, 도제제도는 학교와 같이 조직적인 기술 전수 기관이 없는 노동 현장에서 매우 중요한 기능을 하며 발전해 왔다. 일터에서 기술 습득과 능력개발은 도제제도에 힘입어 체계적으로 이루어졌다(권정언 외, 2019).

중세시대는 학교가 없던 시기로서 숙련된 장인에 의해 운영되는 작은 상점에서 가구, 의복, 신발 등 거의 모든 가정용품을 생산했고, 이들 상품 수요 증가에 대응하기 위해 공예품상 주인들은 직접 종업원 교육·훈련을 담당해야 했다(차종석 외, 2019).

도제교육은 일터에서의 능력개발에 지속적인 영향을 주었고, 부모가 자식에게, 어떤 부문에 대한 전문성을 쌓고 그것을 인정받은 대가들로부터 견습공에게 지식과 기술을 전수하는 방식은 오랜 역사를 지니고 지속적으로 지식과 기술을 전수하기 위한 방법 중에서 가장 오래된 방법으로 인적자원개발의 시초라고 할 수 있다.

도제제도란 젊은이들이 전문적인 노동자로 거듭나기 위해 준비하는 체제(Davis, 1978; 권대봉, 2003)로, 도제는 견습공(apprentice), 전문가(직인: journeyman: 도제 수습을 마친 사람), 장인(master)의 3단계로 전문영역에 대한 경력 수준이나 정교성의 수준에 따라 차이를 보이며, 이러한 3단계 과정을 엄격하게 거치면서 지식을 전수받았다(장석민, 1985).

견습공은 일반적으로 약 7년 동안 기숙사나 장인의 집에서 숙식을 하고 허드렛일을 도우며 기초기술의 훈련과정을 밟게 된다. 그리고 장인은 견습공에게 보편적인 기술 외에도 자신의 노하우를 전수하고, 인격적 측면의 성품을 강조한다. 기본 기술과 수습 과정인 도제 수련 기간을 마치면 견습공은 전문기술을 연마하여 전문가로서 대외활동도 가능하고 일정한 급류를 받는 노동자로 일할 수 있었다. 전문가로 많은 경험과 장인으로부터 실력과 역량을 인정받게 되면 장인으로 호칭되어 자신의 기술을 견습공에게 전수하고 자신만의 사업을 추진할 수 있다(권대봉, 2003).

2) 상공업 길드의 형성

동업조합으로 상공업 분야 상인 및 기술자 단체인 길드(guild) 조직 탄생은 중세 후기시대의 가장 큰 특징이다. 중세시대 길드는 수공업 길드에서 상인 길드로 확장된 중세시대의 대표적 경제 체제로, 길드 체제는 가내수공업이 공장수공업으로 발전하는 근대시대에 이르기까지 세속되었다(권정인 외, 2019).

중세시대 길드는 노동조합 성격 전문가 집단으로서 전문가의 양성 및 장인을 인증하는 자격 부여 등에 관련된 규정을 집행하는 조합으로 권력집단이다. 즉 길드는 이해관계와 직종이 유사한 사람들끼리 형성한 조직체로서 차츰 상호 간 기본적 복석을 침해하지 않고 실질적인 상호협조로 이익 도모와 제품의 질적 향상을 도모하면서 조직적 제도로 발전되었다(노남섭 외, 2021).

이처럼 길드는 노동자들의 권익 보호와 낮은 임금 및 판매가격에 대한 대응책으로 전문가(직인)나 기술공은 수준 이하의 기술이나 낮은 보수와 상품 가격을 막기 위해 그리고, 근무시간을 준수하고, 제품과 기능에 대한 품질 기준을 마련하여 직업별로 조합을 결성하였다(권대봉, 2003).

그리고 길드 회원이 거래를 원할 때 지켜야 할 절차와 방법에 관한 규정을 정해 놓은 길드도 있었고, 14세기에 대부분의 길드에서는 도제제도와 함께 조합원과 조합원의 자녀에게 교육 혜택과 동시에 길드의 이익을 증대하고 영향력을 강화를 위한 두 가지 차원에서 교육이 제공되었다(오헌석 외, 2009). 이처럼 길드의 교육 제공은 첫째, 성직자들이 조합원 자녀에게 초등교육의 자금을 지원하고, 둘째, 길드 장인들의 자녀를 위한 도제 계약 제도이다.

길드의 회원자격은 엄격한 기술 수준이 필요하고, 필요한 역량이 수반되어야 했기에 이는 현대 노동조합 조합원의 자격과 유사한 점이 있다. 그리고 중세의 길드는 작은 규모 기업 사용자들의 단체나 당시의 노동자 입장을 수용하고 있으며, 현대의 노동조합은 노동자를 중심으로 하는 노동자 대변의 단체라고 할 수 있다. 인적자원개발 차원에서 기술자 양성을 목적으로 하는 도제제도는 길드에서 노동자에게 제공하는 교육훈련 시스템으로 볼 수 있는데, 인적자원개발에 대한 이러한 길드의 책임은 현대의 노동조합이 노동자를 위해서 교육훈련 활동에 재정적 지원 제공에서 유사성을 보이고 있다(오헌석 외, 2009).

도제교육은 길드 유지발전에 중요한 원동력(권정언 외, 2019)으로 후기 중세시대 길드에서 육성된 장인 등은 시장확대, 새로운 기계 및 도구 사용으로 점차 사회진출이 제한되었다. 급속히 발전하는 기계문명으로 많은 기능직종과 장인은 최전성기였던 14~15세부터 길드제도는 급속히 약화되기 시작하였다(노남섭, 외, 2021).

5. 르네상스 시대

십자군 전쟁의 실패는 무역과 상업이 번창하고 자유주의가 번성하는 계기가 되었다. 이에 르네상스 시대를 거치면서 수공업 길드는 점차 해체되기 시작하였고, 길드에서 회원의 자녀교육을 목적으로 하던 기존 학교 외에도 신흥 시민계급과 상류층 자녀들을 위한 학교, 대학교가 자생적으로 설립되었다.

한편 19세기 중엽을 거치면서 구체화되기 시작한 현대 노작교육(勞作敎育: work oriented education) 사상은 인류가 문명을 시작하면서부터 함께 존재하였다. 일상생활을 유지하고 지속하기 위해 가장 기본이 되는 교육이다. 산업화와 자본주의를 배경으로 정치, 경제, 사회적인 변화가 매우 급격히 진행되고 공교육 제도가 마련되면서 근로자의 자녀가 학교에서 사회에 진출하였을 때 '일'과 관련되는 노작교육에 대한 관심도 증가하게 되었다(이혜경, 2019).

노작교육이란 학생의 자기 활동을 통한 학습을 강조하는 교육으로써, 이전부터 지금까지의 학교 교육이 주지성(主知性)을 위주로 하는 서적학교(書籍學校)로서 타율적이고 수동적이며 비활동적인 성격을 띠고 있음을 비판하는 관점에서 등장한 교육이론(이수진, 2013)으로, 20세기 초반부터 노작교육, 작업교육, 노동교육 등으로 다양하게 번역해서 사용해 왔다(전정연, 2019).

단순한 지식 습득 형태의 과거 교육에서 벗어나 노작교육의 아버지로 불리는 요한 하인리히 페스탈로치(Johann Heinrich Pestalozzi, 1746~1827)는 노동과 학습을 결합한 노작교육이 생산활동과 사회개혁에 능동적으로 참여하는 길을 열어 준다고 믿었다(양경숙, 2014). 페스탈로치는 교육의 본질, 교육 이론과 철학에서부터 교육의 제도와 교수기술까지 광범위하게 영향을 미쳤고, 유럽에서 새로운 교육과 기술훈련 개발에 도움을 주었으며 미국의 교육과 훈련을 발전에도 영향을 미쳤다.

페스탈로치의 교육내용은 학습자 환경의 일부로서 아이들의 지각과 의사결정 능력을 개발에 활용되어야 한다고 피력하였다. 교육내용은 세부 요소로 분석하여 간단한 요소부터 복잡한 요소로 나아가는 귀납적 교수법으로 아이들이 전체를 완전하게 학습하도록 했다.

이처럼 르네상스 시대 교육자 및 사상가들은 부유층이나 특권층만을 위한 교육이 일반 평민을 위한 교육으로 변환하는 데 기여했고, 직업교육의 중요성과 발전에 공헌을 하였다. 발달단계에 따른 교육, 노동을 통해 교육을 실현하는 노작교육, 여성교육에 대한 관심 등의 논제는 오늘날 인적자원개발을 형성하는 유효한 철학적 기제로 작용하고 있다(권정언 외, 2019).

제2절 근대 이후 인적자원개발

1. 19세기 인적자원개발

1) 경영학교와 도제제도

19세기와 20세기 유럽에서 시작된 산업혁명이 초기 미국에 전달되면서 도제 훈련방법은 새로운 국가 설립에 필요한 사람들의 적응과 훈련으로 점차 정착되는 계기가 마련되었다. 이처럼 초기 미국의 도제제도는 신세계를 형성하는 데 훌륭한 촉매제로(Swanson et al., 2001; 권대봉, 2003), 개인과 경제발전에 지대한 공헌을 하였다.

미국에서 도제제도는 아동의 복지, 그리고 많은 아동에게 더 많은 교육 기회를 제공하기 위해 중등교육으로 범위를 확대하고, 아동을 포함하여 취약층, 빈곤층 및 소외를 받는 사람도 도제교육을 받을 수 있도록 기회를 부여하였다. 미국은 상공업 발전을 위해 도제교육에서 더 나아가 상공업 교육과정을 개설하면서 현대적 학교 설립이 이루어졌다. 매사추세츠주 의회는 50가구 이상의 모든 도시는 각 지역에서 교사를 고용하고 급여를 지급해야 한다는 명령에 따라 본격적으로 미국의 무상 공교육 제도가 시작되었다.

미국 사회의 개발과 교육에 영향력을 지닌 호레이스 만(Horace Mann, 1796-1859)은 교육이 체계적으로 형성되어야 할 필요성과 비전을 제시하였고, 국가와 사람들의 요구를 충족하기 위한 교육시스템을 설립하기 위해 노력을 다했다(Swanson et al., 2001; 권대봉, 2003). 국민과 국가의 요구에 부합하는 교육제도를 설립하기 위해 부단한 노력을 하였고, 교육을 통해 개인의 지적·실천적 기술을 개발해야 한다는 믿음이 있었기에 초기 미국에서 기술훈련의 발전을 가져왔다.

그리고 그는 매사추세츠 학교 개혁 원칙과 학교 교육의 실용적 개발을 강조하였고, 이후 실용적인 기술훈련과 직업훈련 부문을 일반 교육과정 속에 통합하게 하는 데에 영향을 미쳤다. 최초 공식적 경영학교는 펜실베이니아 대학, 이후 캘리포니아 대학, 위스콘신 대학과 뉴욕대학에 경영학교가 설립되었다. 그러나 경영을 위한 형식적인 교육이 필요하고 기술훈련 역시 충분하지 못하여 전문적 훈련에 대한 유사한 다른 형태들이 존재했다.

2) 사내 학교의 등장

전통적 인적자원개발 방법인 도제제도는 산업혁명의 탄생과 발전으로 상공업이 더욱 활성화되어 장인과 도제 간 관계 영향력이 점차 감소하게 되었다. 도제훈련은 신입 장인에 의해 운영되고, 정부에 의한 초기 도제교육 운영으로 도제교육의 동세력이 약화되면서 18세기 중반부터 새로운 기계가 발명되어 산업현장에 도입되었다. 산업화 시대에 1:1로 이루어지는 도제교육 방식은 자동화로 발전하는 공장 시스템에 적응하지 못하였고, 많은 노동자 양성하는 데 한계점을 가지고 있었다.

그리고 학교교육 활성화로 도제제도는 점차 쇠퇴하기 시작하였다. 학교교육은 도제제도를 대신하여 산업분야에 필요한 인력을 양성하기 위해 식민지 기간에 자유공립 초등교육기관이 설립되었고, 1821년 보스턴에 최초의 공립 중학교가 설립되었다. 그러나 학교교육 과정에서 기술훈련은 의무교육이 아닌 선택사항으로 1800년대 후반까지 기술산업 전문교육기관은 이때까지 설립되지 못하였다(Swanson et al., 2001; 권대봉, 2003).

한편, 전문기술을 필요로 하는 기업은 공립학교에서 전문적 기술교육이 이루어지지 않기에 스스로 사립학교를 건립하여 기술인력 양성으로 교육훈련을 주도하게 되었다. 18세기에는 기능공과 상인이 상호 협력과 경제적 발전을 목적으로 영국의 동업조합을 모방하여 기술 공동체를 설립하였다. 대표적으로 기술인협회(Mechanics Institution)에서 설립된 기계공강습소는 일반교육과 기술훈련을 공식적으로 시행한 최초의 미국 교육기관이다.

기계공강습소에서는 기계 관련 공식적 훈련을 제공하는 것 외에도 독서, 영어, 수학과 같은 과목들을 교육하기 시작하였다. 그리고 기술인협회는 훈련가를 위한 도서관 설립 및 아동에게 기술 관련 교육을 제공하면서 미국의 기술 및 일반교육을 제공하는 기관들에 본보기가 되었다. 이후에 이 기관들은 일반시민이 수공업과 기술훈련을 긍정적으로 인식하도록 하였고, 사립 직업훈련학교 발달에 중요한 토대를 마련하도록 공헌하였다.

사내학교(corporation school)는 1905년 철도산업에서 철도 정비창 노동자의 업무효율성과 성과수행 향상을 위해 설립되어, 고용주가 고용인에게 교육을 제공하는 최초의 정규교육프로그램으로서 노동자가 공장에서 업무를 수행하는 데 필요한 수학, 기계 등 실용적 기술 외에도 실제 현장에 적용 가능한 상공업 및 기술훈련 중심의 교육을 제공하였다.

2. 20세기 인적자원개발의 변화

1) 1990년대 초반

20세기 초반 미국은 사내학교를 중심으로 독립된 기관이 업무와 관련된 훈련을 제공하는 직업훈련 분야를 강조하게 되었다. 즉 1905년에 사내학교가 시작되어 직원이 업무 수행을 위해 필요한 기술을 갖출 수 있도록 하였다(Swanson et al., 1995; 오헌석 외, 2010).

1917년 스미스-휴즈법(Smith-Hughes Act)이 제정되면서 직업교육 분야의 발전은 더욱 가속화되었다. 이제 기술교육은 공교육의 한 부분으로 공교육 내 산업 농업, 가정경제, 교사훈련 프로그램에 영구적 자금을 지원하고, 다양한 직업교육 분야의 전문가 협회가 설립되었다. 그리고 이들을 중심으로 직업교육과 관련된 연구 활동과 가족 지원방안이 제공되고 실제 직업교육프로그램을 운영하는 계기가 마련되었다.

2) 세계대전과 인적자원개발

두 번에 걸친 세계대전은 미국의 기술훈련에서 발전을 가져왔다. 세계대전 동안 발생한 미국의 노동운동은 보다 많은 교육훈련 기회를 제공하여 미국을 세계적 강국으로 만드는 동인으로 작용하게 되었다. 세계적 전쟁으로 인하여 미국의 교육시스템에 부과된 훈련에 대한 새로운 요구와 변화, 그리고 전쟁 참여 전후에 시작된 기술혁신의 영향이 중요한 요인이었다.

제1차 세계대전은 미국에서 기업학교 협회가 창설되고 4년 후에 발발하였고, 이때 조기에 군함을 개발하며 조선에 박차를 가해야 한다는 요구에 부응하기 위해 인력과 시설이 필요하였다. 이에 1917년 미국 특수해군 선박회사의 지휘자인 알렌(Allen)과 그의 참모인 칸(Kane)은 4단계 훈련개발모형을 개발하였다(Swanson et al., 2001; 권대봉, 2003).

미국의 산업교육 발전사는 로렌스(Lawrence)의 인력시스템분류기준에 따라 다음과 같이 분류할 수 있다(Swanson et al., 2001; 권대봉, 2003).

첫째, 1820년까지는 직종별 협동조합 인력시스템으로 건국 초기 농업 국가인 미국은 주로 농업에 종사하여 가정에서 부모, 형제로부터 농사와 목축기술을 배웠고, 도시는 지역 수공업 조합에서 도제제도를 통하여 기술과 기능을 익히게 되었다.

둘째, 도제제도가 붕괴되면서 1820년~1914년까지는 시장 인력시스템으로 변화되었다. 수공업이 대규모 작업장으로 변화되며 해고가 빈번하게 일어나고 이에 따라 이직률이 상승하면서 소수에게 제한적인 기술만을 가르치게 되었다.

셋째, 1915~1945년까지는 기술인력시스템으로, 제1차 세계대전(1914~1919년) 발발로 인해 교육훈련 필요성이 대두되었고, 직업 교육훈련이 전쟁을 해결하기 위한 최선의 방안으로 부각되면서 많은 교육훈련이 이루어졌다. 즉 과학적 관리법은 포드(Ford)에 의해 1914년 대량생산을 위한 이동조립법(conveyor system, moving assembly work)으로 개발되어 새로운 생산라인이 설치되었다. 이는 제품의 단순화(simplification), 부품의 표준화(standardization), 작업의 전문화(specialization)로 일컫는 3S를 전제로 컨베이어와 작업자의 타이밍을 맞추는 동시관리(management by synchronization)를 추구하여 생산효율을 극대화하였다.

1920년대는 제1차 세계대전으로 대규모 인명피해와 경제적 손실을 회복하기 위해 교육훈련의 필요성을 인식하여 각 대학은 적극적으로 산업교육프로그램을 실시하였고, 이에 대한 교육 효과성이 입증되면서 전자제품 판매원을 위한 방문판매 훈련이 활발하게 이루어졌다. 그리고 테일러(Taylor)의 과학적 관리법은 인간의 잠재성 개발에 한계가 있음을 깨닫고 호손 연구를 통해 노동자의 의식, 동기, 사기, 리더십 등 인간관계 중요성을 확인하게 되었다.

인간관계 운동은 노동자에 대해 공장 기계 속의 톱니바퀴 같은 단순한 존재가 아니라 인간으로서 보나 복잡하고 현실적인 존재로 이해하게 되는 계기를 제공해주었고, 인간관계 운동은 직무에서 인간행동의 중요성을 강조했다(최종석 외, 2019). 이에 미국 기업은 작업장에서 관리자를 위한 관리자 훈련프로그램(Management Training Program: MTP)을 개발하였고, 감독자 훈련(Supervisory Training)이 실현된 세기가 되었다.

1930년대는 대공황(1929~1939년)으로 그동안 진행되었던 교육훈련 프로그램이 중단되었고 이로 인해 교육훈련은 침체기를 겪게 되었다. 그러나 제2차 세계대전(1939~1945년)이 발생하면서 많은 미국인이 전쟁에 참여하게 되면서 미숙련공도 군대에서 기능훈련(용접, 기계공)을, 그리고 군대에 입대하지 않은 미숙련공, 여성에게는 생산성 향상을 위해 Role Playing과 여성을 포함한 많은 미숙련자를 신속하게 가르칠 교수자를 양성하는 프로그램(Job Instructor Training: JIT)도 이때 등장하였다.

이외에도 미국 국방자문위원회(The National Defence Advisory Commission)에 의해 1940년에 개발된 작업 관계, 작업방법, 안전관리 등의 감독자 훈련 프로그램(Training Within Industry: TWI)이 개발되어 군대와 일반 생산현장에서도 이 훈련 프로그램이 사용되었다. 그리고 1943년에는 ASTD(American Society for Training and Development)가 창립되어 산업교육의 중요한 역할을 시작하였다(오헌석 외, 2010). 이처럼 제2차 세계대전 시기에 미국은 국방 무기를 생산을 위해 많은 노동력이 필요함에 따라 실업자가 감소하고 전문적인 숙련공 양성을 위한 교육훈련이 부활하기 시작하였다.

3) 제2차 세계대전 이후 인적자원개발

제2차 세계대전 후 노동자들은 단순히 기계의 작동에 따라 단순 반복노동으로 인한 사기가 저하되면서 노동생산성도 동시에 떨어지는 결과를 낳았다. 이에 미국의 각 기업은 노동자의 숙련도 향상과 반복작업에 대한 불만을 개선하기 위해 경력개발 인력시스템을 도입하였고, 이는 기업에서 산업교육이 본격적으로 이루어지게 되었다(Swanson et al., 2001; 권대봉, 2003). 경력개발 인력시스템은 고용 안정, 노동자의 충성심이 필요하고 직무 분장과 새로운 직급이 도입되어 경력개발을 할 수 있도록 하였다.

4) 1940년대 이후부터 80년대 산업교육

1940년대는 미국산업교육협회(American Society for Training and Development: ASTD)가 탄생하면서 직무훈련으로 감독자를 위한 직무훈련(Job Instruction Training: JIT) 프로그램은 45시간으로 연장 개편되었고, 직무순환훈련(Job Relations Training: JRT), 직무방법훈련(Job Methods Training: JMT), 직무안전훈련(Job Safety Training: JST) 등이 개발되었다(Miller, 1987). 1940년대 및 50년대에는 인간관계와 의사소통에 관심을 갖는 인간관계모형(human relationship model)에 기초해서 직무 환경이나 직무설계를 이후 인적자원개발에 대한 관심은 인본주의 영향에 의해 인간적 특성, 동기에 대한 관심이 증가하면서 조직행동에 대한 연구들이 진행되었다(권대봉, 2003).

대표적인 학자로는 내담자 중심 상담의 선구자인 로저스(Rogers)를 포함한 인본주의 학자들, 매슬로(Maslow)의 욕구위계설, 놀즈(Knowles)의 성인학습, 맥그리거(McGregor)의 XY이론 등이 출현하면서 인적자원개발 외에도 조직행동, 조직심리학에서 이를 적용하게 되었다.

1960년대와 1970년대 사이 전문적 훈련자의 역할은 훈련 강의실을 넘어 확장되며, 많은 조직에서 종업원 몰입을 향한 움직임은 훈련자에게 종업원들에 대한 코칭과 카운슬링의 역할까지 요구하게 되었고, 훈련과 개발(Training & Development: T&D) 역량들은 코칭 집단 프로세스 촉진 그리고 문제 해결과 같은 대인관계 기술을 포함하는 수준으로 확장되었다(차종석 외, 2019). 이처럼 60년대는 교육훈련에 관한 전문 잡지들이 출현하고, 점차 이론을 갖춘 교육훈련 전문가의 필요성을 인식하면서 교육훈련의 프로그램화 및 시청각 교육훈련에 관심을 갖기 시작하였다.

한편 70년대 ASTD는 Professional Development Manual Trainers를 발간하였고, 조직개발(OD: Organization Development) 교육담당자들은 OD에 대한 관심과 OD 전문가가 되기 위해 동기가 부여되었던 시기이다. 교육공학적 측면에서는 기술발전에 따라 VTR 활용, 카세트, 컴퓨터 프로그램 등 다양한 교수방법과 교수매체 실용화로 교육현장에 적용되는 큰 변화를 가져왔다(이찬 외, 2022).

기업들은 비즈니스게임을 교육훈련에 활용하기 시작했고, 서류함을 이용한 인바스킷(In-basket) 훈련, 의사결정 시뮬레이션 기법을 개발하였고, 영업과 판매 훈련을 위하여 역할 연기법 등이 등장하였다. 그리고 교육평가 방법에서 커크패트릭(Kirkpatrick)의 반응-학습-행동-결과 4수준 평가모형이 제시되었고, 현재에도 이를 적용하고 있다.

1980년대 인적자원개발은 전문가에 의해 행동과학(behavioral science)에 근거한 경영관리 교육훈련이 본격적으로 진행된 시기이다. 특히 경력개발프로그램(career development program: CDP)에 대한 새로운 견해로 인간이 전 생애에 걸친 인적자원개발은 조직의 성과와 밀접하게 연관되어 그 중요성을 인식하기 시작하였다. 경력개발프로그램이 등장하면서 개인과 조직은 서로 양립할 수 있는 인적자원개발이 가능성을 인정하게 된 시기가 도래하였다(이찬 외, 2022).

5) 1990년대 이후 인적자원개발

인적자원과 지식의 중요성에 대한 인식 확산으로 1990년대부터 인적자원개발에 대한 연구와 체계적인 접근이 이루어졌다. 정보통신 기술의 급속한 발전과 함께 인적자원개발 분야에서 다양한 학회가 구성되어 다양한 학술적 교류와 활동이 전개되어 인적자원개발은 학문적으로나 현실경영에서 그 비중이 높아지고 있다. 학술단체로 현재 인적자원개발 분야는 현실경영 중심으로 국제학술대회를 개최하는 ASTD, 학술 중심 연구활동을 수행하는 AHRD(Academy of Human Resource Development) 협회 등이 있다(권대봉, 2003).

인적자원개발 분야는 최근 정보통신기술 발달에 따른 경영환경 변화와 함께 e-learning이 등장하였고, on-line learning과 off-line learning의 장점을 통합적으로 활용하고자 혼합학습(blended learning)이 나타나면서 새로운 방향으로 발전하고 있다. 그리고 지식은 학습과 관계가 높고 인간과 떨어질 수 없다는 점에서 주로 경영학에서 연구되어 온 지식경영(knowledge management)이 인적자원개발 분야에 도입되었다.

지식경영은 학습, 지식, 수행성과가 서로 연결되어 지식의 창출, 공유, 활용 등 지식경영활동으로 인적자원개발과 관련되는 부분에 집중하고 있다. 이외에도 성과 중심의 인적자원개발이 강조되면서 조직 내 인적자원 수행을 향상시키기 위한 방법으로 기존 훈련 프로그램을 확대하여, 조직 운영, 인적자원의 관리 등의 비훈련프로그램 방법을 포함하는 수행공학(Human Performance Technology: HPT)이 부상하고 있다.

그리고 구성원을 대상으로 역량개발 전략을 강조하고 다양한 인적자원개발 활동을 포괄하기 위한 개념적 틀로써 전략적 인적자원개발(SHRD)이 강조되고 있다. 전략적 인적자원개발은 인적자원개발 존재의 정당성을 확보하고 복잡한 전략과 활동을 체계적으로 관리하고 이해하기 위한 역할을 하며 조직의 전략에 부합되고 조직의 전략을 적극적으로 유도하는 기능을 수행하여 자체 활동을 운영하는 원리를 습득하게 된다.

연구문제

1. 그리스·로마 시대 인적자원개발에 대해 설명해 봅시다.

2. 중세시대 도제제도와 길드에 대해 설명해 봅시다.

3. 르네상스 시대 노작교육(勞作敎育: work oriented education)에 대해 설명해 봅시다.

4. 19세기 이후 사내학교의 등장 배경과 인적자원개발에 대해 설명해 봅시다.

5. 1990년대 이후 인적자원개발에 대해 설명해 봅시다.

CHAPTER 03

교육프로그램 분석【Analysis(분석)】

제1절 교수체제와 분석모형

제2절 교육프로그램의 요구분석

학습목표

본 장은 교육프로그램 분석에 관한 내용을 중심으로 소개한다. 제1절은 교수체제 및 모형에 관한 내용으로 먼저 교수체제설계에 따라 교육프로그램이 설계되어야 함을 소개하고, 교수체제설계 모형의 특징을 제시하였다. 그리고 교수체제설계 절차를 소개하면서 ADDIE 모형과 분석, 설계, 개발, 실행, 평가 등 각 절차에 대한 영역별 특징을 제시하였다.
제2절은 교육프로그램의 요구분석에 관한 내용으로 이에 대한 개념 및 절차, 요구분석의 목적, 과정을 소개한다. 다음으로 학습자분석의 개념 및 평가방법, 직무분석의 개념, 절차, 직무분석방법을 제시하였다.

제1절 교수체제와 분석모형

1. 교수체제

1) 교수체제설계

교육은 체제적 접근(systems approach)에 의해 한 방향의 일회적 과정이 아니라 목적 달성을 위해 계속하여 이를 수정하고 보완하는 일련의 순환적·총체적인 프로세스로 이루어지며, 교육프로그램 개발도 이러한 체제적 접근으로 이루어지게 된다(오인경 외, 2009). 이처럼 교육프로그램 개발은 교수체제설계(Instructional Systems Design: ISD) 절차에 따라 이루어지는데, 교수체제설계란 교수를 계획하고, 개발하고, 실행하고, 평가할 때 따라야 하는 일련의 총체적 절차를 말한다(Reigeluth, 1983).

교수체제설계 과정을 거치면서 우리는 왜 교육을 하며, 무슨 내용을 제공하고, 어떻게 전달하며, 무슨 교재와 보조자료를 가지고 교육시키고, 어떻게 평가할 것인가에 대한 확신 있는 의사결정을 할 수 있게 되는 것이다(오인경 외, 2009). 교수체제설계는 수업의 효과를 증진시킬 수 있는 최적의 교수 방법을 처방해 주는 조직적인 절차로서, 바람직한 교수 방법을 필요로 하는 다양한 교육, 즉 학교교육, 기업교육, 평생교육, 원격교육 및 성인교육에 효과적으로 적용될 수 있다(Reigeluth, 1983).

이상의 교수체제설계(ISD) 절차에 의해 교육프로그램이 개발된다면 결과물은 매력적·효과적·효율적일 확률이 보다 높아지게 된다. 이상을 종합해 보면 교육프로그램 개발은 체계적이며, 조직적 계획이 요구되는 과정으로 체계적이고 조직적으로 잘 설계된 교육프로그램은 교육 목적을 효과적으로 달성할 수 있게 된다.

2) 교수설계 모형

교수설계 모형은 교수설계 절차를 실행하는 데 있어 구체적인 지침을 제공하고 팀 구성원이나 고객 간에 의사소통을 도와주기 위해 교수설계의 전체적인 과정을 시각화한 것으로(Reiser et al., 2007), 복잡한 절차와 과정을 단순화하여 실제 현장에서 이를 이해하고 실현하는 데 도움이 된다. 그러나 교수설계 과정은 해당 조직이 처한 상황이나 교수설계자에 따라 달라질 수 있기 때문에 다양한 교수설계모형이 개발되고, 해당 조직이나 상황에 부합하도록 수정발전을 거듭하고 있다(박성익 외, 2012). 교수설계 모형의 특징을 구스타프슨과 브란손(Gustafson & Branson, 2002)은 다음과 같이 정리하였다.

첫째, 교수설계 모형은 광범위한 교육 환경에서부터 지엽적인 훈련의 적용에 이르기까지 안내된 학습을 분석, 설계, 개발, 평가하기 위한 개념적인 도구, 의사소통 도구의 기능(나기현, 2017)을 한다.

둘째, 다양한 설계와 개발 환경에 완벽한 설계모형은 존재하지 않는다.

셋째, 교수설계 모형이 그 맥락적, 이론적, 철학적, 현상적 근거와 조화가 되도록 효과적인 학습환경을 성공적으로 구현할 가능성은 증가한다.

넷째, 교수설계 모형은 학습자의 다양한 배경과 학습을 하는 동안 발생하는 다양한 상호작용, 학습이 발생하는 다양한 맥락(나기현, 2017)을 이해하는 데 도움을 준다.

마지막으로 교수설계 모형에 대한 이해는 같을지라도 적용 수준은 맥락이나 상황에 따라 달라지게 된다.

이에 본 장에서는 교수설계 모형의 근간이 되는 체제이론을 배경으로 하는 ADDIE 모형을 소개한다.

2. 분석모형

체계적인 교수설계 과정으로 교수설계 절차는 대체적으로 분석(analysis), 설계(design), 개발(development), 실행(implementation), 평가(evaluation)라는 공통점을 갖고 있다. 이러한 교수체제개발(Instructional Systems Development: ISD) 모형은 1973년 미국 군대에서 공식적인 교육프로그램 모형으로 인정을 받은 이후 각 활동의 앞글자를 따서 ADDIE 모형으로 통칭되며 교육프로그램 개발에서 가장 널리 알려진 모형이다. 이 모형은 일부 연구자에 의해 개발되고 정교화된 이론이 아니고 오랜 시간에 걸쳐 만들어진 이론으로(한정선 외, 2002), 모든 교수체제 설계모형은 공통적으로 ADDIE 모형의 모든 요소나 일부 요소를 포함하는 가장 일반적인 모형이다(노혜란 외, 2012).

그림 3-1과 같이 ISD 모형은 교육프로그램을 개발하기 위한 분석, 설계, 개발, 실행 및 평가의 체계적인 절차를 제시한다(장원섭, 2021).

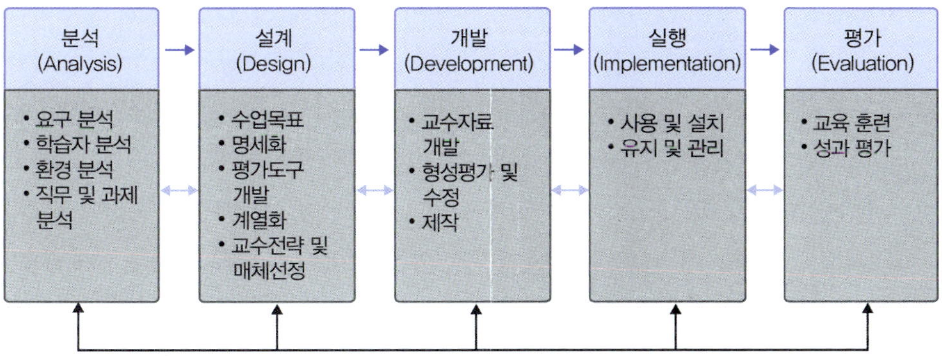

그림 3-1 ISD 기본 모형(ADDIE)

출처: 권영선 외(2021). p.147.

교수설계의 구체적인 절차와 과정은 특정 교육프로그램이 개발되는 상황에 따라 매우 다양하게 나타난다. 예를 들면 기업체에서 한 달간의 신입사원 교육과정을 개발하는 경우는 인력 자원, 예산, 교육목표 및 내용. 교수전략 등의 측면에서 차이가 나타날 것이다.

그러나 상황에 따른 이러한 다양성에도 불구하고, 대부분의 교수설계에서는 분석, 설계, 개발, 실행, 평가와 같은 ADDIE 활동이 공통적으로 나타나고 있는데, 이들 각 영역의 특징을 간단히 살펴보면 다음과 같다(노혜란 외, 2012; 박성익 외, 2012).

1) 분석

분석단계는 실세를 위한 조직적 결정을 해야 하는 교수설계 과정의 초기 단계로 교수활동에 필요한 환경을 분석하는 것이다. 현재 교수와 관련된 문제가 무엇인지를 분석하고, 어떤 교수처방이 필요한지를 계획해야 하며 설계를 위한 임무, 비전, 가능성 등을 분석단계에서 결정되어야 한다(권영선 외, 2021). 그리고 분석과정에는 요구분석, 학습자분석, 환경분석, 그리고 직무 및 과제분석이 포함된다.

2) 설계

설계는 분석과정에 나온 결과를 종합하는 과정이며 구체적인 교육계획서로, 분석을 통해 파악된 수업의 문제점을 해결하기 위해 구체적인 전략을 수립하는 단계이며, 일반적으로 설계단계에서는 측정 가능한 학습목표가 설정되고, 학습의 내용을 유형별로 분류하며, 학습활동을 구체화하고, 수업을 위한 매체를 구체적으로 계획하는 등의 다양한 활동이 진행된다(유세종, 2017).

설계단계는 수행목표 명세화, 평가도구 개발, 교육프로그램의 구조화 및 계열화, 교수전략과 매체선정이 포함되며, 설계과정에서는 교육훈련의 전체 모습, 즉 설계명세서를 만들어 낸다(권영선 외, 2021).

3) 개발

설계단계에서 구체화된 계획에 의해 개발단계는 실제 교수자료를 제작하는 것으로, 이 단계는 교수설계안을 실행하는 데 필요한 교수매체 자료를 실물로 구현하게 된다. 개발단계는 일반적으로 교수자료, 교육프로그램 등의 초안 개발 후 형성평가 후 수정과정을 통해 강좌운영 매뉴얼과 같은 인쇄물이나 파워포인트와 같은 발표자료에서부터 이러닝을 위한 시스템 개발까지 다양한 형태의 산출물이 만들어질 수 있다(유세종, 2017).

4) 실행

실행은 최종 산출물로서 개발된 교수설계안, 교재, 교육프로그램을 활용하여 실제 현장에 적용하는 교수활동을 진행하는 것을 말한다. 실행단계는 이전 단계에서 제작된 결과물을 교수학습 환경에 제대로 전달하고, 적용하는가에 관심을 두며, 원활한 실행을 위해 시설, 기자재, 예산, 인적지원 등의 지원이 요구된다.

5) 평가

평가는 교수학습자료 혹은 교육과정이 개발된 후에 그 가치나 유용성 평가로서, 일반적으로 형성평가와 총괄평가가 이루어지며, 형성평가는 개발된 교수내용 및 교수전략의 적절성을 검증하는 것이고, 총괄평가는 최종 완성된 자료 및 프로그램의 효과성을 검증하는 것이다(유세종, 2017). 평가는 이를 통해 해당 자료 또는 프로그램을 지속하여 사용할 것인가 결정하고, 이에 따른 문제점은 무엇인지, 그리고 수정사항을 확인하여 결정하게 하며 문제가 발생하는 곳에 대한 정보를 획득하게 된다.

제2절 교육프로그램의 요구분석

1. 요구분석의 개념 및 절차

1) 요구분석의 개념

요구분석은 교수체제개발의 초기 단계에서 교육목표를 수립하고 교수 내용을 선정하고 조직하는 데 필요한 근거 또는 의사결정을 위한 정보를 제공하기 때문에 반드시 실시되어야(강철민, 2020) 한다. 따라서 대부분의 교수체제개발 모형들은 요구분석을 그 하위 요소로 포함하고 있다. 특히, 체제적 접근을 강조하는 모형일수록 초기 요구분석의 결과가 교육목표 선정 및 과제분석, 교수전략 수립 등 다른 교수개발 요소들과 상호유기적인 관계를 갖도록 제안하고 있다(박성익 외, 2012).

우선 요구란 현재 상태(What it is)와 바람직한 상태(What should be) 간의 격차(Witkin et al., 1995)를 말하며, 요구분석은 개인 또는 조직의 현재 상태를 인식하고 바람직한 상태와의 차이점을 밝히는 과정으로, 단순히 현재의 문제를 해결하기 위한 것이라기보다는 미래지향적인 관점에서 좀 더 나은 상태로 이행하기 위한 것이다(Kaufman, 1990).

이러한 요구분석은 요구의 우선순위를 결정하고 자원을 배치하기 위한 체계적인 접근 방법으로 이미 과거에 이루어진 것이 아닌 미래, 혹은 반드시 이루어져야 하는 것(What should be)에 초점을 맞추고 있으며, '차이'와 '요구'를 분석하고자 하는 것이다(강철민, 2020). 요구분석은 정보를 사용하여, 요구사항에 대한 우선순위를 식별하는 과정이라고 볼 수 있다(Altschuld, 2004).

그리고 요구분석은 요구사정, 차이분석, 전단분석, 격차분석 등의 다양한 이름으로 사용된다. 이는 프로그램 개발의 초기 단계에서 목표를 설정하고, 교육내용을 결정하기 위하여 필수적으로 수행해야 하는 활동으로서 교육프로그램을 개발하기 전에 문제를 확인하는 방법이다(김용현 외, 2010).

요구분석은 최적의 바람직한 상태와 현재 상태 수행에 있어 무슨 차이가 있는가에 대한 근본 원인과 그 원인을 해결하기 위한 방안을 확인하여 차이의 근본적인 원인을 규명하면 조직의 한정된 자원을 합리적으로 분배의 목적(goal)을 도출할 수 있다(노혜란 외, 2012).

이상의 요구분석은 요구의 우선순위를 결정하고, 프로그램 개발 여부에 대한 의사결정을 하며, 자원을 배치하기 위한 체계적인 접근(Mckillip, 1987)이자, 바람직한 상태와 현재 상태의 격차를 확인하고, 이를 해결하기 위하여 자원 분배의 우선순위를 합리적으로 결정하기 위한 체계적인 과정과 절차로 볼 수 있다(오인경 외, 2009).

2) 요구분석의 절차

요구분석은 항상 교육의 문제를 해결하기 위한 상황에서만 일어나는 것은 아니며, 정부 기관, 학교 시스템, 사회서비스 기관, 기업, 도시, 병원, 대학, 시민운동단체 등 다양한 유형의 기관들이 요구분석을 수행하고 공적 의사결정 과정에 요구분석을 활용할 수 있다(오인경 외, 2009). 기업교육에서 요구분석은 교육훈련이 요청되는 상황에 대한 분석에서부터 출발하여 교육훈련 해결방안 여부를 확인하는 체계적 절차로 교육훈련을 계획하기 이전에 교육훈련의 타당성 검증을 위해 반드시 시행되어야 하는 절차이다(노남섭 외, 2021).

교수학습 차원의 요구분석에 대한 구체적인 절차를 살펴보면 다음과 같다(노혜란 외, 2012).

① 현 교육 체제의 목적을 파악한다.
② 학습자가 교육 체제 목적을 얼마나 성취하였는가를 평가한다.
③ 학습자의 현재 상태와 바람직한 미래상태에서 달성할 수 있는 것 차이를 규명한다.
④ 우선순위는 가장 중요하고 주의를 기울여야 하는 차이가 나는 것부터 결정한다(차이가 크게 나는 사항, 목적의 중요도가 큰 사항, 영향을 받을 교육생의 숫자가 많은

경우, 목적 달성에 큰 영향을 미칠 사항, 차이를 줄일 수 있는 가능성이 높은 사항을 고려한다).

⑤ 요구가 발생하는 원인을 분석하여 교육적인 요구에 대한 해결방법과 그 외 요구에 대한 해결방법을 분리한다.

⑥ 교육적 요구 해결을 위해 적절한 교육프로그램을 개발한다.

2. 요구분석의 목적

요구분석은 다양한 출처나 이해관계자들로부터 문제해결과 관련된 구체적 정보를 얻어내기 위한 것(Rossett, 1987)으로, 문제의 본질이 불명확하거나 불확실한 문제의 본질을 규명하여 문제를 해결하는 가장 적절한 방안을 찾기 위해 요구분석을 실시한다(박성익 외, 2012). 요구분석은 직무수행에 요구되는 결정적인 중요 과제와 그 수행에 필요한 지식, 기술, 능력에 관한 정보를 얻기 위한 것이다.

요구분석의 목적은 직무수행에서 발생하는 다양한 문제 들을 해결하기 위해서 관련된 구체적인 정보를 수집하는 것이며, 이러한 요구분석의 결과를 토대로 지식이나 태도, 기술 등에 있어서 교육이 필요한 프로그램 영역을 확인하는 데 있다. 즉 교육 요구분석은 교육목표를 설정하고, 이를 기반으로 교육내용을 선정하기 위해 반드시 선행되어야 하는 핵심 활동을 목적으로 한다(박성익 외, 2012).

HRD 요구분석은 조직 관리자와 구성원 사이에서 다음의 목적하에 실시되는데, 현재 상태를 확인하고, 기대하는 최선의 상태를 파악하며, 현재 상태와 최선의 상태 관계를 어떻게 인식하는지를 목적으로 조사한다.

그리고 HRD 요구분석은 관계에 대한 인식을 바탕으로 학습과 수행의 요구를 도출하고, 학습과 수행요구의 원인, 즉 조직구성원의 지식 또는 기술의 결여, 조직의 구조나 과정의 결함, 보상체계의 미비, 직무동기의 결핍 등 해결 가능한 원인과 관련된 정보를 확인하며, 그 결과 적절한 HRD 프로그램이나 활동을 제시하고자 하는 목적으로 실시된다(배을규, 2009).

3. 요구분석의 과정

요구분석의 과정은 요구분석의 계획, 실행, 분석결과 및 보고 등 3단계로 진행된다.

1) 요구분석의 계획

요구분석 계획은 요구분석에 필요한 정보 출처 선정, 요구분석의 절차 결정, 분석도구의 선정(도구제작 포함) 등 3단계로 진행되며 이와 관련된 상세한 내용은 다음과 같다(김용현 외, 1990).

먼저 1단계 요구분석에 필요한 정보 출처 선정으로 일단 요구분석의 상황과 목적이 결정되면 어디에, 누가 필요한 정보를 가지고 있는지? 등에 대한 정보 출처 및 정보 획득에 장애요인은 무엇인지 정보의 출처를 확인해야 한다.

예로, 고객 서비스 개선 요구분석을 위한 면담은 대상자를 누구로 할 것인가? 그리고 요구분석 결과 실행에 필요한 대상자를 과정에 포함할 필요가 있다.

둘째, 2단계 요구분석 절차에 대한 효과적인 결정은 정보가 제공된 여러 출처의 정확성에 대한 질문이 필요하며, 이는 대규모 방법보다는 개별적으로 문제를 파악해야 한다. 가장 효과적인 방법은 다양한 요구사정에 필요한 질적 도구를 사용하여야 한다. 즉, 정보의 출처에게 어떤 도구를 사용해서 요구사정을 할 것인가를 결정하는 것이다.

셋째, 요구분석에서 분석 도구를 선정하게 된다.

2) 분석 도구의 선정

요구분석의 도구는 분석목적, 가용시간, 인력, 예산, 기타 자원에 따라 가장 바람직하다고 판단되는 분석 도구를 사용해야 하며 현존자료분석, 면담, 설문지 조사, 소집단 회의 등을 비롯하여 요구분석에서 대표적인 분석 도구는 다음과 같다(박성익 외, 2012; 오인경 외, 2009).

(1) 현존자료분석

현존자료분석(extant data analysis)이란 조직에서 보유하고 있는 기록과 파일 등을 통해서 직무수행과 성취결과를 살펴보고자 하는 초기분석 활동으로서 후속되는 요구분석을 보다 구체적이고 자세하게 할 수 있도록 도와주는 한편, 요구분석에서 의견이 수집되면 다시 현존자료를 통해 그 의견 또는 정보의 타당성을 재확인해 보는 것이 좋다. 그리고 현존 자료 분석은 작업이나 업무가 현재 진행 중인 상황에서 수행문제가 발생하였을 때 초기에 반복적으로 사용하는 것을 권하며, 교육이나 어떤 해결방법을 채택하기 전에 먼저 모든 관련된 기록이나 정보를 주의 깊게 살펴보는 것이 좋다.

(2) 설문조사법

요구분석 도구로 설문조사(questionnaires and survey)의 개념, 방법 및 절차는 다음과 같다(김용현 외, 2010; 박성익 외, 2012). 설문조사는 다수 사람이 문제나 상황에 대해 어떻게 생각하고 받아들여지고 있는지를 알아내고자 할 때 자주 쓰이는 요구분석 도구로써, 주로 관심 있는 집단의 작은 표본을 대상으로 다양한 정보를 수집하기 위해서 실시된다.

그리고 설문조사 방법은 보다 구체적인 목적을 설정하여 정보를 수집하기 위해 질문지를 배포한 후 작성이 끝난 질문지를 수거하여 그 자료를 분석하는 방법으로, 무기명으로 이루어질 수 있다. 설문조사 방법은 솔직한 의견을 알아내는 데 유용하게 쓰일 수 있으므로 원인, 느낌, 해결의 요구분석 목적에 관한 정보를 탐색하는 데 효율적인 도구가 될 수 있다. 그리고 설문조사는 비용이 비교적 적게 들고, 조사자의 특별한 도구 사용 능력 없이 이용될 수 있으며, 양적인 데이터를 끌어내는 데 용이하므로 널리 이용되고 있는 도구다.

(3) 면담법

요구분석의 다른 도구로 면담(interview)에 관한 내용은 다음과 같다(김용현 외, 2010; 박성익 외, 2012). 면담은 언어를 사용한 동시적이고 상호작용적인 의사소통 방식으로서, 일반적으로 초기 분석 기법으로 자주 쓰이는 도구로써(Rossett, 1987), 모든 요구분석의 목적에 관한 정보를 수집하는 데 적절하므로, 요구분석 시 가장 일반적으로 사용될 수 있는 도구이다. 그리고 면담은 융통적·상호작용적·동시적 특성이 있으므로 관련되는 사람과 직접 만남으로 해당 문제 공유가 가능하며, 서로 의견이나 아이디어를 나누고, 대화로 문제를 해결할 수 있는 좋은 방안이 될 수 있다.

(4) 관찰법

요구분석의 도구로 관찰(observation)은 최적의 작업 수행을 탐색하고, 작업에 관한 자세한 자료를 얻고, 더 나아가서 문제의 '원인'을 추론하고자 할 때 관찰을 시행할 수 있으며, 관찰의 특성은 다음과 같다. 첫째, 융통성으로 관찰을 수행하기 전에 얻고자 하는 정보의 양보다 좀 더 많은 정보를 습득할 수 있다(이현아, 2012). 둘째, 작업에 대해 좀 더 직접적으로 느끼고 배울 수 있다. 말로만 들어왔던 사실들을 확인함과 동시에, 관련자들이 느끼는 상황을 직접 체험할 수 있으므로 깊은 정보를 찾을 수 있다(김용현 외, 2010).

(5) 핵심집단회의법

다른 요구분석 도구로 핵심집단회의(Focus Group Discussion)가 있다(김용현 외, 2010). 핵심집단회의는 목적을 지닌 3~4명 이상의 인원이 서로 공유하는 문제에 대해 상호작용으로 각기 차원과 관점에서 종합적인 견해와 동의를 이끌어내는 데 용이하여 참여자를 통해서 정보를 얻고, 공유하고, 문제해결을 위한 공감적 연대를 만들어 낼 수 있다.

이러한 도구의 특징은 '최적', '실제', '원인', '느낌', '해결'의 요구분석 목적 전반에 관한 의견을 수렴할 수 있다. 주제 관련 전문가들이 참석한 회의에서는 '최적'에 관한 전반적인 그림을 도출하고, 문제의 다양한 대안들은 살피고, 대안에 대한 범위와 중요도에 따른 우선순위를 결정할 수 있다. 요구분석 도구 선정에 관한 내용을 요약하면 다음의 표 3-1과 같다.

표 3-1 분석도구 가이드

목적	최적의 방법
많은 사람의 여론이나 정보 수집 분석을 위한 계수적 자료 준비	설문조사법
대상에 대한 심도 있는 정보 수집	설문조사 및 관찰법
의논하기가 어렵고, 복잡하며, 감성적인 주제	면담 및 핵심집단토의법
반항적이거나 무관심한 사람들의 지지 확보 대상 집단과 그들의 관리자를 알기 위함	면담법

목적	최적의 방법
프로그램용 문서, 역할연기 대본, 사례 수집	면담/관찰/핵심집단토의법
대상의 실제 직무 인식 대상자들에게 필요한 특정 학습의 높은 정확도 확인	관찰법

출처: 김용현 외(2010). p.96.

3) 요구분석의 실행

요구분석 실행단계는 이전 계획서에 따른 일정과 절차에 따라 자료를 수집하고, 요구분석을 통해 얻는 자료는 면담, 관찰, 핵심집단회의 등을 통한 질적 자료와 설문조사의 양적 자료가 있다(오인경 외, 2009).

4) 요구분석 결과분석 및 보고

요구분석 활동을 통한 자료수집이 끝나면 자료를 분석하고, 최적, 실제, 느낌, 원인, 해결방안에 대한 자료를 정리한다. 수집된 자료를 토대로 해결방안에 대한 대안을 제시하고, 우선순위를 제시함으로써 의사결정에 도움이 될 수 있는 지침을 제공한다(김용현 외, 2010).

조사된 내용 및 결과는 보고서와 같은 인쇄물로 작성하거나 프레젠테이션과 같은 언어적 의사소통을 통해 경영자 및 관련자들에게 보고를 하며, 보고의 형태와 방법은 경영자의 요구와 상황에 따라 결정된다(오인경 외, 2009).

4. 학습자분석

1) 학습자 분석의 개념

교육프로그램 개발을 위한 분석 대상으로 개인 수준의 학습자 분석은 개인 학습자의 구체적인 교육적 요구를 파악하게 되는데, 효과적인 교육프로그램 개발은 교육에 참여하는 학습자가 가진 개인의 교육적 배경, 이전의 교육 경력 현재의 지식과 기술 정도, 능력, 동기, 나이, 성별, 신체적 결함 등 특성 및 이들이 업무수행과 경력개발을 위해 원하는 지식이나 기술 내용과 수준을 정확하게 진단하여야 하며(장원섭, 2021), 이를 통해 교육적 요구 파악을 할 수 있다. 이와 동시에 개인이 업무수행과 경력개발을 위해 바라는 지식이나 기술의 내용과 수준이 어떠한지를 살펴보아야 한다.

개별 학습자의 훈련 요구를 파악하기 위해 이루어지는 학습자분석은 일반적으로 각 개인이 주요 과업을 얼마나 잘 수행하는가에 초점을 두고 있다. 즉 학습자분석은 구성원 각 개인의 요구를 분석하는 것으로, 현재 또는 기대되는 성과기준에 미달하는 개인을 찾거나, 그 원인, 교육훈련 필요성 여부를 확인하기 위한 목적으로, 그리고 고객 불만 접수, 낮은 성과 평가, 직무환경 변화, 신기술 도입 등의 직무환경이 변화할 때 실시한다(노남섭 외, 2021).

개인분석은 구성원 개인과 그의 상사를 포함하며, 개인 업무 특성에 따라 동료, 고객, 부하 등이 개인 수준의 요구를 알아보는 데 사용할 수도 있다(차종석 외, 2019). 학습자 개인분석 방법으로는 개인의 업무수행 시 발생하는 목표수준과의 불일치를 종합적으로 분석하는 수행평가 모형과 개인 특성, 투입 요소, 산출 요소, 보상 요소, 피드백 요소 등의 분석을 통해서 훈련 가능 여부와 훈련 준비성을 평가하는 노에(Noe)의 모형이 있다(노남섭 외, 2021).

2) 평가 방법

평가를 위한 데이터 수집이 우선 필요하며, 수행평가, 인지력 평가, 행동 평가, 태도 평가와 표준화된 기준을 토대로 평가센터 등 다양한 방법을 활용하며, 여러 명의 참가자를 함께 평가하고 직무와 관련된 시뮬레이션, 인터뷰 등을 활용한다.

평가는 감독자와 구성원이 함께 평가의 준거 틀을 조사하도록 하며 동료, 부하, 소비자 참여는 개인의 다른 관점을 관찰할 수 있도록 한다(노남섭 외, 2021).

5. 직무분석

1) 직무분석의 개념

직무분석이란 직무의 내용과 효율적 직무수행을 위한 필요요건을 분석하는 것으로, 현재 그리고 미래에 요구되는 직무 수준을 명확히 파악하여 근로자 선발, 성과평가, 보상, 경력관리에 활용(노남섭 외, 2021)할 수 있다. 그리고 직무분석은 조직 내 다양한 직무를 대상으로 그 안에서 수행되는 직무내용과 직무에 대한 정보를 수집, 분석, 정리하고 직무수행자가 갖추어야 할 자격요건 등에 관한 정보를 수집, 분석, 정리하는 일련의 과정(Noe et al., 2010)으로 정의하고 있다.

이외에도 직무분석은 관찰과 연구에 의해 어느 특정직무의 성질과 정보를 결정하고 보고하는 절차로 그 직무를 구성하고 있는 과업(task), 그 직무를 완수하기 위하여 근로자에게 요구되는 기능, 지식, 능력, 책임 및 타 직무와의 차이 등을 결정하는 것이며, 직무에 관한 정확하고 적절한 정보를 획득하고 기술하는 기초적인 기법이다(정수진 외, 2015).

즉 직무분석이란 근로자들이 작업현장에서 실제로 어떤 일을 하고 있으며 어떤 일을 수행해야만 하는가를 규명하는 작업으로서 직무를 구성하고 있는 일의 구성과 그 직무를 수행하기 위해 타 직무와는 다르게 요구되는 경험, 지식, 기능, 능력, 책임 등을 명확하게 밝혀 기술하는 방법이다(노남섭 외, 2021).

2) 직무분석의 절차

효과적인 직무분석을 위한 절차를 단계별로 설명하면 다음의 그림 3-2와 같다(정수진 외, 2015).

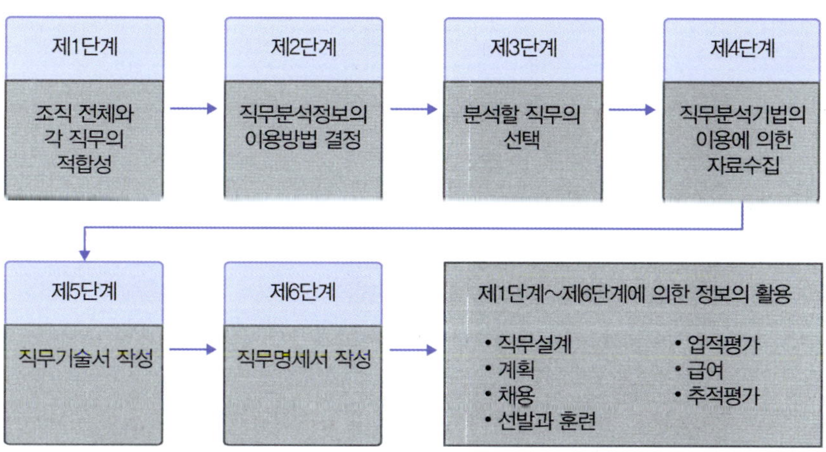

그림 3-2 직무분석의 절차

출처: Ivancevich, J. M.(1995). p.159.

3) 직무분석방법

구체적인 직무분석 주요 방법을 요약하면 다음 표 3-2와 같다(이찬 외, 2022).

표 3-2 직무분석방법

구분	내용
인터뷰	• 업무 담당자 대상으로 개별 인터뷰나 FGI로 면접하여 필요한 정보 획득 • 분석자가 사전에 직무에 대한 지식과 이해 필요 • 기존의 참고할 만한 자료인 평가자료, 조직도, 업무흐름표, 업무분장표 등 필요 • 일련의 구조화된 인터뷰 실시
관찰	• 훈련된 분석자가 업무수행자를 직접 관찰 • 대화, 체크리스트 등으로 기록함 • 직무의 물리적 환경에 대한 이해가 필요한 직무에 적합
질문지	• 질문지가 잘 설계되어 있고 업무 담당자들이 정확한 직무관련 자료를 제공하는 경우 효과적임 • 이미 개발되어 있는 표준질문서를 활용할 수 있으며 조직 특성에 맞게 자체 작성가능 - 직위분석 설문서(Position Analysis Questionnaire: PAQ) - 직무분석 설문서(Fleishman Job Analysis Survey: F-JAS) - 직무요소법(Job Element Method) 등
중요사건	• 매우 성공적인 직무수행 사례들을 통해 어떤 상황에서, 어떤 업무에 대해, 어떻게 행동했으며, 결과는 어떠하였는지 도출 • 매우 극단적인 업무처리(최상위 처리)와 관련되므로 보통 수준에서 기본적으로 수행하는 직무내용이 누락될 수 있음 • 교육용 사례 등으로 활용하기에 용이

출처: 이찬 외(2022). p.76.

4) 직무기술서와 직무명세서

직무분석을 통해서 최종적으로 정리된 자료는 직무기술서(job description)와 직무명세서(job specification)로 정리된다. 즉 직무기술서는 체계적인 직무분석에 의해 제공되는 주요한 성과의 하나로, 직무의 목적과 주요 작업내용 표준성과 기준 책임과 보고 관계 등 직무 중심적 정보를 명시한 공식문서이며, 이 자료는 직무수행평가와 교육훈련, 그리고 조직구조분석과 설계 등의 기초자료로 활용된다.

그리고 직무명세서는 직무를 수행하는 데 필요한 지식, 기술, 능력 등 필요역량 또는 자격요건을 명시한 문서로 이러한 내용을 직무기술서에 통합해서 작성하는 경우도 있다(이찬 외, 2022). 이러한 직무기술서는 표준적인 형태가 있는 것은 아니지만 일반적으로 직무명칭, 직무요지, 직무환경, 여러 활동과 같은 정보를 수반한다.

직무명세서(job specification)는 직무를 수행하는 데 필요한 지식, 기술, 능력 등 필요역량 또는 자격요건을 명시한 문서로써 직무기술서로부터 개발되며 직무수행을 위해 필요한 인적자질 및 경력을 상세하게 기술한다.

다음은 직무분석으로 직무기술서와 직무명세서의 내용으로 그림 3-3에 제시하였다.

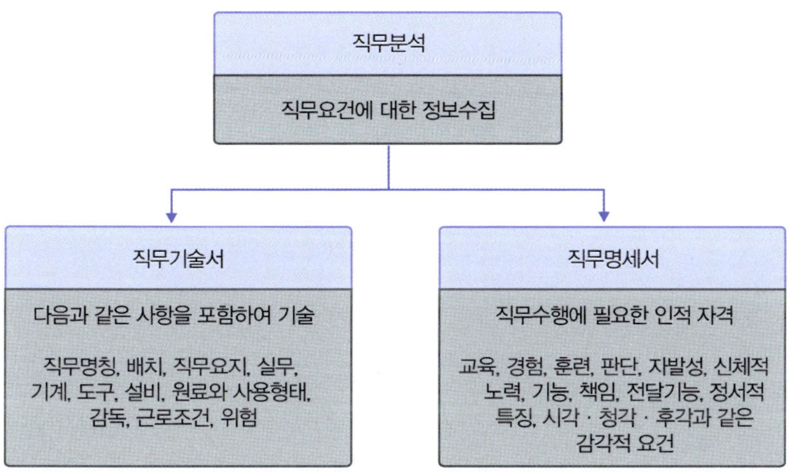

그림 3-3 **직무기술서와 직무명세서**

출처: Certo, S. C.(1992). p.316.

요구분석, 학습자 특성 분석, 직무분석 등을 통해 나온 교육내용, 요구사항 등을 동일 유형의 내용으로 분류하고 정리하여 결과를 보고한다. 여기서 요구분석 결과를 가지고 교육목표 설정 및 진술, 프로그램 내용, 교육방법 및 매체 선정 등 설계단계로 진입하게 된다.

연구문제

1. 체제이론을 배경으로 교수설계 모형의 근간이 되는 ADDIE 모형을 설명해 봅시다.

2. 요구분석의 개념을 설명해 봅시다.

3. 요구분석의 도구를 설명해 봅시다.

4. 학습자(개인) 분석의 개념과 평가방법을 설명해 봅시다.

5. 직무분석의 개념과 절차를 설명해 봅시다.

CHAPTER 04

교육프로그램 설계【Design(설계)】

제1절 교육프로그램 설계의 필요성

제2절 교육프로그램 설계의 실제

학습목표

본 장에서는 교육프로그램 설계의 필요성과 설계 실제에 대해 살펴보았다. 요구분석과 직무분석의 결과를 토대로 학습목표를 설정하고, 학습내용을 추출·조직화하며, 효율적·효과적 학습 촉진을 위한 다양한 교수-학습 방법과 평가 설계 방법을 정리하였다. 아울러 교육 현장에서 운영되고 있는 교육프로그램 설계 사례를 제시함으로써 이해도를 높이도록 하였다.

제1절 교육프로그램 설계의 필요성

1. 교육프로그램 설계의 의미

인적사원개발 전개의 두 번째 단계인 교육프로그램 설계는 조직목적을 달성하는 데 도움을 주고 동시에 교육프로그램 참여자의 개인적 목적에도 만족스럽게 기여할 수 있게 설계되어야 한다. 앞 장의 요구분석 단계에서 도출된 내용을 기초하여 효과적인 프로그램을 설계하는 데 초점을 맞추어야 한다. 설계는 교육자료와 전략, 계획을 만들어 내는 지침을 제공하기 위한 활동이다.

이 단계에서는 분석 단계에서 확인된 교육요구와 필요를 바탕으로 이루고자 하는 학습목표를 설정하고, 학습목표를 달성할 수 있는 교육내용을 선정하고 그것들을 조직화, 교수학습 방법을 설정하며, 평가계획을 수립한다(장원섭, 2021). 즉, 요구분석 단계에서 도출된 정보를 토대로 맞춤형 프로그램을 개발함으로써 실용성과 유효성을 증대해야 한다.

교육프로그램 설계단계는 교수 설계자와 내용 전문가의 협동 작업으로 이루어지며 이 단계에서 가장 핵심적인 작업은 교육내용을 어떻게 가르치고 배우게 할 것인지에 대한 교수-학습 방법을 결정하는 것이다.

결론적으로, 교육프로그램 설계란 요구분석과 직무분석의 결과를 토대로 학습목표를 개발하고, 교육내용을 선정·조직하며, 효율적·효과적 학습 촉진을 위한 다양한 교수-학습 전략을 기획하는 과정이다(중앙공무원교육원, 2007). 이에 학습체제설계에 관한 기본이론을 비교분석하고, 구성주의에 입각한 일반적인 체제설계(ISD)모형과 5대 수요기능(ADDIE)의 이해를 바탕으로 교육프로그램 설계 방법을 체득할 수 있다.

요구분석을 통하여 조직 구성원들이 필요로 하는 요구 및 조건과 업무수행상에서 반영할 사항이 확인되면 교육프로그램 설계자들은 업무도 개선할 수 있고 구성원들의 요구조건들도 반영할 수 있는 프로그램 계획에 착수한다. 특히 설계단계에서는 요구분석 단계에서 발견했던 정보에 토대를 중심으로 분석 단계에서 확정된 과정개발 참여 인력과 본격적인 협업이 이루어져야 한다(이희구, 2012). 즉, 교육을 받을 사람들의 특징, 프로그램의 요구사항, 지식, 기술, 조직 내 행동양식, 업무수행상의 문제점, 업무분석 내용 등을 반영한다.

교육프로그램 설계는 조직구성원의 학습활동을 위해 조직에 의해 추진되는 절차라고 할 수 있다. 교육프로그램의 일차적인 목적은 전체적인 조직목표를 달성하는 데 도움을 주고 동시에 교육생의 개인적 목적에도 만족스럽게 기여할 수 있어야 한다(노남섭 외, 2021).

만일 직무에 관한 교육을 받지 않고 작업수행에 임한다면 자신의 노력에도 불구하고 요구된 기준에 도달할 수 없게 된다. 이와 같이 교육은 태도의 변화뿐만 아니라 행동의 변화에도 역점을 두고 설계되어야 한다.

교육프로그램 설계에서는 가장 적절한 유형의 프로그램과 교육생 선발기준이나 프로그램 평가방법도 결정되어야 한다. 또 이러한 교육프로그램 설계는 교육의 목표에 근거하여 설정해야 한다(노남섭 외, 2021).

교육프로그램 설계는 궁극적으로 교육의 실용성과 유효성 증대를 기대할 수 있어야 하는데, 이를 위해 교육에 대한 최고경영자(기관장)의 강력한 지원이 필수적이다. 프로그램을 설계할 때에는 교육의 성과를 고려하여야 한다. 교육성과는 교육이 효과적이고 능률적인 학습방법에 의해 실시되었느냐에 따라 좌우될 수 있다.

아울러 프로그램을 설계할 때에는 담당 강사의 역할 또한 중요하게 다루어야 한다. 왜냐하면 강사의 교수활동은 계획활동과 학습활동을 연결하는 촉매역할을 하여 계획된 내용을 반영하고 전달하는 수단으로써 교육내용 수용을 위한 동기부여 기능을 하기 때문이다(노남섭 외, 2021).

제2절 교육프로그램 설계의 실제

1. 교육프로그램 설계 절차

교육프로그램 설계단계에서는 프로그램의 학습목표를 설정하고, 학습할 내용을 추출하며, 그것들을 조직화하고, 교수학습 방법을 선정하며 평가 설계를 수립한다. 설계과정에 포함되는 주요 사항을 세부적으로 정리하면 다음과 같다.

① 학습목표 설정 ② 학습내용 추출 ③ 훈련전문가 또는 외부전문가 선정
④ 학습계획(lesson plan) 개발 ⑤ 프로그램 운영방법과 기법의 선정
⑥ 교육훈련자료(매체 및 기자재) 준비 ⑦ 프로그램 운영일정

그림 4-1은 국토교통인재개발원의 「행복한일터만들기과정」 설계를 위해 요구분석에서 도출된 내용을 종합하였으며, 그림 4-2는 교육프로그램 설계전략을 예시한 것이다.

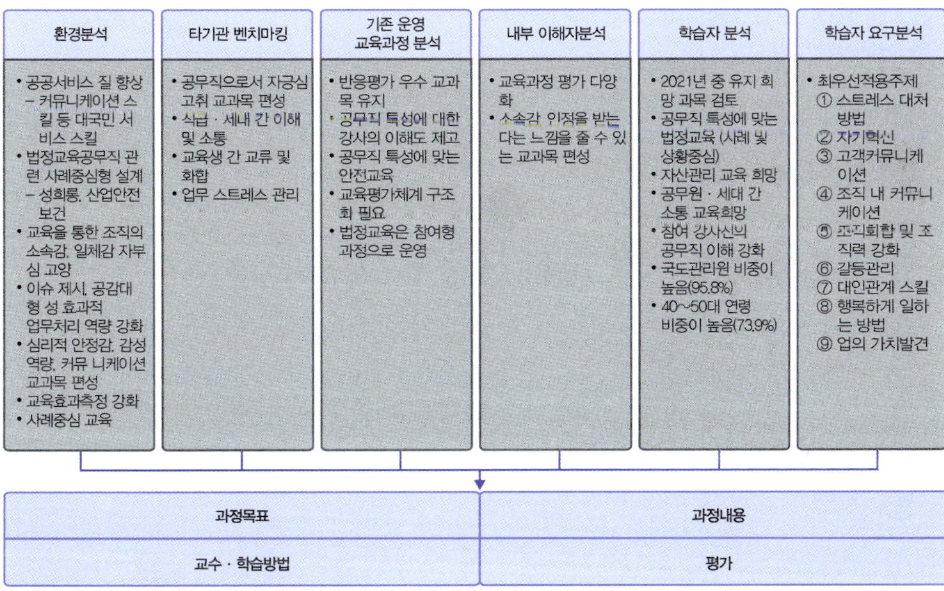

그림 4-1 요구분석 종합

출처: 국토교통인재개발원(2022b). p.32.

국토교통부 공무직을 대상으로 과정을 새롭게 설계하면서 무엇보다 과정목표를 명확하게 설정하고 행복한 일터에서 소속감과 업의 가치를 재인식하기 위한 교육내용으로 구성하였다. 이를 효과적으로 전달하기 위한 교수학습 방법론과 평가체계 구축을 통한 환류를 체계화하여 지속 운영할 수 있는 방향으로 설계전략을 구축하였다.

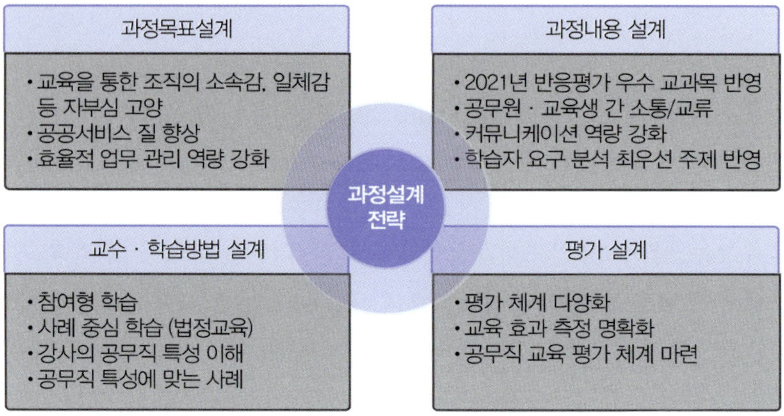

그림 4-2 **프로그램설계 전략**

출처: 국토교통인재개발원(2022b). p.33.

2. 학습목표 설정

학습목표의 정의는 프로그램을 진행한 후에 학습자가 알아야 할 지식, 기능, 태도, 행동 등을 뜻한다. 프로그램을 개발하는 과정에서 가장 중요한 일을 꼽으라면 목표를 규명하는 것이다. 만약 목표를 규명하고 설정하는 것이 적절하게 이루어지지 못하면 아무리 훌륭한 프로그램이 개발되었다 할지라도 그 어떤 기관이나 학습자들의 요구를 충족시켜 주지 못할 것이다. 아울러 명확한 목표가 없다면 프로그램개발자는 존재하지도 않는 요구에 대한 교육적 해결책을 계획하는 위험을 초래하게 된다.

학습목표란 교육이 의도한 결과라고 할 수 있다. 교육과정 수강 후 수강생들이 어떤 역량을 갖게 되는지, 어떠한 일을 할 수 있는지의 학습목표를 수립한다. 학습목표의 역할은 프로그램의 전체적인 방향성과 프로그램의 종료 시 프로그램이 실제적으로 효과가 있는지 없는지에 대한 평가를 하는 기준이 된다. 따라서 학습목표는 구체적이고 세부적이며, 측정 가능하며, 학습 후에 실제 행동으로 관찰 가능한 결과를 묘사할 수 있도록 설정하는 것이 바람직하다. 학습목표를 설정하기 위해서는 기본적으로 다음의 다섯 가지 원리(SMART)에 따른 큰 질문을 통해 선명하게 진술하는 것이 필요하다.

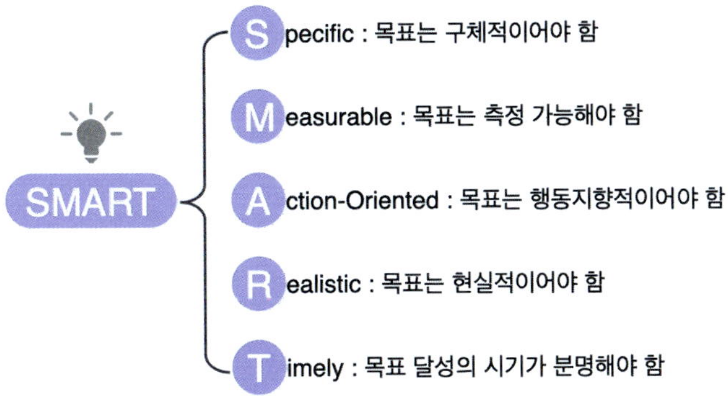

그림 4-3 목표설정 SMART 원리

출처: 권진하 외(2021). p.138.

3. 학습내용 추출(목표기술 방법)

블룸(Bloom, B. S., 1956)에 따르면, 교육목표를 효율적으로 그리고 계획성 있게 운영하려면 먼저 교육목표와 단원의 중요한 교육목표를 분명히 규정하는 것이 중요하다고 강조한다. 블룸의 교육목표는 세 가지 유형으로 분류되고, 각각의 유형마다 세부적인 수준인 인지적 영역, 정의적 영역, 기능적 영역이 있다. 인지적 영역은 복잡성의 원칙에 따라 단순한 행동으로부터 복잡한 행동으로의 위계 단계에 의하여 분류하였다. 하위영역은 지식, 이해, 적용, 분석, 종합, 평가로 학습목표 영역으로 구분된다. 먼저 인지적 영역부터 살펴보면 표 4-1과 같다.

표 4-1 인지적 영역의 분류

지식	이미 배운 내용의 정보를 기억함
이해	내용의 의미를 파악·추론·해석함
적용	학습한 정보를 학습했던 것과는 약간 다른 상황에 이용함
분석	정보를 개념 요소, 관계, 원리 등으로 나눔
종합	여러 정보를 결합해서 새로운 형태의 전체적인 정보를 만듦
평가	내적 준거 또는 외적 준거에 의거하여 정보의 가치를 판정함

【인지적 목표의 예】

- 산불현장에서 드론 기본설정방법을 산불드론 담당자들에게 설명할 수 있다.
- 임신 중 발생될 수 있는 주요 응급상황 세 가지를 이해할 수 있다.

출처: 권진하 외(2021). p.140.

표 4-2 인지적 영역의 교육 수준과 행위동사

1. 지식 수준		
세다	열거하다	기억해 내다
정의하다	인정하다	예를 들다
끌어내다	지적하다	기록하다
동일시하다	인용하다	반복하다
가리키다	읽다	진술하다
표로 나타내다	추적하다	쓰다
2. 이해 수준		
합하다	비교하다	계산하다
대조하다	묘사하다	차이를 드러내다
구별하다	평가하다	결과를 추정하다
해석하다	분류하다	
3. 적용 수준		
적용하다	계산하다	해결하다
묘사하다	연습하다	사용하다
이용하다	완성하다	보여 주다
검사하다	명령하다	
4. 분석 수준		
집단화하다	관계를 짓다	변형하다
요약하다	구성하다	발견하다
분석하다	추론하다	분류하다
설명하다	조사하다	나누다
5. 종합 수준		
배열하다	합하다	만들어 내다
설계하다	개발하다	형식화하다
일반화하다	구성하다	통합하다
조직화하다	계획하다	준비하다
규정하다	생산하다	제안하다

6. 평가 수준		
평가하다	사정하다	비평하다
결정하다	추천하다	등급을 매기다
판단하다	측정하다	순위를 매기다
검사하다	선별하다	명기하다

출처: Gilley, Eggland & Gilley(2002). pp.324-325.

정의적 영역은 내면화 정도, 정의적 영역의 학습목표가 달성된 정도를 기준으로 감수, 반응, 가치화, 조직화, 인격화로 구분된다. 평가에 있어서는 일반적으로 협동성, 책임감, 준법성, 사회성, 자아개념, 흥미, 태도, 가치관 등이 변화되거나 획득된 정도를 평가하다. 학교 또는 교과에 대한 흥미와 태도의 평가도 정의적 영역의 평가에 속한다.

표 4-3 정의적 영역

감 수	자극에 주의를 기울임
반 응	자극에 자발적으로, 만족스럽게 반응을 보임
가치화	반응한 여러 자극 가운데 특정한 것에 대하여 수용과 선호를 나타냄
조직화	자신의 가치판단을 명료화하면서 체계화함
인격화	자신의 행동을 이끄는 인생 가치관을 형성함

【정의적 목표의 예】

- 산불현장에 특화된 산림드론 현장 맞춤형 매뉴얼 개발에 대한 의지를 가진다.
- 분만상황 발생 시 두려움을 극복하고 침착하게 대응할 수 있다.

출처: 권진하 외(2021). p.140.

기능적 영역은 반사동작, 초보적 기본동작, 지각능력, 신체기능, 숙련 조작 및 비언어적 의사소통으로 구분된다. 이 영역의 평가는 손, 발, 나리, 어깨 등과 같은 신체의 일부 또는 전신을 움식여서 성취할 수 있는 학습목표의 달성 여부와 그 정도를 확인하는 평가를 의미한다. 예를 들어, 교육프로그램 중에 노래 부르기, 그림 그리기, 기계를 조작하는 능력 등은 운동적 영역의 평가에 속한다.

표 4-4 기능적 영역

반사동작	단편적 및 상호 단편적 반사행동동작
초보적 기본동작	걷기, 달리기, 도약하기, 밀기, 당기기 등
지각능력	근육 운동감각, 시각, 청각, 촉각 및 이들의 협응능력
신체기능	지구력, 힘, 유연성, 민첩성, 반응시간, 기민성
숙련조작	놀이, 운동경기, 춤, 예술 등의 종목에서의 숙련동작
비언어적 의사소통	자세, 몸짓, 얼굴표현 등의 표현동작과 그 밖의 창의적인 동작

【기능적 목표의 예】

- 산불예측을 파악하기 위해 드론을 사용하여 항공영상을 촬영할 수 있다.
- 현장에서 분만을 수행하기 위해 산모를 안정시키고 분만 장비를 사용할 수 있다.

출처; 권진하 외(2021). p.141.

4. 학습내용 조직화 및 계열화

계열이란 새로운 지식과 기능이 학습되는 순서를 의미하며, 학습내용을 조직화하고 계열화하는 것은 학습자들이 학습내용을 잘 받아들일 수 있도록 하는 데 가장 기초적인 수단으로 활용된다. 학습자들의 이해를 촉진하고 학습자가 학습목표를 가장 효과적으로 달성할 수 있도록 배열하는 것이다. 학습내용의 조직화와 계열화는 많은 하위 기능으로 잘게 나누어져 있는데, 잘게 나누어져 있는 내용들을 골라서 묶음으로 만들고, 이들을 가르치는 순서를 결정하는 것이 일반적인 계열화의 구성원리이다. 즉, 교수자가 학습자에게 내용을 제시할 때는 무엇을 먼저 제시해야 하는지, 어떠한 순서를 따라야 하는지, 한 번에 제시되는 학습내용의 분량은 어느 정도가 적당한지에 대해 고민해야 한다. 예를 들면, 전체 → 부분 → 전체의 순으로 하거나 습득될 지식과 기능의 진도에 따라서 쉬운 것에서 어려운 것으로, 단순한 것에서 복잡한 것으로, 기능의 습득단계에서 기능의 활용단계로, 일반적인 내용에서 구체적인 내용과 추상적인 내용으로 계열화한다.

그림 4-4 계열화의 구성원리

여기서 고려해야 할 점은 성인 학습자들의 특성(연령, 인지적인 수준)을 고려하여 약간씩 조정해서 사용하는 것이 더 효과적이다.

직무 및 과제분석을 바탕으로 추출된 수행목표(Performance Objectives)를 학습자가 가장 효과적으로 성취할 수 있도록, 논리적 관계나 실질적 필요에 따라 과제의 구성요소들(지식K, 기능S, 태도A)을 배열하는 학습내용을 계열화(Sequencing)에는 주제형 계열화(Topical Sequencing)와 나선형 계열화(Spiral Sequencing) 방식이 있다.

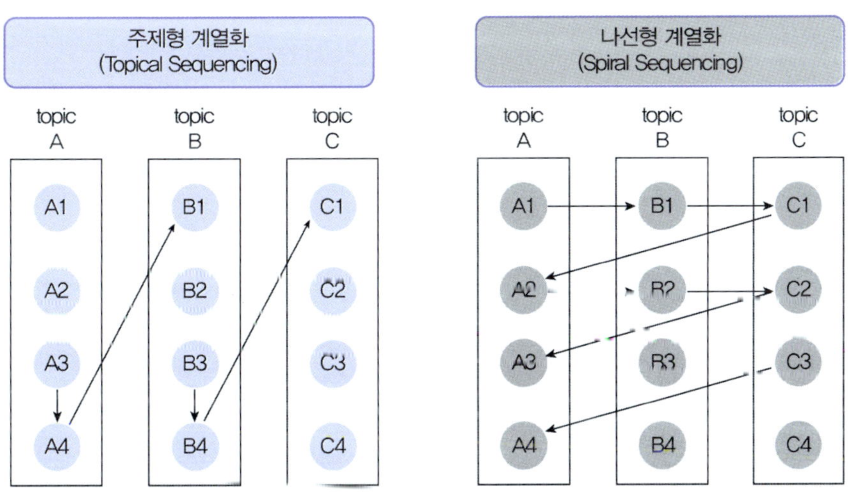

주제형 계열화 방식은 하나의 주제를 모두 학습한 후에 다음 주제를 학습하는 형태로서 절차적 과제(Procedural Task)에 적합한 방법이다. A주제에 대해서 쉬운 것, 중간 것, 어려운 것을 다 배우고 그 다음에 B주제의 쉬운 것, 중간 것,

어려운 것을 다룬다. 그다음에 C주제로 넘어가서 배우는 학습내용의 계열화를 주제형 계열화라고 한다. 이 방식은 하나의 주제(또는 과제)를 연속적으로 학습하므로 학습자가 집중할 수 있다는 장점이 있는 반면, 하나의 주제(또는 과제)에서 다음 주제로 이동하고 나면, 앞의 주제를 잊어버리기 쉬우며 코스가 끝날 때까지는 전체 학습내용을 파악하지 못하는 단점이 있다. 따라서 개관(Overview), 복습(Review)과 종합(Synthesis) 등을 통해 전체 학습내용을 학습자에게 전달해야만 하는 필요가 있다.

나선형 계열화는 하나의 주제(또는 과제)를 몇 단계에 걸쳐 점차적으로 숙달하게 하는 것으로, 낮은 단계에서 시작하여 보다 높은 단계로 나아가면서 전체 학습내용을 익히게 하는 방법이다. 처음에는 A주제 쉬운 것, 두 번째는 B주제 쉬운 것, 세 번째는 C주제 쉬운 것부터 다루고, 그 다음에는 A주제의 중간 정도의 난이도, B주제의 중간 정도 난이도, C주제의 중간 정도 난이도를 다룬다. 즉, 다양한 종류를 학습하면서 낮은 수준을 하다가 중간 수준, 높은 수준으로 진행해 가는 방식이 나선형 계열화이다. 나선형 계열화는 주로 학습자의 인지발달 수준을 고려해서 학교 교육에서 가장 많이 사용한다. 이 방식은 전체 학습내용에 대한 종합(Synthesis)과 복습(Review)으로 여러 주제의 상호관계를 쉽게 익힐 수 있으며, 보다 복잡한 앞 단계의 주제를 숙지하기 위해 주기적으로 복습하는 것이 가능하다는 장점이 있다. 반면, 여러 주제를 동시에 가르치기 때문에 한 주제에 대해 여러 번의 중단이 생겨 학습자의 사고 발전을 방해할 수 있으며, 한 주제에서 다른 주제로 이동할 때 필요한 학습 자료를 제공하고 관리하는 것이 쉽지 않다는 단점이 있다.

5. 교수·학습 설계 전략

교수·학습방법이란 교육목표를 달성하기 위해서 교육내용을 실천하는 구체적인 방안으로 목표를 달성하기 위해서는 다양한 교수·학습방법 중에서 각각의 교육 활동들에 가장 적합한 방법과 매체를 선택해야 한다. 또한 학습자집단의 규모, 교육 환경 및 시설뿐 아니라, 성별, 연령, 사회적 배경 등과 같은 학습자에 대한 이해 역시 적절한 교수·학습방법을 선택하는 데 도움이 된다. 이를 위해서 다양한 교수·학습방법의 특징과 장단점 등을 파악할 필요가 있다.

수업은 도입, 발표, 적용, 연습, 평가의 다섯 가지 서로 다른 교수 방법을 필요로 하는데, 이 모든 활동들은 수행목표에 가장 적합한 방법과 기법을 선택하는 데 도움이 된다.

교수·학습방법에는 강의뿐만 아니라, 협동학습(토론형), 사례연구, 역할연기, 발표, 게임, 집단 프로젝트, 패널 토의, 독서, 보고서와 논문, 테크놀로지 기반 다양한 교수·학습방법이 있다. 본 장에서는 기업이나 공공 인재개발원 현장에서 활발하게 사용되고 있는 주요 교수·학습방법에 대하여 알아본다.

1) 강의형 교수·학습방법

- 강의법(Lecture): 교수자가 학습자를 상대로 특정 주제에 관한 지식이나 기술, 사실에 대한 정보를 제공하고 설명하여 학습자를 이해시키는 방법으로 교육현장에서 보편적으로 사용되고 있다.
- 문답법(Question and Answer): 질문과 답변을 통해 학습내용을 전달하는 방법으로 교수자와 학습자가 가진 지식, 정보, 경험, 사례를 공유할 수 있고 학습자의 수준이나 이해 정도를 쉽게 파악할 수 있는 교수·학습방법이다.

2) 개별화 교수·학습방법

- 자기주도학습(Self-directed Learning): 학습자 스스로 진단한 학습욕구 아래, 학습목표, 필요자원, 학습전략을 설정, 실행하고 학습의 결과를 스스로 평가하는 방법으로 학습의 전 과정에 있어 학습자 스스로가 주도권을 가지는 것이 가장 큰 특징이다.
- 코칭(coaching): 교수자와 학습자가 1:1의 형태로 진행하는 교수·학습방법으로 학습자의 개별적인 수준과 요구에 맞추어 수업과 훈련이 가능하며, 학습자의 반응에 정확하고 상세한 피드백을 제공함으로써 학습자의 성장을 도울 수 있다.

3) 체험형 교수·학습방법

- 실습(Practice): 특정한 기술이나 지식을 학습자가 습득하기 위하여 직접 경험을 통해 숙달시키는 교수·학습방법으로 반복적인 학습활동을 통해 교육목표를 달성할 수 있다.

- 게임법(Games): 경쟁적이고 도전적인 게임의 속성을 이용한 교수·학습방법으로 재미있고 흥미롭게 구성해야 하며, 학습목표와 연결되어 현실감을 심어주도록 진행함으로써 교육환경이 새롭고 흥미롭기 때문에 학습속도가 빠르다는 장점을 가지고 있다.
- 인게이지드 러닝(Engaged Learning): 실생활에 연계된 문제를 학습자 스스로 인식하고 문제를 해결하기 위한 방법들을 탐색하며, 학습자 간 협력을 통해 문제해결책을 찾아 실제 현장에 활용할 수 있는 결과물을 도출하는 교수·학습방법이다.

4) 협동형(토론형) 교수·학습방법

- 협동학습: 학습자들이 함께 과제를 수행하는 과정에서 동료 학습자로 인해 학습을 할 수 있다는 전제를 기본으로 경쟁보다는 협력을 지향하는 현장의 요구에 부응하고자 교육현장에서 많이 사용되는 교수·학습방법이다.
- 토론법(Discussion): 교육현장에서 많이 사용되는 방법으로 제안된 주제에 대해 지식과 정보를 가진 참여자들이 서로의 의견을 구두로 교환하면서 함께 문제를 해결하고 결론에 도달하는 과정이다.
- 브레인스토밍(Brainstorming): 특정 주제 또는 문제에 대해 폭풍이 휘몰아치듯이 떠오르는 아이디어를 내놓는 것을 말한다. 연상되는 생각을 거리낌없이 말하도록 격려하여 학습자로 하여금 새롭고 기발한 의견들을 자유롭게 제시하도록 하고 토의를 통해 학습하는 교수·학습방법이다.
- 버즈세션(Buzz Session): 인원이 많은 전체 그룹을 소수 인원의 소그룹을 구성하여 진행한다. 3~6명으로 구성된 소집단별 토의를 한정된 시간을 배정하여 먼저 수행한 후에 전체 집단이 함께 모여 토의 결과를 종합하여 결론을 내리는 방법으로 이끌어간다.
- 원탁토의(Round Table Discussion): 5~10명 정도로 소규모 집단 구성을 이룬다. 참가자 전원이 상호 대등한 관계 속에서 둥글게 둘러앉아 정해진 주제에 대해 자유롭게 서로의 의견을 교환하는 방법이다.

5) 테크놀로지 기반 교수·학습방법

- 온라인 토론: 인터넷 공간에서 의사소통과 지식 및 정보를 전달하는 방법

중 하나인 온라인 토론은 시공간을 초월하여 지식과 정보를 즉각적으로 습득할 수 있으며, 상호작용을 통해 깊이 있는 학습과 의사소통 능력을 향상시킬 수 있다(권양이, 2020).

- 블렌디드 러닝(Blended-learning): 대면수업과 인터넷 기반의 온라인 수업을 병행하는 혼합형 교수·학습방법을 의미한다. 하나의 교육프로그램 안에서 대면수업과 온라인 수업을 함께 계획하여 시공간의 제약 극복, 교수자-학습자 간의 상호작용, 테크놀로지를 이용한 다양한 기법 활용 가능, 학습 효과성 증대 등과 같은 대면수업과 온라인 수업의 각 장점을 부각시켜 학습 목표의 달성을 높이고자 도입되었다.
- 플립드러닝(Flipped Learning): 기존의 대면수업에서 진행하였던 전달식 강의를 학습자 개별 배움의 공간으로 옮기고, 대면수업이 진행되는 전체 배움 공간은 학습자가 수업의 주체가 되어 역동적이고 서로 배움이 가능한 환경으로 바꾸는 방법이다. 블렌디드 러닝(blended learning)의 한 형태로써, 수업 시간 전에 교수자가 제공한 온라인 영상 등의 각종 자료들을 학생이 미리 학습하고 강의실에서는 과제풀이나 토론 등이 이루어지는 수업방식을 말한다.
- 하이브리드(Hybrid): 사전적 의미는 특정한 목적을 달성하기 위해서 두 개 이상의 기능이나 요소를 결합한 것으로, 이를 교수·학습방법에 적용하면 두 가지 이상의 교수·학습방법 및 매체(면대면/온라인, 교수자 중심/학습자 중심, 동시성/비동시성)를 한 공간 안에 공존시키고 상황과 특성에 따라 교수자와 학습자가 교수·학습방법 및 매체를 선택하여 학습의 효율을 높이는 교수·학습방법이다.
- 마이크로러닝(Micro-Learning): 학습 콘텐츠를 작은 단위로 나누어서 빠르게 학습할 수 있게 만든 학습 형태로서, 지식·정보 마이크로 콘텐츠의 확산과 학습자들의 유연한 학습에 대한 요구로 인해 등장하였다.

표 4-5는 국토교통인재개발원에서 운영하는 「행복한일터만들기과정」을, 표 4-6은 국가공무원인재개발원에서 운영하는 「국민안전 산지관리과정」의 교수-학습전략을 예시한 것이다.

표 4-5 「행복한일터만들기과정」 교수·학습 전략

구분	교수·학습 전략
1	구성원과의 활발한 소통을 위한 토의 교육 강화
2	학습자의 이해를 높이기 위한 공무직 사례 중심 교육 강화
3	이슈 발굴을 위한 다양한 체험학습 강화
4	학습성과 파악과 환류를 위한 사전·사후 평가 진행
5	이슈리더 역할 강화를 위한 사전학습, 사후학습 강화

출처: 국토교통인재개발원(2022b). p.43.

표 4-6 「국민안전 산지관리과정」 교수·학습 전략

구분	교수·학습 전략
1	작무 전문성 및 역량강화를 위해 현장 직무 중심 토의교육 강화
2	현장에서 법 해석이 모호한 산지관리 대응을 위한 사례 중심 교육 강화
3	학습자 참여 활성화를 위해 개인 성찰 시간 제공
4	학습성과 파악과 환류를 위한 수행평가 진행
5	자기주도적 학습을 위한 사전학습, 사후학습 강화

출처: 국가공무원인재개발원(2021). p.332.

6. 교수매체 및 기자재 준비

교수·학습방법이 선택된 후 다음 단계는 사용할 적합한 매체를 규명하는 것이다. 교수매체(Instructional Media)란 교수·학습과정에서 교수자가 학습자에게 전달하고자 하고자 하는 지식, 정보 등의 학습내용을 전달하는 매개체이다. 교육현장의 각기 다른 목적과 내용을 학습자에게 잘 전달하기 위해서는 적절한 교수매체를 사용함으로써 수업 시간을 효과적으로 사용할 수 있고 수업의 기능을 강화시킬 수 있으며 학습효과를 높일 수 있다. 또한 교수·학습과정을 더욱 풍부하게 하여 학습자가 교육과정에 더욱 흥미를 느끼고 자발적으로 참여할 수 있도록 이끌 수 있다.

1) 교수매체의 선정 기준

라이서와 가네(Reiser & Gagne, 1983)는 설계자는 교수 활동에 가장 적합한 교수매체를 선정 시 교육적 요소, 물리적 요소, 실용적 요소 들을 고려해야 한다고 소개하였다.

먼저, 교육적 요소로 학습자에 대한 특성과 다양한 학습목표를 가장 잘 전달할 수 있는 매체와 학습자의 수준에 따른 효과의 차이, 학습환경의 특성을 고려하여야 한다. 특히 스마트폰 사용의 보편화로 인해 시간 및 공간적 제약에서 벗어나 학습자 중심의 자기 주도적 학습활동이 가능한 마이크로러닝의 수요가 급증하고 있어 학습자의 학습 환경도 고려하여 교수매체를 선정해야 한다.

둘째, 물리적 요소로 각 매체가 지니고 있는 시각, 청각, 시청각, 크기, 동작 등의 물리적 속성을 통해서 학습내용을 전달함에 있어 가장 도움이 되는 매체를 선택하도록 한다.

셋째, 실용적 요소로 매체의 구입이나 제작에 소요되는 비용과 효과성에 대하여 고려하여야 한다.

2) 교수매체의 분류 및 특성

여러 종류의 교수매체들이 사용되는 데 가장 일반적인 형태의 학습활동의 도구에는 인쇄매체, 시각매체, 청각매체, 동영상매체, 상호작용 매체 등으로 분류할 수 있다. 이 매체들은 교수자에게는 학습과 평가를 위한 보조자료가 되고, 학습자들에게 적절한 내용을 전달한다.

인쇄매체는 교재, 자료집, 워크북, 소책자, 지침서, 매뉴얼 등과 같은 자료로 교육현장에서 가장 쉽게 활용되고 있다. 교수자들에게는 학습과 평가를 위한 참고자료가 되고, 학습자에게 가장 익숙하며 적절한 정보를 제공하는 매체로 정확하며 세부적인 정보를 제공한다. 이 자료들은 학습목표, 참고자료, 개요, 표와 그림, 기본적 내용, 요약정리, 연습문제 등 학습자들에게 꼭 필요한 중요한 정보들을 담고 있다.

워크북(Workbook)은 교육프로그램의 원활한 진행을 위해 필요한 교수매체로 보통 책의 형태로 제작된다. 최근에는 교수·학습활동과정에서 상호작용의 중요성이 부각되면서 학습자가 직접 작성해 나아가며 학습을 할 수 있는 형태로 많이 개발되고 있다. 교재 구성은 개발된 교육프로그램의 세부 계획이 노출되지 않고 교육프로그램의 직접 방문을 유도하기 위해 워크북에 많은 정보가 수록되어 있기보다는 공란을 많이 두어 작성하여 조별 토론식의 방식으로 운영하고 있다.

표 4-7 워크북의 기능

시점	구분	기능
교육 전	교수자	교육목표 제시, 교육프로그램의 구현
	학습자	학습동기 유발 교육프로그램의 전체 일정과 구조 파악
교육 중	교수자	교육내용을 제공, 지식과 정보의 전달 교수·학습활동법 제공, 실습지 제공
	학습자	학습의 편의성 제공, 필기나 요약정리에 활용 사전 학습에 대한 방향성 제시
교육 후	교수자	교수자평가의 근거 제공 교수내용의 일관성 확보
	학습자	교육평가 대비 자료로 활용 자기 발전에 활용(예습, 복습 등)

출처: 권진하 외(2021). p.189.

시각매체는 사용하여 복잡한 정보를 정확하고 단순하게 전달할 수 있으며, 실물이나 표본, 모형, 사진, 도표와 그래프를 사용하여 정보를 요약하여 전달할 수 있다. 언어적 설명과 함께 슬라이드로 핵심내용을 정리하여 제공함으로써 학습자가 교육프로그램의 흐름을 정확히 이해하도록 돕는다.

청각매체는 학습자에게 청각을 통해서 정보를 전달하는 방법으로 음성, 음향, 음악 등의 정보를 라디오, 오디오 등을 통해서 전달한다. 청각매체는 시각매체에 비해 학습자가 내용을 더 오래 기억하고 정보를 유지하며 반복학습, 개별학습이 가능하여 어학학습에 많이 사용된다(권진하 외, 2021).

시청각매체는 학습자의 주의를 집중시키고 흥미와 동기를 유발할 수 있는 매체로서, 프로그램의 도입부나 중간중간에 시청각매체를 사용하여 학습자의 집중과 흥미를 이끌어낸 후 주제 설명을 진행하거나 요약 정리하는 방법으로 사용하고 있다. 생생한 영상과 음향을 통해 학습자에게 정보를 제공하기 때문에 다른 매체에 비해 그 효과가 더 크다. 다만 프로그램의 운영 시간에 비해 재생시간이 너무 길지 않도록 주의하고 동영상매체 제공 후에는 학습자의 느낌이나 의견 그리고 그에 대한 피드백을 제공하여 매체의 내용이 학습의 내용과 연결이 잘 될 수 있도록 한다.

상호작용매체는 학습내용과 학습자 간의 상호작용을 지원하는 웹 기반 학습매체와 교수자와 학습자 간의 상호작용, 학습자 간의 상호작용을 지원하는 소셜네트워크서비스(Social Network Service, SNS) 기반 상호 작용매체가 대표적으로 활용되고 있다.

웹 기반 학습매체는 학습자료를 인터넷을 사용하여 학습자가 학습할 수 있도록 사전에 제공하는 방법으로, 시공간의 제약 없이 편안한 시간과 장소에 학습자 스스로 학습을 할 수 있고, 학습자의 자기주도학습을 이끄는 방법이 되어 교육 효과를 높일 수 있다. 또한 학습자의 학습수준, 속도를 반영하여 상호작용 학습을 제공하고, 학습자에 따른 개별화 수업이 지원된다.

표 4-8은 국가공무원인재개발원에서 운영하는 「국민안전 산지관리과정」의 교육 요구분석에서 도출된 직무(책무)역량을 중심으로 학습내용을 구성하고, 학습내용 전개를 위한 교수매체 선정한 것을 예시한 것이다.

표 4-8 교수-학습 전략에 따른 주요 학습활동 및 매체 선정

세부 목표	교수-학습 전략	주요 학습 활동	매체 선정
인지적 목표	사전학습 강화	• 「산지관리법」 이해 • 보전산지 지정 • 환경영향평가 방법 • 토석채취허가 절차 • 대체산림자원조성비 부과 대상 구분	• 강의 자료 • 동영상 * 사이버 교육('K-forest') * 마이크로러닝
기능적 목표	현장 직무 중심의 목표 사례교육 강화	• 유형별 산지복구 사례 • 산지훼손 사례 • 보전산지 지정 및 해제 사례	• 구루미 플랫폼 • 멘티미터
정의적 목표	개인 성찰 시간 제공	• 학습자가 강의 내용 정리 • 성찰한 내용 발표 및 공유 • 현장 적용 다짐 공유	• 구루미 플랫폼 • 그룹 토의 기능
인지, 기능, 정의적 목표	수행평가	• 학습내용과 관련된 학습성과 파악	• 구루미 플랫폼 • 테스트 기능
	사전 및 사후학습	• 마이크로러닝을 활용한 자기주도적 학습 • 밴드를 통한 실시간 전문가 자문 • 교육 이수 후 교육생 니즈 파악 후 산지관리 현장	• 강의 자료 • 동영상 * 사이버 교육('K-forest') * 마이크로러닝

출처: 국가공무원인재개발원(2021). pp.332-333.

7. 평가 설계 수립

1) 교육과정 평가 설계 수립

교육과정의 학습목표와 내용에 따라 평가의 방법과 평가시기, 결과물을 설정하여 평가도구를 설계단계에서 미리 결정하여야 한다. 평가의 수준을 1단계의 학습만족도(반응)로 평가할 것인지, 2단계인 학업성취 정도(학습)를 평가를 통해 확인할 것인지, 더 나아가 과정 종료 3개월 이후 3단계인 현업적용도(직무행동평가)나 4단계인 조직에 기여한 정도(결과)까지 측정할 것인지를 정한다. 이후 평가의 방법을 결정한다. 프로그램을 종료한 후에만 평가할 것인지, 아니면 과정 시작 전이나 중간에도 평가를 할 것인지에 대한 의사결정도 필요하다. 또한 평가 설계 시 전체 교과목에 대하여 할 것인지, 아니면 일부 과목 또는 과정별 몇 단계의 평가를 할 것인지 대한 것도 결정한다.

2) 학습평가 설계 수립

교육과정 교과목별 교육목표를 달성하고 발전적인 학습지도 개선을 위해 교육목표와 연계된 학습평가(진단평가, 형성평가, 총괄평가)를 설계한다. 진단평가는 학습시작 전 단원과 관련된 학습자 경험수준과 단원 수행능력을 구두 또는 문제지로 학습자 학습수준을 파악하여 수업에 반영하도록 설계한다. 형성평가는 학습시간 중간에 구두로 학습내용 이해도를 측정하여 미흡한 사항은 피드백을 통해 보완하도록 설계한다. 총괄평가는 전 단원 학습 후에 구두 또는 문제지로 학습자의 학습성과를 측정하고 차기 학습과정에 개선 적용하도록 설계한다.

표 4-9는 국토교통인재개발원의「행복한일터만들기과정」교과목별 평가 단계 설계안을 예시한 것이다.

표 4-9 교과목별 평가 단계

구분	교과목명	평가		
		1단계	2단계	3단계
기본 과정	국토교통부 업무 이해와 소통	●		
	공무직 가치, 정도의 힘	●	●	●
	사례를 통해 알아보는 안전한 일터 만들기	●	●	
	행복한 관계를 위한 소통기술	●	●	●
	스트레스와 힐링	●	●	
	행복을 담은 종이비행기	●		
심화 과정	행복조직 워크숍(나미야 잡화점)	●		●
	과학탐험가와 함께하는 생태유람	●		
	행복을 위한 건강관리	●		
	내 돈은 내가 지킨다: 쉬운 재테크	●		
	행복 무드 on, 아크릴 무드 등 만들기	●		
	행복하게 일하는 법	●		●
이슈 리더십				●

출처: 국토교통인재개발원(2022b). p.47.

「행복한일터만들기과정」의 평가 단계 설계안을 살펴보면, 반응평가는 전체 교과목에 적용하였고, 학습평가는 '이해'를 목표로 기본소양을 학습하는 기본 과정에만 적용하는 것으로 설계하였다. 3단계 평가는 기본 및 심화과정 중 현업에서 실천할 수 있는 행동변화를 기대하는 교과목인 5개 교과목을 선정하여 현업적용도 평가로 설계하였다. 또한 행동변화 평가를 추가로 측정하기 위하여 이슈리더십 신단을 포함하기로 결정하고, 3단계 평가는 다면평가로 진행하기로 설계하였다.

연구문제

1. 교육프로그램 설계 절차에 대해 설명해 봅시다.

2. 학습목표 역할은 무엇이며, 학습목표를 설정하기 위한 다섯 가지 원리(SMART)에 대해 설명해 봅시다.

3. 교육목표를 기술하기 위한 블룸(Bloom, B. S., 1956)의 세 가지 영역별 세부 목표에 대해 예시를 들어 설명해 봅시다.

4. 다양한 교수·학습방법에는 어떤 것이 있으며 각각의 특징에 대해 설명해봅시다.

5. 교육과정 평가 설계(Kirkpatrick 4단계 평가모형) 수립과 학습평가(진단평가, 형성평가, 총괄평가) 설계 수립에 대해 설명해봅시다.

CHAPTER 05

교육프로그램 개발【Development(개발)】

학습목표

본 장에서는 교육프로그램 개발에 대한 전반적인 과정을 기술하였다. 설계단계의 내용을 실제적인 교육자료로 만들어 내는 과정이 학습목표 달성과 학습내용의 효과적인 전달을 위해 학습자용 교재, 교안(강의 PPT), 강사용 매뉴얼과 학습매체 그리고 수업계획서, 강사 양성 매뉴얼, 평가 도구 등을 제작 가능한 형태로 개발하는 방법을 정리하였다. 아울러 교육 현장에서 운영되고 있는 교육프로그램 개발 사례를 제시함으로써 이해도를 높이도록 하였다.

제1절 교육프로그램 개발의 필요성

1. 교육프로그램 개발 전략수립

HRD 선개의 세 번째 단계인 교육프로그램 개발은 설계된 내용을 실제적인 교육자료로 만들어 낸다. 과정의 학습목표 달성과 학습내용의 효과적인 전달을 위해 학습자용 교재, 교안(강의 PPT), 강사용 매뉴얼과 학습매체 그리고 수업계획서, 강사양성매뉴얼, 평가 도구 등을 제작 가능한 형태로 개발한다.

개발은 설계명세서에 따라 교육용 자료를 실제로 개발하고 제작한다. 먼저 설계팀원을 포함한 관련자들이 최종 산출물에 대한 이미지 공유 및 질 확보를 위해서 개발하는 데서 출발한다. 교육프로그램 개발단계는 다음과 같은 이론적 근거에 의해 실행된다(중앙공무원교육원, 2007).

- 이 단계에서는 각 과목의 모범모형이 개발되어 소그룹(small-group) 학습자를 대상으로 실시되어야 한다.
- 평가 도구는 모범모형의 실시 및 형성평가 이전에 만들어져 모범모형 평가 시에 사용되어야 한다.
- 각 과목의 모범모형 형성평가 결과를 기초로 설계의 수정이 이루어진 다음 나머지 과목이 모두 개발된다.
- 전체 과정 및 단원 설계과정에서 완성된 설계 자료를 토대로 평가도구를 비롯한 모든 교육 자료(보조자료, 매체 포함)를 개발한다.

제2절 교수매체의 선정과 개발

교수매체는 수업상황에서 효과적이며 효율적인 수업을 진행하기 위해서 필요한 사항들을 학습자들에게 조직적으로 제공하고자 도구로 사용된다(김미량 외, 2003).

교수자는 수업상황에서 매체를 효과적으로 사용함으로써 수업의 질적 향상을 도모하고, 학습성과를 높이는 등의 효과가 있을 수 있다. 이는 곧 수업상황에서 매체가 별도의 분리된 보조도구가 아니라 수업 체제의 한 구성요소로서 큰 역할을 담당한다는 사실을 의미하며, 이러한 매체에 대한 관심은 매체 자체는 물론 매체를 사용하는 방법에 대한 관심으로 확장되어 가고 있다. 각기 다른 목적과 내용을 학습자에게 잘 전달하기 위해서는 적절한 교수매체를 사용함으로써 효과적인 시간 관리와 학습의 기능을 강화할 뿐만 아니라 학습의 질을 높일 수 있다.

1. 교수매체의 선정

여러 형태의 정보매체가 있고 학습자도 다양하기 때문에 교수매체를 선정하는 일은 매우 복잡하다. 교수매체의 선정은 단순히 매체나 교수·학습 자료 자체의 질적 평가 수준에서 이루어지는 것이 아니라 이를 포함하여 이것이 활용될 교수 상황과 교수 이론에 근거하여 결정되어야 한다(이수정, 2009).

1) 교재 개발 및 선정 모형

본 장에서는 적합한 매체와 교재 선정 및 활용을 돕기 위해 개발된 하이니치 외(Heinich et al., 2002)의 ASSURE 모형을 중심으로 살펴보고자 한다. ASSURE 모형(Heinich et al., 2002)은 교수매체를 활용하여 수업 지도안을 설계하는 데 도움을 주기 위해 고안된 모형으로 교수체제 개발모형으로도 활용될 수 있다. 어떻게 가르칠 것인가(How to do)에 초점을 두고 있으며, 체제적 교수설계 모형으로서 6단계로 이루어져 있다.

ASSURE 모형의 A는 학습자분석(Analyze Learners), S는 목표 진술(State Objectives), S는 교수방법, 매체, 교재 선택(Select Methods, Media and Materials), U는 매체와 교재 활용(Utilize Media and Materials), R은 학습자 참여 유도(Require Learners Participation), E는 평가와 수정(Evaluation and Revise)을 의미한다.

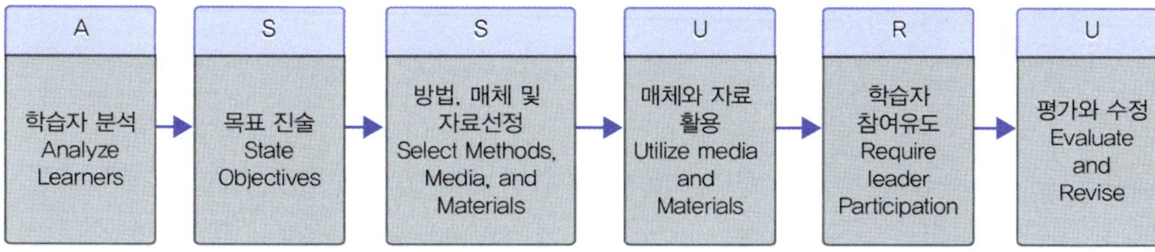

그림 5-1 ASSURE 모형의 단계

출처: 권진하 외(2021). p.185. 재구성.

ASSURE 모형은 교수자가 수업을 계획하고 수행하면서 매체를 활용할 수 있도록 개발된 실천적 모형으로, 학습자 개개인의 특성을 분석 및 이해하고 교수·학습활동 상황에 따라 사용 매체의 개발과 선정, 활용을 결정하는 데 유용하다(권진하 외, 2021).

권진하 외(2021)는 ASSURE 모형의 첫 단계인 학습자분석은 학습자의 수준과 흥미 그리고 배경 등을 파악하는 단계로써, 학습자의 일반적 특성과 학습 출발점 능력, 학습 양식 등 세 단계의 분석과정을 통해 이루어진다. 교수매체의 체계적인 활용을 위한 두 번째 단계인 목표의 진술은 수업의 목표를 가능한 구체적으로 진술하여야 하며 달성 기준이 제시되어야 한다. 세 번째 단계는 학습의 목표점에 도달하기 위해 학습자의 흥미를 유발하는 수업방식과 목표달성에 적합한 교수매체와 자료를 선정한다. 네 번째 단계로 매체와 자료를 어떻게 활용할 것인지에 대하여 결정한다. 교수자는 선택한 매체와 자료를 교수자나 학습자가 실제 어떻게 사용할 것인지를 사전에 검토하고 자료 활용 순서와 방법 등을 결정하는 준비를 한다. 다섯 번째 단계는 학습자가 적극적으로 학습에 참여할 수 있도록 하는 단계로써 교수매체와 자료활용 효과를 높이기 위해 학습자가 적극적이고 능동적으로 참여할 수 있도록 동기 부여 요소를 제공하는 것이 필요하다. 여섯 번째 단계는 학습목표 달성 여부에 대해 성취도 평가와 함께 교육프로그램의 평가를 통해 수정·개선하는 과정이다.

결론적으로, 교수매체의 선정과정은 먼저 학습자집단의 특성을 파악하고 수업의 학습목표를 가능한 구체적으로 진술한 후, 이 두 가지를 연결시킬 수 있는 교수매체를 조사, 평가, 선정하는 일이 조직적으로 이루어져야 한다(Hoinich, 1993).

다음은 ASSURE 모형 기반의 교재개발과정으로 6단계에 걸친 개발 과정을 예시한 것이다.

표 5-1 ASSURE 모형의 단계

A	학습자분석	- 연령: 50~60대 - 선수지식: 기본 수업으로 선수지식이 크게 필요하지 않음 - 선호 학습방법: 학습내용 설명 후, 질문방법 선호
S	목표의 진술	- 정보의 의미와 정보사회의 특징을 말할 수 있다. - 일상생활에서의 컴퓨터활용 모습을 설명할 수 있다.
S	교수매체와 교재 선택	- 교수학습방법: 강의식, 문답법, 토론법 - 교수매체: 인쇄매체, 시각매체, 동영상매체 - 교재: 워크북, 평가지
U	매체와 교재 활용	- 워크북과 파워포인트를 사용하여 수업내용을 전달 - 컴퓨터활용에 대한 동영상 자료를 제시 - 컴퓨터활용 조사에 대한 그룹토론 후 워크북의 문제를 해결하도록 함
R	학습자 참여 유도	- 학습자 관심 유도(도입): 컴퓨터의 발달로 변화된 사회의 모습을 보여주는 동영상을 제시하여 학습자의 관심을 이끈다. 제시된 내용 외에 어떠한 변화가 있는지 학습자들에게 질문하여 참여를 유도한다. - 본 학습내용 소개(전개): 워크북의 '우리 주변 컴퓨터활용 모습 찾기' 문제를 해결하기 위해 그룹별 토의시간을 주고 참여를 유도한다. - 내용 요약(정리): 워크북의 '오늘 학습 정리' 부분을 각자 정리하며 학습내용을 스스로 정리하도록 유도한다. 평가지를 작성하며 수업내용을 정리하도록 한다.
E	평가와 수정	- 평가 결과는 다음 수업의 교수매체, 교재선정에 활용한다. 워크북 활동을 하는 동안 학습자가 어려워하는 부분이 있었는지 확인한다. - 워크북 활동 및 수업에 모든 학습자가 적극적으로 참여하였는지 확인한다. - 교수학습방법, 매체, 교재가 학습자의 참여도와 이해도를 높이는데 적절하였는지 확인한다.

출처: 권진하 외(2021). p.186.

2) 교수매체의 Buying or Making

교수매체를 선정할 경우에는 구매를 할 것인지 또는 개발을 할 것인지를 결정하여야 한다. 먼저 내부에 기존의 어떤 물적 자원과 인적자원이 있는지 탐색한 후, 기존의 것을 그대로 사용할 것인지 아니면 수정하여 사용할 것인지에 대한 판단을 한다. 반면 사용할 수 있는 것이 없다면 매체를 개발하거나 외부에서 구입할 것을 결정한다.

교수매체를 외부에서 구입 시 다음과 같은 것들을 고려해야 한다.

① 저작자는 누구인가?
② 자료사용에 대한 저작권(copyright) 제약은 어떤 것이 있는가?
③ 구입자가 자료의 전부 또는 일부를 복제하여 사용할 수 있는가, 아니면 지속적으로 판매자로부터 구입해야 하는가?
④ 동일한 자료를 추가적으로 사용할 때 비용이 드는가?
⑤ 프로그램 업데이트(updates)에 비용이 드는가, 업데이트를 자체로 할 수 있는가, 아니면 외부 판매자가 관계하여 참여해야만 하는가?

출처: 중앙공무원교육원(2007).

3) 교수매체 선정을 위한 지침

① 학습자들의 경험, 흥미 및 능력에 맞으면서도 그들이 학습한 것을 자신의 상황에 적용시키는 데 유용한 재료들을 선택한다.
② 학습이 일어나는 상황의 장점을 효과적으로 이용할 수 있는 재료들을 선택한다.
③ 학습내용을 잘 설명하고 예시할 수 있는 재료를 선택한다.
④ 주제의 핵심에 초점을 맞출 수 있는 재료를 선택한다.
⑤ 교수자가 가고자 하는 곳으로 이끌어 주는 재료를 선택한다.
⑥ 다양한 재료를 이용한다.
⑦ 지나치게 많이 사용해서는 안 된다.
⑧ 현재 가능한 시간 내에 개발할 수 있고, 학습이 일어나는 상황에 효과적으로 적용할 수 있는 재료를 선택한다.

2. 교재 및 매뉴얼 개발

개발은 설계한 내용을 실제 교육현장에서 사용할 자료를 개발하는 것으로 학습자용 교재, 강사용 매뉴얼과 보조자료 등을 산출하는 단계이다.

1) 학습자용 교재

학습자용 교재(textbook 또는 workbook)는 오프라인 교육에서 빼놓을 수 없는 중요한 전달매체이다. 교재만 있으면 과정이 운영될 정도로 학습자용 교재는 학습자들이 학습하는 데 필요한 정보를 담고 있는 교육 자료이다(장원섭, 2021).

교재는 주어진 시간과 공간상에서 교육목표를 효율적으로 달성하기 위해 필요한 자료를 의미한다. 넓은 의미에서는 교육에 투입되는 모든 자료이며, 좁은 의미의 교재는 교과에 따라 제작된 가시적인 교육내용이다. 교과가 교육의 목적을 위한 일정 분류체계에 따라 구분해 놓은 교육프로그램의 묶음이라면, 교재는 교육프로그램을 잘 수행하기 위해 필요한 지식의 구조를 반영해 놓은 것이다(권진하 외, 2021). 최근 인터넷, 스마트폰 등을 활용한 온라인 교육이 발달하면서 제공되는 교재도 많이 사용되고 있듯이, 제공되는 그 자체만으로도 학습이 가능할 정도로 그 역할이 크다. 따라서 어떤 교육방법을 쓰더라도 교재는 학습 과정에 제시된 학습 목적과 방법을 바탕으로 하여 학습상황에 맞게 학습내용을 선정하고, 일목요연하게 정리하여 지식을 전달할 수 있는 매체로 여겨지고 있다(김선희 외, 2004). 일반적으로 성인교육에서는 워크북(workbook)과 핸드아웃(Handouts)이 많이 사용된다.

교재는 학습과정과 현장 수업의 중개자 역할을 하며, 학습에 중요한 역할을 한다. 교재의 내용과 형식은 교육과정 진행에 있어 매우 중요한 요소이기 때문에(노남섭 외, 2021). 교재에 대한 충분한 흥미를 느끼도록 구성해야 한다. 듀이(Dewey) 또한 학습자들이 교재에 충분한 흥미를 느낄 때 학습내용에 대한 일체감을 가질 것이고 열중할 것이며 학습이 이루어질 것이라고 하였다(Schiefele, 1991). 이에 교재에는 학습자의 선수학습이 요구되는 용어나 개념을 정리하여 보여주는 것도 필요하고, 교육과정체계도, 교과주제 흐름도, 교과목 운영일정, 교과의 목적, 학습목표, 연습문제, 참고자료, 개요, 표와 그림, 기본적 내용, 소요시간 등과 같이 학습자에게 필요한 정보를 포함하고 있다(장원섭, 2021).

개발된 학습자용 교재를 이용하여 교육프로그램 목표를 달성하기 위해 필요한 것이 교수·학습방법이다. 오늘날의 교육은 학습자가 중심이 되어 왜 배워야 하며, 어디에 활용할 수 있을지에 대해 물음에 답하는 교수·학습 활동이 중심을 이루어야 한다. 이러한 측면에서 학습자와 교수자 간의 상호작용이 유기적으로 이루어질 수 있도록 하는 교재의 개발은 더욱 중요하게 여겨지고 있다(권진하 외, 2021).

효과적인 교재를 개발하기 위해서는 다음과 같은 요건을 중심으로 구성해야 한다.

첫째, 명확성(clear and readable)이다. 내용이 읽기 쉽고 전달력이 있어야 하며, 핵심사항들은 강조해서 나타내고, 요약정리를 한다.

둘째, 적정성(relevant)이다. 학습자가 교재를 통해 알고자 하는 내용이 빠짐없이 포함되어 있어야 한다.

셋째, 정확성(accurate)이다. 최신 자료와 사실에 근거해 논리적인 결론으로 구성되어 있어야 하며 내용에 있어서 일관성이 유지되어야 한다.

넷째, 흥미(interesting)이다. 시각적으로 흥미를 끌 수 있어야 하므로, 적합한 디자인, 색상과 예시를 사용해야 한다. 이는 학습자에게 학습에 대한 동기를 유발하는 데 도움이 된다.

다섯째, 실용성(practical)이다. 학습자는 교재를 활용함으로써 얻는 혜택이 있어야 하므로 좀 더 실용적이고 활용도 높은 내용으로 구성해야 한다.

교재자료의 구성에도 신경을 써야 한다. 글을 쓰는 방법과 내용을 구조화하는 것도 교재를 만드는 데 중요하기 때문에 다음의 사항을 참고할 필요가 있다.

① 제목

교수-학습자료는 가능한 한 많은 제목을 활용하여 자료를 쉽게 찾을 수 있도록 구성하는 것이 중요하다. 제목은 내용을 대표하고 요약할 수 있어야 하며 주제목과 소제목을 적절히 활용하여 교재의 내용을 안내하는 것이 중요하다.

② 문장 및 단락

문장은 내용의 핵심을 명료하고 이해하기 쉽게 기술되도록 하는 것이 중요하다. 한 문장에 하나의 개념만을 담고 간단한 문장을 사용해야 하며, 가능하면 능동태를 사용하도록 한다. 또한 개념 설명 시 정의와 함께 유사하거나 혼동되기 쉬운 용어를 비교한다. 그리고 전문적인 용어나 축약어는 사용하지 않는다.

③ 레이아웃

레이아웃은 텍스트와 여백의 절절한 배치를 의미한다. 충분한 여백을 제공함으로써 쉽게 이해하고 필요한 정보를 다시 찾을 수 있도록 만드는 것이 좋다.

즉, 적절한 여백을 배치하는 것이 좋다.

④ 강조

문장에서 핵심적이고 중요한 아이디어를 강조함으로써 학습자의 이해를 돕고 필요한 정보를 빨리 찾을 수 있도록 도와줄 수 있다.

2) 강사용 매뉴얼

강사용 매뉴얼(instructional manual)은 교수자인 강사가 교육운영을 위해 필요한 학습내용, 전달 포인트, 학습방법 등을 자세히 기술해 놓은 것이다. 강사용 매뉴얼 제작의 목적은 강사 개인의 자질로 인해 교육 효과가 좌우되는 것이 아니라 표준화된 매뉴얼을 통해 교수자로서의 질을 일정하게 맞추고, 학습자에게 동일한 정보가 전달되도록 하기 위한 것이다.

강사용 매뉴얼에서 중요한 작업 중 하나는 교안을 작성(제작)하는 것이다. 대다수의 교수자가 범할 수 있는 오류 중 하나는 그간의 경험으로 대충 계획서를 잡거나 잘 구성된 강의계획서나 학습지도안 없이도 강의를 진행하는 데 어려움이 없다고 착각에 빠지는 위험이다. 학습요구는 항상 변하고 있으므로 교안의 현재화 작업은 항상 필수적이다.

(1) 교안의 구성요소

교안은 도입, 전개, 종결의 3단계로 나누어 학습목표, 학습내용, 수업 방법, 기타 자료 및 장비, 평가방법 등을 작성한다.

구분	비 중	주요내용	방법
도입	5~10%	주의집중, 동기부여, 강의개요	질문
전개	80~85%(또는 65%)	학습내용제시, 실습, 예시, 질의응답, 응용력	설명
종결	5~10%(또는 25%)	요약, 재동기부여, 맺음말	토론

출처: 권진하 외(2021). p.196.

① 도입단계

도입단계는 총 학습시간의 5~10% 정도로 학습자와 교수자 간에 공통된 기반을 형성하는 단계이다. 첫 단계는 학습자로 하여금 학습에 주의를 집중시키는 주의집중 단계(attention step)와 문제를 해결하고 배워야겠다는 학습활동 동기를 일으키는 동기부여 단계(motivation step)가 있으며, 강의의 내용을 제시해 주는 강의개요 단계(overview step)가 있다. 첫 번째로, 주의집중을 위해서 교수자는 먼저 선수학습을 소개함으로써 학습자들의 주의를 집중시킬 수 있다. 교수자 자신을 간단명료하면서도 재미있게 소개하는 것도 좋은 방법이다. 도입부에서 두 번째 단계는 동기부여이다. 이 강의에 열심히 참여해야 하는 이유를 설명하는 단계이다. 세 번째 단계는 강의 개요에 대해서 말하는 것이다. 물론 강의계획표에 제시되어 있으나 교수자가 한 번 더 설명해주는 것이 필요하다.

② 전개단계

전개단계(instructional events)는 총 학습시간의 80~85% 정도로 도입단계에서 제시된 학습내용의 순서에 따라 주제를 구체적으로 설명하고 입증하며 규명하는 단계이다. 학습자가 학습해야 할 새로운 지식, 스킬, 태도 등이 제시되고 또 실습, 예시, 질의응답, 응용력 등에 대한 상호작용의 제공 등이 이루어진다. 전개시의 원칙을 보면 다음과 같다.

- 내용구성이 논리적으로 체계화되어 설명할 수 있어야 하며, 쉬운 것에서부터 어려운 것으로 진입한다.
- 부차적인 점을 너무 강조해서 중요점을 희석시키지 않도록 한다.
- 주제의 연결단계가 매끄러워야 한다.
- 중간 동기부여를 반드시 계획하여야 한다.
- 전개단계 마지막에 질의응답 시간을 마련하여 학습자의 의문을 해소시켜 주어야 하며, 또한 교수자가 질문을 해서 학습자의 이해도를 측정할 수도 있다.

③ 종결단계

교안의 내용구성을 맺는 것이 종결단계이다. 종결단계는 총 학습시간의 약 5~10%의 비중 또는 내용에 따라서 25%까지 할당하기도 한다. 종결단계는 지식을 종합하는 단계이다. 학습 포인트의 요약이나 단원목표의 달성을 평가할 수 있는 사항은 물론 필요에 따라서는 처음 평가에서 학습목표 달성에 미흡한 학습자에 대한 처방까지도 포함된다.

따라서 전개단계에서 설명하고 검증한 사실들을 요약하는 단계이며 다시 동기부여를 하고 결어로서 마치는 단계이다. 전개단계에서 설명한 많은 내용 중 특히 강조할 만한 내용만 간추려서 강조하면 된다. 이때 주의할 것은 전개단계에서 언급되지 않은 새로운 사실을 유발해서는 안 된다.

표 5-2 교안의 구성(안)

도입 (서론)	예정시간 (분)	1. 주의집중 2. 동기부여 3. 강의개요	• 자기소개 • 주제 판서 • 긴장을 풀게 한다. • 중요성 강조 • 알고 있는 것을 묻는다. • 내용 요약 • 교육의 배경, 범위 등 설명
전개 (본론)	예정시간 (분)	1. 대항목 가. 중항목 (1) 소항목 내용요약 2. 가. (1)	• 판서할 사항(주제, 주요내용 등) • 질문할 사항 • 설명 • 예시 • 기법(토의, 체험학습 등) • 배포자료 • 관련 내용 • 시청각 자료 • 참고문헌 • 질문받기
종결 (결론)	예정시간 (분)	1. 요약 2. 재동기 부여 3. 결어	• 복습(요점의 재확인) • 중요성 재강조 • 감사의 말과 다음 시간 주제 언급

출처: 저자 구성

(2) 교안에 포함될 항목

교안 작성에서 교안에 포함되어야 할 항목으로는 목표, 내용, 판서, 요약, 시간 배분, 시청각자료, 기타 교수활동 등의 항목으로 구분하여 제시할 수 있다.

구 분	내 용
목 표	무엇을 이해 또는 습득시킬 것인가를 결정한다.
내 용	도입, 전개, 종결의 3단계로 구성한다.
판 서	무슨 내용을 판서할 것인가(주제와 대·중·소 항목)를 정한다.
요 약	강조점이 무엇이며 요약은 어떻게 할 것인지를 정한다.
시간배분	5분 또는 10분 단위로 표시한다.
시청각 자료	자료명과 활용방법 등을 미리 정하고 익힌다.
기타 교수활동	질문, 예화를 비롯해 통계·인용·유머 등은 별도로 표시해 둔다.

출처: 권진하 외(2021). p.196 재구성.

3. 교보재 개발

교육시간에 듣기와 보기를 함께 할 경우 학습효과가 5배나 높다고 한다. 활력있는 교육을 위해서는 시청각 자료와 도구를 활용하는 것이 좋다. 그러나 각 보조물은 장·단점이 있어서 최고의 매체보다는 최적의 매체를 선택해야 한다. 따라서 교육하고자 하는 내용과 목표에 맞는 교육보조물을 선정하는 것이 좋다.

1) 교보재의 목적

- 학습자들에게 학습자료를 시각적으로 검토할 기회를 부여함으로써 현재 논의되고 있는 내용에 주의를 집중시킨다.
- 시각적으로 호소력이 있는 자료를 제시함으로써 학습주제에 관심을 높인다.
- 학습자료의 설명에 한 가지 이상의 자료(예: 보고 듣는 것)를 활용함으로써 학습자의 학습이해도를 높인다.

2) 교보재 개발의 유의점

과정의 모든 교보재가 세부 지침에 적합한지를 확인하고, 요구되는 시간과 분량을 고려하여 교보재를 개발한다. 여기에서 유의할 점은 다음과 같다.

- 최종 제작물과 생산량은 개발과정의 초기에 고려되어야 한다.
- 사전에 검토 팀과의 검토일정을 결정해두어야 한다. 검토자(target audience)의 의견을 검증할 시간을 고려해야 한다.
- 교수 프로그램이 두 개 이상일 경우에는, 패키지로 만들도록 한다.
- 교보재 제작물 체크리스트를 만든다.

한편, 교보재(training materials)를 개발할 때 검증할 지침은 다음과 같다.

- 교보재가 단원의 목적과 일치되는가?
- 정보가 명확하게 제시되었는가?
- 교보재에서 에러나 내용의 생략은 없었는가?
- 교보재 수준이 학습자에게 너무 높거나 낮지는 않은가?
- 교보재의 디자인에 문제는 없는가?
- 교보재가 적절히 주기화(sequencing)되었는가?
- 좀 더 많은 실용성(practice) 검토가 필요하지 않은가?

3) 교보재 평가방법

① 일대일 평가

- 검토자를 선정한다. 학습내용의 초·중·고급 수준별 대표자를 1명씩 최소 3명을 선정한다.
- 검토자에게 평가의 목적, 기대사항, 역할 등을 설명한다.
- 교보재의 내용과 순서에 어떤 수정이 필요한지를 평가한다.

② 소그룹 실험(small group test) 실시

- 나이, 성별, 경험, 등을 고려하여 8~20명 이하의 검토그룹을 선정하고 실험을 실시한다.
- 학습자 반응, 소요시간 등을 기록하고 난 후, 학습자와 함께 모든 내용, 순서, 교보재를 깊이 있게 토의한다.
- 수정이 필요한 부분을 정리하고 전체적으로 다시 한번 공유한다.

제3절 교육과정의 파일럿 테스트

1. 파일럿 Pilot 테스트의 의미와 목적

1) 파일럿 테스트의 의미

파일럿(Pilot) 테스트는 교육과정을 실행하기 전에 시범적으로 실행하는 것으로 프로그램의 설계·개발된 프로그램 및 교육과정을 본격적으로 실시하기 이전에 이루어지는 시험적인 평가이다. 프로그램의 설계, 실행방법, 학습자료(내용), 매체의 활용성, 효과 등에 대하여 수정할 부분을 찾아내고 부족한 부분을 검토하여 보완할 수 있도록 함으로써 프로그램에 대한 질을 확보하기 위한 것이다.

2) 파일럿의 목적

파일럿의 목적은 개발된 프로그램의 문제점을 확인하고 수정 또는 보완을 함으로써 계획의 타당성을 검토하는 것이다. 이에 파일럿의 목적을 정리하면 다음과 같다.

- 직무성과 및 조직에 미치는 프로그램의 영향력 확인
- 교육과정으로 인한 행동변화 검토
- 프로그램의 타당화
- 특정한 사례, 연습문제, 시뮬레이션에 대한 반응평가
- 프로그램의 설계, 개발, 실행의 분석을 통해 교육과정 품질에 대한 확인
- 경영층과 구성원들의 교육과정에 대한 지원여부 확인

2. 파일럿 테스트의 운영

파일럿 테스트의 유형은 실제 현장에서 배울 학습자들로부터 파일럿 그룹을 조직하고 이들을 대상으로 하여 형성평가하는 필드 테스트와 1차로 진행되는 교육과정 자체를 파일럿 테스트로 활용하는 경우가 있다. 파일럿 테스트에서는

실제 프로그램과 마찬가지로 동일하게 교육 과정이 이루어져야 한다.

파일럿 테스트에는 각 분야의 전문가(내용 전문가, 제작자, 내용 설계자, 매체 제작자, 운영자, 평가자 등)가 참여하여 테스트 중인 프로그램을 관찰하고 분석하게 되며, 필요하다면 교육과정에 참여하는 교육생을 인터뷰하여 자료를 수집한다. 분석 결과를 통하여 수정, 보완할 부분이 지적되면 설계자는 지적사항을 수정하여 재개발한 후 완성된 교육프로그램으로 정상적인 교육과정이 시작되는 것이다.

1) 파일럿 테스트 절차

파일럿 테스트를 위한 도구개발 및 실시에 따른 절차는 다음과 같다.

파일럿 테스트 운영 및 실행 전략 → 평가도구 개발 → 평가 결과 분석 → 최종 수정본 완성

표 5-3 파일럿 테스트 절차

단 계	내 용
운영 및 실행전략	• 파일럿 테스트 대상학습자 선정 • 일정계획 • 테스트할 교육과정의 범위(부분/전체) • 참여인력결정(교수자, 설계자, 운영자, 교육생 등)
평가도구개발	• 내용, 매체, 운영(일정, 지원, 관리 등)의 영역에서 주요 평가 • 항목 개발 • 평가방법 선정: 시험, 관찰, 설문, 인터뷰 등 • 평가지 제작
평가결과분석	• 각 영역별 문제점 인식 및 수정 방향 결정 • 수정 및 보완
최종 수정본 완성	• 2차 파일럿 테스트가 필요한지 결정

출처: 이정택(2004). p.62.

2) 파일럿 테스트 운영방법

파일럿 테스트 운영 시 다음의 운영방법을 고려하여 진행한다.

(1) 무엇을 평가할지 규명

- 교육과정의 설계와 학습자의 성과달성 간의 관계 규명
- 결과지향적인 직무산출물이 조직의 핵심전략과 연관되었는지 확인
- 특정한 교수전략에 대한 반응 확인
- 해당 교육과정이 학습목표를 달성했는지를 평가

(2) 파일럿 대상그룹을 선정

- 교육대상 그룹의 이해관계자를 대표하는 집단
- 조직, 직무, 교육과정에 대해 올바른 가치관을 가지고 있는 집단
- 높은 동기를 갖고 있고 동료들의 신뢰를 얻는 구성원들 집단
- 향후 참가자들에게 과정의 실행에 대해 홍보할 수 있는 스킬과 파워를 가지고 있는 집단

(3) 파일럿에서 도출된 주요사항을 반영하고 행동

- 실제 프로그램과 비슷한 파일럿 프로그램을 통해 도출된 문제들을 해결하고 피드백을 수렴하여 최고수준의 프로그램을 만드는 데 적용한다.

(4) 파일럿의 결과를 사용해서 프로그램을 수정

- 파일럿 프로그램을 실행함으로써 나타난 결과를 토대로 필요하다면 프로그램을 수정한다. 특히 다음의 내용을 고려하여야 한다.

> - 교육대상자들이 필수적으로 갖추어야 할 역량들에 대해 명확히 한다.
> - 프로그램의 내용전달에 있어 의미와 유용성에서의 차이를 규명한다.
> - 학습자들이 성취할 수 있는 역량의 수에 대한 기대가 적절하지 못했다면, 그 기대를 수정한다.

(5) 파일럿 테스트에 참가한 사람들을 보상

- 파일럿 테스트(pilot test)에 참가한 사람들에게 감사의 표시와 보상을 하도록 한다.

3. 파일럿 코스(Pilot Course) 평가

1) 목적

본격적인 과정 실시 이전에 교육 효과의 검증과 설계 및 개발된 내용을 평가하여 최종 수정함으로써 과정에 대한 품질을 보증한다.

2) 방법

(1) 소요 시간

파일럿 코스(Pilot-course)를 진행하면서 소요 시간을 계획 대비 실제 시간과 편차를 각 단원별로 각각 구분하여 산정하고, 총 소요 시간도 합계하여 기입한다.

(2) 평가 참여 학습자

파일럿 코스(Pilot-course)에 참가한 학습자의 평가결과를 기입한다.

- 학습자 성명을 기입한다.
- 사전/사후 평가 점수를 대비하여 기입한다.
- 합격 여부를 판정한다.

(3) 학습자 평가

학습자가 파일럿 코스를 학습한 후, 다음 항목을 과정에 대한 평가 질문지로 하여 평가의 의견과 개선 요망 사항을 기록하게 하고, 이를 집계한다.

- 과정의 구성 및 흐름
- 동기유발(ARCS) 전략: 교수-학습내용에 대한 흥미, 교수-학습내용의 직무와의 관련성과 유용성, 학습목표의 달성의 정도, 학습 후의 만족감 등
- 학습자가 얻은 지식, 기술, 태도의 변화 정도
- 교수자의 적절성, 호소력
- 교수 방법 및 전달 매체의 효과성 및 효율성

(4) 교수자 평가

학습자 평가에 대한 교수자의 의견과 개선 요망 사항을 구체적으로 의견을 받아 기술한다.

(5) 관찰자/평가자 평가

학습자 평가에 대한 관찰자나 평가자의 의견과 개선 요망 사항을 구체적으로 의견을 받아 기술한다.

(6) 구체적 개선계획 수립

구체적 개선 필요사항은 설계 및 개발에 참여한 멤버가 모여 우선순위를 정하고 과정 개선계획을 수립한다.

4. 과정 개선

과정 개선은 교육 실행, 총괄평가 및 기타 새로운 요구사항 등에 근거하여 개발한 과정의 개선안을 구체화하기 위한 것이다. 과정 개선의 방법은 다음과 같다.

① 총괄평가에서 제기된 개선사항에 대한 계획을 수립한다.
② 교육 실행에서 제기된 개선사항에 대한 계획을 수립한다.
③ 개선 필요사항을 구체적으로 개선한다.
④ 개선안에 대한 교육 요청자의 동의를 획득한다.
⑤ 필요시 개선한 과정에 대한 pilot-course 평가를 한다.

과정개선 계획 양식(예시)

개선 및 업그레이드 항목	담당자	계획 일자	완수 일자	확인

제4절 SME와의 관계구축

1. SME의 정의와 유형

Subject Matter Expert(SME: 주제전문가, 내용전문가)란 특정 주제 혹은 분야에 대해 전문적인 지식을 갖고 있는 사람을 말하며 과정 개발 시 교수설계자에게는 절대적으로 필요한 사람이다. SME는 다음과 같이 구분되기도 한다.

- Content Expert: 특정 분야에 대한 전문적인 지식 및 경험체계를 갖고 있는 사람이다.
- Process Expert: 특정 분야의 문제해결 프로세스에 대한 전문적인 지식 및 경험을 갖고 있으며, 이를 기초로 하여 타 분야의 지식 및 경험체계를 주 내용으로 하는 문제상황을 해결하고자 하는 사람이다.

2. 프로젝트 수행상의 SME의 역할

프로젝트를 수행하기 위한 프로세스는 크게 니즈분석, 프로그램 설계, 개발, 실행, 평가단계별 세부 작업내용을 정리하면 다음과 같다.

〈Project 수행 Process〉	〈세부 작업내용〉	〈SME의 역할〉
니즈분석	• 수행문제분석 • 교육요구분석 ① 직무분석/과제분석 ② 학습자분석	
프로그램설계	• 학습목표진술 • 교육내용선정 • 수업전략 (교수방법 및 매체선정) • 수업시간결정	
개발	• 교재 • 강사 매뉴얼 • 교수매체/평가도구개발	
실행	• Pilot-Test • 실제 과정운영	
평가	• 반응평가 • 학습평가 • 현업적용도 평가 • 조직기여도 평가	

3. SME와의 협력관계 유지

1) 내부 SME 활용

- 보통 교수설계에 대한 배경지식이 없으므로 반드시 샘플을 제시해서 일정한 form을 유도한다.
- 강의 경험이 있는 사람을 활용한다.
- SME에게 일을 부탁한 경우는 낮은 강도에서 점차 높은 강도를 요구한다.
- 과제를 안 하는 SME의 경우, 다른 SME가 작성한 샘플을 제시하여 서로 간의 경쟁심 유발하는 것도 필요하다.
- 잘하는 SME에게서 좋은 샘플을 만들어서 다른 SME에게 제시한다.
- 강의 경험이 없는 SME에게는 소제목 작성 후에 설명을 하고, 받아 적어 내용을 확보한다.

2) SME 동기부여

교수설계자의 중요한 자질은 SME에게 일을 시킬 수 있는 능력이다. SME 중에도 우수한 자와 부족한 자가 있는데, 부족하더라도 계속 동기부여를 하고 부족한 내용을 채워 넣을 수 있어야 한다.

3) 내부 SME를 활용하더라도 외부 SME의 검증을 거친다

4) SME 미팅 체크포인트

- 무엇을 위해 SME meeting이 필요한가? (목적)
- SME의 선정기준은 무엇인가? (SME의 규정)
- SME의 선발 인원 규모는?
- 개략적 SME meeting 운영 일정 계획은? (최종 만료일)
- 미팅 운영방법은?
- 미팅에 참여할 프로세스 최대 규모는?
- 미팅 결과의 기록 및 문서 보관 방법은?
- 미팅 결과의 피드백 방법은?

그림 5-2는 SME 미팅 절차와 세부내용을 정리한 것이다.

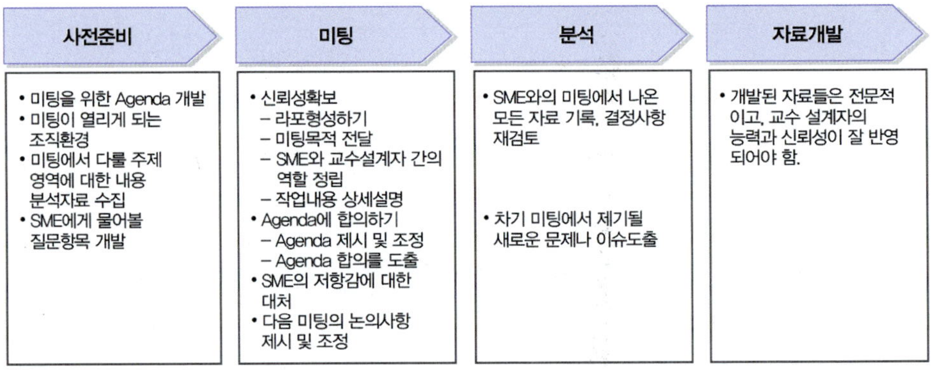

그림 5-2 SME Meeting Process와 내용

그림 5-3과 그림 5-4는 인재개발원의 프로그램개발에 따른 설계단계, 개발단계의 강의 매뉴얼 및 교재개발시 내용전문가(SME)의 역할을 예시한 것이다.

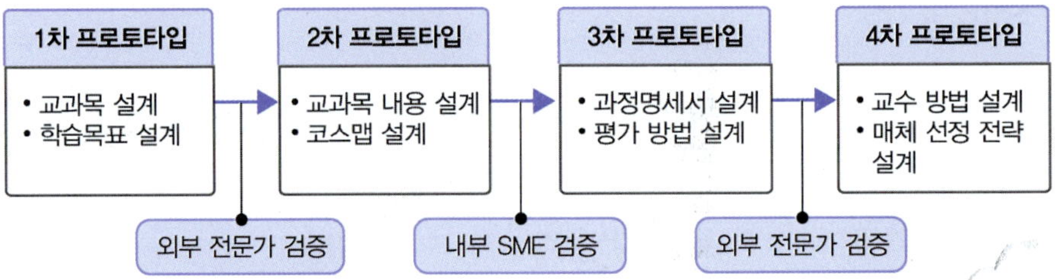

그림 5-3 과정 설계 흐름도

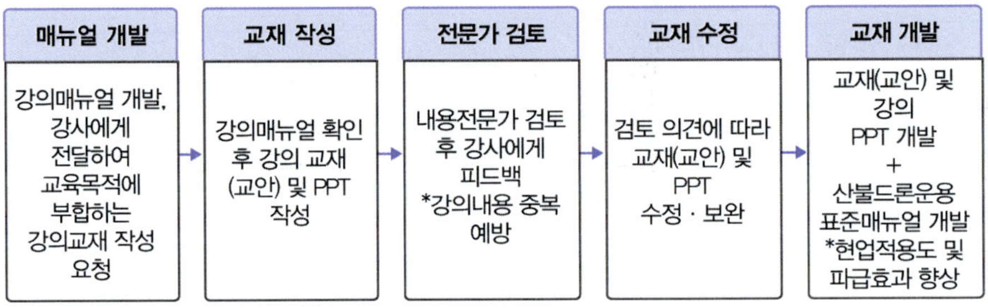

그림 5-4 강의 매뉴얼 및 교재 개발 흐름도

연구문제

1. 교육프로그램 개발 단계에서 적합한 매체와 교재 선정을 위한 ASSURE 모형 기반의 교재개발과정 6단계에 대해 설명해 봅시다.

2. 교수매체 선정을 위한 구매 또는 개발 시 고려사항에 대해 설명해 봅시다.

3. 개발단계에서 교재 및 매뉴얼 개발은 교육현장에서 사용할 자료를 개발하는 것으로 학습자용 교재, 강사용 매뉴얼과 보조자료 등을 산출하는 단계입니다. 효과적인 교재를 개발하기 위한 구성 요건에 대해 설명해 봅시다.

4. 교육과정의 파일럿 테스트의 목적과 운영방법에 대해 설명해 봅시다.

5. 교보제 개발시 교육하고자 하는 내용과 목표에 맞는 교육보조물을 선정하는 것이 좋은데 교보재 개발의 유의점에 대해 설명해 봅시다.

CHAPTER 06

교육프로그램 평가【Evaluation(평가)】

제1절 교육프로그램 평가의 이해

제2절 교육프로그램 평가모형

부록 교육과정개발 사례

학습목표

본 장에서는 교육프로그램 평가에 대해 전반적인 과정을 기술하였다. 교육프로그램 평가는 교육의 가치를 다룬 지식에 기초하여 프로그램에 대한 가치 내재적이고 맥락적인 활동으로서 타당하고 신뢰할 만한 자료를 수집하고 분석함으로써 의사결정을 하기 위한 과정이다. 이에 평가의 의미가 무엇이고 교육프로그램의 평가모델들을 비교·분석해봄으로써 평가가 어떻게 이루어지는지를 정리하였다. 아울러 교육 현장에서 운영되고 있는 교육프로그램 평가 사례를 제시함으로써 이해도를 높이도록 하였다.

제1절 교육프로그램 평가의 이해

오늘날 많은 조직에서 이루어지고 있는 다양한 인적자원개발(Human Resource Development: HRD) 교육프로그램은 구성원 개인의 성장과 조직의 성과에 기여할 수 있어야 한다. 즉, 가르치고 배우는 활동이 개인과 조직 차원에서 모두 효과적이어야 한다. 이러한 교육의 효과성을 확인하는 과정이 평가다(장원섭, 2021). 이 장에서는 교육프로그램 평가의 의미가 무엇이고 교육프로그램의 평가모델들을 비교·분석해봄으로써 평가가 어떻게 이루어지는지를 살펴본다.

1. 교육프로그램 평가의 의의

1) 교육프로그램 평가의 개념

평가는 다양한 방식으로 정의된다. 어떤 대상의 질이나 가치, 유용성, 양, 정도, 조건에 대한 가치를 판단하는 활동으로서, 사물의 가치를 부여하는 행위이다. 학문 분야와 학자들마다 다양한 관점에서 각기 다르게 그 의미를 규정하기도 한다. 인적자원개발 분야에서 러스-에프트와 프레스킬(Russ-Eft & Preskill, 2001)은 평가를 "의사결정을 내릴 목적으로 가치와 장점을 조사, 활용하는 체계적 과정과 활동"이라고 정의하였다. 즉, 교육프로그램 평가는 프로그램의 가치나 유용성을 확인하기 위한 활동이라는 것이다. 프로그램 평가는 성취할 목표를 결정하는 일, 그 목표가 달성되는 방법을 결정하는 일, 그리고 그 목표가 실제로 달성되었는지 알아내는 일이다. 이러한 정의에는 네 가지 중요한 평가의 요소로 평가대상의 가치를 검토하는 활동이며 의사결정을 목적으로 한다는 점, 체계적인 과정이고 계획적인 활동으로 자료를 수집하고 분석하는 활동을 포함하고 있다는 점을 포함하고 있다(장원섭, 2021; Russ-Eft & Preskill, 2001). 다시 말하자면, 프로그램 평가는 교육의 가치를 다룬 지식에 기초하여 프로그램에 대한 가치 내재적이고 맥락적인 활동으로서 타당하고 신뢰할 만한 자료를 수집하고 분석함으로써 의사결정을 하기 위한 과정이다.

이에 교육프로그램을 평가하여 질 관리를 제고할 수 있도록 하기 위해서는 실용적인 평가준거(효과성, 효율성, 적정성, 형평성, 대응성, 적절성)가 필요하다. 이를 구체적으로 표 6-1에 제시하였다.

표 6-1 프로그램 평가의 준거와 질문

평가준거	질문	예시적 준거
효과성 effectiveness	가치로운 산출이 성취되었는가?	교육효과 평가
효율성 efficiency	교육을 위해 어느 정도의 노력이 투입되었는가?	교육비용/수익률
적정성 adequacy	교육결과에 의해 문제해결이 어느 정도 이루어졌는가?	문제해결 능력 평가
형평성 equity	비용과 효율이 개인 혹은 집단 간에 공평하게 배분되었는가?	교육기회 및 자원 배분 근거평가
대응성 responsiveness	조직의 목표, 집단의 필요 등을 프로그램을 통해 만족할 수준으로 달성했는가?	조직체의 교육목표 달성 여부
적절성 appropriateness	기대된 산출이 실제로 가치로운가?	적정성을 제외한 모든 준거 검증

출처: 김진화(2012); 권진하 외(2021). p.254.

2) 교육프로그램 평가의 의의

평가는 인적자원개발 활동의 마무리인 동시에 첫걸음이다. 그동안 인적자원개발은 조직 내에서 보조적이고 지원적인 기능을 하는 것으로 간주되어 왔기에 활동들에 대해 모호한 설명으로는 설득력을 갖기에는 한계가 있었다. 이제는 인적자원개발이 실질적인 가치를 창출하는 활동이라는 것을 증명해 보이기 위해서 평가가 필수적이다.

평가를 통해 교육과정과 결과에 대해 잘 되었는지, 잘못되었는지 그 여부를 정해진 교육프로그램의 목적과 관련지어 측정하는 것이다. 이것이 잘되었다면 무엇 때문인지, 잘못되었다면 무엇 때문인지를 알아내어 반성하고 검토하여 다음 교육프로그램을 보다 잘하도록 하기 위해 즉각적인 피드백을 하는 일을 말한다(김기혁, 2010). 궁극적으로 평가를 통해서 교육의 과정과 결과에 대한 정보를 확보함으로써 교육프로그램의 효과성을 제고하게 되고, 인적자원개발이 조직 내에서 핵심적인 가치를 가지는 활동으로 인정받을 수 있다(장원섭, 2021).

평가가 인적자원개발의 생존을 위해 필수적인 것이고 중요성을 인지하고 있음에도 불구하고 조직이 평가를 하지 않는 이유는 무엇일까? 러스-에프트와 프레스킬(2001)은 조직 구성원들이 평가의 목적과 역할을 잘못 인식하고 있으며 평가결과에 대한 두려움, HRDer의 평가 기술능력의 부족과 부가적인 업무로 간주하는 경향, 평가에 대한 잘못된 인식과 수동적인 자세라고 제시하였다.

인적자원개발의 중요성을 말로만 언급하는 시대는 지났다. 교육프로그램의 효과를 객관적으로 평가하고 그 효과성과 효율성을 통하여 경영진의 인식을 바꾸도록 전문성을 끊임없이 신장시키지 않는다면 전문성이 없는 부서의 일원으로 남을 수 있다.

제2절 교육프로그램 평가모형

1. 교육프로그램 평가모형

교육프로그램 평가모형은 평가의 관점을 적용한 틀로써 각각 다른 특성과 기본 전제를 바탕으로 구축되었기 때문에 평가모형에 대한 개별적인 이해가 필요하다. 교육프로그램의 효과적이고 효율적인 평가를 위해서는 프로그램의 목적에 맞는 적합한 평가모형을 적절하게 활용해야 한다.

1) 기업 평가의 접근모형

기업 평가의 접근모형에는 결과지향적 관점과 과정지향적 관점으로 분류할 수 있다. 결과지향적 관점에는 목표중심 평가와 의사결정지향적 평가로 구별되며, 과정지향적 관점에는 탈목표지향적 평가와 통합적 평가체계 평가로 구분할 수 있다(김기혁, 2010).

(1) 목표중심 평가모형

목표중심 평가모형은 평가에 대한 목표지향적 접근을 보여준다. 목표중심 평가모형은 목표를 미리 설정한 후 그 목표가 어느 정도 달성되었는지를 판단하는 데 초점을 두는 입장으로서, 평가를 통해 얻어지는 정보를 근거로 교육목표와 교육내용 및 평가절차와 평가도구를 개선하게 된다. 대표적 모형으로 타일러(Tyler, 1949)의 평가모형이 있다.

① 타일러(Tyler)의 목표중심 평가모형

타일러의 교육평가모형은 전통적 교육과정 개발 및 평가의 대표적 모형으로서, 목표중심 평가는 프로그램 참가자가 달성해야 하는 목표를 구체적이고 관찰 가능한 행동적 언어로 진술하고, 목표 달성 여부를 과학적 기법으로 측정하며, 목표의 달성 기준과 성취 수준 간의 불일치를 확인하는 평가 접근법이다.

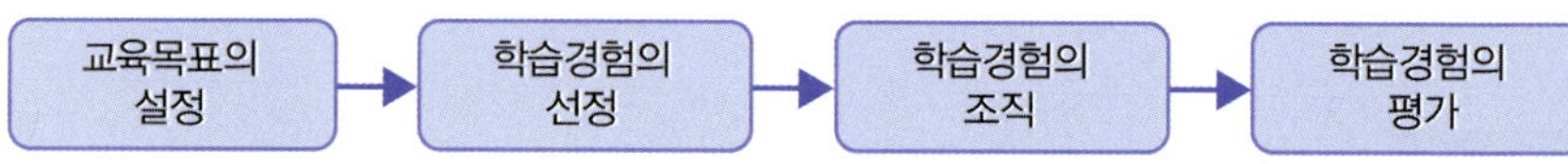

목표중심 평가 접근법은 교육 및 수업 목표의 달성 정도를 가장 우선적으로 평가하였다. 교육과정과 수업계획을 개발하는 데 있어서 교육목표 설정→학습경험의 선정→학습경험의 조직→평가로 이어지는 타일러의 원리라 불리는 교육과정의 평가모형을 정립시킨 것이다. 이는 교육목표의 설정을 시작으로 평가까지 이르고, 다시 평가의 결과가 다음 교육목표 설정으로 이어지는 순환과정을 개념화하는 것이다(권진하 외, 2021).

목표관리(Management By Objectives: MBO)도 이 모형에 속한다. 이는 추구하는 목표가 위에서 아래에 이르는 위계성을 가짐으로써, 바라는 목표를 분명하게 하여 계획을 효과적으로 추진해 나갈 수 있게 한다. 즉, 교육목표를 명시적으로 밝히는 일을 강조함으로써 교육목표를 둘러싼 교육과정 관련자들 사이의 의사소통을 원활하고 정확하게 하는 데 기여하였다는 장점을 지닌다.

이러한 장점에도 불구하고 비판적 시각도 있는데 목표중심 평가는 프로그램의 목적 또는 목표 달성 여부에 치중하기 때문에 의도하지 않았던 부수적인 효과와 프로그램 참가자의 경험, 태도, 감정의 변화 등을 구체적으로 관찰하는 것이 불가능하여 프로그램의 과정 및 실제적 효과에 대한 평가가 어렵다는 단점이 있다(Stufflebeam et al., 2007).

결론적으로 목표달성에 치중하다 보면 질적인 부분이나 더 높은 수준의 목표는 회피하고 결과를 계량적으로 파악할 수 있는 일에만 치우칠 우려가 있다.

(2) 의사결정 평가모형

의사결정지향적 평가에서는 의사결정 지향적 접근을 보여준다. 평가의 근본적인 목적인 교육목표 달성 정도를 판단하는 활동에 있기보다는 의사결정이 필요한 다양한 정보원을 규명해서 선택된 해결방안이 본래의 기대치에 어느 정도 부응하는지를 종합적으로 결정하는 것이다. 대표적 모형으로는 스터플빔(Stufflebeam, 1971)의 CIPP 모형이 있다.

① 스터플빔(Stufflebeam)의 CIPP 모형

스터플빔(1971)에 의해 제안된 CIPP 평가모형은 1960년대 미국의 초·중등교육법을 실행하는 과정에서 교육지원사업을 평가하기 위해 개발된 모형으로서, 교육평가를 교육과 관련된 의사결정자가 정확히 판단할 수 있도록 유용한 정보를 제공해 주는 의사결정 모형이다. 이 모형은 시스템적 사고에 기초한 상황평가-투입평가-과정평가-산출평가의 총 4개 단계로 평가가 이루어짐으로써 프로그램을 계획하고 실행하는 것이 하나의 연속적인 활동으로 산출평가가 다시 상황평가로 재투입될 수 있는 순환적 과정임을 가정하고 있다(윤명희 외, 2008).

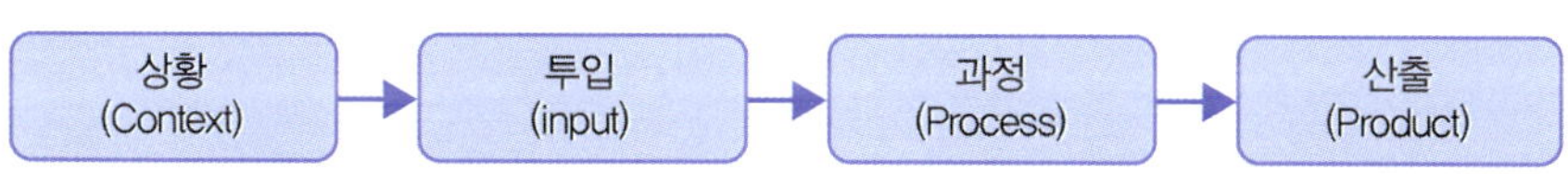

상황평가(context evaluation: C)는 프로그램 목표를 정할 수 있는 근거를 제공하기 위해 이루어지는 가장 기본적인 평가단계이다. 관련된 상황을 정의하고 상황에 대한 필요사항을 통해 계획을 결정한다. 여기에는 요구를 분석하고, 문제점 및 장애요인 등의 평가준거를 설정하는데 이를 위해 체계분석, 조사, 면담, 문헌분석 등의 방법이 활용된다.

투입평가(input evaluation: I)는 교육프로그램 설계와 개발을 결정하는 과정으로 프로그램 목표달성을 위해 필요한 자원 활용 방법을 결정하기 위한 정보를 제공한다. 즉, 평가가 요구분석에 얼마나 적합한 전략을 세웠는지 검토하고, 예산 및 시간계획에 대한 타당성을 검증받고자 한다. 투입평가에서는 문헌분석 등의 방법이 활용된다.

과정평가(process evaluation: P)는 프로그램 운영방법과 실행에 관한 결정을 한다. 프로그램의 실행 과정에서 운영방법을 수정·보완·개선하는 데 필요한 정보를 제공하기 위한 것으로써 프로그램이 본래의 계획대로 잘 진행되고 있는지, 발생되는 문제점은 없는지, 만약 문제점이 발생한다면 그 해결방안은 무엇인지를 조사하는 단계이다. 과정평가에서는 주로 면담이나 관찰 등을 통해 실행자에게 피드백을 제공한다.

산출평가(product evaluation: P)는 목표의 성취를 측정하고 해석하는 가장 전통적인 평가 단계로서, 프로그램 종료 단계와 실시 도중의 산출 및 결과를 측정하고 해석을 통한 프로그램의 효과와 지속을 결정한다.

CIPP 평가모형의 상황평가, 투입평가, 과정평가, 산출평가의 네 가지 영역별 목적 및 방법, 의사결정방법, 평가내용을 살펴보면 표 6-2와 같다.

표 6-2 CIPP **평가모형**

영역	상황	투입	과정	산출
목적	상황을 정의하고 상황 속 필요사항을 확인하기 위함	체제 가능성, 가능한 투입전략, 전략 실행을 위한 설계를 확인하기 위함	절차적 설계나 그 실행에 있어 문제점을 예상하고, 프로그램 실행단계에서의 정보를 제공하기 위함	목표 달성을 위해 상황, 투입, 과정단계에 적합한 정보를 제공하기 위함
방법	상황에 투입, 산출을 비교하고, 그 인과관계에서 원인을 분석함	진행과정에서 목표 달성을 위한 활동 간의 관련성, 가능성, 경제성을 분석 이용 가능한 인적, 물적자원, 해결전략, 그리고 절차적 과정을 서술 및 분석함	문제점에 대한 실제적 정보를 제공	목표와 관련 있는 준거를 조작적으로 정의하고 측정함 상황, 투입, 과정단계의 정보를 재해석
의사결정	계획	구조화	실행	순환
평가내용	목표와 이를 위한 우선순위를 정의하고, 요구, 문제, 기회를 평가함	프로그램을 설계하고 자원을 배분하기 위한 수단으로써 필요에 부합하는 대안적인 방안을 평가함	계획에 대비하여 활동들을 이끌 수 있는 실행수준을 평가함	의도되거나 의도하지 않은 결과물이 무엇인지 그리고 효과적인지를 평가함

출처: 권진하 외(2021). p.258. 재구성.

CIPP 평가모형은 목표설정에서부터 설계, 실행, 결과에 이르기까지 전체 과정의 각 단계에 적절한 평가를 수행함과 동시에 의사결정자에게 도움을 주었다. 프로그램의 목적에서부터 운영되는 과정과 결과에 이르기까지 포괄적인 대상을 내포하고 있어 활용성이 높다는 측면에서 교육프로그램 평가 및 척도개발에 관한 연구에 종종 활용되고 있다.

(3) 가치판단모형

가치판단지향적 접근으로서 전문가의 지식과 기술을 바탕으로 하여 평가대상의 가치를 체계적으로 판단하는 활동으로, 평가 그 자체가 얼마나 유리한가 혹은 좋은가라는 전문가의 판단을 강조하는 모형이다. 이 평가는 목표달성도를 확인하는 활동뿐만 아니라 그 목표의 질은 물론 프로그램 선제의 적절성 여부를 확인·판단하는 활동을 포함한다. 대학평가인정이나 국가표준인증 등이 그 대표적인 예다. 먼저 표준을 설정하고 기관의 자체평가를 거쳐 현장 방문 평가를 한 다음에 최종 인정 여부를 판단한다(장원섭, 2021). 대표적 모형으로 스크리븐(Scriven)의 탈목표모형이 있다.

① 스크리븐(Scriven, 1973)의 탈목표 평가모형(가치판단모형)

탈목표 평가접근법은 목표달성 모형을 보완하고 개선하려는 모형으로 프로그램의 수혜자를 평가 결과의 활용자로 간주하고, 평가와 관련된 결정에 영향을 미치는 다른 이해관계자들-프로그램 관리자, 운영자, 관련 직원 등-을 배제시킨다(배을규, 2009). 그렇게 함으로써 애초 프로그램으로 달성하고자 하는 목표 이외에 여타 영향이나 효과를 확인할 수 있게 되어, 보다 광범위하고 심층적인 평가 자료 수집 및 종합적 판단이 가능하게 된다. 평가의 기능은 형성평가와 총괄평가로 구분하여, 비교평가와 비 비교평가를 구별할 것을 제안하였으며 평가자의 역할은 교육 실제의 장점을 판단하는 책임을 진다.

탈목표 평가접근법은 이해관계자들이 평가 요구와 프로그램 자체 논리에 기반을 두고 평가를 수행함으로써 평가의 타당도를 높이고 프로그램 평가 본연의 목적인 평가 결과 활용을 촉진시킨다는 장점을 지닌다(Wholey et al., 2010). 평가의 본질을 교육경험 또는 활동의 가치를 판단하는데, 초점을 지나치게 목표에 두게 되면 목표 이외의 교육에 대한 전반적인 활동을 과소평가할 수 있기 때문에 자유로운 관찰과 반응에 기초하여 가치판단을 내릴 수 있게 하는 평가라 할 수 있다(김기혁, 2010).

(4) 통합적 평가체계모형

통합적 평가체계모형은 고전적 평가모형이 각 준거 간 인과관계를 설명하기 어려운 단점을 지적하고 교육성과에 영향을 미치는 여러 가지 요인과 하위 요인을 설정하여 각 요인 및 하위요인 간의 인과관계를 설명하는 모형이다. 즉, 프로그램의 특성을 분석하고 이해관계자의 요구를 조사한 결과를 바탕으로 다양한 평가 접근법들을 통합적으로 활용하고, 이해관계자와의 협력을 통해 평가계획을 수립하며, 다양한 출처로부터, 다양한 방법으로 관련 자료를 수집·분석하여 통합적 판단을 내려야 한다(배을규, 2009, 2012; 이원석, 2009, 2011; Bledsoe et al., 2005). 대표적인 과정지향적 평가모형으로는 미국의 CIPP(Context, Input, Process, Product) 모형과 영국의 CIRO(Context, Input, Reaction, Outcome) 모형이 있다.

2) 인적자원개발 평가모형

HRD 프로그램 평가 현장에서 현재까지도 가장 널리 활용되는 평가모형은 목표지향 평가 접근법에 기반을 둔 커크패트릭(Kirkpatrick)의 4단계 모형과 필립스(Phillips)의 5단계 평가모형으로 구분하는데, 이는 비교적 모형 자체가 단순하여 이해하고 활용하기 쉽기 때문이다. 본 장에서는 대표적인 모형으로 커크패트릭의 평가모형과 필립스의 평가모형, 성공사례 방법을 살펴보고자 한다.

(1) 커크패트릭의 4단계 모형

커크패트릭(Kirkpatrick, 1959)의 4단계 모형은 실제 적용 가능한 방법을 제시하였다는 점에서 현재 인적자원개발 평가에 가장 널리 사용되고 있는 모형 중 하나이다. 커크패트릭은 교육을 통해 조직의 결과를 산출해 내는 것을 목표로 한다는 점에서 기업의 교육프로그램 평가에 주로 활용되어 왔으나, 최근에는 공공기관 등 광범위한 조직에서 각자 자사 또는 기관의 특성에 맞게 변형하여 사용하고 있다.

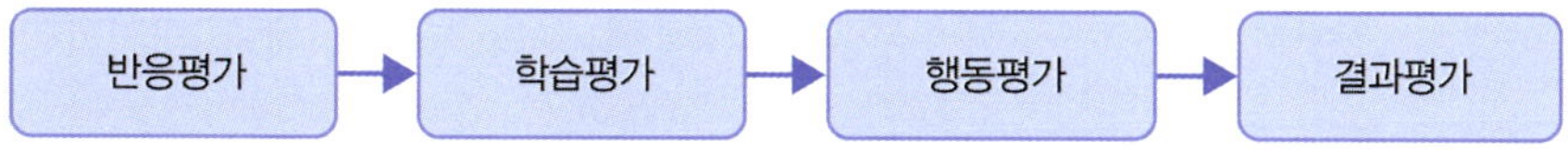

그림 6-1 **커크패트릭 4단계 평가모형**

출처: Kirkpatrick, D. L., & Kirkpatrick J. D.(2006). 재구성.

CIPP 모형은 교육프로그램의 계획부터 결과까지 과정에 초점을 맞추고 있는 반면, 커크패트릭 모형은 교육프로그램의 결과에 집중해서 이를 세세하게 나누어 구체적으로 평가한다. 커크패트릭의 4단계 평가로는 수준으로 나누어 단계적으로 평가한다(Kirkpatrick et al., 2006).

• 1단계: 반응평가

반응평가(reaction evaluation)는 교육프로그램에 대한 학습자의 전반적인 만족도를 평가하는 단계로써 학습자들의 반응이나 태도에 관한 자료, 즉 프로그램에 대한 강사, 교육내용, 교재, 교수기법, 환경 등에 대한 다양한 의견을 파악하게 된다.

이러한 반응평가를 하는 목적은 수요자의 요구에 맞도록 프로그램을 재조정하고, 문제가 되는 특정 부분은 수정하여 재설계하며, 참여자들이 프로그램을 정말 좋아하는지를 알아서 의사결정에 도움이 되도록 하는 것이다. 그러나 반응평가의 결과만을 가지고 의사결정을 내리는 것은 부적절하고 정확하지 못한 결론에 이르기 쉬우므로 다른 유형의 평가에 부가하여 자료로 활용하는 것이 바람직하다.

반응평가는 일반적으로 질문지나 모바일 또는 인터넷을 활용하여 실시하거나 목적에 따라서 구조화된 설문지를 가지고 면대면 또는 전화로 하는 인터뷰, 포커스 집단(focus group)을 상대로 심층적으로 하는 인터뷰 등도 활용할 수 있다.

• 2단계: 학습평가

학습평가(learning evaluation)는 학습자가 어떤 과정이나 모듈에서 최종적으로 성취해야 할 목표를 달성했는지를 평가하는 단계로서, 교육을 받은 학습자들의 지식(원리, 사실), 기술 및 스킬, 태도 등이 얼마나 변화되었는지를 측정하며 교육내용의 인지적 학업성취도를 평가한다. 이에 2단계 학습평가는 성취도 평가라고도 불린다.

학습을 측정하는 도구는 학습목표의 유형에 따라 달라야 하는데, 지식이나 인지적 기능을 확인하려면 지필평가, 운동기능을 재려면 과업을 실제로 해보게 하는 과정 시뮬레이션이 필요하다. 또 대인관계 기능이나 태도를 측정하려면 역할연기가 적절하며, 태도를 알아보는 데는 질문지를 사용하는 것도 무방하다.

학습평가를 제대로 하기 위해서는 학습하기 이전과 이후를 측정해야 한다. 사전-사후 평가는 교육대상자의 교육 전의 학업 정도가 교육 후 얼마나 향상되었는지를 측정하거나, 시험 등을 실시할 수 없는 경우 설문을 통해 학습자의 인지적 학업성취를 평가한다. 성취도 평가는 교수자에게 피드백을 통하여 교육 프로그램 설계 및 내용개발에 활용할 수 있다.

• 3단계: 행동평가

행동평가(behavior evaluation)는 학습자들이 현업으로 돌아가 배운 대로 지식과 스킬 등을 직무에 적용하여 그것이 행동으로 이어지는지를 평가하는 것이라 할 수 있다. 즉, 학습자들이 교육 중 배운 것을 직무에 어느 정도 전이(활용)하였는가를 평가하는 것으로 주로 교육 종료 3개월에서 6개월 후에 평가된다. 이에 3단계 행동평가는 현업적용도 평가라고도 불린다.

행동평가의 목적은 어떤 교육에 참여했던 사람이 그 교육의 영향으로 현직 과업수행이 개선되었는가에 대해 알아보는 것으로, 교육을 계속할 것인지의 여부, 교육 참여자들의 행동변화를 강화하기 위해 추후 활동이 고려되어야 하는지 그 여부를 결정하는 데 도움이 된다.

행동평가가 제대로 잘 되기만 한다면 교육프로그램의 확고한 증거를 제공해 줄 수 있다는 점이 가장 큰 장점이다. 그러나 행동의 변화를 측정하는 일은 쉽지 않다. 측정된 행동상의 변화가 다른 환경이나 동기의 영향 때문이 아니라 교육 때문에 일어났다는 것을 증명하기가 어렵다.

행동평가에는 직접관찰과 간접관찰의 두 가지 접근방법이 있다. 직접 관찰은 행동을 관찰, 기록하기 위해 정교하게 준비된 양식을 사용하여 숙련된 관찰자가 행동을 관찰하고 평정한다. 간접관찰은 행동평정이라고도 하며, 상사나 동료 또는 참여자가 스스로 현직에서의 행동을 질문지나 평가서를 이용하여 기술하는 다면 평가가 이루어지기도 한다.

• 4단계: 결과평가

결과평가(result evaluation)는 교육프로그램에 대한 학습자들의 학습결과가 조직의 경영성과로 연결되어 실질적으로 조직성과에 어떤 영향을 미쳤는지를 평가함으로써, 교육비 투자 대비 생산성 및 수익성과를 파악하는 데 유용한 평가모형이다.

결과평가는 재무적 평가(생산성 증가, 품질개선, 시간절약, 비용감소, 판매증가, 이직률 감소, 안전사고 감소 등)와 비재무적 평가(리더십, 경영변화, 동기, 의사소통, 직무만족 수준, 고객불만율 등)로 구분되어 이루어진다. 결과평가에는 몇 가지 제한점을 지니고 있다. 측정하고 있는 결과에 영향을 미치는 외부요인들이 많기 때문에 타당성 있고 신뢰도가 있는 결과를 평가하는 것이 어렵다는 점과 외부요인들을 통제하기가 어려우므로 평가에서 나타난 변화가 교육만의 영향에 의한 결과임을 보이는 일은 거의 불가능하다는 것이다.

커크패트릭의 4단계 평가모형은 교육프로그램에 대한 학습자의 만족이 학습자의 태도 및 지식의 변화를 가져오며 이렇게 학습된 내용이 학습자의 행동을 변화시켜 궁극적으로 조직의 성과향상을 가져온다고 가정하고 있다. 또한 이 평가모형은 교육의 효과를 개인 수준에서 집단 수준까지 확장하여 단계적으로 평가하므로, 현장에 바로 적용될 수 있는 실용적인 결과를 도출하기 위한 교육프로그램을 평가하는 데 알맞은 모형이라 할 수 있다(권진하 외, 2021).

또한 커크패트릭의 4단계 평가는 교육으로 인해 발생된 결과들을 살펴보는 좋은 방법들을 제시하여 준다. 각 단계들은 그 전 단계와 밀접하게 연관되어 마지막으로는 모든 단계가 축적되어 조직의 활동에 최종적 기여로 이어진다고 인식되기도 한다.

한편, 커크패트릭의 4단계 평가가 활용도가 높은 만큼 논란도 많다. 앞에서 살펴본 것과 같이, 모든 평가모델들은 어떤 방식으로든지 커크패트릭의 4단계 평가모형으로부터 영향을 받았다. 이러한 커크패트릭 구조의 단점은 다음과 같다.

커크패트릭 구조의 단점

- 첫째, 다른 단계들 간의 명백한 관계에 관한 설명이 부족하다.
- 둘째, 서로 다른 타입의 학습결과들을 상세하게 설명할 수 없다.
- 셋째, 측정된 결과들을 분석하는 데 있어서 어떤 방법을 사용하는 것이 적당한지에 관한 뚜렷한 방향성이 부족하다.

일부에서는 그가 제시한 구조가 교육 전체 과정이 아니라 오직 교육이 실시된 후의 결과들만을 평가한다는 한계점을 지적하고 있으며, 구조가 참된 교육 결과의 모델이 아니라 단지 결과들을 분류하는 정도에 그쳤다는 점을 비판하기도 한다. 평가가 외적인 행동의 변화 여부에 초점이 맞추어져 있어서 피상적으로 받아들여지기 쉽다는 지적도 있다. 각 단계들의 순차적 위계성에 초점을 두어 교육훈련 프로그램의 성과를 검증하기보다는 각 단계의 평가를 사전 포장 방식으로 적용하였으며, 이 또한 1단계의 반응평가 및 2단계인 학습평가에 주로 초점을 맞추어 왔다는 한계를 가지고 있다(권진하 외, 2021).

결론적으로, 커크패트릭의 접근법은 효과적인 HRD 프로그램이 갖춰야 할 기준을 분류하는 데는 여전히 유용하다. 교육프로그램의 효과적이고 효율적인 평가를 위해서는 가능하다면 4단계의 기준을 모두 분석할 수 있는 정보들이 수집되어야 하며, HRD 프로그램의 모든 관점을 고려하여 결정을 내리는 것이 중요하다.

프로그램의 평가에서 가장 필요한 것은 교육프로그램이 그 목적을 효과적으로 달성했는지의 여부를 평가하는 것이다.

① 반응: 교육과정에 대해 학습자들이 만족했는가?

② 학습: 이 교육을 통해 학습자들이 무엇을 배웠는가?(자세 변화-attitude, 지식 증진-knowledge, 기술향상-skill 등)

③ 태도(행동): 교육을 통해 어떤 직무행동적 변화들이 생겨났는가?

④ 결과: 조직에 긍정적인 영향을 주었는가(기여도)?

(2) 필립스의 ROI 평가모형

필립스(Phillips, 1997)의 ROI 5단계 평가모형은 90년대부터 교육프로그램의 비용과 수익 분석에 대한 요구가 증가하면서, 커크패트릭의 4단계 평가 이론으로 경제적 성과를 판단하기에는 한계가 있다는 점을 인정하게 되었다. 이에 커크패트릭의 4단계 평가모형에서 5단계로 발전된 모형으로 교육투자회수율(ROI: Return On Investment, 이하 ROI)에 초점을 두고 커크패트릭의 4단계 결과 평가를 교육의 사업성과에 대한 기여도와 ROI로 변형하여 사용하였다.

표 6-3 필립스 모형과 커크패트릭 모형 간의 비교

단계	커크패트릭	필립스
1단계	반응	교육만족도
2단계	학습	학습성취도
3단계	행동	현업적용도
4단계	결과	성과 기여도
5단계	-	ROI(투자회수율)

출처: 저자 구성

필립스(Phillips)는 평가단계를 개별적으로 보지 않고 진정한 교육효과가 일어나기 위해서는 일련의 단계를 순서적으로 거쳐야 한다고 주장하였다. 즉, 4단계 효과(성과 기여도)를 성취하려면 3단계 효과(현장에서의 행동변화)가 선행되어야 하고, 3단계 효과를 위해서는 2단계 효과(학습성취도)가 선행되어야 하며, 2단계 효과가 나려면 1단계 효과(학습자 만족)가 선행되어야 한다고 보았다(Phillips, 1997). 필립스의 5단계 모형을 정리하면 표 6-4와 같다.

표 6-4 필립스의 5단계 평가모형

단계	내용
1단계	• 반응 및 실천계획(Reaction & Planed Action) – 교육프로그램에 대한 학습자의 반응을 측정하고 결과를 실행하기 위한 구체적인 계획을 수립
2단계	• 학습(Learning) – 학습자의 지식, 기술, 태도 변화를 측정
3단계	• 현업적용도(Job Application) – 교육프로그램 결과에 대한 현업의 행동변화를 측정
4단계	• 사업결과(Business Impact) – 교육의 결과가 사업에 미치는 영향을 측정
5단계	• 투자회수율(Return On Investment) – 교육프로그램에 대한 재정적인 결과의 가치와 소요된 비용을 측정

출처: Phillips(1997)

필립스의 ROI 모형에 따라 ROI를 측정하는 방법은 크게 평가 계획, 자료 수집, 자료 분석, 보고의 절차로 이루어진다.

첫째, 평가계획 단계에서는 교육프로그램의 목표를 수립하고 그에 따른 평가

계획을 수립한다. 둘째, 자료 수집 단계에서는 수립된 평가계획을 바탕으로 1단계 만족도 평가에서부터 4단계 경영성과 기여도 평가에 이르기까지의 자료를 수집한다. 셋째, 자료분석 단계에서는 수집된 자료를 바탕으로 교육프로그램의 효과를 분리하고, 이를 금전적 가치로 전환하며, 무형적 이익 및 교육비용을 산출한 후 실제 교육프로그램에 대한 ROI를 계산한다. 넷째, 마지막 절차로 전체 효과에 대한 분석을 바탕으로 하여 ROI 측정결과에 대한 보고를 실시한다(이찬, 2010).

(3) 성공사례기법

브링커호프(Brinkerhoff, 1996)의 인적자원개발 평가를 위해서 성공사례기법(Success Case Method: SCM, 이하 SCM)을 제안하였다. 이것은 교육프로그램의 성과를 평가하기 위한 방법으로 교육훈련이 훈련 목적 및 목표와 얼마나 일치하고 충족시켰는지를 점검하는 것이다(Brinkerhoff, 2003). SCM은 교육 현장에서 주로 활용되고 있는 커크패트릭의 4단계 평가모형과 같은 전통적인 교육평가 방법이 성과에 초점을 맞추어 다양한 성과의 영향요인에 대한 체계적인 분석이 어렵다는 한계점을 보완하기 위해 제안되었다(조은선 외, 2019). 교육훈련 종료 후 상대적으로 탁월한 전이 수준이나 직무성과 향상을 보인 교육훈련 참가자와 그렇지 않은 하위집단 교육훈련 참가자의 실제 사례를 인터뷰를 통해 분석하여 교육의 효과를 측정하며, 핵심 요인의 분석을 통해 교육훈련의 효과성 향상을 위한 가이드라인을 제공해주는 방법이다(최영준 외, 2011). 기존의 프로그램 평가와 같이 설문조사, 통계적 분석, 인터뷰의 방법을 활용하지만 다른 교육프로그램 평가 방법들보다 더 간단하고 빠르게 평가할 수 있다(장원섭, 2021).

SCM의 주요 목적은 교육프로그램의 효과성 입증, 교육프로그램 개선, 현업에서의 성공적 적용, 미래의 참가자들에게 동기와 가이드를 제공하기 위해 초기 참가자들의 교육 결과를 문서화하는 것이다(최영준 외, 2011). 성공사례기법은 교육훈련 참가자의 전체 인원 중 교육훈련 종료 후 탁월한 전이 수준이나 직무성과 향상을 보인 상위 20%와 그렇지 않은 하위 20% 집단을 추적하여, 교육프로그램 성과 창출의 개인적·조직적 영향요인을 분석한다. 교육훈련 종료 후 이를 통해 실제 성과로 이어진 사례를 선정하고, 성과가 가능했던 요인을 분석하여 교육의 효과성을 확보할 수 있는 지침을 제공하는 방법이다(이찬 외, 2013b).

교육훈련이 종료된 이후에 실제로 성과를 거둔 사례를 선정하고, 성과가 가능한 이유를 분석하여, 교육의 효과성을 높일 수 있는 요인을 도출한다는 점에서 SCM은 기존 평가 방법과는 차이점을 보이고 있다(박윤희 외, 2022).

이처럼 성공사례 기법이 기존평가와 다른 점은 교육훈련 참가자 전체, 즉 평균적인 사람을 대상으로 하는 것이 아니라 소수의 성공한 혹은 실패한 사람을 대상으로 한다는 것이다(최영준, 2011).

성공사례기법의 절차는 다음의 그림 6-2와 같이 크게 6단계로 구분된다(Brinkerhoff, 2006).

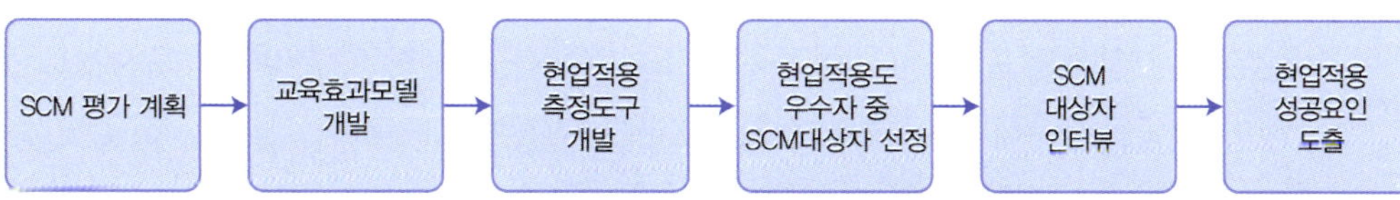

그림 6-2 성공사례기법(Success Case Method)의 절차

출처: 박윤희 외(2022). p.188.

• 1단계: SCM 평가 계획

성공사례기법의 설계를 위한 계획을 수립하는 것으로, 어떤 필요성이 성취되어야 하는지를 분명히 하고, 이를 이해하기 위한 단계다.

• 2단계: 교육효과모델 개발

교육훈련의 계획된 효과를 확인하기 위한 교육효과모델(Training Impact Model)을 개발한다. 교육훈련에서 얻은 지식이나 스킬의 적용을 통해 기관에 미치는 긍정적 영향의 성과이다. 교육효과모델(raining Impact Modol) 교육훈련 프로그램에 대한 정보를 수집하고, 최종 합의에 도달하기까지 모델 및 초안에 대해 계속적인 검토를 하는 과정이다. SCM에서 교육효과모델을 개발하는 목적은 교육훈련 참가자의 성과, 행동, 능력 등과 같은 교육훈련의 계획된 효과를 예상하기 위함이다(최영준 외, 2011).

단계	연구내용	연구방법
1단계	1차 교육효과모델 개발	• 학습목표 및 필수학습요소 분석 • 교육과정 참관
2단계	교육효과모델 재검토	훈련교 · 강사 보수교육 운영자, 강사 대상 FG 실시
3단계	교육효과모델 최종 개발	HRD전문가 검토

그림 6-3 **교육효과모델 개발 절차**

출처: 박윤희 외(2022). p.193.

• **3단계: 현업적용 측정도구 개발**

기존에 사용되고 있던 현업적용도 조사지표를 검토하고, 현업적용도 관련 선행연구를 분석하여 현업적용도 조사도구를 새롭게 구성하여, 교육과정 종료 후 뛰어난 전이수준을 보인 우수 전이자 혹은 그렇지 않은 하위집단의 학습자를 선정하기 위한 설문조사를 실시한다.

• **4단계: 성공사례기법 대상자 선정**

일반적으로 SCM 절차에 근거하여 SCM 대상자인 현업적용이 우수하다고 평가되는 그룹을 선정하기 위해 설문조사 실시 후 현업적용 점수가 높은 상위 15~20%를 인터뷰 대상자로 선정한다(Brinkerhoff, 2003).

• **5단계: SCM 인터뷰**

선정된 학습자를 대상으로 심층 인터뷰를 실시하여 성공적인 교육과정 전이나 직무성과에 영향을 미치는 요인들을 구명한다.

표 6-5 SCM 인터뷰 질문

질문	
현업적용 성공사례 및 교육과정 성과 공유	1. 귀하께서 이수하신 보수교육 과정을 통해 학습한 내용을 현업에 구체적으로 적용하신 사례에 대해 말씀 부탁드립니다. 그리고 보수교육에 참여함으로써 얻게 된 긍정적인 결과는 무엇이라고 생각하십니까?
현업적용 영향요인	2. 보수교육 과정에서 학습한 내용을 현업에 활용할 수 있도록 만든 요인은 무엇이라고 생각하십니까?
학습자 개인의 특성이 현업적용에 미친 영향	3. 학습자 개인의 특성(학습동기, 전이동기, 자기효능감, 능력 등)이 현업적용에 얼마나 영향을 미쳤다고 생각하십니까?
교육훈련 설계의 특성이 현업적용에 미친 영향	4. 교육훈련 설계의 특성(교육훈련 내용의 직무관련성, 강사 능력, 교수전략이나 방법 등)이 현업적용에 얼마나 영향을 미쳤다고 생각하십니까?
조직 환경적 요인이 현업적용에 미친 영향	5. 조직환경 요인(상사의 지원, 동료의 지원, 조직의 지원 등)이 현업적용에 얼마나 영향을 미쳤다고 생각하십니까?
현업적용에 영향을 미친 기타 요인	6. 종합적으로 고려해보았을 때, 요인별 중요도에 따른 우선순위와 그렇게 생각하시는 이유에 대해 자유롭게 말씀 부탁드립니다. 혹은 지금까지 논의된 것 외에 보수교육에서 배운 내용을 현업에 적용하는 데 원동력이 되었던 다른 요인이 있다면 무엇입니까?
현업적용이 잘 이루어지기 위한 훈련 교·강사 보수교육 운영에 대한 의견	7. 보수교육 과정의 현업적용이 잘 이루어지기 위해서는 어떤 부분에서의 노력이 필요하다고 생각하십니까? 보수교육의 품질제고에 대한 자유로운 의견을 말씀해 주시기 바랍니다.

출처: 박윤희 외(2022). p.191.

• 6단계: 현업적용 성공요인 도출

SCM 인터뷰를 통해 수집된 자료를 분석하고, 현업적용도 성공요인을 도출하였다.

현재 대다수 기업이나 공공기관 인재개발원의 교육프로그램 평가는 커크패트릭의 4단계 평가모형을 기반으로 반응(만족도) 평가, 학습 활동(학업 성취도) 평가, 행동(교육훈련 전이)평가의 3단계에 걸쳐 실시되고 있다. 그러나 이러한 정량적 평가방법은 수학적 평균과 같은 계량적 수단에 의존하고 있어 교육프로그램의 궁극적인 효과 및 개선사항에 대한 구체적인 정보를 제시하지 못한다는 한계점을 지니고 있다.

반면 성공사례기법(SCM)을 활용한 교육 효과성 측정방법은 학습자가 말하는 경험을 통해 교육에서 배운 내용을 실제로 현업에 적용하는 구체적인 상황을 보여줌으로써, 정량적인 평가방법의 한계점을 보완해줄 수 있다. 또한 교육프로그램의 성과에 영향을 미치는 핵심 성공요인 및 실패요인을 밝혀냄으로써 개선 방안을 도출할 수 있다는 측면에서 현장의 교육 담당자들에게 교육의 효과성을 향상시키기 위한 보다 구체적인 개입 방안을 제시해 줄 수 있다(최영준 외, 2011).

따라서 향후 에도 기업이나 인재개발원에서 중점적으로 추진하는 교육프로그램이나 신규 개설 교육프로그램을 대상으로 성공사례기법(SCM)을 활용한 교육프로그램 평가를 정기적으로 실시함으로써, 기존의 정량적인 평가방법을 통해 도출된 평가결과와 성공사례기법(SCM)에서 도출된 정성적인 자료를 동시에 활용하는 통합적 평가체계를 구축할 필요가 있다.

다음은 공공 HRD 인재개발원의 교육과정 SCM(성공사례기법) 평가안을 예시한 것이다.

2. SCM(성공사례기법) 평가

1) SCM 평가절차 수립

교육과정의 효과를 결정하는 가장 큰 요소 중 하나가 성과 시스템임 에도 불구하고 커크패트릭의 4단계 모형은 수행환경에 대한 직접 조사를 하지 않고 교육과정의 성패를 결정짓는 가장 중요한 성과요소를 산정하는 것을 목표로 하지 않는다. 이러한 평가방법의 한계를 극복하기 위해 학습-성과 프로세스에 초점을 맞추는 성공사례기법 평가를 도입하였다. 학습자 중 직무성과 향상에 성공한 약 20%의 사람에게서 얻어낸 지식을 활용하여 더 많은 학습자가 비슷한 수준의 성공에 도달할 수 있도록 하는 것을 주요 목적으로 그림 6-4와 같이 5단계에 걸쳐 진행하였다.

단계	절차	내용	방법
5	개입방안 개발	• 핵심 성공요인 및 실패요인 차기과정에 개입방안 개발	• 내용전문가 자문회의
4	전이 핵심 성공요인 및 실패요인 도출	• 전이 우수사례 및 실패사례 도출 · 분석 • 핵심 성공요인 및 실패요인 도출 · 분석	• 심층 인터뷰
3	교육훈련 전이 수준 평가	• 설문결과 분석 • 우수 교육훈련 성과자 및 저성과자 선정	• 설문결과 분석
2	교육훈련 전이 측정도구 개발	• 교육훈련 전이 측정도구 개발 – 도구 개발계획 수립 – 필수학습요소 도출 – 행동지표 개발 – 도구의 타당도 및 신뢰도 분석	• 내용타당도 검증 • 설문조사 *현업적용도 평가로 진행
1	교육효과모델 개발	• 교육내용 분석(1차) • 교육과정 참관(2차) • 주요 이해관계자 FGI(3차)	• 문헌연구 • FGI

*FGI(Focus Group Interview): 표적집단면접

그림 6-4 **성공사례기법 평가 절차**

출처: 국가공무원인재개발원(2019). p.409.

이러한 절차를 통하여 교육훈련 전이의 성공 및 실패 사례를 도출하기 위해 심층인터뷰지를 개발하여 인터뷰를 진행하였으며, 심층인터뷰지의 세부내용은 표 6-6과 같다.

표 6-6 심층인터뷰 세부내용

분야	내용구성
전이방법, 시기, 환경	• 교육훈련을 통해 학습한 내용을 언제 어떠한 상황에서 적용하였는가? • 교육훈련을 통해 학습한 내용을 구체적으로 어떻게 적용하였는가?
전이의 성과	• 교육훈련이 도움이 되어 얻은 가치 있는 결과는 무엇인가? • 이 결과가 왜 중요한가? • 소속기관이나 팀에 어떤 긍정적인 영향을 미쳤는가? 이런 긍정적 영향을 변화라고 한다면 측정가능한 변화가 있었는가? • 조직의 어떤 목표와 성과에 기여했는가?
개인특성 요인	• 왜, 그리고 어떻게 교육훈련에 참여하게 되었는가? • 이전에 받았던 교육이나 조직생활, 사회생활에서 배운 내용 중 현업 직무에 적용하는 데 도움이 되었던 것은 무엇인가? • 교육훈련을 통해 학습한 내용을 현업직무에 적용하기 위해 별도의 정보 자원, 인적네트워크, 데이터베이스, 도구나 장비 등 개인적으로 추가로 활용한 자원은 무엇인가?
교육설계 요인	• 교육내용은 현업직무에서 적용할 수 있는 내용으로 구성되어 있는가? • 교육내용과 현재 직무와의 관련 정도는 어느 정도인가? • 강사의 교육 내용 및 현장에 대한 전문성은 어떠했는가?
조직특성 요인	• 상사는 해당 교육과정에 참여하는 것에 어떻게 생각하는가? • 상사·동료의 지원이 현업직무에 적용하는 데 어떻게 도움이 되었는가? • 기관(부서·팀)의 평상시 학습문화는 어떠한가? • 인센티브, 보상 등 성공에 기여한 특별한 제도가 있었는가? • 교육에서 배운 것을 현업직무에 적용해 볼 기회나 상황이 많았는가? • 기관(부서·팀)은 교육에서 배운 것을 현업직무에 적용하는 데 필요한 도구, 장비 등을 사용하는 데 용이한가?
기타	• 교육에서 배운 내용을 직무에 적용하는 데 원동력이 되는 우선순위 및 다른 참고할 수 있는 환경은 무엇인가?

출처: 권진하 외(2021). p.396.

2) SCM 평가 분석 결과

성공사례기법 평가 절차 3단계 교육훈련 전이 수준평가(현업적용도와 연계)에서 직무성과 향상에 성공한 약 20%와 실패한 하위 약 20%를 대상으로 실시한 심층인터뷰 분석 결과는 다음과 같다.

교육훈련 전이의 성공 및 실패 사례를 도출하기 위해

- 6분야 19문항의 심층 인터뷰 설문지를 개발하여 진행
- 학습전이도 상위 20%, 하위 20% 심층분석하여 차기 과정에 반영

교육설계요인, 조직특성요인, 전이방법·시기·환경요인, 전이성과요인으로 구분하여 분석

상위 20% 분석
'실습 위주의 교육이 도움이 됨' 등 13개의 요인 도출

하위 20% 분석
'산불이 많지 않은 지역이라 산불대응 드론운영 기회 부족' 등 5개의 요인 도출

<table>
<tr><th>구분</th><th>학습전이도 상위 20%
심층분석 결과</th><th>학습전이도 하위 20%
심층분석 결과</th></tr>
<tr><td rowspan="4">기본 과정</td><td>실습, 현업에서의 실행 방법에 대한 학습자료 공유가 현업적용에 영향을 주었음 (교육 설계요인)</td><td>드론운용 시 느론 분해·조립 정비가 어려워 적용도가 낮았음 (교육설계요인)</td></tr>
<tr><td>산불감시 및 예찰에 드론을 활용하고 있음 (전이방법·시기·환경요인)</td><td>직무 변경으로 드론운영 기회가 없었음 (조직특성요인)</td></tr>
<tr><td>산림 인접지역 소각장에 드론으로 계도방송하여 산불계도에 성공하였음 (전이방법·시기·환경요인)</td><td rowspan="2">연습용 드론이 없어 현장투입 드론으로 교육내용을 현업에서 적극 활용하기에는 고가의 드론 파손 우려로 인해 부담스러웠음 (조직 특성요인)</td></tr>
<tr><td>교육에서 배운 드론기술을 적용하여 산림청 드론경진대회에서 최우수상, 우수상을 수상하였음
(전이의 성과요인, 교육 설계요인)</td></tr>
<tr><td>심화 과정</td><td>실제 산불현장에서 드론운용시 발생했던 어려움이나 문제점을 제시하고, 어떤 해결책을 사용했었는지에 대한 강사의 실제 경험이 도움되었음 (교육 설계요인)</td><td>교육원 교육용PC 노후화로 용량이 큰 동영상 데이터처리 실습 진행이 원활하지 않아 현장적용 동기부여가 낮았음 (교육 설계요인)</td></tr>
</table>

연구문제

1. 교육프로그램을 평가하기 위해서는 반드시 준거가 필요합니다. 이에 프로그램 평가의 준거와 그에 적합한 질문 예시를 들어 설명해 봅시다.

2. 교육프로그램 평가모형은 평가의 관점을 적용한 교육프로그램 평가모형에 대한 개별적인 이해가 필요합니다. 교육프로그램의 목적에 맞는 적합한 평가모형을 적절하게 활용하기 위한 평가모형에 대해 설명해 봅시다.

3. 의사결정이 필요한 다양한 정보원을 규명해서 선택된 해결방안이 본래의 기대치에 어느 정도 부응하는지를 종합적으로 결정하는 모형인 스터플빔(Stufflebeam, 1971)의 CIPP 모형에 대해 설명해 봅시다.

4. 현재까지도 가장 널리 활용되는 목표지향 평가 접근법에 기반을 둔 커크패트릭(Kirkpatrick)의 평가모형에 대해 설명해 봅시다.

부록. 교육과정개발 사례*

01 요구분석(Analysis)

스마트리더역량강화과정의 설계를 위하여 다음과 같이 7단계 요구분석 로드맵을 기획하였다.

첫째, 대내외 환경분석을 실시하였다. 이는 변화하는 시대의 변화와 요구 등을 적용하기 위함이었다. 둘째, 조직요구 분석을 실시하였다. 이는 정부, 국토교통부 등 조직에서 실무전문가에 대해 요구하는 역할을 파악하기 위함이었다. 셋째, 인터뷰 분석을 실시하였다. 이는 조직과 사회가 새롭게 요구하는 역량을 파악하기 위한 역량 모델링을 하기 위함이었다. 넷째, 학습자 요구분석을 실행하였다. 이는 인터뷰 분석을 통한 역량모델링에서 도출한 역량 중 최종 필요역량을 도출하기 위함이었다. 다섯째, 기존 교육과정을 분석하였다. 이는 기존의 역량강화 교육과정의 개선점을 도출해내기 위해서였다. 여섯째, 기존 교육과정의 현업적용도 분석을 실시하였다. 이는 향후 평가방법의 개선점을 도출하기 위함이었다. 일곱째, 학습자 분석을 실시하였다. 이는 학습자 중심의 강의 방식과 교수방법에 대한 비중을 조절하고 교수설계에 적용하기 위함이었다.

* 부록에 제시된 교육과정개발의 사례(제40회 공공HRD 콘테스트 교육과정 분야 대통령상 수상)는 국토교통인재개발원(2022)의 '스마트리더역량강화과정' 개발 사례의 일부를 제시함

과정설계를 위한 7단계 요구분석 로드맵을 통한 학습자들의 역량에 필요한 교육방향을 확인

1단계	2단계	3단계	4단계	5단계	6단계	7단계
환경분석	**조직 요구분석**	**인터뷰**	**학습자 요구분석**	**기존교육과정 분석**	**현업적용도 분석**	**학습자 분석**
리더십 역량과 관련한 내·외부 환경 분석을 통한 교육 내용 도출역량	스마트리더 실무전문가에 대해 조직에서 요구하는 역할/역량 분석을 통한 교육 내용 도출	리모델링 과정에서 도출한 Needs와 교육과정 설계와의 연계성 도출	스마트리더 역량강화 교육 대상자의 Needs를 파악하여 교육과정에 반영	스마트리더 역량강화 교육과정 설계 및 내용, 체계성 분석을 통해 개선점 도출	단계별로 학습자 요구분석을 실시하고 최종 필요역량을 도출하여 교육과정 설계에 반영	스마트리더 역량강화교육 대상자의 특성 및 역량 수준 분석을 통한 교육 내용 및 방법 도출
↓	↓	↓	↓	↓	↓	↓
· 직급별 협업역량을 위한 교육과정편성 · 변화관리, 다양성 추구 등 리더십 내용을 반영한 교육과정 설계	· 문서 작성스킬 교과목 편성 · 리더십 역량 교육 70% 증대 · 온라인 운영전략 도출	· 6급 주무관에 현업에서 필요한 역량 도출 및 **행동지표 개발** · 혁신적사고/전문가 의식/민첩한 대응/문제해결/협조와 협력/의사소통	· 민첩한 대응, 협력, 의사소통, 문제 해결 역량의 **행동지표 도출** · FGI결과, 전문가 의식/보고서작성법 /혁신적 사고 반영	· 교육대상 구체화 · 참여형 비율 60%이상 확대 · 리더십역량교육 70%이상 확대 · 시뮬레이션, 토론/토의 적용	· 보고서 작성 등 실제적인 스킬에 대한 교육내용편성 · 교육내용의 현업 전환을 돕는 실습프로그램 개발 · 360도 다면평가 방식의 현업적용도	· 온라인 등을 활용한 사전교육 진행 · 업무역량,관계역량 등 리더십 역량 교육과정 설계 · 강의 시작시 역량이해 OT진행 · 참여형 교육방식

스마트리더 교육과정의 최우선 개발 역량을 도출하기 위해 여러 단계의 분석을 실시하였다.

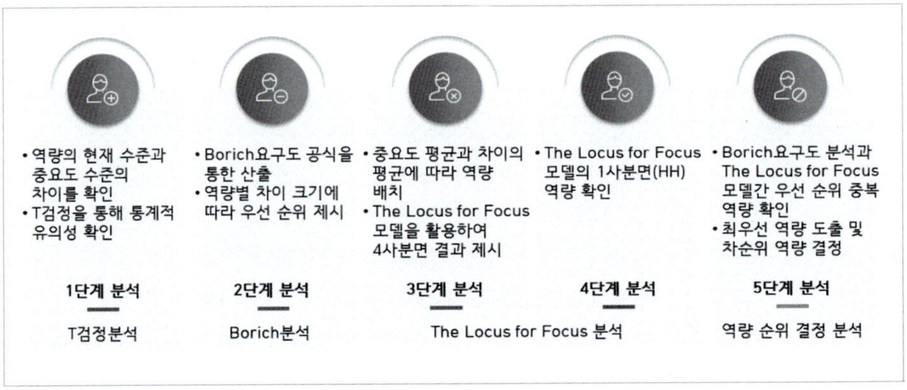

요구분석 결과 및 과정설계 방향

외부 환경분석, 내부 이해관계자, 다양한 직급별 인터뷰, 수요자 요구분석을 통해 교육과정 개발을 위한 전략적 시사점을 확인하였으며, 이를 기반으로 국토교통부 6급 스마트리더 교육과정 개발을 위한 방향성을 확인하였다.

교육콘텐츠 부문

- 국정철학
- 혁신적 사고를 통한 적극행정
- 문제해결을 통한 성과창출
- 민첩한 대응
- 협조와 협력을 위한 관계관리
- 직무 분야 전문가 의식
- 다양한 상황 및 관계 속에서의 소통능력 향상

학습 방식 부문

- 온라인 + 오프라인 교육(B/L)
- 참여식 학습 방법
- 학습자의 몰입과 관심 유도
- 이론 중심의 강의보다 임팩트와 전달력이 있는 강의
- 다양한 사례 중심의 강의

과정운영 부문

- 사전학습과 사후학습 가능
- 사전 / 사후 성취도 진단
- 360도 다면평가를 통한 교육환류체계
- 코로나19 대비 하이브리드 방식

01 외부환경과 디지털 시대의 요구되는 리더십 역량 습득

02 청렴 및 공직가치를 기반으로 한 적극적 행정을 위한 역량 강화

03 학습자 중심의 참여식 교육을 통한 현장 적용성이 높은 과정 개발

04 360도 다면평가를 통한 교육환류체계 구축

05 다양한 학습방식을 적용하여 체계적인 학습 관리 및 운영 방식 적용

02 교육과정 설계(Design)

1. 교육과정 설계 중점사항

스마트리더 육성은 최종 목표로 요구분석 결과들을 최대한 교육과정 개발에 반영하기 위해 분석 결과들을 나열하여 grouping 기법으로 교육과정 설계 중점사항 다섯 가지를 도출하였다. 다음과 같은 중점사항을 교육과정 설계에 반영하였다.

첫째, 교육과정은 ADDIE 모형에 국토교통 인재개발원 교육과정 설계전략을 적용하여 설계하였다. 둘째, 자기주도적 학습을 위해 사전학습과 사후 학습을 강화하는 교육 로드맵을 마련하였다. 셋째, 현업적용도에 대한 신뢰도를 보완하기 위해 360도 다면평가를 활용한 환류체계를 설계하였다. 넷째, 체계적인 학습을 위해 기본-심화 교육과정

목표에 맞추어 학습 방법 및 도구를 설계하였다. 다섯째, 대면/비대면 교육에서의 상황별 대응을 위해 강사 매뉴얼을 설계하였다.

가. 국토교통 인재개발원 교수설계 전략 수립

스마트리더역량강화과정 개발을 위해 참여학습, 자기주도, 상호작용, 학습자 경험설계로 구성된 교수설계 전략을 수립하였다. ADDIE모형에 해당 전략을 적용하여 기본과정-심화과정을 설계하였다.

순번	전략	세부 내용
1	참여학습	• 학습자의 참여 정도에 따라 학습 효과가 달라질 수 있으므로 다양한 형태의 참여 기법을 활용하여 학습자의 적극성을 높이고 흥미와 주의집중을 유발함
2	자기주도	• 학습자가 자기주도하에 강의 내용을 작성하면서 정리해볼 수 있도록 세부 내용에 대한 부분은 공란으로 구성하여 제공함
3	상호작용 및 피드백	• 교수자와 학습자, 학습자와 학습자 간 상호작용이 원활하게 이루어져야 학습효과가 높아질 수 있으므로 각 상호작용을 활발하게 할 수 있는 학습도구를 활용함(토론기법, 피드백기법 등)
4	현업기반 설계	• 현업에서 바로 적용될 수 있도록 강의 중 예시는 실제 사례를 활용하고, 실습 문제에 있어서도 현장기반의 사례를 바탕으로 새로운 케이스를 개발하여 제시함

나. 스마트리더역량강화과정 교육 로드맵 설계

스마트리더역량강화과정 개발을 위해 참여학습, 자기주도, 상호작용, 학습자 경험설계로 구성된 교수설계 전략을 ADDIE 모형에 적용하여 기본과정-심화과정을 설계하였다.

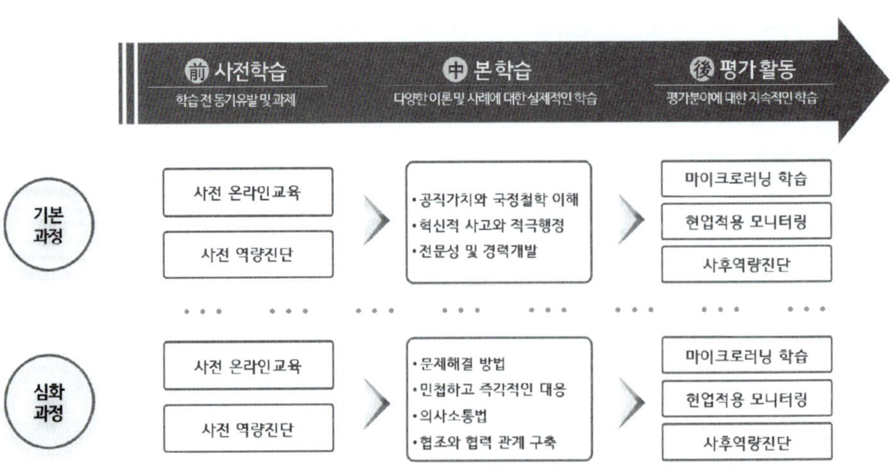

다. 360도 다면평가 적용 환류체계 설계

많은 기관들이 교육훈련에 대해 일정 부분 많은 투자를 하고 있음에도 불구하고, 교육과정 평가는 조직성과와 직접적인 효과를 증명하기 어려운 만족도, 학습 성취도, 현업적용도 평가에 한정되어 있다. 특히, 현업적용도의 경우 학습자 개인에게만 시행되고 있어 이러한 한계를 보완하고 실제 직무성과를 도출·관리·환류하기 위해 본인뿐만 아니라 동료, 상사직원에게도 현업적용도를 측정하는 360도 다면평가 기법을 적용한 현업적용도 평가체계를 설계하였다.

라. 역량중심 교육과정에 맞는 학습방법 및 도구 설계

2021년 이전까지 역량중심 교육과정으로 운영되었지만 교과목과 교육방법 등에 있어서 차별화가 없었다. 반면 새로운 스마트리더역량강화과정은 교육내용과 방법 면에서 차별화를 두었다. 기본과정과 심화과정은 개인 중심의 역량 → 나와 조직의 성과창출 → 조직적 협력으로 내용의 확정성을 두고 교육방향을 설정하고 이에 따른 학습방법 및 도구를 설계하였다.

마. 대면/비대면 상황별 대응을 위한 강사 매뉴얼 설계

COVID-19는 디지털 혁명을 더 일찍 앞당겼다. 대면이 최우선으로 고려되던 전통적인 교육방식에 변화의 전환점을 만들었다. 이에 강사들이 두 가지 상황에 유연하게 대응할 수 있도록 '국토교통 인재개발원 대면/비대면 강의 매뉴얼'을 설계하였다. 매뉴얼에는 기본적인 대면 교안설계 시 지켜야 할 팁뿐만 아니라 대면 교육에서 비대면 교육으로 진행될 수 있는 가능성을 대비해 실시간 비대면 교육 시에 활용할 수 있는 팁을 제시하였다. 비대면 교육으로 전환될 시 달라지는 점, 준비사항, 강의 시 활용할 수 있는 IT 학습도구, 강의 플랫폼 특징, 비대면 교안 작성법 등에 대한 정보 제공을 통해 강사들이 학습자 관점에서 비대면 교육을 설계할 수 있도록 하였다.

번호	구분	주요 내용
1	대상	• 스마트리더역량강화과정(기본과정 / 심화과정) 강사
2	목적	• 효과적인 대면/비대면 강의를 위한 학습자 관점의 교육설계 지원
3	주요 내용	• 스마트리더역량강화과정 교수설계 소개 • 대면강의 교안작성 시 고려하면 좋을 팁 • 줌 플랫폼 기능 소개 (소회의실 사용하기, 교육생과 상호작용하기, 흥미유발하기 등) • 비대면 교육에서 강사의 역할 및 기본 자세 • 비대면 교육에서 적용하면 좋을 교수전략 • 비대면 교육에서 활용가능한 온라인 TOOL
4	제공 자료	• 학습자 특성분석, 대면/비대면 강의 매뉴얼

2. 교육과정 설계 프로세스

교육과정 설계는 ADDIE 모형에 스마트리더역량강화과정 교수설계 전략을 적용하여 교육과정을 개발하였다.

단계		내용
A	요구분석(Analysis) • 대·내외 환경분석 • 조직요구분석 • 기초자료 및 인터뷰분석 • 기존교육과정 분석 • 현업적용도 분석 • 학습자 요구분석 • 학습자 분석	• 대내외 환경분석, 조직분석 등을 토대로 교육과정 기본방향 설정 • 직급에 따른 역량 모델링을 통해 최종 역량 도출 • T-test, Borich, The Locus for Focus 수요자 요구분석으로 최종 교과목 선정 • 현업적용도 분석을 통해 360도 다면평가전략 도출 • 학습자 기본정보 및 학습자 요구분석을 통해 적합한 교수방법 선정
D	설계(Design) • 비대면 온라인 학습설계 • 교육로드맵 설계 • 학습도구 설계 • 성과평가 환류체계 설계	• 요구분석에 따라 교육방향 및 모듈별 교육목표 수립 • 교수-학습전략 및 매체 선정 • 교육내용 핵심요소 • 단계별 차별화된 교육기법 적용 • 교육목표와 연계한 평가 설계 • 360도 다면평가 현업적용도 환류체계 설계
D	개발(Development) • 교육생용 교재 및 학습자료 개발 • 학습매체 개발	• 교재 및 강의 PPT 개발 • 시뮬레이션 진단 및 평가도구 개발 • 사전 홍보포스터 및 안내장 개발 • 블렌디드 러닝, 하이브리드러닝, 마이크로러닝 적용
I	실행(Implementation) • 교육과정 운영전략 수립 • 사전준비 단계 • 교육운영 단계 • 교육생 사후관리 • 교육과정 운영 실적	• 교육과정 운영 전략 수립 : 사전준비 → 교육운영 → 사후관리 단계별 전략 수립 • 사전준비 단계 내용 : 교육운영 매뉴얼 작성, 교육운영팀 구성 교육생 교육 안내 • 교육운영 단계 내용 : 교육생 출석관리, 교육생 모니터링 및 피드백 지원, 실시간 비대면 학습도구 활용 지원, 코로나 대응지침 수립 • 교육생 사후관리 내용 : 전체 과정 종료 안내 및 감사 메일 발송, 학습자료 카페 운영
E	평가(Evaluation) • 평가 전략 및 체계 • 교육생 반응 평가 • 교육성취도 평가 • 현업적용도 평가	• 평가전략에 따라 평가 시기, 평가 내용을 달리하여 반응평가, 성취도평가, 현업적용도 평가 환류체계 구축 • 360 다면평가에 기반한 현업 적용도 평가(설문, 인터뷰)를 통해 학습전이 성공사례 발굴

3. 교육과정 및 교육목표 설정

교육과정 요구분석 결과를 종합하여 스마트리더에게 요구되는 주요 역량을 도출하였으며, 이를 토대로 본 과정의 교육방향을 수립하였다. 새롭게 요구되는 리더십 역량을 기반으로 총 8개의 교육 모듈을 구성하여 교육과정을 설계하고, 각 과정별 학습방향과 목표를 수립하였다.

가. 요구분석 단계의 도출된 분석 결과 도식화

	대외	대내	사회적
환경분석	• 4차산업혁명의 발달 • 자율주행, 사물인터넷(IoT), 서비스모빌리티(MaaS), 마이크로모빌리티 등 기술 변화가 급속화됨 • 전세계적으로 새로운 리더십에 대한 요구가 높아지고 있음	• 대내 모빌리티 산업 역시 많은 변화가 진행됨 • 새로움과 동향에 대한 빠른 적응을 위한 학습 민첩성 대두 • 협업 역량 및 창의성 요구	• 4차 산업혁명이 가져올 신기술에 대한 이해 • 빠른 사회 변화에 대한 적응과 대응방안 필요 • 사회변화와 더불어 새로운 역량 대두

	교육담당자	1:1 인터뷰	그룹인터뷰
인터뷰 분석 및 학습자 요구분석	• 인재개발원의 비전과 전략 목적성에 맞춘 교육 내용 • 공직자의 청렴 및 공직가치 등 기본적인 교육도 중요 • 일회성 교육이 아닌 사전사후 학습이 연계된 교육 필요	• 루트에 따른 사전 지식이 달라 이에 대한 사전 교육 필요 • 문제해결력, 상황대응, 의사소통, 협조화 협력 역량 대두 • 제한 시간 내 가장 빠른 방법을 찾는 민첩한 대응력 중요	• 변화하는 환경에 대한 (행정)법령 등을 지속적으로 습득하여 전문적인 지식을 습득하는 태도 • 디지털 콘텐츠를 많이 습득하고 실제 업무에 적용할 수 있는 역량 필요

	정부·국토교통부	국토교통인재개발원	관련기관
조직요구 분석	• 전문성에 기반한 창의적 아이디어와 그것을 구현할 실행력 요구 • 한국판 뉴딜 2.0 안착 및 신산업 육성	• 정책, 교육 환경 급변에 따른 대응역량 강화 • 기본과 리더십 역량이 전체 조화가 이루어진 교육과정 개발 필요	• 적극 행정을 위한 사례 토의 중심의 교육 필요 • COVID-19 상황에 따라 대면/비대면 교육 유연한 대응 필요

	교육형식	교육구성	교육만족도
기존 교육 과정 분석	• 강의형 42%, 참여형 58%로 구성됨	• 기본교육 42%, 리더십 역량교육 58% 구성	• 종합만족도 90점 이상이나 활용가능성(현업적용도)가 상대적으로 낮음

	교육방식	교육내용	현업적용도
현업적용도 분석	• 현업 적용에 대한 업무부담이 줄어들 수 있도록 시뮬레이션 기법 등을 사용	• 디자인씽킹 기법과 같이 실제적인 스킬 기법의 교육내용 편성	• 현업적용도에 대한 신뢰도를 높이기 위해 360도 다면평가 방법 적용
학습자 분석	• 공직 입문 16~20년 • 정책을 보조하고 집행하는 업무 수행 • 학습자 수준 다양함	• 정책보다는 변화 및 현업 지향적 주제 • 체험식 교육방법을 선호	• 역량교육 및 리더십에 대한 이해 부족 • 현재 업무에 충실하지만 변화필요

나. 교육과정의 방향 및 목표 설정

(1) 각 과정별 교육과정의 방향 및 목표 설정

스마트리더역량강화과정은 주무관의 역할을 수행하는 데 필요한 리더십 역량을 강화하여 개인의 성장과 조직의 성과창출, 국토교통부의 발전에 기여하는 것을 목표로 하였다.

이러한 교육목표는 교육 내용의 확장성에 기반하여 개인의 변화→조직 성과창출→이해관계자와의 협력적 관계구축이라는 3개의 큰 범주로 구분하였다.

구분	기본과정	심화과정
교육 방향	6급 스마트리더로서 최근 환경 변화에 따른 역할의 중요성을 인식하고, 변화 상황을 능동적으로 대처할 수 있도록 개인의 변화와 조직의 성과를 이끔	조직 내외의 다양한 구성원과 이해관계자의 협력적 관계 형성을 위한 원만한 소통과 협력 협력적 관계 형성을 위한 원만한 소통과 협력의 틀을 마련
교육 목표	• 환경의 변화를 인식하고, 전문가의 식과 혁신적 사고에 기반하여 스스로 변화하고 혁신한다. • 변화하는 상황에 민첩하게 대응하고 발생하는 문제를 조직의 전략적 방향에 기초하여 해결, 성과를 창출한다.	• 구성원들과의 원만하고 협력적인 관계 구축 및 이해관계자의 의견 조율 조정을 통해 조직 발전에 기여한다. • 다른 사람과 의사소통하는 방법을 정리하여 이야기할 수 있다.

나. 교육과정의 방향 및 목표 설정

(1) 각 과정별 교육과정의 방향 및 목표 설정

스마트리더역량강화과정은 주무관의 역할을 수행하는 데 필요한 리더십 역량을 강화하여 개인의 성장과 조직의 성과창출, 국토교통부의 발전에 기여하는 것을 목표로 하였다.

이러한 교육목표는 교육 내용의 확장성에 기반하여 개인의 변화 → 조직 성과창출 → 이해관계자와의 협력적 관계구축이라는 3개의 큰 범주로 구분하였다.

(2) 인지적·기능적·정의적 세부 목표

교육과정의 목표를 달성하기 위해 인지적 목표, 기능적 목표, 정의적 목표를 수립하였다.

구분	기본과정	심화과정
인지적 목표	• 새로운 변화 흐름과 이에 요구되는 역량 변화를 이해할 수 있다.	• 역량 변화에 따른 문제해결 방법을 설명할 수 있다.
기능적 목표	• 전문적인 지식을 통해 업무에 차질이 발생하지 않도록 한다.	• 새로운 생각과 접근 방법에 대한 보고서 작성법을 적용할 수 있다.
정의적 목표	• 변화하는 환경에 대하여 전문가적 지식과 마인드를 갖춘다.	• 새로운 생각과 접근 방법으로 변화에 빠르게 대응하고, 문제를 주도적으로 해결해나간다.

4. 교육과정 코스맵 구성

목표 주무관의 역할수행에 필요한 리더십역량을 강화하여 개인의 성장과 조직의 성과창출, 국토교통부의 발전에 기여

5. 학습내용 설계

가. 교수-학습 설계 전략

교육프로그램의 세부 내용들에 제시된 8개 모듈의 효과적인 시행을 위해 각 모듈별로 최적의 교수방법을 구성하였으며, 8개 모듈에 대한 교수방법을 종합적으로 제시하였다.

번호	모듈명	역량	강의	시뮬레이션	실습 (피드백)	사례 연구	체험 학습	토의	진단 (피드백)
1	혁신적 사고를 통한 적극적 행정	혁신적 사고	○		○	○		○	
2	문제해결을 통한 성과창출	문제해결	○	○	○	○		○	○
3	애자일 시대의 상황 대응력	민첩한 대응	○		○	○		○	
4	스마트리더의 소통법	의사소통	○		○			○	
5	협조와 협력을 위한 관계관리	협조와 협력	○		○			○	
6	자기 브랜드의 시대	전문가의식	○		○			○	○

번호	모듈명	역량	강의	시뮬레이션	실습(피드백)	사례연구	체험학습	토의	진단(피드백)
7	공직가치와 국정철학의 이해와 실천	공직가치와 국정철학	○			○		○	
8	역사를 통해 배우는 지혜	소양	○			○	○	○	

나. 사전학습 설계안

사전학습은 온라인 교육을 통해 역량과 관련한 기본 지식을 습득하게 한 후 본 교육에서는 참여와 토론, 피드백 중심으로 습득한 지식을 내재화하도록 설계하였다. 또한 교육 전 사이버러닝센터를 통해 역량진단을 실시하여 본인의 현재 수준을 확인할 수 있도록 하였으며, 교재를 사전에 학습할 수 있도록 설계하였다.

다. 각 과정별 교육프로그램 설계

요구분석 결과를 반영하여 각 과정별 세부 내용을 설계하였다.

과정	모듈	교육명	내용	학습 방법	시간
기본 과정	모듈1	『공직가치』 우리의 출발점	• 공직가치의 이해 • 퀴즈로 이해하는 청탁금지법 • 갑질 및 직장 내 괴롭힘(사례학습)	• 강의 • 사례연구 • 토의	2시간
	모듈2	『혁신적 사고』 참신하고 새롭게 일하기	• 역량의 개념과 리더십 역량 • 환경의 변화와 혁신적 사고 • 조직의 변화와 혁신 방법	• 강의 • 실습(피드백) • 사례연구 • 토의	5시간
	모듈3	『선분가의식』 나는 이런 사람입니다	• 나는 누구인가? • 내가 좋아하는 일, 잘하는 일, 필요한 일 • 나는 프로인가? -일의 의미와 가치 • 나의 브랜드(계획수립)	• 강의 • 실습/작성 • 발표 • 영상	8시간
심화 과정	모듈1	『문제해결력』 나는 문제해결사	• 서류함기법의 과제수행 • 자신의 문제해결의 수준파악 • 문제 인식과 문제해결의 이해 • 문제해결역량개발 • 문제해결을 위한 보고서 작성법	• 강의 • 시뮬레이션 • 실습(피드백) • 사례연구 • 토의 • 진단	8시간

과정	모듈	교육명	내용	학습 방법	시간
	모듈2	『상황대응력』 빠르게 응답하라	• 애자일 조직의 이해 • 즉각적 의사결정의 중요성 • 의사결정에 대한 관리 활동	• 강의 • 실습(피드백) • 사례연구 • 토의	3시간
	모듈4	『의사소통』 I'm OK, You're OK	• 의사소통 개념 이해 • 조하리의 창을 통한 의사소통 • 자기개념, 효능감, 존중감 • MBTI를 통한 성격유형 이해	• 강의 • 실습/진단 • 동영상	8시간
	모듈5	『협조와 협력』 혼자가 아닌 나	• 조직의 이해/전략의 이해 • 조직성과와 부서 성과와의 관계 • 가상조직의 조직(실습)	• 강의 • 실습 • 팀토의/발표	5시간

6. 역량개발 설계

가. 역량개발 학습방법

(1) 역량개발 방법론

역량개발 방법론은 실습과 이론을 포함하는 과정형 DC와 콘텐츠 없이 순수 실습으로만 이루어지는 개발형 DC가 있다. 과정형 DC는 역할 수행 내용에 대해 미리 정리/학습할 수 있는 장점을 가지고 있고, 개발형 DC는 충분한 실습기회와 동료 간의 풍부한 관찰과 피드백 기회를 제공한다는 장점이 있다. 스마트리더역량강화과정에서는 핵심적인 이론학습 제시와 동료 간 관찰/피드백 및 강사 피드백 제공을 통해 두 가지 방법론의 장단점을 상호 보완하였다. 본 과정의 역량개발 방식 교육의 구성요소는 다음과 같다.

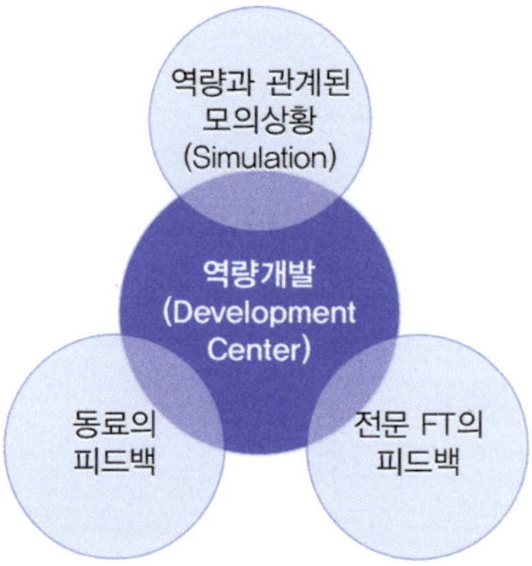

(2) 역량개발 설계 프로세스

가) 학습목표 설계

역량개발에 있어 학습목표는 전체적인 콘텐츠의 설계 방향의 중요한 기준이다. 따라서 구체적인 학습 포인트의 명확화와 교육 내용에 따른 정확한 교육방법의 선택이 선행되어야 한다. 이를 바탕으로 시뮬레이션으로 학습목표를 구현할 수 있도록 설계하였다.

나) 교육기법 선정_서류함 기법

다양한 특성의 역량행동을 평가하기 위해 실제 업무와 유사한 다양한 모의상황을 제시하고 학습자에게 요구되는 역량 및 기대행동을 평가하기 용이한 기법을 선정하여 활용한다. 역량개발의 주요 평가기법에는 서류함 기법(In-basket), 발표(Presentation), 역할수행(Role-play), 집단토론(Group Discussion)이 있다. 스마트리더역량강화과정에서는 문제해결력 역량개발에 있어 주어진 시간 내에 산적해 있는 다양한 업무를 처리하기 위한 의사결정 및 권한위임, 조직자원 분배 등의 업무를 수행하는 기법인 '서류함 기법'을 선택하였다.

다) 서류함 기법 과제설계

서류함 기법의 과제설계는 학습목표에 근거를 두고 있으며. 이러한 구성은 교수 내용 설계에서 평가과제 설계, 평가진행 설계로 나누어볼 수 있다.

레슨	주요 학습 내용	방법	시간
역량 및 행동 지표 설명 IB과제 이해	• 모듈의 목표 제시 • 문제해결 역량에 대한 • DC Simulation과 IB 과제에 대한 설명, 과정 진행 절차 설명	강의	'15
과제수행	• 60분 동안 과제풀이 • FT는 조별로 과제풀이 상황을 확인하며 원활한 수행 독려 • 과제를 읽고 주어진 문제해결 • 총 3개의 과제에 대한 보고서 작성 • 답안지에 보고서 작성 후 공유	실습	'60
조별 발표 및 피드백	• 조별 대표 1명씩 총 4명 발표 • 과제 해결 절차, 결과 및 본인의 생각에 대해 말해볼 수 있도록 함 • 작성 내용 및 발표 내용에 대해 FT가 피드백한 후 조별토론을 준비하게 함	발표 피드백	'60
조내 발표 및 상호 피드백	• 피드백 가이드 제공 • 교육생 대표 실습 2회(교수피드백) • 각 팀별 동료 실습 3회(동료피드백)	토론 피드백	'40 '45
IB과정전체 피드백 및 공유	• 팀별 피드백 내용 및 개선점 정리 • 팀 간 피드백 내용 및 개선점 공유	강의 피드백	'30

7. 평가방법 설계

가. 교육과정별 평가 계획

교육과정 목적/학습목표에 따라 평가시기, 평가내용, 결과물을 설정하여 평가도구를 개발하였다. 첫째, 교육 시작 전에는, 사전 진단문항으로 역량별로 구체적인 행동지표를 명시하여 제시함으로써 스스로 역량진단을 함과 동시에 해당 역량에 대한 특징을 미리 파악해볼 수 있도록 하였다. 둘째, 교육 종료 직후에는, 교육 만족도와 사후 학습 수준 성취도를 측정하였다. 교육만족도 평가를 통해 교육과정에 대한 회고를 진행하고, 사후 학습수준 성취도를 통해 사전/사후 수치를 비교 제시함으로써 얼마나 학습수준이 성취되었는지 한 눈에 확인할 수 있도록 하였다. 셋째, 교육 종료 3개월 후에는, 실제 현업에서 교육 내용을 얼마나 적용하고 있는지 현업적용도 문항을 통해서 측정하고 교육 후에도 다양한 자료를 함께 제공함으로써 교육 효과성을 검증하는 목적으로 평가설계를 시행하였다.

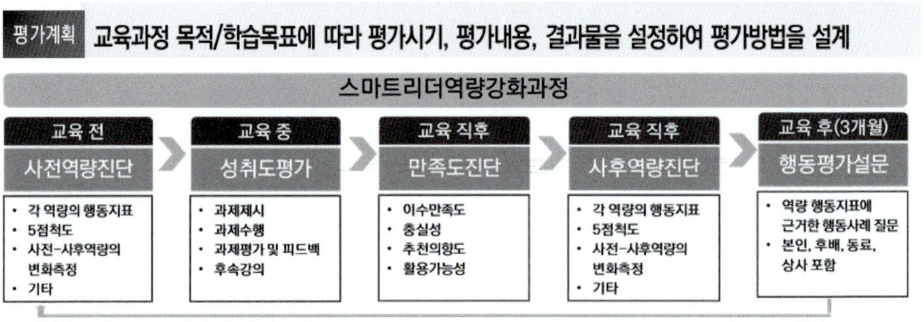

나. 각 단계별 평가 도구 설계

과정평가도구는 역량 행동지표기반의 사전-사후 진단지와 교육 직후 시행하는 교육만족도, 교육 중간에 시행하는 시뮬레이션 평가, 교육 3개월 후에 시행하는 행동평가 인터뷰 문항과 행동평가 설문지로 설계하였으며 다음과 같이 도식화하였다.

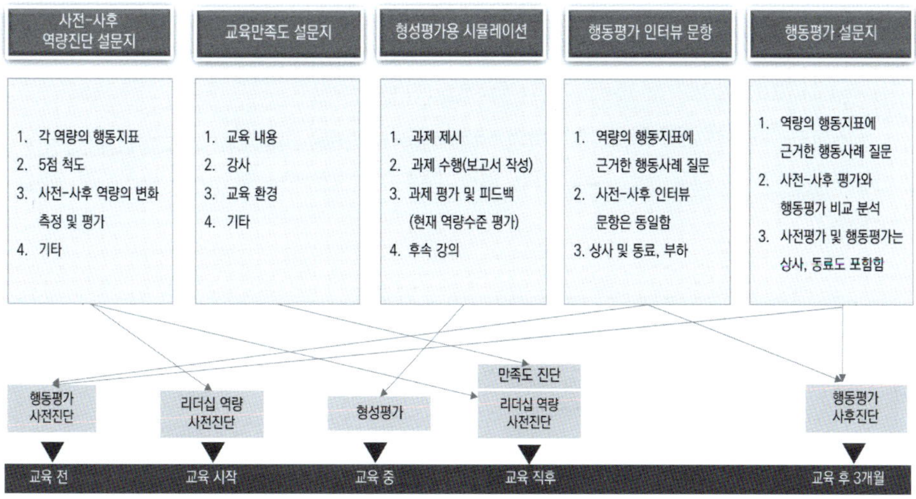

03 교육과정개발(Development)

1. 교육과정 개발 내용

본 교육과정을 효과적으로 운영하기 위해 국토교통부 스마트리더 전용 플랫폼을 구축하여 학습관리 및 지원활동을 강화하였다. 사전학습 단계-본교육-사후교육까지 실시간 접속이 가능하고, 온라인 사전 진단과 사후 진단, 마이크로러닝 등 제공하여 학습자의 편리성을 높였다. 또한 스마트리더과정에 활용한 다양한 교보재를 개발하여 학습 효과를 높일 수 있도록 하였으며 최종적인 개발 내용은 다음과 같다.

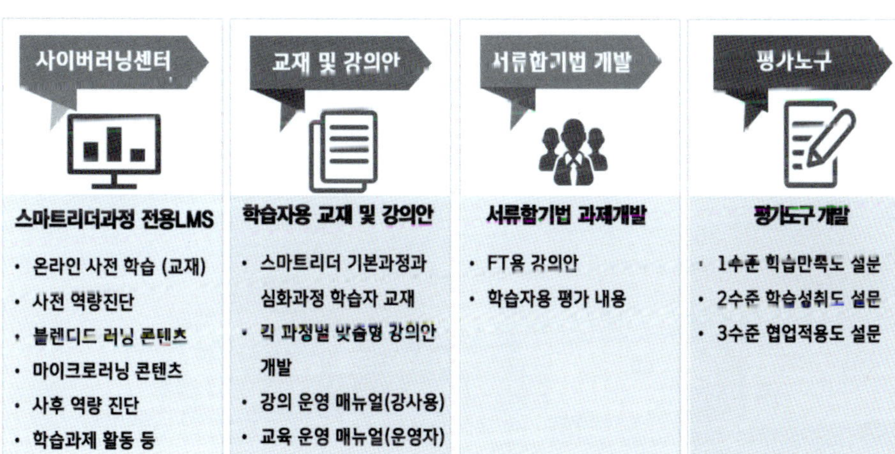

2. 국토교통부 사이버러닝센터 구축

가. 스마트리더역량강화과정 전용 플랫폼 개발

스마트리더역량강화과정을 운영하기 위한 전용 LMS를 구축하였다. 온라인 사전학습과 역량진단, 본 교육 학습과제, 사후 역량 관련 마이크로러닝 학습이 가능하도록 개발하였다.

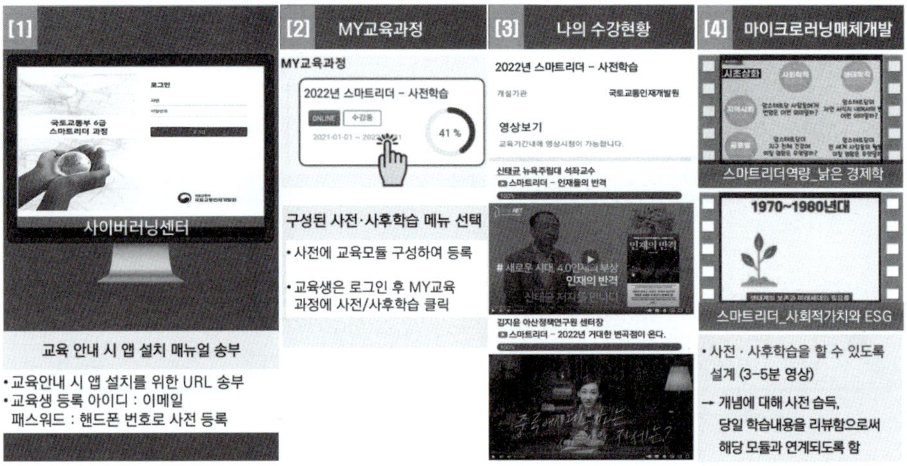

3. 교육생 교육과정 교재 및 강의안 개발

교재는 교육생들의 역량을 강화하기 위해 스마트리더 기본과정과 심화과정으로 개발하였다. 교재 및 강의안 개발은 설계자, 외부 리더십 전문가 및 리더십 분야 강사에게 개발을 의뢰하고 수차례의 내용 검수와 피드백을 통해 개발하였다.

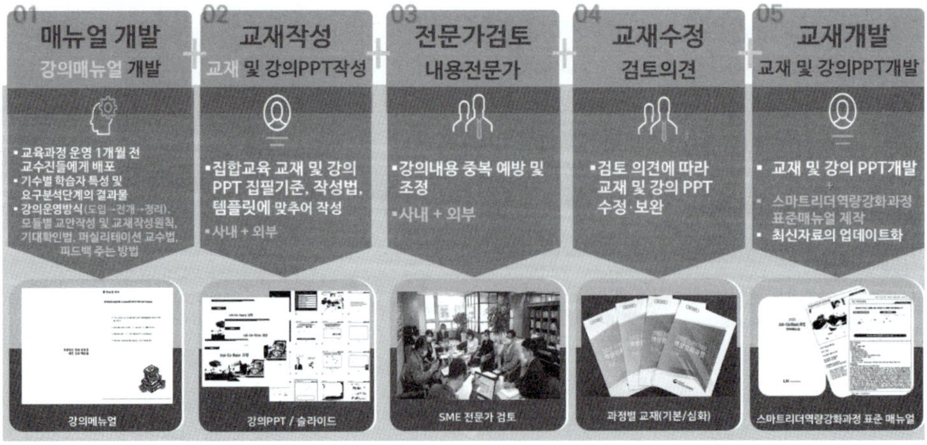

가. 스마트리더역량강화과정 교재

교재개발은 설계자가 제시한 교재 개발원칙을 따라 각 과정별, 각 모듈별 주제 전문가와 전문 강사들이 공통적으로 적용하여 개발할 수 있도록 안내하였다. 이 과정에서 설계내용과의 정합성, 교재 내용의 중복성 등 지속적인 검수와 피드백 활동을 통해 최종 교재를 개발하였다.

나. 강의교안 개발

학습모듈별로 교안을 개발하였으며, 교안에는 교수전략, 학습내용 및 주요활동, 학습자료, 유의사항을 포함하였다. 각 모듈별 세부 학습내용에 대한 안내, 학습목표, 학습내용 정리 등을 개발하였다.

4. 강의 및 교육운영 매뉴얼 개발

COVID-19 상황에서 강사들이 대면·비대면 상황에 유연하게 대응할 수 있도록 '국토교통 인재개발원 대면·비대면 강의매뉴얼'을 개발하였다. 매뉴얼에는 기본적인 교안 설계 시 지켜야 할 법뿐만 아니라 비대면 교육으로 전환될 시 달라지는 점, 준비사항, 강의 시 활용할 수 있는 IT 학습도구, 교안 작성법 등에 대한 정보 제공을 통해 강사들이 학습자 관점에서 비대면 교육을 설계할 수 있도록 하였다.

5. 시뮬레이션 진단 및 평가도구 개발

가. 강사용 및 학습자용 역량평가 매뉴얼 개발

먼저 교육생 현업적용도를 높일 수 있는 방안으로 시뮬레이션 진단 및 평가도구를 개발하였다. 이론에 대한 지식 습득에서 끝나지 않고 학습자 자신의 것으로 체화될 수 있도록 있어 경험적 학습전략에 따라 구성하여 자기주도적 학습효과를 높였다. 서류함 기법을 사용하여 해당 역량이 얼마나 향상되었는지 알아볼 수 있도록 지원하였다.

나. 실습용 과제 및 역량평가 영역

역량평가 과제는 교육생이 현업에서 발생될 수 있는 상황을 사전 인터뷰를 통해 도출하였으며, 이를 기반으로 내용 전문가의 수차례 피드백을 통해 최종 개발을 하였다. 본 교육과정에서 교육생들은 3개의 과제를 해결하고, 이를 기반으로 답안작성, 인터뷰 및 평정을 실시할 수 있도록 개발하였다.

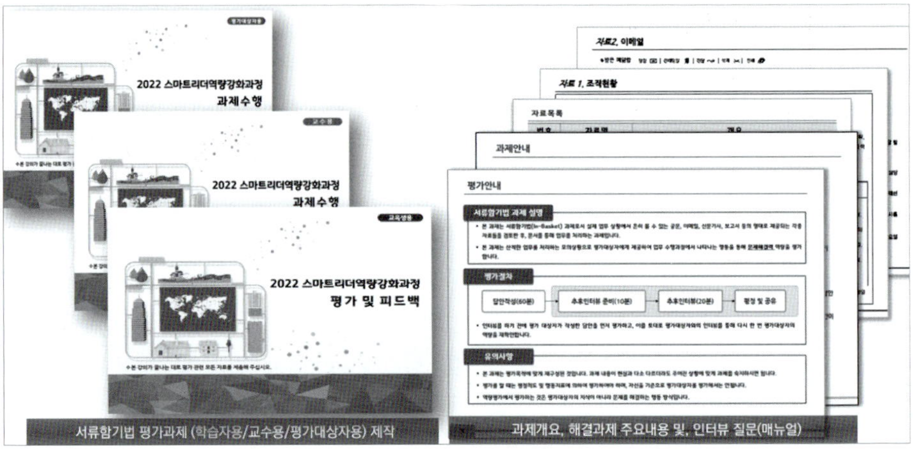

6. 평가도구 개발

교육과정 평가를 위해 커크패트릭 4단계 모형을 적용하여 개발하였다. 먼저, 본인의 리더십 역량 수준을 진단하기 위한 사전 평가와 교육 후 사후평가를 통해 역량 변화를 확인할 수 있도록 하였다. 1수준에서는 전체 교육만족도, 각 강사별 만족도(전문성, 교수법 등), 교육인프라 등을 평가하도록 개발하였으며, 2수준 학습성취도 평가는 교육 중 과제수행에 대한 평가를 기반으로 하여 수행하였다.

또한 3단계 현업적용도 평가는 교육 종료 후 3개월 이내 360도 다면평가를 통해 교육 내용의 현업적용 여부 등을 정량평가와 정성평가 두 가지를 수행할 수 있도록 개발하였다.

가. 각 수준별 평가도구 개발

(1) 1수준 학습만족도 평가

학습만족도 평가는 성취도 평가는 총 15문항으로 구성되었으며, 기본과정 및 심화과정 종료 후 온라인 또는 지필평가가 가능하도록 개발되었다.

(2) 2수준 학습성취도 평가

학습성취도 평가는 총 36문항으로 구성되었으며, 기본과정 및 심화과정 각 모듈별 6개 문항을 개발하였으며, 교육 전 사전평가와 교육 후 사후평가의 변화측정을 통해 학습성취도를 확인할 수 있도록 하였다.

과정	모듈명 (역량명)	사전 평가문항	사후 평가문항
기본 과정	M2. 참신하고 새롭게 일하기 (혁신적 사고)	역량 | 번호 | 행동지표 | 1 | 2 | 3 | 4 | 5 혁신적 사고 1. 기존 또는 현행의 업무 수행방식이나 처리절차에 대해 문제의식을 갖는다. 2. 현재 업무 수행을 독특한 방법으로 아이디어를 결합하여 높은 수준의 성과를 만든다. 3. 다른 사람들이 제시하는 새로운 방법이나 아이디어를 활용하여 혁신적인 업무 방법이나 정책을 창안한다. 4. 변화 혁신 아이디어를 조식이나 개인들이 습득하고 적용하도록 자극하고 주도하여 변화를 시도한다. 5. 다양한 아이디어, 관점들을 열린 마음으로 수용하고, 현실에 적용하도록 변화를 추진한다. 6. 항상 새로운 지식과 정보를 추구하여 응용하려고 노력한다.	역량 | 번호 | 행동지표 | 1 | 2 | 3 | 4 | 5 혁신적 사고 1. 기존 또는 현행의 업무 수행방식이나 처리절차에 대해 문제의식을 갖는다. 2. 현재 업무 수행을 독특한 방법으로 아이디어를 결합하여 높은 수준의 성과를 만든다. 3. 다른 사람들이 제시하는 새로운 방법이나 아이디어를 활용하여 혁신적인 업무 방법이나 정책을 창안한다. 4. 변화 혁신 아이디어를 조식이나 개인들이 습득하고 적용하도록 자극하고 주도하여 변화를 시도한다. 5. 다양한 아이디어, 관점들을 열린 마음으로 수용하고, 현실에 적용하도록 변화를 추진한다. 6. 항상 새로운 지식과 정보를 추구하여 응용하려고 노력한다.
	M3. 나는 이런 사람입니다 (전문가 의식)	역량 | 번호 | 행동지표 | 1 | 2 | 3 | 4 | 5 전문가 의식 1. 자기 분야에 대한 지식, 기술의 전문적 수준에 대해 파악하고 있다 2. 업무 수행에 필요한 자신의 지식과 기술 수준을 명확히 인식한다. 3. 자기 분야에 대한 확신과 자부심을 가지고 최고의 전문가가 되고자 노력한다. 4. 자신이 원하는 경력개발 방향을 알고 능동적으로 이를 추구한다. 5. 새로운 디지털 기술을 적극적으로 탐색하여 업무에 활용한다. 6. 자신이 수행하는 업무의 성과가 극대화되도록 지속적으로 학습하며 개발한다.	역량 | 번호 | 행동지표 | 1 | 2 | 3 | 4 | 5 전문가 의식 1. 자기 분야에 대한 지식, 기술의 전문적 수준에 대해 파악하고 있다 2. 업무 수행에 필요한 자신의 지식과 기술 수준을 명확히 인식한다. 3. 자기 분야에 대한 확신과 자부심을 가지고 최고의 전문가가 되고자 노력한다. 4. 자신이 원하는 경력개발 방향을 알고 능동적으로 이를 추구한다. 5. 새로운 디지털 기술을 적극적으로 탐색하여 업무에 활용한다. 6. 자신이 수행하는 업무의 성과가 극대화되도록 지속적으로 학습하며 개발한다.
심화 과정	M1. 나는 문제해결사 (문제해결)	역량 | 번호 | 행동지표 | 1 | 2 | 3 | 4 | 5 문제 해결 1. 수집한 정보 및 정보 연계를 통해 발생 또는 대비할 문제를 적시에 감지한다. 2. 현황 및 사안의 성격, 파급효과 등을 파악하여 문제의 원인이 무엇인지 규명한다. 3. 총체적인 시각에서 사안을 검토하고 문제를 논리적인 형태로 구조화하여 이해한다. 4. 문제의 심각성과 중요성에 따라 고려하거나 처리하여야 할 우선순위를 정할 수 있다. 5. 현안 사항과 문제점을 구성원과 공유하고, 최적의 실행방안을 발굴하여 활용한다. 6. 해결한 문제가 다시 발생하지 않도록 재발방지 방안을 수립한다.	역량 | 번호 | 행동지표 | 1 | 2 | 3 | 4 | 5 문제 해결 1. 수집한 정보 및 정보 연계를 통해 발생 또는 대비할 문제를 적시에 감지한다. 2. 현황 및 사안의 성격, 파급효과 등을 파악하여 문제의 원인이 무엇인지 규명한다. 3. 총체적인 시각에서 사안을 검토하고 문제를 논리적인 형태로 구조화하여 이해한다. 4. 문제의 심각성과 중요성에 따라 고려하거나 처리하여야 할 우선순위를 정할 수 있다. 5. 현안 사항과 문제점을 구성원과 공유하고, 최적의 실행방안을 발굴하여 활용한다. 6. 해결한 문제가 다시 발생하지 않도록 재발방지 방안을 수립한다.
	M2. 빠르게 응답하라 (민첩한 대응)	역량 | 번호 | 행동지표 | 1 | 2 | 3 | 4 | 5 민첩한 대응 1. 문제발생시 원인과 대응의 우선순위를 빠르게 파악하고, 상황을 신속 간단하게 정리 후 행동한다. 2. 문제 및 돌발상황에서 신속하게 판단하고 순발력 있게 대응한다 3. 문제 및 돌발상황에서 즉시적인 조치를 통해 상황의 악화나 확산을 막는다. 4. 제한된 시간 내에 현실 가능한 대안을 최대한 동원하며, 규정에 어긋나지 않는 한도 내에서 가장 빠른 방법을 찾아낸다. 5. 예측하지 못한 문제가 발생했을 때 문제 해결에 관련된 지식과 정보를 빠르게 학습한다. 6. 수행과정이나 방법에 대한 피드백을 받아 개선해야 할 부분을 빠르게 적용한다.	역량 | 번호 | 행동지표 | 1 | 2 | 3 | 4 | 5 민첩한 대응 1. 문제발생시 원인과 대응의 우선순위를 빠르게 파악하고, 상황을 신속 간단하게 정리 후 행동한다. 2. 문제 및 돌발상황에서 신속하게 판단하고 순발력 있게 대응한다 3. 문제 및 돌발상황에서 즉시적인 조치를 통해 상황의 악화나 확산을 막는다. 4. 제한된 시간 내에 현실 가능한 대안을 최대한 동원하며, 규정에 어긋나지 않는 한도 내에서 가장 빠른 방법을 찾아낸다. 5. 예측하지 못한 문제가 발생했을 때 문제 해결에 관련된 지식과 정보를 빠르게 학습한다. 6. 수행과정이나 방법에 대한 피드백을 받아 개선해야 할 부분을 빠르게 적용한다.
	M3. I'm OK, You're OK (의사소통)	역량 | 번호 | 행동지표 | 1 | 2 | 3 | 4 | 5 의사 소통 1. 대화하면서 상대방의 언어적,비언어적 메시지를 주의 깊게 듣는다. 2. 상대의 메시지를 정확하게 해석하여 적절하게 대응한다. 3. 상대방이 끝까지 자신의 의사표현을 할 수 있도록 한다. 4. 자신이 이해한 바를 상대에게 다시 확인하거나 요약해서 설명한다. 5. 상대의 수준이나 요구에 맞게 적절한 내용, 내용의 구성, 언어의 선택 및 대화 기법을 활용한다. 6. 자신이 전달하고자 하는 바를 상대가 이해했는지 확인하기 위해 말한 내용을 요약하거나, 더 자세하게 설명한다.	역량 | 번호 | 행동지표 | 1 | 2 | 3 | 4 | 5 의사 소통 1. 대화하면서 상대방의 언어적,비언어적 메시지를 주의 깊게 듣는다. 2. 상대의 메시지를 정확하게 해석하여 적절하게 대응한다. 3. 상대방이 끝까지 자신의 의사표현을 할 수 있도록 한다. 4. 자신이 이해한 바를 상대에게 다시 확인하거나 요약해서 설명한다. 5. 상대의 수준이나 요구에 맞게 적절한 내용, 내용의 구성, 언어의 선택 및 대화 기법을 활용한다. 6. 자신이 전달하고자 하는 바를 상대가 이해했는지 확인하기 위해 말한 내용을 요약하거나, 더 자세하게 설명한다.
	M4. 혼자가 아닌 나 (협조와 협력)	역량 | 번호 | 행동지표 | 1 | 2 | 3 | 4 | 5 협조와 협력 1. 조직 목표 달성을 위해 타 부서나 팀(원)들과 정보, 업무, 책임, 의사결정 등을 적극적으로공유한다. 2. 공식적 명령이나 지시가 아니더라도 가능한 개인적 시간과 에너지를 할애하여 지원한다. 3. 목표의 계획 및 이행 과정에서 구성원들과 적극적으로 협조한다. 4. 공동의 목표를 달성하기 위해 구성원들을 독려하고 지속적으로 지식이나 정보를 공유한다. 5. 자신의 행동특성과업무처리에 관련된 주위의 피드백에 대해 긍정적으로 받아들인다. 6. 업무와 관계된 외부기관과의 원만하고 협력적인 관계를 구축 및 유지한다.	역량 | 번호 | 행동지표 | 1 | 2 | 3 | 4 | 5 협조와 협력 1. 조직 목표 달성을 위해 타 부서나 팀(원)들과 정보, 업무, 책임, 의사결정 등을 적극적으로공유한다. 2. 공식적 명령이나 지시가 아니더라도 가능한 개인적 시간과 에너지를 할애하여 지원한다. 3. 목표의 계획 및 이행 과정에서 구성원들과 적극적으로 협조한다. 4. 공동의 목표를 달성하기 위해 구성원들을 독려하고 지속적으로 지식이나 정보를 공유한다. 5. 자신의 행동특성과업무처리에 관련된 주위의 피드백에 대해 긍정적으로 받아들인다. 6. 업무와 관계된 외부기관과의 원만하고 협력적인 관계를 구축 및 유지한다.

(3) 3수준 현업적용도 평가

가) 360도 다면평가 기반한 현업적용도 설문 개발

교육 종료 후 교육내용에 대한 현업적용 여부와 적용수준, 상사-동료의 지원 여부를 파악하여 현업 활용도를 높일 수 있도록 개발하였다. 현업적용도 평가는 교육 종료 후 3개월 이내 본인-상사-동료-후배에 대한 평가를 진행할 수 있도록 하였으며, 설문지의 정량평가와 정성평가 두 가지 방식으로 구성하여 신뢰도를 높였다.

스마트리더 역량강화과정 행동평가 설문지(본인)

스마트리더 역량강화 과정을 수료한 지 3개월이 되었습니다. 교육이 여러분의 리더십과 현업 수행에 얼마나 도움이 되고 계십니까? 여러분의 리더십 행동을 점검해 봅시다.

(1점: 전혀 그렇지 않다, 2점: 그렇지 않다, 3점: 보통이다, 4점: 그렇다, 5점: 매우 그렇다)

번호	문항	1	2	3	4	5
1	나는 교육 내용을 현업에 적용하고 있다.					
2	나는 교육 내용을 현업에 적용하여 크고 작은 성과를 내고 있다.					
3	나는 업무 수행 시 참신하고 새로운 방법을 시도하며, 기존과는 다른 혁신적이고 새로운 해결책을 만들어내고 있다.					
4	나는 업무 및 이해관계자와 문제발생시 객관적인 입장에서 현안을 파악하고 대안을 제시하여 해결하고 있다.					
5	나는 돌발 상황에서 발생한 문제를 빠르게 인식하고 판단하여 즉각적으로 대응하고 있다.					
6	나는 상대방의 의견을 경청하여 그 의사를 정확히 이해하고 자신의 생각과 의견을 명확하게 전달하고 있다.					
7	나는 구성원들 간에 서로 배려하고 도움을 주고받으며, 타 부서 및 외부 연계기관과 원만한 협력관계를 구축하고 있다.					
8	나는 더 나은 업무 수행을 위해 필요한 지식과 스킬을 지속적으로 학습하여 전문성을 확보하고 있다.					
9	교육 후 나의 리더십이 강화되었다.					

*기타 교육 관련한 제안 또는 지원이 필요한 부분에 대해 기술해 주세요.

04 교육과정 실행(Implementation)

1. 교육과정 실행 계획

교육과정 실행은 사전학습 단계, 본 교육 단계, 사후관리 단계로 구분하였으며, 교육생 측면과 교육운영자 측면을 이원화하여 체계적으로 운영하였다. 먼저, 학습자들은 사전 학습 단계에서 온라인콘텐츠와 사전역량진단을 실시하여 학습자들의 교육 참여를 높였다. 본 교육 단계에서는 온라인과 오프라인을 접목한 다양한 학습 전략을 적용하여 학습자들의 학습 중 상호작용을 활성화시켰으며, 다양한 학습 장면에서 실습 및 사례 중심의 교육, 역량 평가 및 피드백 등이 운영되었다. 사후관리 단계에서는 마이크로러닝 콘텐츠 제공과 학습내용에 대한 리마인드 넛지 레터 등 지속적인 관리 활동을 통해 교육생들의 역량을 향상시킬 수 있도록 지원하였다.

반면, 교육운영 측면에서 사전준비 단계에서는 학습자들에게 과정 전반에 대한 내용과 수료 기준에 대한 안내장을 제공하고, 체계적인 교육 전반 운영에 대한 실제적인 준비를 진행하였다. 교육 운영 단계에서는 실제적인 학습이 이루어지도록 지원하였으며, 사후관리 단계에서는 자료 지원 및 평기, 가페 운영 등을 통해 학습자들의 직무 활용도를 높이고 성과 창출을 위해 관리하였다.

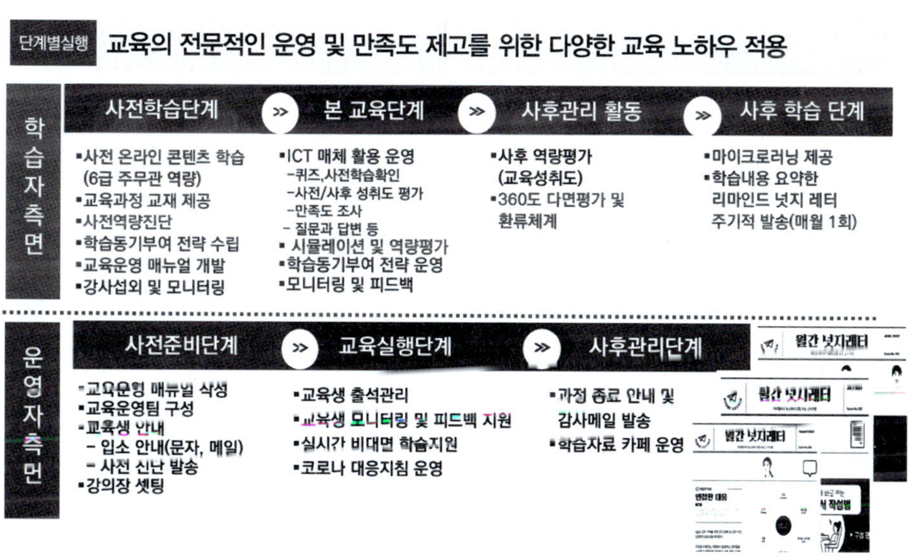

2. 교육생 동기부여 전략

학습자들의 동기부여를 위해 켈러(Keller, 1987)의 학습동기 유발 전략인 ARCS 모델을 적용하여 전략을 수립하여 운영하였다.

ARCS	ARCS 교육생 동기부여 전략	
주의집중 (Attention)	지각적 주의환기	웹기반 다양한 활동 tool을 활용한 퀴즈, 설문, 실시간 질문 등 교육생의 호기심 유도
	탐구적 주의환기	서류함기법을 활용해 면접관 및 관찰자의 관점에서 주변 동료에게 피드백 제공 활동
	다양성	스마트리더에게 요구되는 다양한 사례, 토론기법 및 피드백 등 다양한 학습도구
관련성 (Relevance)	친밀성	재취업 성공한 선배와의 대화를 통해 취업과정의 친밀감을 가지고 운영
	목적지향성	성공적인 스마트 리더를 위한 개인의 목표와 교육과정의 연계성을 제시
	동기와의 부합성	단계별 학습과정을 구성하고, 학습자 수준에 맞춘 교육과정을 제시하고 운영
자신감 (Confidence)	학습의 필요조건	스마트리더의 핵심 성공 요인과 다면평가를 통한 명확한 피드백 제공
	성공의 기회	가상의 시뮬레이션을 통해 관련 역량에 대한 성공 자신감 부여
	개인적 조절감	다양한 실습활동과 지속적인 상호학습 등 개인의 노력에 대한 긍정적 피드백 제공
만족감 (Satisfaction)	자연적 결과	가상의 시뮬레이션을 통한 리더십 역량 스킬의 습득
	긍정적 결과	우수학습자, 적극적 참여자 보상이 연계된 성취동기 강화
	공정성	학습성취도 평가 및 학습현장에서의 강사의 수행평가에 대한 피드백 활동

3. 교육생 사후관리

가. 개인별 넛지 레터 메일링 서비스

리마인드 넛지 레터는 학습자들이 본 과정에서 학습내용 중 핵심 내용을 발췌하여 학습 후 지속적인 학습효과를 유지하기 위해 매월 1회(15일 기준)씩 발송하였다.

6월 발송 레터	7월 발송 레터	8월 발송 레터
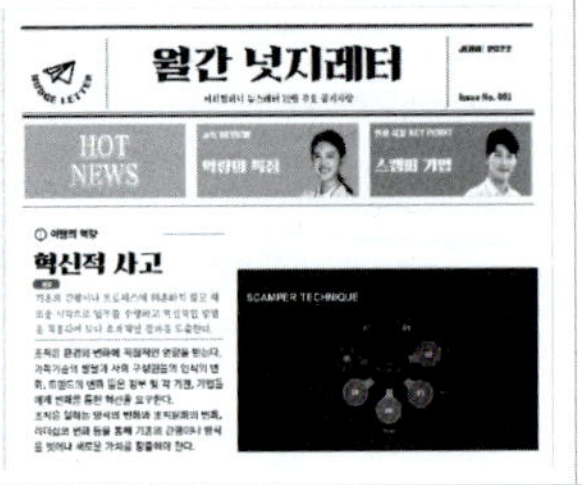	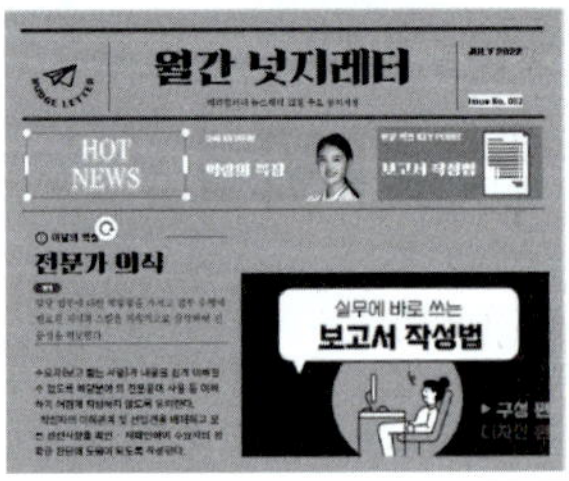	

나. 학습자료 카페 운영

교육수료 후 교육생 각자 자기주도적 학습을 진행할 수 있도록 학습자료와 교육 진행 중의 생생한 장면을 볼 수 있는 사진 등을 학습자료 카페를 통해 공유하였다. 모듈별로 진행한 내용에 대해 다시 한번 돌아보고 교육 내용에 대해 리마인드할 수 있는 기회를 제공하였다.

05 교육과정 평가(Evaluation)

교육과정에 대한 평가 전략은 '커크패트릭의 평가모형' 중 3단계와 교육효과에 대한 신뢰도를 확보하기 위해 360도 다면평가를 도입한 현업적용도를 측정하였다. 첫째, 반응평가를 통해 과정 구성과 교육운영, 강사 등 교육과정 전반에 대한 교육만족도를 평가하였다. 둘째, 교육성취도 평가를 통해 교육을 통해 향상된 역량의 변화, 지식과 스킬 향상 정도를 측정하였다. 셋째, 360도 다면평가를 기반으로 한 현업적용도 평가를 통해 교육목표와 내용 및 결과를 연계시키고 평가 시기와 평가자를 다양화함으로써 과정평가가 체계적으로 이루어질 수 있도록 하였다.

1. 1단계: 교육생 반응평가

교육생 반응평가는 교육만족도를 통한 정량평가와 과정 리뷰를 통한 정성평가로 진행하였다. 교육만족도 설문지 항목과 결과는 다음과 같다.

가. 정량적 평가

구분	구분(문항수)	내용 구성
정량평가	내용평가(4)	• 이수만족도, 충실성, 추천의향도, 활용가능성
	강사평가(2)	• 교육운영적합도, 내용전달만족도
정성평가	요구 및 개선사항(선택)	• 좋았던 점 / 개선할 점 / 기타 하고 싶은 말 • 향후 과정에 기대하는 점

나. 정성적 평가

교육생들이 가장 좋은 반응을 보인 부분은 심화과정 문제해결 모듈 부분이다. 문제해결과정의 경우, 핵심행동 지표를 기반으로 다양한 문제상황에 대한 실질적인 피드백을 통해 개인의 역량이 크게 향상된 것으로 분석되고 있다.

항목	의견	주요키워드
좋았던 점 기타	• 다양한 상황에 대한 문제해결 및 피드백 • 전문강사 및 동료들 간의 상호 피드백 • 과제 실습 과정이 유효했습니다. • 교육 잘 받고 갑니다. • 유익한 강의였습니다. • 좋은 교육과정 준비해주셔서 감사합니다.	• 다양한 문제상황 • 상호피드백 활동 • 과제실습 유효 • 유익한 강의 • 좋은 교육과정
향후 과정에 기대하는 점	• 보고서를 컴퓨터로 직접 작성해보기 • 조별발표 순서를 매일 바꾸면 효과가 높아질 것 같습니다. • 실제 사례와 실습이 더 강화됐으면 합니다. • 보고서 작성과정을 보고서 전문강사가 담당하고 실습을 강화했으면 합니다.	• 컴퓨터로 직접작성 • 조별발표순서변경 • 실제사례 & 실습 강화 • 보고서 전문강사

분석 결과를 종합하면 교육생들은 과정의 만족도 평가를 실습 및 실제 업무적용을 기준으로 하고 있음을 확인할 수 있었다. 차기 과정에도 실습 및 실제 업무적용에 연계되도록 평가분석 결과를 반영하였다.

구분	반영 결과
내용구성	• 현재와 같이 6급의 핵심 역량 중심의 리더십교육으로 강화
교육운영	• 조별발표 순서에 변화를 주어 동기부여 및 적극적으로 참여할 수 있도록 동기부여 • 개인별 작성 → 조별 상호 공유(피드백) → 전체 공유(전문 피드백) 방식의 교육 효과성을 높일 수 있도록 지원
강사스킬	• 문제해결 후 관련 분야 보고서 시 실습과 충분한 피드백을 제공할 수 있도록 사전에 내용구성·실습 환경 등 사전협의 진행
교육방식	• 실제 업무 현장과 유사한 사례 제공과 다양한 학습 방법을 통해 입체적인 학습이 될 수 있도록 내용 편성
교육매체	• 사전학습(온라인 교육)-사후학습(마이크로러닝/넛지레터 등) 다양한 형태의 학습 매체를 제공한 학습 효과 극대화 • 시뮬레이션 학습 시 실제 업무 환경 유사한 정보 제공을 통한 현장감 확대

2. 2단계: 교육성취도 평가

교육성취도 평가는 6대 역량의 행동지표를 기반으로 ① 사전/사후 진단과 교육 중 진행되는 ② 시뮬레이션 평가로 이루어졌다. 사전/사후 진단은 6대 역량을 중심으로 교육입과 전과 학습 후 동일한 문항을 평가함으로써 개인별 역량 향상도를 확인하였으며, 행동역량 평가는 서류함 기법을 기반하여 수행하였다.

3. 3단계: 현업적용도 평가

가. 360도 다면평가 기반의 현업적용도

현업적용도 평가는 기본과정-심화과정을 수료한 후 3개월 이내 교육생을 대상으로 현업적용 여부와 적용 수준, 상사/동료/후배들이 교육 후 교육생들의 업무 적용성이 얼마나 변화되었는지 파악하여 교육과정의 현업활용성을 확인하였다.

360도 다면평가는 정량평가와 정성평가 두 가지를 혼합하여 진행하였으며, 5개 영역 12개 분야에 대해 온라인 설문지를 배포하여 진행하였다.

구분	평가항목	문항수
정량적	기본문항	3문항
	현업적용수준	2문항
	6개 각 역량진단	6문항
	리더십 강화 수준	1문항
정성적	현업적용사례 및 기타의견	

나. 현업적용도 분석 결과

스마트리더역량강화과정에 대한 현업적용도 평가를 위해 상사(1명), 동료(3~5명), 후배(2~4명)를 대상으로 진행하였다.

구분	본인 평가	타인평가				차이 (타인-본인)
	본인	상사평가	동료평가	후배평가	평가 평균	
1기	인원 : 23명	인원 : 23명	인원 : 115명	인원 : 69명	전체 : 207명	0.19
	4.35	4.54	4.56	4.54	4.54	
2기	인원 : 19명	인원 : 19명	인원 : 95명	인원 : 57명	전체 : 171명	0.19
	4.25	4.35	4.46	4.51	4.44	
3기	인원 : 23명	인원 : 23명	인원 : 125명	인원 : 75명	전체 : 225명	0.24
	4.36	4.50	4.63	4.66	4.60	
평균	4.32	4.46	4.55	4.57	4.53	0.21

각 역량별 현업적용도를 세부적으로 살펴보면, 본인 활용도 측면에서는 문제해결역량(4.40점), 민첩한 대응(4.33점), 소통(4.31점) 순으로 높게 나타났으며, 타인 측면에서는 문제해결역량(4.63점), 혁신적 사고(4.53점), 소통(4.55점) 순으로 나타나 개인 및 타인 모두 3개 역량에 대한 현업적용도가 높은 것으로 나타났다.

구분	본인 평가	타인평가				차이 (타인–본인)
	본인	상사평가	동료평가	후배평가	타인 평균	
현업적용성	4.31	4.45	4.59	4.60	4.55	0.23
성과창출	4.36	4.51	4.58	4.61	4.57	0.21
혁신적 사고	4.28	4.45	4.56	4.59	4.53	0.25
문제해결	4.40	4.61	4.64	4.65	4.63	0.23
민첩한 대응	4.33	4.49	4.56	4.58	4.54	0.21
소통	4.31	4.52	4.54	4.57	4.55	0.23
조화와 협력	4.30	4.45	4.51	4.50	4.49	0.19
전문가의식	4.27	4.39	4.48	4.52	4.46	0.20
리더십 강화	4.39	4.36	4.57	4.59	4.50	0.12
전체 평균	4.32	4.46	4.55	4.57	4.53	0.21

CHAPTER 07

개인개발

학습목표

본 장에서는 인적자원개발의 구성요소 중 개인개발에 관해서 공부한다. 개인개발의 개념은 인류의 역사와 함께 해왔고, 제2차 세계대전 중 미국에서 본격화되었다. 개인개발은 단순히 교육훈련의 개념에 국한되지 않는다. 개인개발은 경력개발이나 조직개발의 출발점이 된다는 점에서 매우 중요한 인적자원개발의 한 영역이다. 이런 인식을 바탕으로 개인개발을 개인 차원과 조직 차원으로 구분하여 개인개발의 확장된 개념을 제시하였다.

제1절 개인개발의 배경 및 목적

1. 개인개발의 배경

인적자원개발은 개인과 조직의 성과 창출을 위해 교육, 훈련, 개발 등을 전략적으로 활용하는 과정이다. 인적자원개발(HRD)은 개인개발, 경력개발, 조직개발을 의미하는 인적자원개발 영역과 조직 직무설계, 인적자원 기획과 운영, 성과평가 및 보상, 선발과 배치 등을 다루는 수행관리(인적자원관리) 영역으로 분류된다.

HRD의 개념은 인류의 역사와 함께해 왔고, 제2차 세계대전 중 미국에서 인력개발 프로그램에서 본격화되면서 이론적 탐구보다는 현실에서 실질적인 활동에서 먼저 시작되었으며, 조직 맥락적 차원에서 하기와 같이 인적자원개발체계가 제시되었다(Swanson et al., 2009).

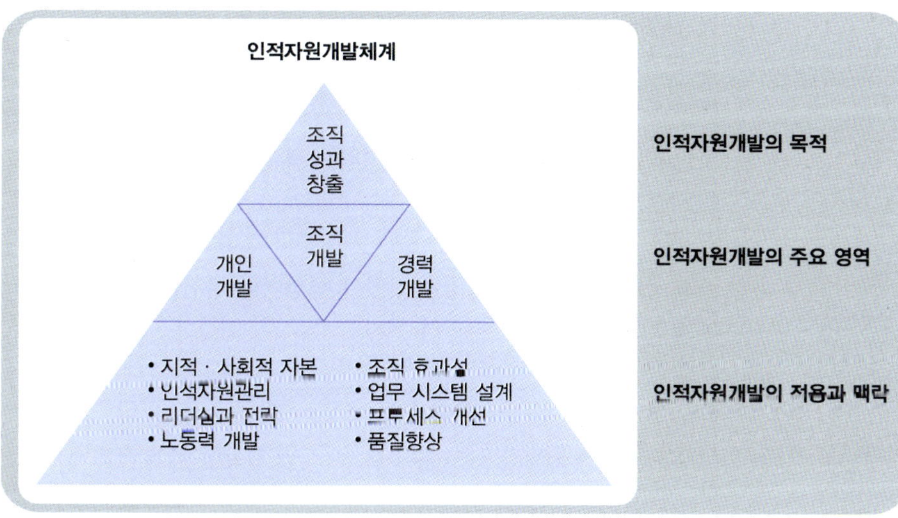

그림 7-1 인적자원개발체계

출처: Swanson, R, A., & Holton(2009). 재구성.

개인개발은 전기를 이용한 대량생산을 가능하게 한 산업혁명을 통해 등장한 산업화 초기 시대부터 제도권 교육과 공교육을 중심으로 시작되었으나, 이 당시에는 성인기초능력 향상 관련 교육에 관한 관심이 부족한 시기였다. 1950년대까지 산업화 시대의 개인개발은 공식적인 훈련을 통해 개인의 능력을 개발하여 궁극적으로 조직의 성과를 달성하기 위한 목적이었다. 그러나 기업은 구체적인 직업능력교육이나 직업기술교육과 무관한 교육프로그램을 장려하는 형태의 교육훈련이 대부분이었다.

이후 1960년부터 개인이 능력개발이 조직의 성과에 영향을 미친다는 것을 인정받아 공식적인 기업의 교육훈련 프로그램이 등장하였으며, 1970년대 후반부터는 조직개발뿐 아니라 개인의 성장도 매우 중요하다는 개인개발의 중요성이 본격적으로 부각되기에 이르렀다.

표 7-1 개인개발의 변천과정

구분	개인개발 방향
1940년대	전시 체제하의 TWI(Training Within Industry) 프로젝트로 시작된 공급자 중심훈련이 조직발전에 효과적으로 인식되며, 주로 제도권 교육, 공교육기관 외 성인 기초능력 향상을 위한 교육에 대한 관심이 부족한 시기이다.
1950년대	공식적인 훈련만을 조직개발 활동으로 인정하여 직업/직무 관련성이 높은 직업능력교육/직업기술교육 및 일반적인 교양프로그램에 참여 등을 장려하는 교육에 대한 관심이 부재한 시기이다.
1960~1970년	개인의 능력개발이 조직성과에 영향을 미친다는 인정하여 개인의 욕구에 기초하고 조직성과에 미치는 영향에 초점을 둔 맞춤형 개인개발 교육훈련 프로그램이 등장한 시기이다.
1970~1980년	조직개발뿐 아니라 개인개발(개인의 성장이나 발전)도 중요하다는 생각이 일반화되기 시작되면서 HRD 담당자의 전문성 개발에 관심을 갖기 시작하면서 고유분야, 역할 등에 대한 연구가 진행된 시기이다.
1990년 이후	학습전이에 근거한 수행관리체제, 인적수행공학 등에 관심이 부각된 시기로 학문적 발달에 따라 조직의 요구 외 학습자의 요구에 기초한 학습활동이 이루어져야 함을 강조한 시기이다.

출처: 박찬균(2018). 재구성.

우리나라는 1960년대 이후부터 교육훈련기관 설립과 해외 교육훈련프로그램 도입으로 개인개발이 본격적으로 시작되었으며, 산업사회에서 정보화 사회로 전환된 1980년대부터 정보화 사회와 관련된 새로운 직업군들이 등장하면서부터 개인개발 교육훈련 프로그램 개발에 관심을 갖게 되었다. 기업들은 신입사원 교육, 직급 계층별 교육, 직무역량교육, 조직활성화 교육, 온라인 교육, 영업 교육, 품질 교육 등의 교육훈련이 전성기를 맞이했다.

그러나 1997년 IMF 외환위기 시대를 겪으면서 기업들은 경제위기 극복을 위한 개인능력개발의 필요성을 인식하게 되었다. 핵심인재 양성교육, 학습조직, 액션러닝, 코칭, 멘토링 등의 다양한 교육훈련 프로그램들이 도입되었다. 2005년 이후부터는 평생학습 개념이 사회적으로 확산되기 시작하면서 기업들은 조직구성원의 성과향상을 위한 교육훈련 외에 개인의 일과 삶의 균형을 추구하는 평생학습의 관점에서의 개인개발이 진행되었다.

표 7-2 우리나라 개인개발의 변천과정

1960~1980	1980~1997	1998~2004	2005~
생성기	발전기	조정기	전환기
• 교육훈련기(한국생산성 본부, 한국능률협회, 한국표준협회) 설립 • 선진 프로그램(MTP, TWI) 도입 • 직무교육 • OJT	• 직무교육 • 계층별 교육 • 조직개발교육 • 국제화교육 • 사내강사 육성 • OA교육, 고객만족 및 품질경영(QC, ISO 9000) • CBT/멀티미디어 활용 • 기업연수원 • 사내 대학(원) • 교육이수학점제 • 기업문화운동	• 핵심인재교육 • 학습조직 • 전사적 품질관리(6시그마) • Action learning • e-learning • 퍼포먼스 컨설팅 • 역량기반 훈련 • HRD의 아웃소싱/분사화 • 성과중심 현장학습 • 전직지원제도 • 지식경영 • ROI 강조	• 평생학습기업 • 지식근로자 • 학습조직 • 학습사회 참여 • 개인별 맞춤형 인적자원개발 • 지식경영 • blended learning • total learning solution-learning 파트너십 • 산학협력

출처: 주용국(2008). p.157.

2. 개인개발의 개념 및 목적

1) 개인개발의 개념

개인개발은 인적자원개발(HDD)의 한 영역으로 개인의 훈련 및 개발을 통해서 시작된다. 개인의 훈련(training)과 개발(development)은 조직에서 업무 성과향상을 목적으로 업무의 지식, 기술, 전문성을 개발하는 과정으로 정의하였다(Swanson et al., 2009).

그러나 두 개념 간에는 차이가 있다. 훈련은 업무가 수행 이외의 장소에서 직무 수행에 필요한 지식, 스킬, 태도 등을 교육시키는 것으로 사전에 계획된 교육훈련을 의미한다. 즉 훈련은 주로 조직에서 직무에 필요한 지식, 기술 등의 역량을 반복적으로 충분히 습득하여 업무를 수행할 수 있도록 하는 것이며, 이로 인해 조직의 성과를 만들어 내기 위해 행해지는 교육이다. 이러한 훈련은 주로 업무 현장을 벗어나 집체형 강의 방식 등의 형식적인 교육을 의미한다.

이에 비해 개발은 계획된 개발 프로그램을 통해서도 이루어지지만 주로 직무 경험을 통해서 개발이 이루어지나, 주로 미래의 경력에 필요한 역량을 개발하는 것으로 현재의 직무와 관련이 없는 학습을 포함한다(Noe, 2008). 개인은 현재의 경력보다는 미래의 경력계획을 염두에 두고 개인 스스로가 학습활동을 통해 자기개발을 실시한다. 결국 개발은 현재 직무수행능력에 필요한 지식과 기술을 반복적으로 숙달시키는 훈련에 비해 미래에 담당하게 될 직무수행이나, 경력을 개발한다는 점에서 미래지향적인 개념이다.

이러한 점에서 개인개발은 개인 차원의 개발활동과 조직 차원의 계획된 학습활동으로 접근해야 한다. 조직은 개인의 경력개발을 위해 체계적인 계층교육, 승진자 교육, 리더십 교육 등을 통해 조직의 핵심인재를 양성하고, 그로 인해 조직의 성과를 창출하려고 한다. 이로 인해 이직률을 줄여 조직의 성과를 창출할 수 있는 인적 경쟁력을 확보하려고 한다.

2) 개인개발의 목적

개인개발은 미래적 개념으로 점진적인 관점에서 다음과 같은 목적을 가진다. 개인개발의 가장 기본적인 목적은 개인이 효율적으로 업무성과를 향상할 수 있도록 학습역량을 증진시키는 것이다. 다음은 개인 차원의 학습역량을 조직 차원의 학습으로 확대하는 것이고, 개인개발의 최종 목적은 조직의 성과를 창출하는 것이다.

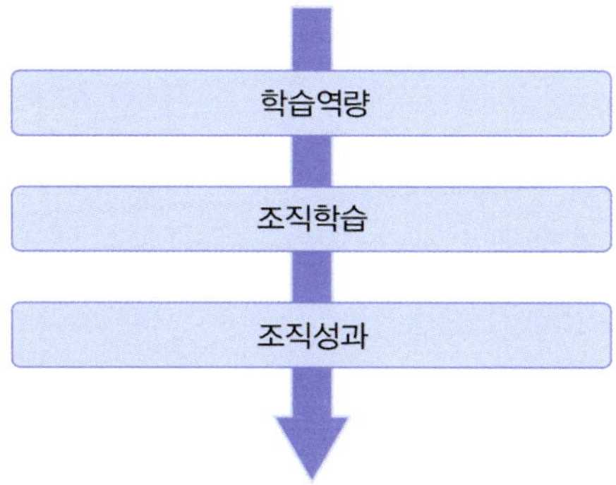

그림 7-2 개인개발의 목적

개인개발은 개인의 역량개발이다. 역량(competence)은 일을 감당해 낼 수 있는 힘이나 어떠한 행위를 실제로 수행할 수 있는 신체적이고 심리적인 힘을 의미한다. 역량은 지적이고 육체적인 업무를 성공적으로 성취할 수 있는 정도라고 할 수 있으며, 생산성과 직무보상으로 전환시킬 수 있는 지식, 경험, 스킬의 축적을 의미한다. 무엇을 알고 있는가에서 무엇을 할 수 있는가에 초점을 둔 능력이다.

개인개발은 HRD의 출발점으로 조직 내에서 이루어지는 다양한 교육훈련 프로그램에 개인 능력의 향상이라는 요소 없이는 개인의 적극적인 참여를 유도할 수 없다. 결국 개인개발은 인적자원개발의 3요소 중 하나로서 경력개발이나 조직개발의 출발점이 된다는 점에서 매우 중요한 인적자원개발의 한 축을 담당한다.

3) 개인개발의 필요성

개인개발은 자신의 장점을 강화하고 약점을 보완하여 성장의 기회로 삼는 활동으로 다분히 의도적이고 계획적인 활동을 의미한다. 종전의 개인개발은 조직 차원에서 다뤄졌으나 최근에는 개인이 주도하는 개발의 영역으로 인식이 변화되고 있다.

개인개발은 개인 차원에서도 다음과 같은 긍정적인 효과를 창출한다.

첫째, 기업의 경영목표 달성에 기여할 수 있는 개인의 직무역량, 리더십역량을 향상시킨다.

둘째, 개인의 상대적 가치를 높이는 개발 활동을 통해 경쟁력을 유지하거나 향상시킨다.

셋째, 새로운 상식, 기술 및 트렌드 학습을 통해 조직 내에서 꼭 필요한 인재로 인식하게 만든다.

넷째, 개인개발의 과정에서 자연스럽게 나타나는 적극적인 참여를 통해 원만한 인간관계를 형성하게 만든다.

다섯째, 사회적 활동에 참여하는 기회가 많아지게 되어 개인의 건강과 정서적으로 안정적인 사회적 관계를 유지하는데 도움이 된다.

반면에 개인개발에 대한 목표의식이 부족하거나 학습능력에 대한 과소평가, 적극적인 자기개발 노력이 부족한 경우 성공적인 개인개발은 이루어질 수 없다.

제2절 개인 차원의 자기개발

1. 성인학습과 인적자원개발

1) 성인교육과 인적자원개발 관계

인적자원개발과 성인교육의 관계에 대한 논쟁이 학계와 현장에서 오랫동안 전개되어 왔다. HRD 실천가들은 자신을 '성인교육자'로 지칭하는 데 무관심한 반면, 성인교육자는 HRD 실천 혹은 '교육훈련가'로 지칭되는 데 거부감을 갖는 경향이 있다. 지금까지 HRD와 성인교육분야 간의 관계를 논의하고 연구하는 노력이 있었지만 합의는 요원한 상황이다.

지식기반사회와 평생학습사회의 도래로 인해 세계 각국은 인적자본과 사회자본 창출로 국가, 지역, 조직, 집단, 개인의 성장과 발전을 도모하는 추세 속에서 학교 교육을 제외한 영역의 교육에 관계하는 인적자원개발과 평생교육, 성인교육, 그리고 직업교육의 관계 설정은 매우 중요한 이슈로 부각되고 있다(배을규, 2009).

전 세계 학자와 실천가들이 참여하는 미국 HRD학회(Academy of Human

Resource Development) 연차학술대회는 인적자원개발, 성인교육, 직업교육 등 자신의 학문적 정체성을 달리하는 학자나 실천가들이 함께 모여 연구 성과를 발표하고 공유하는 과정을 통해 학문적 발전과 실천적 유용성을 추구하고 있는데, 인적자원개발과 성인교육의 이론과 실천 측면에서 보면 양 분야는 서로 상이하면서도 유사한 점이 있음을 발견할 수 있다(배을규, 2009).

길레이와 에글랜드(Gilley & Eggland, 1989)이 주장에 의하면 인직자원개발과 성인교육은 프로그램과 교육과정 설계의 구성 요소로 분석, 설계, 개발, 실행, 평가의 과정과 성인학습자의 지식과 행동 변화 추구라는 공통성을 가지고 있다. 그러나 성인교육 활동은 개별학습자의 지식, 기술, 역량을 개선하고 증진할 목적이지만, 인적자원개발 활동은 개별 학습자보다는 이를 지원하고 후원하는 조직 이익을 추구하도록 구상하여 실행된다는 측면에서 성인교육 활동과 차이점이 있다.

즉 인적자원개발과 싱인교육은 모두 성인학습이 이루어지고 성인학습에 헌신하면서도 두 학문은 각각 개별적으로 분리되어 있지만, 서로 교차점에 성인학습이 있고, 만약에 성인학습의 결과와 개인별 학습 과정에 대한 결정이 조직의 규칙이나 조건에 의해 규정될 때, 성인학습은 인적자원개발이라고 할 수 있다(최은수, 2010).

결국 성인교육자와 인적자원개발 실천가는 차이점보다는 유사성에 집중하여 성인교육자는 인적자원개발에서 추구하는 일과 학습의 관계, 일과 학습의 조화를 이해하고, 인적자원개발 실천가는 성인학습자의 특성에 관한 기본적인 지식, 변화촉진 및 수행개선 프로그램, 교육과정 설계 기법, 그리고 성인학습자를 위한 교수 이론 등을 진지하게 학습하고 적용하려는 노력으로 상호 간 조화가 이루어져야 할 것이다.

2) 성인학습자의 특성

인적자원개발 대상은 주로 성인학습자(adult learner)로 이들의 특성을 제대로 이해하여야 효과적인 교육이 이루어질 수 있다. 성인학습자는 학습에 대한 자발적인 동기부여, 가치 있는 경험학습과 자기 주도적인 학습, 실제적인 삶과 관련된 주제와 실용적인 정보의 관심, 문제를 해결하기 위한 아이디어를 제시할 수 있는 사람을 말하며(최은수, 2010), 조직이나 기업에서 성인학습자는 개인과 조직의 목적이 통합되어 새로운 지식, 기술, 학습 방법을 터득하는 조직 구성원으로서 업무 환경에서 발생하는 역할과 관련된 학습은 업무와 지속적인 상호작용을 하게 된다(정선경, 2013).

성인학습자는 18세에서 80세까지 심리적, 사회적, 신체적 발달단계에 위치해 있으며, 복잡한 문제해결 전략과 풍부하고 다양한 삶의 경험을 갖고 있기 때문에 학습자로서의 성인은 자기 선택적으로 학습상황에 참여하고, 다양한 생활경험으로 구체적이고 직접적인 학습목표를 가지고 있는데, 성인학습자의 학습 특성을 살펴보면 다음과 같다(신은정, 2012).

첫째, 성인학습자는 자신의 잠재력 개발을 통한 자아실현을 위해 특정 목적이나 외부적 압력과 상관없이 스스로 학습을 하고, 둘째, 성인학습자는 여러 가지의 발달과업을 수행하기 위해 또는 인생 주기에서 예상하지 못한 사건이 일어나면(신은정, 2012), 이에 적응하기 위한 목적으로 자신에게 필요한 학습을 한다.

셋째, 성인학습자는 독립적인 자아개념을 가지고 있어 위의 특성들과 함께 학습함에 있어서 자신의 학습욕구에 의하여 자신에게 필요한 학습과제를 자신이 선호하는 학습형태로 학습하는 자기주도적인 경향을 보이며, 넷째, 성인학습자는 자기신뢰, 자존감, 자아개념을 손상당하지 않으려고 민감하게 방어를 한다(신은정, 2012). 즉 성인학습자가 자아개념이 저하되면 외형적 행동에서 소극적인 반응을 하게 될 가능성이 있다.

다섯째, 성인학습자는 자신의 필요에 따라 학습 자세가 달라지는 특성을 가지며, 학습자 자신에게 필요한 경우 비용과 시간을 투자하여 열심히 학습하지만, 불필요한 경우 조직이나 단체에서 무료로 제공하는 교육일지라도 열심히 학습하지 않는 경향이 있다.

기업 내 성인학습자는 조직에서 제공하고 있는 교육에 직접 참여하고 있거나, 자발적으로 많은 것을 학습하고자 하는 의지를 가진 구성원이라 할 수 있는데, 일반적인 성인학습자 특성 외에도 기업에서의 성인학습자 특성은 다음과 같이 정리할 수 있다(정선경, 2013).

첫째, 개인적인 성장 또는 지식 및 기술 획득 등 동기부여에 따라 학습목표 선정에 문제중심적 특성을 가진다.

둘째, 학습자 요구가 반영된 프로그램을 사전에 진단하고자 한다.

셋째, 성인학습자는 학습내용이 구체적·현실성을 갖추고, 학습자의 유사 상황이나 경험으로 구성되었을 때 가장 학습효과가 크다.

넷째, 학습자가 축적한 기술과 지식을 최대한 활용하기 위한 다각적 학습방법 모색과 강의보다는 토론을 통한 학습을 선호한다.

다섯째, 성인학습자는 지속적으로 성장을 통한 변화를 요구한다.

여섯째, 성인학습자는 학습한 것을 실질적인 업무 활동에 적용시키고자 한다(주현미 외, 2010).

이상 기업 내 성인학습자가 직장 생활에서 지속적 학습시도를 하는 이유는 조직의 목적과 개인의 경력개발을 위한 현재 그리고 미래 맥락(future context) 안에서 개인과 조직 모두의 발전을 희망하기 때문이다(정선경, 2013).

2. 자기주도학습(self-directed learning)

1) 자기주도학습의 배경 및 필요성

조직 구성원으로서의 개인은 조식석 차원의 지원 학습활동 외 개인이 직무를 성공적으로 수행하기 위해서는 개인 스스로가 학습활동을 수행해야 한다. 우리는 지금 지식, 기술 및 정보에 의해 움직이는 디지털 경제를 경험하며 살아가고 있다. 이러한 디지털 시대의 경쟁력은 조직에서의 개인개발을 지원하는 프로그램을 통해서도 가능하지만 개인 스스로가 미래의 목표를 수립하고 이를 성취할 수 있는 자기주도의 학습활동이 매우 중요하다. 조직에서 리더는 부하직원들의 자기주도의 학습욕구를 충족시켜줄 수 있도록 지원해야 하며, 개인은 각자 자기주도의 학습방법을 개발해 나가야 한다. 학습이란 학습자의 발달단계, 과업특성, 학습이 일어나는 맥락에 따라 변화하는 과정이다.

최근 우리 사회는 코로나 팬데믹(pandemic, [간염병] 세계적 유행) 현상으로 우리의 일상뿐 아니라 교육에도 매우 큰 변화가 나타났는데 가장 큰 변화 중 하나는 온라인 학습환경이다. 온라인 학습 환경하에서는 학습자의 자기주도학습 능력이 매우 중요하다. 이제 우리는 지식기반 사회에서 급변하는 기업환경의 변화 속에서 스스로 학습목표를 설정하고, 목표달성을 위해 스스로 해나가는 학습활동을 요구받고 있다.

사기수도학습의 필요성은 다음과 같이 설명할 수 있다(최운실 외, 2020).

첫째, 학습에서 목적의식과 동기, 주도권을 가진 사람들은 가만히 앉아서 가르쳐 주기를 기대하는 사람들보다 더 많은 것을 학습하고 더 잘 배우게 된다.

둘째, 자기주도학습은 21세기 정보화 시대에 꼭 필요한 능력이며, 스스로 탐구하고 문제를 발견하며 그것을 해결할 수 있는 이러한 능력은 모든 성인학습자가 보유하고 있는 능력이다(최운실 외, 2020).

셋째, 자기주도학습은 자연적·심리적 발달과정으로, 성숙의 본질은 자신의 삶에 대해 책임을 지는 능력을 개발하는 것으로, 점차적으로 자기주도적 존재로 성장해 나가는 것이다.

넷째, 교육에서 새로운 발전을 요구하고 있는데, 평생교육자는 성인학습자의 자기주도적 학습활동을 촉진시키기 위해 성인학습자 스스로 학습할 수 있는 환경을 조성해 주어야 한다.

2) 자기주도학습의 개념

자기주도학습은 학습자가 학습의 주체가 되려고 의도하는 노력을 말한다(Cono & Mandinach, 1983). 자기주도학습은 개인이 자율적으로 학습과정을 주도해가는 학습활동으로 학습자는 개인이 주도권을 가지고 스스로 학습목표를 설정하고 이에 따른 학습전략을 사용하며 학습 결과를 평가하는 것이다.

성인교육에서 자기주도학습은 단순히 학습자의 단독 학습은 아니고, 학습자가 학습 진행의 주도권을 가지고 학습의 전반적인 사항을 결정하고 실시하며 학습결과를 평가하는 학습자 중심의 학습형태를 말한다. 예로, 직장인이 학습에 필요한 자원의 선택과 수집의 일차적 책임을 학습자 자신이 가지고 자신의 삶과 정체성을 새롭게 규정하고, 자신에게 적절한 미래의 직장 혹은 직업을 탐색하며 그 가운데 필요한 지식과 기술 등을 학원이나 인터넷을 통해 습득함으로써 미래의 모습을 구체적으로 준비해가는 과정은 자기주도학습을 보여주는 사례이다(최운실 외, 2020).

그러나 자기주도학습은 단순히 개인적인 학습을 의미하는 것이 아니다. 최근에는 오히려 교사, 동료, 상사 등 다양한 형태의 조력자와 협력하면서 진행되는 높은 차원의 학습 방법을 의미한다. 학자들이 주장하는 자기주도학습의 정의는 표 7-3과 같다.

표 7-3 자기주도학습의 정의

학자	정의
Cono & Mandinach(1983)	학습의 주체가 되려고 하는 학습자의 의도적인 노력
Knowles(1975)	개별 학습자가 타인의 조력 여부와는 상관없이 학습자 스스로 학습에 있어 주도권을 가지고 자신의 학습욕구를 진단하고, 학습목표를 설정하며, 학습에 필요한 인적, 물적자원을 확보하고 학습전략을 실행하여 학습결과를 스스로 평가하는 과정과 활동
Baumert, Fend & Peschar(1998)	자기주도학습의 학습전략, 동기유발, 목표지향성, 자아개념, 행동통제전략, 사회적 능력, 학습에 대한 잠재력 등을 의미

출처: 김경희(2022). p.818. 재구성.

3) 자기주도학습을 위한 개인학습계획의 수립

개인학습계획(Individual learning plan)은 자기주도학습활동 계획을 수립하는 단계에서 일종의 로드맵의 역할을 수행하나, 어떤 정해진 형식(format)이나 형태(pattern)가 정해져 있는 것은 아니다(김정문, 김영아 역, 2007). 개인학습계획을 수립함에 있어서 중요한 것은 개인이 학습활동을 통해 얻고자 하는 목적에 맞게 학습계획을 수립하는 것이 중요하다.

개인학습계획의 가장 중요한 목적은 학습자 스스로가 개인학습목표를 설정하고, 구체적인 실행계획을 수립해야 하며, 목표를 달성하는 과정에서의 점검하는 기능이다. 아무리 도전적인 학습목표를 잘 설정했다고 하더라도 시작단계에서부터의 체계적인 계획이 수립되어 있지 않으면 목표달성은 어려운 것이다. 또한 목표 달성을 위한 구체적인 계획이 수립되어 있어도 목표달성과정을 점검하는 기능이 필요하다. 개인학습계획의 형식이나 형태는 다양할 수 있지만 성공적인 개인학습계획서는 대체로 표 7-4와 같이 시작, 계획, 관리, 평가의 4개의 단계의 공통적인 형태로 볼 수 있다.

표 7-4 개인학습계획서

시작단계	계획단계	관리단계	평가단계
학습의 목적 또는 목표는 무엇인가?	답을 찾아야 할 질문은 무엇이며, 충족되어야 할 니즈는 무엇인가?	얻고자 하는 결과나 개인적인 이득은?	현재 활용 가능하거나 향후 활용 가능한 자원은?
학습을 유도하는 가장 효과적인 활동은 무엇인가?	학습목표 달성 여부를 평가할 수 있는 기준은 무엇인가?	모든 학습활동이 성공적으로 수행되었는가?	수집한 정보와 지식은 어떻게 분석, 이해, 반영할 것인가?
그 경험을 통해서 얻을 수 있는 성과 또는 개인적 변화는 무엇인가?	학습목표를 수립했는가?	추가로 세워야 할 목표가 있는가?	학습자의 학습능력을 개선할 수 있는 방법은 무엇인가?

출처: Stubblefiel, H. W.(1981). A learning model for adults. 김영아 역(2007). 핵심인재 개발전략에서 재인용. p.255.

3. 평생학습(Lifelong learning)

1) 평생학습의 사회적 배경

평생교육이 등장하게 된 사회적 배경은 지식기반사회(knowledge-based society)의 도래에서 비롯되었다. 지식기반사회는 암묵적 지식의 형성은 물론, 공유와 확산이 가능하도록 구조화함으로써 지식의 생산성과 혁신의 근원으로서 사회구조를 변화시키게 만든다. 생산성을 높이고 혁신을 가능하게 만드는 지식을 생성하는 사회적 과정이 학습이다. 사회 전반을 대상으로 요구되는 학습은 평생교육이 필요한 중요한 이유이다. 학습과 교육적 시각에서 보면 현대사회는 지식근로자를 필요로 하는 지식기반사회이다.

지식기반사회는 지식과 창의력이 가치 창출의 원천이 되고, 국가경쟁력 발전의 원동력이 되는 사회이며, 새로운 지식을 학습하고 공유하고 전파하는 평생학습이 보편화되는 사회이다. 지식기반사회에서는 지식을 어떻게 생산하고 활용하느냐가 중요한 과제이며, 지식의 상품화가 최고의 관심사이다. 따라서 지식기반사회에서의 학습은 정보와 지식 창출의 핵심적인 요소이다. 지식기반사회에서의 평생교육은 환경의 변화를 읽고 대비할 수 있는 통찰력을 갖게 한다. 피터 드러커(Peter Ferdinand Drucker)는 지식 경영을 강조하면서 지식 경영의 핵심요인이 학습이라고 강조했다(Peter Ferdinand Drucker, 2006). 경제협력개발기구(OECD)나 유럽연합(EU) 같은 국제기구들 역시 평생학습을 국가경쟁력의 원천으로 선포했다. 이러한 인식은 학습이 기업경영의 위기뿐 아니라 국가 경제의 위기를 구할 수 있는 새로운 경쟁력의 원천이 될 수 있음을 인정한 결과이다. 또한 평생학습은 무한경쟁시대에서 고용시장의 불안정과 미래의 불확실성에서 개인의 위기를 극복할 수 있게 해주는 탈출구의 역할을 가능하게 한다.

2) 평생학습의 개념 및 목적

평생교육은 학자마다 개념 정의가 다른데, 좁은 의미로는 사회교육과 동의어로 사용되기도 하지만, 넓게는 태어나서 죽을 때까지(수직적 통합), 가정과 학교를 포함한 모든 생활공간에서(수평적 통합) 이루어지는 것으로 표 7-5와 같이 형식적·비형식적·무형식적 교육활동을 의미한다.

표 7-5 교육유형에 따른 평생교육의 개념

교육유형	평생교육 개념
형식 교육	국가가 학력이나 학위를 공식적으로 인증하는 교육으로 초등, 중등 및 고등교육을 의미하는 학교교육을 의미
비형식 교육	교실, 교사, 교과서 등을 모두 갖추고 있지만 국가의 인증을 받지 않은 교육으로 사설 기관의 학력보충교육, 연수원 등의 기업교육, 시민단체의 시민 교육 등을 의미
무형식 교육	비의도적인 교육형태로 활동의 주목적이 교육은 아니나 그 안에서 이루어지는 가르침과 배움이 일어나는 과정을 의미

출처: 상마리아 외(2021). p.40.

데이브(Dave, R.H., 1976)는 평생교육의 개념을 개인과 사회의 삶의 질을 향상시키기 위해 평생에 걸쳐 진문성을 개발해 가는 과정으로 정의한다. 그러면서 평생교육을 삶, 평생 그리고 교육을 3가지 기본개념으로 설명한다. 교육은 제도권 내에서의 마침으로 끝나는 것이 아니고 일평생 동안 지속되는 학습이며, 교육은 일생의 전체를 의미한다. 평생교육은 성인교육에 국한되지 않는 학령전, 초등, 중등, 고등교육의 모든 단계를 의미하고 통합한다. 또한 평생교육은 정규교육, 비정규 교육, 무형식 교육 모두를 포함한다.

3) 개인의 평생학습

평생학습은 공간적 개념에서 시간적 개념으로까지의 확장된 학습을 의미한다. 개인은 공간적 개념인 학교를 졸업한 후에도 시간적 개념인 사회 속에서 학습활동을 계속하게 되고, 평생에 걸쳐 학습활동을 하게 된다. 개인 주도의 평생학습은 개인이 자신의 삶의 질 향상과 개인의 자기발전을 위해 스스로 평생학습을 하면서 살아간다는 것을 의미한다.

개인 학습자들은 개인의 학습에 대해서 자기 주도적인 방식으로 학습활동 하기를 원한다. 이는 개인학습자 스스로 개인의 학습 속도를 토대로 학습계획을 수립하고 학습 전략을 선택할 수 있는 학습 자율성을 원한다는 것이다(황안숙, 1999). 조직 내에서 학습활동은 자발적이지 않을 수 있다. 따라서 학습에 대한 동기부여와 함께 학습의욕을 불러일으킬 수 있는 제도적이고 물리적인 학습환경을 조성해 주는 것이 매우 중요하다. 조직 내에서 인적자원개발 실무자는 조직구성원 개개인의 요구와 수준에 맞추어 경력개발지원, 멘토링과 코칭, 조직개발 차원에서 개인의 자기주도적인 평생학습이 이루어질 수 있도록 다양한 교육프로그램과 조직지원 활동을 적절하게 연계시켜줌으로써 조직 내에서 개인의 경력설계에 맞추어 경력개발 방향을 지도하고 조언해 주는 코디네이터의 역할이 필요하다.

제3절 조직 차원의 자기개발

1. 기업교육프로그램

1) 기업교육의 필요성

기업 운영을 위해서는 다양한 요인들이 필요하지만 점점 더 복잡해지고 예측하기 어려운 기업의 경영환경은 인재 확보가 핵심역량으로 점차 부각되고 있다. 또한 역량과 전문성을 갖춘 인재가 조직의 성공을 좌우하는 결정적 요소로 작용하는 경우가 늘고 있기 때문에 최근 기업들은 단기적인 성공보다는 장기적인 생존과 발전을 위해 우수한 인재를 확보하고 역량을 개발시켜 기업의 핵심 인재로 양성하는 것을 최우선 과제로 인식하고 있다.

이는 실제적으로 조직구성원들에 대한 교육 투자가 많은 기업일수록 조직의 성과 창출에 기여하는 바가 커서 기업들은 핵심인재를 육성하기 위해 조직구성원에 대한 교육훈련의 필요성을 인식하고, 핵심인재의 육성과 개발에 대한 투자를 점차 확대하고 있다.

2) 기업교육 프로그램의 의의

기업교육은 기업경영활동에 필요한 내용과 방법을 학습하는 단순한 교육이 아니다. 기업교육은 철저히 그 기업의 인재개발 전략의 틀에 기반해서 이루어져 하는 교육이다. 기업교육은 명확한 인재개발의 전략을 바탕으로 다음과 같은 구체적인 학습목표를 반영해야 한다.

첫째, 기업교육은 그 기업이 설정한 비전과 경영 정책상의 이슈를 토대로 명확한 경영목표 달성을 위한 것이어야 한다.

둘째, 기업교육은 기업이 추구하는 미션, 비전과 핵심 전략을 반영해야 한다.

셋째, 기업교육은 중장기 인재개발전략에 영향에 미치는 중요 이슈를 반영해야 한다.

3) 기업교육의 설계 방향

(1) 전략적 경영의 연계

기업교육은 전략적 경영(Strategic Management) 관점에서 개발되고 운영되어야 한다. 전략적 경영은 조직의 명확한 존재 목적인 미션과 미래의 경영 비전하에 기업의 경영목표를 달성하기 위한 효과적인 의사결정과정을 의미한다. 전략적 경영을 위해서는 기업의 미션과 비전을 연계하는 작업을 수반한다.

미션(Mission)은 기업의 존재가치를 의미하는 것으로 조직이 존재하는 기본적인 목적을 의미한다. 즉 기업의 경영은 누구를 위한 것인지, 기업은 무엇을 하려고 기업을 경영하는가를 명확히 하는 것을 의미한다. 이에 비해 비전(Vision)은 기업의 미션을 바탕으로 기업이 추구하는 핵심가치를 토대로 가시적인 미래의 방향을 제시하는 개념이다.

비전이 잘 설정된 기업은 조직구성원들로 하여금 사업의 방향성을 공감하게 만들며, 기업의 전략을 개발하는 가이드라인을 제시한다. 또한 경영목표를 달성하기 위한 조직구성원들을 결집하게 만든다. 기업의 비전은 철저하게 조직의 영속적인 특성을 명확히 하는 핵심가치를 토대로 기업이 궁극적으로 지향하고자 하는 가시적인 미래를 제시할 수 있어야 한다.

기업 비전을 실천하기 위해서는 조직구성원들로 하여금 미래의 방향성을 제시하고 목표로 한 일정한 기한 내 달성할 수 있는 구체적인 경영목표를 제시할 수 있을 때 효과적으로 달성된다.

표 7-6 전략적 경영의 핵심요소

전략적 경영의 핵심요소	내 용
미션	기업이 추구하는 존재 목적(가치)를 정의하고, 외부로 공포하는 것
비전	기업의 미션과 연계되어 기업이 달성해야 할 바람직한 모습
핵심가치	기업의 미션과 비전을 토대로 조직구성원들이 업무 수행시 준수해야 하는 행동 기준과 원칙으로 모든 조직구성원들이 경영전략을 달성하기 위해 공유해야하는 공동의 가치
목표설정	비전의 구체적인 성과를 측정하기 위한 것으로 조직의 전략적인 방향을 제시해 주며, 결국 비전 달성으로 연결되는 것

출처: 이홍민(2017). p.29. 재구성.

(2) 인재개발의 핵심이슈 추출

기업교육은 인재개발이라는 전략적 관점에서 기업의 대내외 환경을 분석하는 것으로부터 시작한다. 대내외 환경분석을 통해 기업의 구체적인 사업전략을 수립하고, 이를 실천하기 위한 수단으로 인재개발 전략을 수립하고 구체적인 인재개발의 주요 핵심이슈를 도출하여 기업 교육에 반영하는 것이 무엇보다 중요하다.

이러한 핵심이슈를 전략적으로 실행하기 위해서는 무엇보다 HRD 담당자의 역량이 매우 중요하다. 기업의 HRD 담당자는 기업이 추구하는 전략적 경영에 대한 명확한 이해를 통해 경영자의 전략적 파트너로서 역할을 수행함으로써 기업의 경영목표를 달성할 수 있도록 기여해야 한다. 인재개발의 전략적 실행을 위해서 요구되는 HRD 담당자의 역량은 다음과 같다.

표 7-7 HRD 담당자에게 요구되는 역량

역량군	역량
경영관리역량 (business competency)	경영관리의 이해, 비용·효과분석, 위험역량, 조직(행위)의 이해, 조직개발이론과 기법, 프로젝트 관리, 자료관리
대인관계역량 (interpersonal competency)	상담, 프리젠테이션, 피드백, 질문, 인관관계, 협상력, 작문, 자료 수집
지적역량 (intelectual competency)	정보탐색, 관찰, 지적 융통성, 자신의 이해, 모델설정, 비전 제시
기술적 역량 (technical competency)	성인학습의 이해, 진로개발 이론 및 기법, 인식, 컴퓨터, 설비활용, 목표설정, 수행관찰, 주제 이해, 훈련·개발이론 및 기법 이해, 연구

출처: McLagen. P. A. (1983). HRD 전략. 이홍민(2017)에서 재인용. p.38.

4) 기업교육 프로그램의 형태

지속적인 기업 성장과 개인의 역량강화를 위해 기업의 교육 담당자들은 직무와 직급 등 교육의 목적과 특성에 따른 다양한 교육프로그램들을 기획하고 있다. 우리나라 기업들이 실시하고 있는 교육훈련 프로그램의 형태는 다음 표 7-8과 같다.

표 7-8 기업교육프로그램 형태(예시)

프로그램	대상	주요 내용
신입사원 입문과정	신입사원	기업의 역사, 문화, 산업, 수행직무 등에 대한 기초적인 역량 육성
승진자 교육과정	각 직급 승진자	신규 직급에 대한 역할 인식 및 조직 내 성과에 대한 인정과 독려
리더십 교육과정	리더계층	리더계층에 요구되는 역량 지원
직무역량 과정	각 직무별 실무자	직무 수행에 필요한 역량
법정 의무 교육	전 직원	법령에 의해 필수로 시행되는 교육 (예: 직장 내 성희롱 예방 교육)

프로그램	대상	주요 내용
교양 및 자기계발	전 직원	외국어, 독서
온라인 교육	전 직원	외국어, 경영, 독서 아카데미 등

출처: 저자 구성

2. 신입사원 교육

1) 신입사원 교육의 중요성

신입사원 교육은 공식적이고, 집합적이며, 고정적인 형태의 제도화된 교육 프로그램으로 신입사원이 조직이 기대하는 인재로 성장하도록 지원해주는 조직 사회화 과정이다(Van Maanen, 1978). 신입 입문 과정에서의 신입사원이 조직이 기대하는 인재로 성장하도록 해주는 조직사회화 프로그램이다. 입문 과정에서의 경험은 신입사원의 태도, 행동과 조직에 대한 관점을 형성하는 데 영향을 미치게 된다(DeSimonc et al., 2002). 또한 신입사원 교육은 신입사원의 조직사회화뿐만 아니라 직무만족, 조직몰입, 이직률에 영향을 미친다.

입문 과정은 조직사회화를 위한 인지적, 행동적 차원에서 학습을 목적으로 조직의 역사, 문화, 철학, 정책, 프로세스 등 조직에 대한 조직개발 및 정보 획득과 직무를 수행할 수 있도록 기술을 개발하는 데 중점을 둔다.

2) 신입사원 교육프로그램의 설계

신입사원에게 요구되는 조직구성원으로서의 기본적인 태도와 행동을 숙지하는 것으로 보고, 연락, 상담의 중요성 인식과 습관화를 도모하여 지식, 명령의 확실한 수행을 이행하도록 프로그램을 설계해야 한다. 우리나라 대기업들의 신입사원 교육은 통상 합격을 통지받은 후부터 입사 전까지의 입사 전 교육, 약 1개월 정도의 기초 입문교육과 입문교육 후 3~6개월(혹은 1년) 사이에 이루어지는 Follow-up 교육 등이 진행된다(이홍민, 2017).

표 7-9 신입사원 교육프로그램 설계(예시)

단계		내용
입사 전 교육	시기	• 합격 통지받은 날~입사 전
	내용	• 조직을 PR 및 친근감 확보: 사장 명의 입사 축전, 사보, 연하장 발송. 창업 관련 도서, 경영방침 관련 도서, 경영철학 관련 도서 • 조직원이 되기 위한 사전 Report 제출: 교재와 리포트지 제공 • 기타: 입사 감상문 등
입문교육	내용	• 입문교육의 단계: 채용-기초교육-실무훈련 • 입문 교육프로그램의 구조: 경영이념, 경영기본 방침, 조직의 역사 현황, 장래 전망, 사회인 직업인으로서의 의식 고취, 기본규율 숙지, 팀워크의 중요성 인지 • 입문 교육프로그램의 구체적 진행 방법: 프레젠테이션, 조직의 전통 이해, 조직인으로서의 마음가짐 • 조직 내 상사와 선배 사원에게 요구되는 배려: 신세대의 이해, 조직원으로서 기본적 태도 주지, 적극적인 대인관계
Follow-up 교육	시기	• 입문 교육 후 3~6개월 사이
	의미	• 집합교육이나 현장 OJT와 더불어 행하는 추가 교육: 종전의 교육으로 미흡했던 부분, 결여되어 있는 지식이나 스킬 보완, 지금까지의 교육 종합 정리, 마무리
	방법	• 집합교육, 통신교육, 외부세미나 파견

출처: 이홍민(2017). p.242.

3. 직무역량교육

1) 역량(competency)의 개념 및 정의

역량은 평범한 성과를 내는 직무수행자와 우수한 성과를 내는 직무수행자를 구분 짓는 행동양식의 특성에 초점을 맞추어 특정 조직이나 환경에서 필요로 하는 것을 성취할 수 있는 능력을 의미한다(McClelland, 1973). 역량은 성공적인 직무수행에 필요한 동기, 기술, 자아상, 사회적 역할의 한 부분 또는 지식체계로 직무수행과 관련된 능력으로 스펜서(Spencer et al., 1993)는 특정한 상황이나 직무에서의 준거에 따른 효과적이고 우수한 수행의 원인이 되는 개인의 내적 특성으로 보았다.

인적자원개발의 궁극적인 목표는 조직의 핵심인재 확보와 육성이다. 이는 기업경쟁력 확보에 중요하고 긍정적인 효과를 가져온다는 사실은 많은 선행연구를 통해 확인된 사실이다(전동화 외, 2011). 핵심인재는 조직 목표 달성과 연계하여 조직 및 직무에서 높은 성과와 관련된 직무담당자의 행동 특성과 태도 존재 여부를 통해 판단할 수 있다.

최근 기업은 기대하는 결과나 조직의 성과를 극대화하기 위해 역량모델링을 매우 중요한 인적자원개발 전략으로 인식해 왔다(McLagan, 1989). 역량은 조직 내 채용, 배치, 교육훈련, 경력개발, 성과평가 등에 다양하게 활용된다. 이를 위해서 직무에 필요한 역량을 구분하고 역량의 차원을 도출해 가는 역량 모델링의 과정을 거치게 된다(노남섭 외, 2021).

결국 종합적인 면을 고려할 때, 역량은 회사의 전략을 달성하기 위해 조직구성원들이 발휘해야 할 행동특성으로 조직 및 개인의 업적달성을 위해 전 직원이 습득하고 개발해야 하는 지식, 스킬 및 행동양식을 의미하며 우수한 사람들의 특징적인 행동을 모델로 삼는다. 측정하거나 개발하기 어려운 내적 특성보다는 성과향상에 필수적이고 관찰, 개발, 측정이 가능한 구체적인 행동 특성을 역량으로 정의할 수 있다. 구체적인 역량모델링은 조직구성원이라면 마땅히 갖춰야 할 조직구성원의 공통 행동역량, 개인 본인의 직무를 수행할 수 있는 지식, 스킬, 기술 등의 직무수행역량과 관리자로서 요구되는 리더십 역량으로 구성된다.

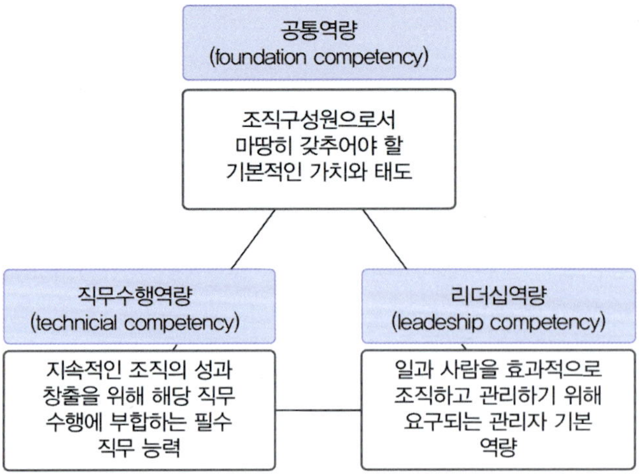

그림 7-3 **역량 모델링의 개념**

출처: 이홍민(2017). pp.83-86. 재구성.

기업들은 인적자원개발 및 관리에 적절히 활용하기 위해 역량을 기반으로 한 조직구성원의 육성 프로그램과 인사평가시스템을 구축하는데 많은 노력을 기울여 왔다. 기업들은 조직 목표를 달성하기 위해 개발된 조직(공통역량)과 직무(전문역량) 역량 교육프로그램을 실시한다. 다음 표 7-10은 조직이 직급별로 요구되는 공통역량을 예시로 보여준다.

표 7-10 기업 역량 강화교육프로그램 주요 내용(예시)

역량 교육	주요내용
신입사원 역량교육	• 교육목적: 직장인의 마인드 및 태도 • 교육목표 -조직의 이해와 업무 프로세스 이해 -효과적인 팀워크 활동과 효과적인 커뮤니케이션 스킬 개발
중간관리자 역량교육	• 교육목적: 중견 사원으로서의 위치와 역할 이해 • 교육목표 -논리적 사고와 아이디어 기획 프로세스 스킬 개발 -시간관리와 효과적인 업무추진 프로세스 스킬 개발
팀장 리더십 역량교육	• 교육목적: 팀장/관리자의 역할과 책임 인식 • 교육목표 -효과적인 팀 관리를 통한 전략적 시너지 창출 -합리적 의사결정과 변화관리 프로세스 스킬 개발

출처: 저자 구성

2) 직무수행역량과정 설계

직무역량과정은 직무분석을 통해 구체적인 직무수행요건을 분석하여 직무수행자가 갖추어야 할 역량을 규정하고 필요한 역량을 직무역량 프로그램을 통해 설계된다.

직무역량 강화교육이란 직무를 수행함에 있어 효과적이고 탁월한 성과를 얻기 위해 필요한 지식과 전략적 사고 및 기획력 등을 습득하여, 업무의 전문성을 높이고 효율적인 업무수행이 가능하도록 변화시키는 교육을 의미한다. 기업에서 적용하고 있는 직무수행 역량모델링에 대한 일반적인 절차는 다음 표 7-11과 같다.

표 7-11 직무수행 역량모델링의 일반적 절차(예시)

절차	주요
1단계: 성과목표 설정	직무역할에 적합한 조식성과 목표 설정
2단계: 핵심성공요인(KSF)	조직성과 목표 달성을 위해 필요한 핵심성공요인 도출
3단계: 성과행동기준 설정	조직성과 목표와 관련된 성과 행동기준 설정, 행동기준 설정에 따른 교육 계획 수립
4단계: 직무수행역량 분석	직무수행에 필요한 지식, 기술, 태도에 대한 특성 분석
5단계: 직무자격요건 분석	직무수행자가 갖추어야 할 역량에 기반한 채용, 배치 계획 수립
6단계: KPI 설정	조직성과목표를 계량화하여 지표화하고, 지표에 대한 성과관리 모니터링 지속 실시

출처: 저자 구성

4. 멘토링과 코칭

1) 멘토링

(1) 멘토링의 의의

멘토(Mentor)라는 말의 기원은 그리스 신화에서 비롯되었다. 고대 그리스의 이타이카 왕국의 왕인 오디세우스가 트로이 전쟁을 떠나며, 자신의 아들인 텔레마코스를 보살펴 달라고 한 친구에게 맡겼는데, 그 친구의 이름이 바로 멘토였다. 그는 오디세이가 전쟁에서 돌아오기까지 텔레마코스의 친구, 선생님, 상담자, 때로는 아버지가 되어 그를 잘 돌보아 주었다. 그 후로 멘토라는 그의 이름은 지혜와 신뢰로 한 사람의 인생을 이끌어 주는 지도자라는 의미로 사용되었다.

이러한 의미의 멘토링은 기업에서도 활발히 사용되고 있는데, 멘토링이란 현장 훈련을 통한 인재육성 활동으로 정의할 수 있다. 즉, 회사나 업무에 대한 풍부한 경험과 전문 지식을 갖고 있는 사람이 1:1로 전담하여 구성원(멘티: Mentee)을 지도, 코치, 조언하면서 실력과 잠재력을 개발, 성장시키는 활동이라 할 수 있다. 최근에 많은 기업들이 도입하고 있는 후견인 제도가 멘토링의 전형적인 사례이다. 이 제도 역시 신입사원들의 업무에 대한 신속한 적응을 유도하고 성장 잠재력을 개발시킨다는 면에서 볼 때, 그 기본 사상은 인재육성에 있다고 하겠다.

(2) 멘토링의 효과

① 조직 차원

멘토링은 멘토가 가지고 있는 노하우를 멘티에게 전달시켜 주는 것으로 실무 업무 현장에서 직접 상호 작용하면서 실시간으로 업무 관련 지식과 기술 등을 습득시키는 1:1 교육프로그램이다. 멘토링은 인재육성 프로그램과 전략적으로 연계되어 멘티는 멘토에 의해 집중적으로 멘토링을 받게 된다. 일반적인 집합 교육대비 교육비가 적게 들면서 학습 효과는 더 크다는 이점이 있다(표 7-10 참조).

이러한 멘토링 프로그램은 직무 순환 및 인력 이동이 잦은 기업에게 도움이 될 뿐만 아니라 조직의 핵심 가치를 공유하여 공동체 의식과 조직에 대한 몰입을 강화시켜 경영환경의 변화 등과 같은 급격한 조직구조 변경 시 유용한 조직 교육프로그램이다.

이와 같이 인재육성 기능으로서 멘토링이 제대로 이루어질 경우, 우수 인재의 유지에도 많은 도움을 줄 수 있다. 이외에도 멘토링은 외부 인력의 유치에도 긍정적인 영향을 줄 수 있다.

② 개인 차원

멘토링 제도는 특히 신입사원이 회사 생활에 신속한 적응을 하는 데 매우 큰 도움이 된다. 신입사원인 멘티는 상사나 동료 등 대인관계 시의 갈등관리, 조직에 대한 이해에 대한 조언을 통해 회사 생활에 잘 적응해 나갈 수 있다.

또한, 업무 수행 과정에서 멘토와 직접적인 상호작용을 통해서 관련 업무 지식이나 기술을 습득하여 단기간에 개인의 업무 처리능력을 향상시킬 수 있다. 멘토링은 선배 멘토에게도 유익한 교육프로그램이다. 멘토인 선배는 멘토링과정에서 신입사원을 지도하면서, 젊은 세대의 가치관과 트렌드를 이해할 수 있게 된다. 또한, 신입사원들을 지도하면서 중간관리자로서의 리더십 역량을 점검하여 보완할 수 있다. 다음 표 7-12은 멘토링을 도입한 사례를 보여준다.

표 7-12 멘토링 도입 사례

구분	대상	기간	멘토링 방법
병무청	7급 이하	6개월	희망자 공개모집 후 멘토, 멘티 1:1 매칭 분기 1회 대화의 장 마련: 멘토링 우수사례 교환 선후배를 잇는 멘토링 시스템: 지역봉사활동, 문화행사 참여 사이버 멘토링(메신저 활용 상담): 칭찬 메시지, 오늘의 명언 전달 등
여성부	7급 이하	1년	희망자를 대상으로 사전에 멘토 Pool 구성 전화, 이메일 또는 직접 면담 등을 통해 신입자의 업무와 직장생활 전반에 대하여 조언
서울지방우정처	7급 이하	1년	결연식, 임명장 수여·평가를 통한 시상 계획 활동계획 월 1회 기준
포스데이타	신규 직원	3월	멘토링 운영위원회를 통한 매칭과 지원 멘토링 활동 적극 지원
삼양사	신규 직원	1년	멘토와 멘티를 지원하는 모니터제도 활용 평가와 사후관리 활성화 인터뷰, 홈페이지 등을 통한 평가로 우수커플 시상, 인사에 반영
㈜두산주류	신규, 중간관리자	4~12개월	멘토링 모니터 활용과 Star Game 등을 통해 멘토/멘티 매칭 판정 멘토링 활동비 지원 및 평가결과 시상
삼성테크원	신규 직원	1년	후견인 제도를 공식화 멘토링 사무국이 단체 멘토링 및 홍보 주재 개인 간 멘토링 외에 등반, 운동경기 등 합동 멘토링 강화

출처: 이만기(2006). p.235.

2) 코칭

(1) 코칭의 중요성

코칭은 스포츠분야, 심리학, 상담, 경영학 등 다양한 분야에서 활발하게 활용되어 왔다. 최근 불확실한 기업환경하에 처한 기업들은 시장에서의 경쟁우위를 선점하기 위하여 조직구성원들의 역량 개발을 통해 가시적인 조직의 성과를 창출하기 위해 많은 시도를 하고 있다(Robins et al., 2019). 최근 기업들은 조직구성원들의 역량을 개발하여 개인의 역할을 충실하게 수행함은 물론, 조직의 성과를 달성하게 해줄 수 있는 코칭 프로그램에 많은 관심을 가지고 있다.

(2) 코칭의 개념

코칭은 헝가리 코치(kocs) 마을에서 기원한 4륜 대형마차로 불리는 코치(coach)에서 비롯된 것으로 헝가리 왕 마티아스 코르비누스의 통치 기간 동안 왕실과 중요 정부 인사들의 이동을 위해 사용되면서 외국으로 수출되었는데 프랑스 파리의 언덕 위로 힘들게 마차를 끄는 말들에게 박차를 가하도록 노력하고 격려하여 조언한 것이 오늘날 코칭의 의미로 변형되었다(이홍민, 2013).

코칭은 다양한 경험과 전문성을 보유하고 있는 코치(coach)와 코칭을 받는 개인들(coachee) 간 지속적인 상호작용을 통해서 이루어지는 개인개발의 한 형태이다. 코칭은 심리적인 고민에 대한 전문가의 단기적인 개입(intervention)을 통한 상담(counseling)과는 달리 현재보다 더 바람직한 결과를 만들어 나갈 수 있는 역량을 개발해 주는 장기적이고 지속적인 과정이다. 즉, 코칭은 코치와 코칭받는 사람 간 상호 관계를 통해 행동의 변화를 이끌어낸다. 이런 점에서 코칭은 오늘날 조직의 성과를 창출하기 위한 방법으로 많이 활용되고 있다. 2000년도 이후부터 우리나라도 코칭의 개념이 소개되면서 본격적으로 코칭을 중요한 조직의 성과 극대화를 위한 수단으로 활용되고 있다. 다음 표 7-13은 코칭과 상담의 차이를 비교해 준다.

표 7-11 코칭과 상담의 비교

구분	코칭	상담
분야	긍정심리학(positive psychology)	부정심리학(negative psychology)
다루는 문제	성취, 성과향상, 팀 세우기, 비전 설정, 직업적 성장, 목표와 꿈에 도달하는 데 초점을 맞춘다.	문자에 초점을 맞추고, 갈등, 불안감, 영적 싸움, 우울증, 불안, 분노와 같은 감정의 문제를 다룬다.
지향점	목표에 도달하도록 구비시킨다.	잘못된 것을 고친다.
	현재와 미래, 가능성, 목표에 도달하는 것, 자유롭게 하는 것, 꿈을 현실로 바꾸는 것에 초점을 맞춘다.	과거에 일어난 문제의 원인과 치유와 안정을 주는 데 초점을 맞춘다.
역할	코치와 고객은 변화를 일으키기 위해 함께 작업하며 서로 평등하다.	상담가는 환자를 다루고 치유와 처방을 제공하는 전문가다.
필요 지식	최고의 코칭은 경청, 질문, 격려와 같은 코칭 기술을 훈련받는 것으로 가능하다.	심리학, 정신병리학, 치료요법 등 전문 지식이 있어야 한다.

출처: 이홍민(2013). p.258.

연구문제

1. 개인개발의 개념과 목적을 서술해 봅시다.

2. 성인학습과 인적자원개발의 관계에 대해서 서술해 봅시다.

3. 역량(competency)의 개념과 직무수행 역량모델링의 일반적인 절차를 서술해 봅시다.

4. 개인 차원의 개인개발 형태 중 자기주도학습의 등장배경과 개념을 서술해 봅시다.

5. 조직 차원의 개인개발 형태 중 멘토링과 코칭의 개념과 의의를 서술해 봅시다.

CHAPTER 08

경력개발

제1절 경력개발의 배경 및 목적

제2절 경력개발이론 및 주요 이슈

학습목표

본 장에서는 인적자원개발의 구성요소 중 경력개발에 대해서 공부한다. 글로벌화에 따른 경쟁 심화와 기술 정보화 사회 도래로 기업환경의 변화와 함께 직업 및 노동시장의 변화로 경력의 개념이 조직중심에서 개인중심으로 변함에 따라 개인 스스로는 자신의 경력을 책임져야 할 뿐 아니라 개인의 고용 가능성을 확보해야 하는 어려움에 직면하고 있다. 이러한 관점에서 경력개발은 개인에게 매우 중요한 개발요인이다. 그러나 여전히 경력개발은 핵심인재의 확보와 육성, 성과 중심의 인적자원관리의 중요한 영역이기도 하다. 이번 학습을 통해 다양한 경력개발이론을 통해 경력개발의 오랜 역사적 배경을 가지고 있는 경력개발 개념을 폭넓게 이해하고, 고용시장 변화 등에 따라 프로티언 경력개발, 무경계 경력개발 등 현대적 경력개발도 학습하도록 한다.

제1절 경력개발의 배경 및 목적

1. 경력개발의 배경

글로벌화에 따른 경쟁 심화와 기술 정보화 사회의 노래는 기업환경의 변화와 함께 직업 및 노동시장의 변화에도 영향을 미침으로써 경력의 개념을 조직 중심에서 개인 중심으로 변화시켰다(김흥국, 2000; Noe, 1996). 조직이 더 이상 개인의 경력을 책임질 수 없게 됨에 따라 개인은 기존의 평생직장과 평생고용이라는 개념을 포함한 심리적 계약(psychological contract)의 해지를 요구받고 있어(이상훈, 2014), 개인 스스로가 자신의 경력을 책임져야 할 뿐 아니라 개인의 고용가능성을 확보해야 하는 어려움에 직면하게 되었다(김은석, 2011).

이는 사회경제적 환경변화로 경력의 개념이 조직 중심에서 개인의 주관적이고 심리적인 요인이 중요시되는 방향으로 변화되고 있다는 것을 의미한다. 다음 그림 8-1은 사회경제적 환경변화와 관련하여 네 가지 측면에서 경력 개념의 패러다임이 변화하고 있음을 보여주고 있다(김흥국, 2000). 전통사회에서는 안정적인 고용보장을 전제로 상호 간의 충성계약이 가능하였으나, 현대사회에서는 개인의 고용안정을 보장하지 못하면서 불연속적인 교환관계가 형성되었다. 또한 전통사회에서는 수직적 상승, 조직 내에서의 단일경력 등의 경력개발이 중요시되었으나, 현대사회에서는 심리적 안정, 무경계 경력, 프로티언 경력 등의 개념이 중요시되고 있다.

	전통적 사회(기존형)	현대사회(미래형)
조직구조	관료제 위계조직 계층적 명확한 경계	네트워크 셀 조직 비계층적 무경계
고용조건	고용안정 상호 충성계약 상의 하달식 경영	고용불안정 불연속적 교환관계 자율경영
경력개발	객관적 성공(수직이동) 조직과 개인 직업 안정 조직 내 경력 일 중심적 자아 단일 경력	주관적 성공(심리적인 성공) 개인 고용 가능성 프로틴 경력 총체적 자아 다중 경력
인적자원관리	직무 남성	능력 여성

그림 8-1 경력 패러다임의 변화

출처: 김흥국(2000). p.294. 일부 수정

2. 경력 및 경력개발의 개념

1) 경력의 개념

경력(career)의 개념은 연구자별로 다양하게 정의되고 있으나, 대부분 선행연구에서는 경력의 개념을 개인의 직업 또는 직무와 관련된 내용으로 정의하고 있다. 홀(Hall, 1976)은 경력을 한 개인이 평생에 걸쳐 개인의 일(work)과 관련된 태도나 행위, 일과 관련되어 겪게 되는 경험이라고 정의하였다. 슈퍼(Super, 1980)는 직업을 선택하기 전에 경험한 활동뿐 아니라 직업선택 이후 경험한 모든 활동이 경력에 포함된다고 하였다. 그린하우스(Greenhaus, 1987)는 개인이 직무와 관련하여 일생을 통해 겪게 되는 경험의 유형을 경력으로 정의하였다.

경력(career)의 개념은 초기에는 주로 개인의 일(work)과 관련된 경력이나 패턴을 의미하였으나, 복잡하고 다원화된 사회구조가 형성되면서 삶과 관련한 광의적인 의미로 이해되고 있다(Collin et al., 2000). 헤르(Herr, 2001)는 일 이외에 가정, 여가, 사회 등의 영역에서 직업을 선택하기 전과 후에 경험한 모든 활동을 경력이라고 하였다. 국내 연구자들도 경력을 포괄적인 개념으로 정의하고 있다.

정윤길, 임병연, 손경희(2003)는 경력을 조직 내에서 승진 등으로 인한 수직적 이동 외에도 직업에 대한 개인적인 인식, 가치까지도 포함되는 개념이라고 하였다.

경력 개념에 관한 학자들의 정의를 종합해 보면, 표 8-1에 제시한 것과 같이 초기의 경력 개념은 일과 관련된 태도나 경험을 의미하였으나, 현대에 와서는 일과 관련하여 평생에 걸쳐 경험하게 되는 모든 활동을 의미하는 것으로 경력의 개념이 확대되었다. 또한 조직 관점에서 다루어졌던 경력의 개념이 개인의 주관적인 요인이 강조되는 방향으로 변화되고 있다.

표 8-1 경력 개념에 대한 정의

연구자	정의
서경민(2010)	개인의 일생에 걸쳐 직무수행 경험 및 활동으로부터 지각된 태도와 행위
정윤길, 임병연, 손경희(2003)	조직 내 승진 등의 수직적 이동 외 직업에 대한 개인적인 인식이나 가치
Arthur & Rouseau(1996)	평생에 걸쳐 연속적으로 나타나는 개인의 일과 관련된 경험
Baruch & Rosenstein(1992)	일생을 살아가면서 일이나 직업을 통해 경험하는 총체적인 과정
Carson & Bedeian(1994)	개인이 일생을 통해 일과 관련되어 얻게 되는 총체적인 경험
Flippo(1980)	생활 속에서의 계속성, 질서, 의미를 제공해 주는 개별적이면서도 상호 관계하는 작업 활동
Greenhouse(1987)	직무와 관련되어 일생을 통해 겪게 되는 경험의 유형
Hall(1976)	개인이 자신의 삶 속에서 직업과 관련하여 겪게 되는 경험과 직무와 관련된 태도와 행동
Herr(2001)	일 외에 가정, 지역, 사회 등의 다양한 영역에서 역할과 직업을 갖기 전후의 모든 경험
Niles & Harris-Bowlsbey(2002)	개인이 수행해야 할 삶의 다양한 역할들의 총체
Sears(1982)	개인이 일생에 걸쳐 수행하는 일의 총체
Super(1990)	직업을 선택하기 전과 후의 모든 경험

출처: 백주현(2016). p.12.

2) 경력개발의 개념

경력개발(career development)은 경력과 관련한 개인의 욕구와 조직의 욕구를 충족시키는 활동이다. 경력개발은 경력계획이 경력목표에 미치는 경력 경로(career path)에서 경력활동을 촉진하는 매개효과의 역할을 수행한다(김식현, 1999). 경력개발을 경영학적 관점에서 한 개인이 조직에 입사하여 퇴사하기까지의 과정에 대한 경력 경로를 개인과 조직이 상호 계획하고 관리해 나가는 총체적인 활동이다(김흥국, 2000). 경력은 개인이 평생에 걸쳐 일과 관련하여 겪게 되는 경험이며, 경력개발은 개인적으로는 자아실현, 조직적으로는 성과향상이라는 목표를 달성하는 방법이다(권대봉, 2003)

최근 경력환경 변화로 경력개발에 대한 책임이 조직에서 개인 중심으로 전환되고 있으나, 여전히 경력개발은 핵심인재의 확보와 육성, 성과 중심 인적자원관리의 중요한 영역이다. 조직의 경력개발은 개인이 경력을 개발해 나갈 수 있도록 조직이 지원하는 제도를 의미한다(서경민, 2010).

제2절 경력개발이론 및 주요 이슈

1. 경력개발이론

1) 경력개발이론 체계

경력에 대한 학자들의 개념이 시간의 변천을 따라 그 범위와 영역이 확대되어 변화되어왔던 것처럼 경력개발에 대한 개념 역시 시대를 지나면서 연구자별로 각각 다르게 정의되어왔다. 이는 경력개발을 어떤 관점에서 보느냐에 따라 경력개발에 대한 해석이 달라지기 때문이다. 김흥국(2000)은 방대한 경력개발이론을 개인, 조직, 사회적 관점별로 크게 분류하고 관점별 이론을 다시 내용 이론과 과정이론으로 분류하였다. 김흥국(2000)의 경력개발이론 분류를 쉽게 재정리한 오세미(2021)의 분류체계는 표 8-2와 같다.

표 8-2 경력개발이론체계

관점	내용이론	과정이론
개인적 관점	• 특성-요인이론 • 직무적응이론 • 직업선택 조기 결정론 • 직업선택이론 • 경력선택 사회학습이론 • 정신분석학적 모형 • 여성 경력개발이론 • 경력닻 유형론	• 생애단계이론 • 경력단계이론 • 경력열망이론 • 경력의사결정이론 • 경험학습이론
조직적 관점	• 3차원 모형 • 경력유형론 • 경력시스템 유형론 • 토너먼트 모형 • 경력지향적 인적자원관리모형 • 관계적 접근 모형 • 경력정체 유형론	• 조직사회화 단계 모형 • 경력성공순환이론 • 직무경험 학습이론 • 개인-조직욕구 연계모형
사회적 관점	• 노동시장 이중구조론 • 여성 경력개발이론 • 직무-퍼스낼리티 상호영향론	• 사회적 지위 성취모형

출처: 오세미(2021). p.16.

표 8-2에서 소개한 경력개발이론들은 1990년대 이전 서구 사회에서 발전되어 논의되어 온 전통적인 경력개발이론이다. 이후 세계는 급격한 경제 발전, 기술 발전 및 산업혁명, 노동시장 변화 등으로 경력 및 경력개발에 대한 개념이 변화하였다. 특히 조직에 의해 주도되었던 경력개발은 개인 스스로가 주도해서 개인의 경력을 개발하고 책임지는 형태로 경력개발 관점이 변화되어감에 따라 새로운 경력개발 트렌드가 등장했다. 새로운 경력개발 트렌드로 프로티언 경력(Hall, 1985)과 무경계 경력(Athur, 1994) 개념이 등장하면서 조직의 경력개발은 새로운 전환점을 맞이했다.

2) 전통적인 경력개발이론

(1) 개인적 수준의 이론

경력개발에 대한 이론은 크게 개인 차원과 조직 차원으로 분류할 수 있다.

개인 차원의 경력개발이론은 개인 특성 및 퍼스낼리티 관련 이론, 경력개발을 생애 단계로 접근한 발달이론과 경력개발을 학습과 연계한 학습 관계 이론, 경력개발을 직업선택으로 본 선택 관련 이론으로 분류된다.

① 개인 특성 및 퍼스낼리티 관련 이론

개인 특성 및 퍼스낼리티 관련 이론은 개인의 특성이나 퍼스낼리티가 개인의 경력개발에 영향을 미친다는 점을 주장한 이론으로 특성-요인이론, 직무적용이론, 직업선택 조기결정이론, 직업선택이론, 경력성숙형 모형, 경력닻 유형론, 정신역동적 모형론이 이에 해당한다. 각 관련 이론별 주요 내용은 다음 표 8-3과 같다.

표 8-3 개인 특성 및 퍼스낼리티 관련 이론

관련 이론	주요 내용
특성-요인이론(Frank Parsons Hull, 1928)	개인의 차이를 나타내는 특성이 어떤 직무요건이나 환경에 부합할 때 직무성과나 직무만족이 높아진다는 이론이다.
직무적응 이론 (Dawis, England & Lofquist, 1964)	직무에 대한 적응 정도를 직무에서의 근속연수 기간이 어느 정도인지로 정의하고, 개인의 직무적응은 직무와 상호작용하여 나타나는 직무성공도와 직무만족에 따라 결정된다고 가정하는 이론이다.
직업선택 조기결정이론 (Roe, 1957)	Maslow의 욕구단계설에 기초한 이론으로 오랜 기간이 지체된 후 만족되는 욕구(needs)는 인간 행위의 무의식적 동기요인이 되며, 개인의 어린 시절의 경험이 개인의 욕구 강도에 강력한 영향을 미쳐 직업선택까지 영향을 미친다는 이론이다.
직업선택 이론 (Halland, 1973)	개인의 직업선택은 직업에 대한 흥미(vocational interests)로 표현되는 퍼스낼리티와 밀접한 관계를 가진다는 주장으로 직업을 택하는 사람들의 개인적 배경은 비슷하며, 사람들은 자신의 적성과 능력이 맞고 자신의 가치에 부합하는 직업을 선택한다는 이론이다. 개인 퍼스낼리티와 직업환경 사이의 적합도(person-job congruence)가 높을수록 개인의 직업에 대한 만족감과 직무성과가 높아진다고 주장한다.
경력성숙성 모형 (Crites, 1978)	개인의 생애단계의 발달과제와 유사한 조건에 있는 사람들과 비교하여 대응하는 경력성숙성의 개념으로 경력선택이 이루어진다는 이론이다.

관련 이론	주요 내용
경력닻 유형론 (Schein, 1978)	Schein이 MIT대학 MBA과정 학생에 대한 10년여에 걸친 종단적 연구(Schein, 1977)를 통해 경력선택에서 개인이 포기하지 않는 개인의 특성을 '경력닻'으로 명명하고, 사람들은 업무경험을 쌓아가면서 자신의 재능, 욕구, 가치관 등이 조화된 자아개념인 경력닻(career anchor)을 가지게 된다는 이론이다.
정신역동적 모형 (Bordin, 1985)	직업선택을 비롯한 개인의 경력개발은 인간의 무의식에 잠재하는 충동의 해소와 승화(sublimation) 과정을 통해 만들어진다고 보는 이론이다.

출처: 김흥국(2000). pp.4-7. 재구성.

② 발달 관련 이론

개인적 관점이론 중 발달 관련 이론은 기본적으로 개인의 경력개발은 단계적인 경로를 거치면서 발전해 간다는 과정이론으로 경력개발을 생애단계 관점에서 본 에릭슨(Erikson) 이론, 슈퍼(Super) 이론, 레빈슨(Levinson) 이론이 대표적인 이론이며, 경력단계관점에서의 셰인(Shein)의 조직경력단계모형, 달톤(Dalton)의 전문가 경력단계 모형, 홀(Hall)의 경력단계 모형이 있다. 이 외 고프레슨(Gottfredson)의 경력열망이론이 있다.

표 8-4 발달 관련 이론

발달이론	관련 이론	주요 내용
생애단계이론	Erikson 이론(1950)	인간의 발달을 여덟 단계로 파악하고 단계를 거쳐 발달해 간다는 이론으로, 각 단계의 시작과 끝이 서로 밀접히 연결되어 양상을 분명히 구분하기 어렵고 각 단계별 발달과제를 만족스럽게 해결하지 못할 경우 다른 발단 단계로의 접근이 어렵다는 이론이다.
	Super 이론(1957)	생애 발달의 순환 주기를 대순환과 소순환으로 구분하고 개인의 경력개발은 성장→탐색→확립→유지→쇠퇴 단계의 대순환의 주기로 이루어지고, 대순환의 각 단계 내에서 다시 성장으로부터 쇠퇴로 이어지는 소순환으로의 단계로 이어진다는 이론이다.

발달이론	관련 이론	주요 내용
	Levinson 이론(1986)	남녀, 문화, 시대의 차이를 불문하고 성인 발달은 계절의 주기적 변화처럼 구조적 변화를 수반한다고 보는 이론으로, 인간의 생애주기를 22세 미만의 미성년기, 45세 미만의 성인 초기, 65세 미만의 성인중기, 60세 이후의 성인 후기의 4단계로 구분하였다.
경력단계이론	조직 경력단계 모형 (Shein, 1971)	개인이 직업을 가진 이후의 시기에 초점을 맞추어 조직에서 개인이 거치는 경력단계를 진입, 기본 훈련 시작, 직무 배정(1차/2차), 재직, 퇴직 이후의 여섯 단계로 구분하여 경력단계를 설명하는 이론이다.
	전문가 경력단계 모형 (Dalton, Thompson, & Price, 1977)	과학자, 엔지니어, 회계사, 교수 등 550명의 전문가를 대상으로 인터뷰를 실시하여 전문가들이 경험하는 역할을 네 단계(도제→동료→선도자→후원자)로 구분하고, 각 단계별로 개인에게 요구되는 중심적 과업, 관계의 유형, 그리고 심리적 이슈 측면에서 차이가 있음을 제시한 이론이다.
	경력단계 모형 (Hall & Nougaim, 1968)	개인의 경력단계는 자연연령이 아니라, 한 개인이 머무르는 분야별로 3-5년에 걸쳐 탐색→시도→확립→숙달→탐색으로 이어지는 경력단계가 존재한다는 이론으로 개인의 경력성공은 분야별 경력단계가 끊어짐이 없이 연속적으로 진행되는 것이 필요함을 제시한다.
경력열망 발달이론	경력열망이론 (Gottfredson, 1981)	개인의 경력열망은 자아개념과 함께 인지적 발달단계 속에서 이루어지는 것으로 각 발달단계에서 개인이 선호하는 직업이 실제로 실현 가능한지를 고려하여 현실과의 타협을 통해 경력을 개발해 간다는 이론으로 경력 상담자의 역할의 중요성과 경력상담 프로그램이 제도화될 필요가 있음을 주장한다.

출처: 김흥국(2000). pp.7-11. 재구성.

③ 학습 관계 이론과 선택 관련 이론

개인적 관점에서 학습 관계 이론은 경험학습이론, 선택 관련 이론은 경력선택 사회학습이론, 경력 의사결정 단계이론 등이 대표적인 이론이다.

표 8-5 학습 관계 이론과 선택 관련 이론

이론	관련 이론	주요 내용
학습 관계이론	경험학습이론 (Kolb & Plovnick, 1977)	개인마다 학습능력의 차이가 있는 점에 착안, 인지심리학 이론을 원용하여 개인별 학습 스타일(learning style)을 유형화하여 개인의 학습 스타일과 경력 경로가 서로 밀접한 관계가 있다는 이론이다.
선택 관련이론	경력선택 사회학습이론 (Krumbolts, Mitchell, & Jones, 1976)	개인이 특정의 직업을 선택하는 과정에는 유전적 특성, 환경요인, 학습경험, 문제접근 스킬 요인들의 상호작용으로, 개인은 자신과 세계에 대한 일반화된 견해와 문제해결 스킬, 직업선택 행동을 하게 된다는 이론이다.
	경력의사결정 단계이론 (Tiedman O'Hara, 1963)	개인의 경력 관련 과정에 대해 경력을 선택하는 단계와 조직에서 적응해 가는 과정으로 나누어 모형을 제시하면서 경력 의사결정의 단계에서 개인들은 분화와 통합의 과정을 통해 자아 정체성을 확립한다는 이론이다.

출처: 김흥국(2000). pp.11-13. 재구성.

(2) 조직적 수준의 이론

조직적 수준에서의 경력개발이론은 크게 구조 관련 이론과 학습 관련 이론, 상호작용 및 결과 관련 이론으로 구분된다.

① 구조 관련 이론

구조 관련 이론은 조직 내 상위계층으로의 수직적 이동이나 보직 순환 등의 수평적 경력이동을 통해서 개인의 경력개발을 설명하거나, 경력개발을 조직 내 경력시스템과 관련 있다고 설명하는 등의 이론으로 3차원 모형, 경력유형론,

경력시스템 유형론, 경력 정체 유형론, 토너먼트 모형, 경력지향적 인적자원관리 통합모형 등이 대표적인 이론이다.

표 8-6 구조 관련 이론

관련 이론	주요 내용
3차원 모형 (Schein, 1971)	조직을 원추형의 콘 모양으로 상정하여 조직구성원의 일을 따라 이동하는 모습을 3차원 모형(three-dimensional model)으로 설명한다. 즉, 승진 등 상위 계층으로의 수직적 이동과 직무순환 등의 수평적 이동, 그리고 조직의 외각에서 내부 핵심으로 이동하는 방사형 이동(radial movement)의 3가지 차원이 존재하여, 각 차원에는 각각 경계(boundary)가 존재하여 경계가 바뀌게 되면 새로운 일과 환경에 적응하는 사회화(socialization) 과정을 거치게 된다는 이론이다.
경력유형론 (Driver, 1979)	경력유형론은 개인이 경험하는 경력이동의 패턴은 이동의 방향과 주기에 따라 다르다는 이론이다. 경력유형의 패턴을 직선형, 전문가형, 나선형, 전이형으로 유형화시켜 분류하여 경력유형과 경영전략, 조직문화 등의 외생변수들과 연계하여 경력개발시스템의 기본방향을 제시하고 있다.
경력시스템 유형론 (Sonnenfeld, 1989)	조직의 경력시스템(career system)은 조직의 충원 전략과 불가분의 관계에 있다고 보고, 인력 공급 과정에서 외부 영입과 내부 승진 중 어느 쪽에 중점을 두느냐는 내부 노동시장 개방성(openness of internal labor market)과 배치승진 과정에서 동료 간 경쟁(cohort competition)의 2가지 차원에서 경력시스템을 유형화시킨 이론이다.
경력정체 유형론 (Feldman& Weitz, 1988)	직장인들이 경험하는 경력 정체(career plateau)는 승진의 구조적 문제 외 개인 특성, 직무에 대한 심리적 요인, 인사정책, 조직 상황 등이 복합적으로 작용하여 발생하는 현상으로 경력정체 유형론은 경력정체의 선행요인을 스킬과 능력의 부족, 승진에 대한 낮은 욕구, 직무의 내적 동기부여 미흡, 스트레스, 낮은 보상, 기업 성장의 저조를 주요 원인으로 제시한 이론이다.
토너먼트 모형 (Rosenbaum, 1979)	조직구성원의 경력개발 접근방식을 토너먼트 모형(tournament model)으로 제시하는 것으로 조직의 승진 선발방식이 토너먼트 게임 방식과 유사하다고 주장하는 이론이다. 토너먼트 경쟁에서 초기 탈락자는 무능력자로 간주되어 그 이후 경력 상승의 가능성이 현저히 떨어진다는 이론으로 개인의 경력개발 과정에서 본인이 통제 불가능한 구조적 제약요인이 현실적으로 존재함을 제시한다.

관련 이론	주요 내용
경력지향적 인적자원관리 통합모형 (Von Glinow. et al., 1983)	조직구성원의 경력개발을 인적자원관리 전체 시스템(total system) 관점에서 접근해야 한다는 Schein의 이론에 근거하여 인적자원관리의 하위부문 및 관련 부문의 상호관련성에 대한 시스템적 모형을 제시한 이론으로 조직 인적자원관리 시스템을 종합적으로 분석하고 설계하는 방법을 제시한다.

출처: 김흥국(2000). pp.13-16. 재구성.

② 학습 관련 이론

조직적 차원의 경력개발이론 중 학습 관련 이론은 조직 내 직무경험에 의한 학습 등에 초점을 둔 조직사회화 학습이론, 직무경험 학습이론이 대표적인 이론이다.

표 8-7 학습 관련 이론

관련 이론	주요 내용
조직사회화 학습이론 (Feldman, 1976)	개인이 조직구성원으로 탈바꿈해 가는 조직사회화(organizational socialization) 학습이론은 조직사회화 기간 동안의 업무 적응 단계를 개인과 조직 차원의 활동으로 구분하고, 조직은 신입 대상 교육프로그램을 단계별로 차별화시켜 설계하고 운영하여야 하고, 개인은 조직이 제공한 정보에 따라 준비된 상태에서 적극적으로 사회화에 참여해야 한다고 주장한다.
직무경험 학습이론 (Morrison & Hock, 1986)	직무 환경의 축적된 경험에 따라 개인의 지식과 스킬 그리고 개인 특성에 변화를 가져와 역할개발(role development)과 개인개발(personal development)이 이루어진다고 보는 이론으로 개인과 직무의 상호작용(interaction)을 강조한다. 경력 경로는 개인이 경력개발, 직무성과, 소속의 핵심 가치의 방향에 따라 설계되어야 하고 경력 관련 상벌정책과 운영은 경력 경로의 설계 요구사항에 적합하게 일관성 있게 추진되어야 한다.

출처: 김흥국(2000). pp.16-18. 재구성.

③ 상호작용 및 결과 관련 이론

조직적 차원의 경력개발이론 중 상호작용 및 결과 관련 이론은 조직 내 경력개발은 상호 관계적 측면에서 경력개발을 이해해야 한다는 개인-조직욕구 연계모형, 관계적 접근 모형, 정치적 관점 모형과 경력성공을 심리적 요인으로 본

결과 관련 이론의 경력성공 순환모형이 대표적인 이론이다.

표 8-8 상호작용 및 결과 관련 이론

이론	관련 이론	주요 내용
상호작용 이론	개인-조직욕구 연계모형 (Schein, 1978)	경력개발관점에서 인적자원계획 및 개발시스템이 서로 연결된 매우 복잡한 시스템으로 규정하고, 이를 전체 시스템(total system)의 입장에서 보아야 하고, 장기적 관점에서 개인과 조직의 욕구를 충족시킬 수 있는 방법을 제시하는 이론이다.
	관계적 접근 모형 (Kram, 1996)	관계적 이론(relational theory)은 관계 당사자 각자는 가르치는 사람이면서 배우는 사람이 되며, 그 과정에서 서로 성장하는 다중적 개발관계(multiple developmental relationships)라는 것이다. 개인 및 조직 차원의 조건들이 충족된 가운데 다중적 개발 관계가 활성화되면 개인의 정체감과 자긍심의 향상을 가져오고, 자율성과 연대감을 경험하게 되고, 인간관계에 의한 개인의 개발과 성장을 통해 조직의 성과향상을 기대할 수 있다는 이론이다.
	정치적 관점 (Pfeffer, 1989)	정치적 관점(political perspective)은 조직의 중요한 자원 배분과 관련된 이해관계의 결정은 합리성 등의 기준으로는 설명되지 않는다고 가정하여 조직 이해의 근본적 핵심을 이해관계에 두며, 이해관계가 어떠한 환경과 네트워크를 통해 영향력을 행사하는 것에 관심을 갖는 이론으로, 조직의 경력관리는 승진 및 보직 이동이라는 인사 문제를 포함하는 활동이므로 정치적 관점에서 이해가 필요하다는 점을 강조한다.
결과 관련 이론	경력성공 순환모형 (Hall, 1971)	경력성공 순환이론(theory of career success cycle)은 개인의 경력개발을 확장하여 개인이 조직에서 경력성공을 심리적으로 느끼는 과정과 관계된 이론으로 개인에게 도전적 직무, 업무수행의 자율성, 상사의 지원과 피드백이 주어지면 목표 달성에 대한 몰입으로 연결되어 개인의 심리적 성공(psychological success)에 대한 순환 경험이 계속된다는 이론이다.

출처: 김홍국(2000). pp.18-24. 재구성.

(3) 사회적 수준의 이론

사회적 수준의 경력개발이론은 노동시장의 구조와 연계하여 해석한 노동시장 이중구조론, 여성경력개발론(학습 관련 이론), 직무-퍼스낼리티 상호영향론(상호작용 관련 이론), 사회적 지위 성취 모형(결과 관련 이론)으로 분류된다.

① 구조 관련 이론: 노동시장 이중구조론

마르크스적 이론가들은 직업선택의 노동시장은 자유경쟁 상태에 있지 않다고 보고 이중경제론(dual-economy theory)을 주장한다(Horan, 1978). 이중경제론은 노동시장은 독과점적 지위를 누리는 대기업군의 핵심 부문(core sector)의 좋은 일자리를 제시하는 1차 노동시장(primary labor market)과 약자 기업 집단인 주변 부문(periphery sector)의 나쁜 일자리가 주종을 이루는 2차 노동시장(secondary labor market)으로 양분된다는 이론이다.

노동시장 이중구조론은 노동시장을 구조적 측면에서 파헤쳐 노동시장에서 불공정한 대우를 받는 약자의 개인들이 취업, 승진, 그리고 임금수준과 관련된 차별이 현실적으로 존재한다는 사실을 분석했다는 점에서 이론적 기여에 대한 의의를 찾을 수 있으나, 복잡한 노동시장을 핵심 부문과 주변 부문으로 너무 단순화시킨 논리가 현실감을 떨어뜨린다는 비판도 제기된다(Hodson et al., 1982).

② 학습 관련 이론: 여성 경력개발이론

하케트와 베츠(Hackett & Betz, 1981)는 개인의 행동과 행동의 변화는 기본적으로 개인이 어떤 일을 성공적으로 수행할 수 있다는 자신감에 대한 기대(efficacy expectations)에 따라 달라진다고 주장한 반두라(Bandura, 1977)의 사회학습이론 및 자신감 이론에 기초하여 여성 경력개발이론을 제시했다. 또한, 하케트와 베츠(Hackett & Betz, 1981)는 기존의 많은 연구 결과를 토대로 전통적인 성 역할 사회화(sex-role socialization) 경험의 결과로서 여성들은 남성에 비해 대부분 경력과 관계된 행위에 대한 자신감 기대가 낮아 경력개발에 있어 자신이 가진 역량과 능력을 충분히 실현하지 못한다고 주장한다. 그러나 이들의 이론이 현대의 모든 여성에게 적용될 수 있는 것은 아니고 남녀 간 성역할 구분이 뚜렷하고 여성의 전문직 진출이 희귀한 전통적인 사회의 여성 경력개발을 설명하는 이론이라고 할 수 있다.

③ 상호작용 관련 이론: 직무-퍼스낼리티 상호영향론

개인이 선택하는 직업은 자신의 퍼스낼리티에 맞는 것이어야 한다는 경력상담 분야의 기본적 명제와 달리 어떤 일을 일상적으로 하다 보면 그 직무 환경과 상호작용을 하면서 개인의 지적 기능이나 심리적 태도에 변화를 가져와 조직구성원들이 일하는 직무의 실제적 복합성, 감독의 강도, 업무 관련 불확실성, 업무 압박감, 임금수준의 정도에 따라 개인의 퍼스낼리티는 차이가 난다고 한다(Kohn et al., 1978). 즉 직무의 실제 복잡성(substantive complexity of the job)은 그 일을 수행하는 개인의 사고의 유연성(intellectual flexibility)의 차이를 가져온다는 것이다. 매일 복잡한 문제를 해결해야 하는 직무 환경은 사고의 유연성을 요구하고, 이를 수행하는 과정에서 개인들이 서로 영향을 주고받으면서 사고방식과 태도에 변화가 온다는 것이다. 직무-퍼스낼리티 상호영향론은 측정 문제 등에 있어서 방법론적 비판이 없는 것은 아니나, 상당한 수의 실증 연구들을 통해 지지를 받고 있다(Bronfenbrenner, 1994; Spenner, 1988).

④ 결과 관련 이론: 사회적 지위 성취모형

경력개발에 대한 사회학적 접근의 사회계층론의 연구는 부모의 직업이 자식의 직업에 미치는 영향이 어느 정도이며, 이 양자 사이에 어떠한 과정이 개입되는지를 규명하는 이론이다. 이러한 연구의 흐름은 1890년대부터 시작되었다. 사회적 지위 성취모형(status attainment model)은 부모의 사회경제적 지위는 자식의 학교 교육 성취 수준에 영향을 미치고, 이는 자식의 직업 수준으로 이어진다는 블라우와 던칸(Blau & Duncan, 1967)의 이론을 거쳐 위스콘(Wisconsin) 주의 고등학생을 대상으로 실시한 스웰과 동료들(Swell et al., 1969) 연구에 의해 보다 진전된 이론적 모형으로 등장했다.

이 이론에 따르면 부모의 사회경제적 지위(socio-economic status)와 자식의 지적 능력(mental ability)은 상관관계가 있으며, 교사, 친구 등 중요한 3자의 영향(significant others' influence)을 통해 학업성적에 영향을 미치고 그 결과는 자식의 교육과 직업에 대한 열망수준(level of educational aspiration)을 결정한다는 것이다. 그리고 자식의 교육적 성취(educational attainment) 수준과 직업적 성취(occupational attainment) 수준에도 영향을 미친다는 것이다.

사회적 지위 성취모형은 부모의 사회적 지위가 자식의 직업선택에 영향을 미친다는 점을 개략적으로 설명해 준다는 점에서는 의의가 있으나, 직업선택에 있어서 노동시장 구조와 환경 등과 같은 고려는 빠져 있다는 점에서는 한계점이 있다.

3) 현대적 경력개발이론

(1) 최근의 경력개발이론

경력환경의 변화에 따라 과거의 경력개발 개념은 확장되어 변화되어왔다. 이제 과거 전통적인 방법의 경력개발 방식은 한계가 있다. 급변하는 경영환경은 예측하기 어렵고, 고용시장의 변화를 가져오면서 이제 기업은 더 이상 개인의 경력개발과 고용을 책임지는 것이 어렵게 되었다. 최근에는 조직 내외에서 경험하는 모든 활동이 경력에 포함되면서 이에 개인들도 자기주도적인 경력개발의 필요성을 인지하여 프로티언 경력개발, 무경계 경력개발과 같은 새로운 경력개발에 도전함으로써 개인의 고용 가능성을 높이고 개인의 가치를 기반으로 한 주관적 경력성공을 중요한 가치로 인정하기에 이르렀다. 전통적 경력과 프로티언 경력을 비교하면 다음의 표 8-9와 같다.

표 8-9 전통적 경력과 프로티언 경력 비교

구분		전통적 경력	프로티언 경력
경력개발 특성	환경적 특성	안정적(예측 가능)	역동적(예측 불가능)
	심리적 계약관계	조직: 고용안정성 개인: 조직몰입	조직: 학습기회 개인: 직무수행
	경력관리 주체	조직	개인
경력개발 활동	경력선택	초기 경력개발 단계에시 한번	전 생애에 걸쳐 주기적이고 반복적으로
	경력 형성	하나의 직장에서 장기간에 걸쳐 형성	한 직장에서는 단기간, 여러 직장에 걸쳐 형성
	경력 경로	선형적(수직적)	비선형적(복합적)
	이동 가능성	낮음	높음
	훈련 방법	공식훈련	직장 내 현장 연수
	핵심 태도	조직몰입	직무몰입
경력 성공 척도		임금 및 직위(객관적)	심리적 성공(주관적)

출처: 오세미(2021). 한국 사회 초기 경력자의 경력개발. p.32.

(2) 프로티언 경력개발

① 프로티언 경력의 개념

전통적인 경력관점은 소속된 조직의 필요에 의해 구성원의 경력을 기획하고 개발해 가는 체계였으나, 빠르게 변화하는 경영환경과 고용환경에 따라 경력개발의 관점이 바뀌기 시작하였다. 이렇게 변화하기 시작한 대표적인 경력개발은 홀(Hall, 1985)의 프로티언 경력과 Athur(1994)의 무경계 경력이다.

프로티언 경력은 자신의 경력을 주도적으로 관리, 개발하고 가치지향적인 경력을 추구하는 태도를 의미한다(Briscoe et al., 2006). 프로티언 경력은 개인의 심리적 만족에 중점을 두고 있기 때문에 개인이 경력을 개발해가는 과정에서 자신의 역할이 성공적이었다고 지각하는 정도를 척도로 삼는다. 프로티언 경력에 대한 학자별 정의는 표 8-10과 같다.

표 8-10 프로티언 경력 정의 요약

학자	내용
Briscoe & Hall(2006)	프로티언 경력은 자신에게 의미 있는 가치와 목표를 추구하는 개인의 자기주도적, 가치지향적 태도
Hall(1996)	프로티언 경력은 전생애에 걸친 지속적 학습과 정체성의 변화에 의해 형성, 자기주도적인 경력관리와 개인의 가치, 삶의 목적 등에 의해 형성
Hall & Chandler(2005)	프로티언 경력은 개인의 주관적, 심리적 성공을 달성해 가며 형성
Hall & Mirvis(1996)	프로티언 경력은 자기달성의 관점에서 삶의 전반에 걸친 지속적인 학습을 통해 형성
Inkson(2006)	프로티언 경력은 경력에 대한 심리적, 개인적 태도
Park(2008)	프로티언 경력은 자기실현을 위해 자신의 삶에 있어서의 요소들을 통합해 개인의 경력을 선택하고 탐색해가는 과정의 행동

출처: 이호국(2016). p.13.

이러한 개념들을 종합해 볼 때 프로티언 경력은 개인의 삶의 목표 설정과 목표 달성을 위한 자기주도적인 경력개발이라고 정의할 수 있다.

② 프로티언 경력개발의 중요성

프로티언 경력은 구성원들의 낮아진 충성도, 낮은 조직몰입, 불확실한 고용관계 등의 변화에 대한 대안으로 주목받고 있다. 프로티언 경력이 최근 조직의 경력개발에서 주목을 받는 이유는 프로티언 경력 태도가 높을수록 내적인 성공에 높은 가치를 부여하고, 개인 직무에 대한 만족도가 높아 조직에 대한 몰입도가 높아지기 때문이다(김시진 외, 2010).

홀과 챈들러(Hall & Chandler, 2005)는 최근의 경영환경에서 프로티언 경력태도를 갖는 사람들이 새로운 경험과 학습의 과정을 거쳐 좀 더 높은 수준으로 성장하게 된다고 주장하고 있다. 이와 같이 프로티언 경력개발은 자기주도적인 경력개발과정으로 개인의 책임을 강조하는 현대사회의 경력개발 개념에 잘 부합된다는 점에서 그 중요성이 강조되고 있다. 프로티언 경력태도가 높을수록 승진, 보상 등에 얽매이는 경향이 적고 안정성 추구보다는 개인적 성취나 성장에 더 큰 동기부여가 일어나기 때문에 조직 경력개발의 새로운 대안이 되고 있다고 할 수 있다.

(3) 무경계 경력개발

최근 경력개발에 대한 개념이 확대되면서 어떤 특정 분야에서의 전문성을 개발하는 것보다 다양한 분야에서의 경험을 가진 경력개발에 대한 관심과 필요성이 증가하였다(Hall, 1985). 급격한 기술 발전으로 고용환경의 변화로 조직 및 직업 간 경계가 없어지는 시기가 도래하였다(Arthur, 1994). 즉, 기술환경과 고용환경의 변화로 국가 간, 조직 간의 경계가 없어지는 무경계 조직(boundaryless organization)으로의 전환이 가시화되고 있다(Mirvis & Hall, 1994). 이와 같은 상황에 따라 조직 내 경력개발은 무경계 경력개발에 대한 관심이 높아지게 되었다.

무경계 경력은 전통적인 경력계획에서 벗어난 개념으로 새로운 기회를 얻기 위해 어느 하나의 조직과 경력에서 벗어나 다른 조직과 경력으로 쉽게 이동하는 것을 말한다. 무경계 경력을 지향하는 사람들은 조직 간의 경계를 넘어선 의사소통과 다른 조직과의 네트워크 형성을 중요시하고 특정한 조직이나 기존에 형성된 경력 경로에 묶여 있지 않고 다양한 창의적인 경력을 개발해 나간다.

무경계 경력은 직무, 직업 등을 뛰어넘어 이동하는 물리적인 공간의 이동성과 개인의 생각 속에서 자유롭게 이동할 수 있는 심리적인 이동성을 모두 포함하는 것으로 무경계 경력을 지향하는 사람들은 적극적인 성향을 가지고 있는 경우가 많았고, 자율성을 중요한 가치로 인식하는 경향이 많았다. 그러나 아직 개인은 공식적인 경계 속에서의 전통적인 형태의 경력을 선호하고 있어 무경계 경력으로의 이동은 쉽지 않은 상황이다.

그럼에도 불구하고 끊임없는 변화가 일상이 되고 있는 현 상황에서 이동하는 행동과는 관계없이 유연한 무경계 경력의 사고방식은 유용하다.

2. 경력개발제도

1) 경력개발제도의 등장 배경

경력개발제도(Career Development Program: CDP)는 조직 인재육성 전략의 일환으로 경력개발 개념을 체계화시킨 것을 의미한다(이찬 외, 2017). 즉, 조직 구성원의 경력설계를 조직 차원 경력 경로에 대한 정보를 제공하고 개인 스스로가 본인의 경력 경로를 선택하여 능력개발을 시도하는 제도이다. 경력개발제도는 제2차 세계대전 후 미국 사회에 복귀하는 재향군인들의 일자리를 찾는 데서부터 시작되었다. 1960년대부터 IBM 등에서 도입하기 시작하여 1970년대 확대되어 미국과 일본을 중심으로 발달했다(박경문 외, 1999). 경력개발제도 설계를 위해서는 조직 내에서 조직구성원 개인이 자신의 직무수행과 요구역량, 경험경력에 대한 진단(self-assessment)을 통해 조직 내에서의 스스로 경력개발에 대한 비전 수립을 지원할 수 있는 전략적인 인적자원개발시스템이 구축되어야 한다.

2) 경력개발제도의 개념과 목적

경력개발제도는 개인의 경력개발 욕구에 대한 개인의 역량을 최대한 발휘할 수 있도록 적절한 인력 배치와 활용을 통해 조직유효성을 높이는 제도이다(Alpin, 1978). 즉 조직의 인적자원개발을 최대한 활용하여 개인의 기대 욕구와 조직의 기대 욕구를 조화시키는 것이 경력개발제도의 목표이다(Schein, 1978). 김흥국(2000)은 경력개발제도를 조직의 인재육성을 위해 경력개발 개념을 제도화한 것으로서 개인의 입사에서부터 퇴사까지의 전반적인 경력 경로에 대해 개인과 조직이 같이 설계하고 장기적인 관점에서의 종합적인 인적자원 개발시스템이라고 정의하였다.

이러한 경력개발제도의 목적은 개인 및 조직의 욕구를 균형 있게 조정함으로써 조직유효성을 확보하여 조직 경쟁력을 강화하고 조직구성원의 노동시장에서의 고용가치를 향상시키는 것이라고 할 수 있다(박경문·이용탁, 1999). 이처럼 경력개발제도는 개인과 조직의 이해가 명확하게 존재하기 때문에 제도를 실행함에 있어서는 장기적인 관점에서 개인과 조직이 함께 설계하고 실행해 나가는 노력이 필요하다. 본 교재에서는 CDP를 광의의 경력개발제도 개념으로 사용하였다.

3) 경력개발제도(CDP)프로그램 설계

(1) 경력개발제도의 원칙과 설계 프로세스

경력개발제도는 개인 자기주도, 상사와 및 인사부서의 지원, 직무군별 보직관리, 직무역량 중심, 공정 경쟁의 기본적인 원칙에 따라 경력개발을 실행해야 한다.

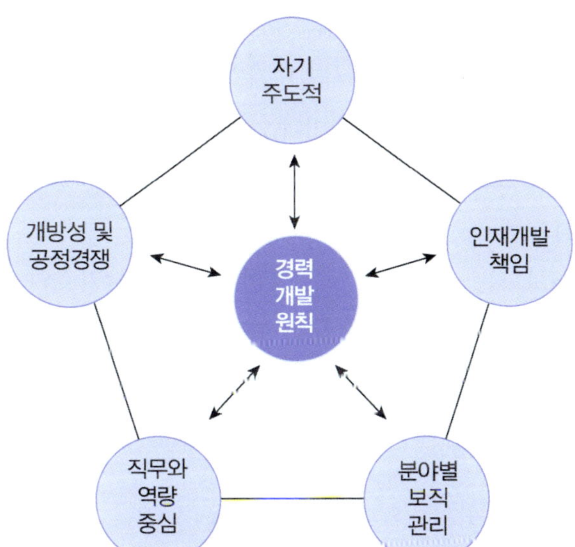

그림 8-2 경력개발의 원칙

출처: 이홍민(2017). p.9.

경력개발제도는 직무설계, 경력설계, 경력관리, 경력개발의 평가 보완의 프로세스를 거쳐서 설계한다.

표 8-11 경력개발제도 운영 프로세스

단계	주요 내용
직무설계	직무분석에 근거한 직무기술서를 활용, 전문 분야를 분류하고, 전문 분야별 관련 정보를 제공해야 한다.
경력설계	개인의 적성, 역량 등에 대한 자기진단 결과에 따라 기대하는 경력목표를 설정하고 목표 달성을 위한 경력 경로(career path)를 설계할 수 있어야 한다.
경력관리	조직은 보직을 부여하고, 역량 개발 교육훈련 프로그램 기회를 제공하고, 효과적인 경력개발프로그램의 지원제도를 구축해야 한다.
경력개발의 평가 및 보완	조직 내 평가 조직을 통해 경력개발 프로그램 평가 항목별로 공식적으로 평가되어야 한다.

출처: 이홍민(2017). pp.303-304. 재구성.

(2) 경력개발 지원제도

경력개발지원제도란 개인과 인사담당자가 경력개발을 원활히 수행할 수 있도록 지원해 주는 다양한 프로그램이다. 경력개발 지원제도는 개인의 측면에서는 직원의 경력을 조직 내에서 적극적으로 실현시키는 것이며, 조직의 측면에서는 조직이 필요로 하는 인적자원의 능력을 장래에 계속적으로 확보하고, 조직의 발전을 도모하는 종합적인 프로그램이다. 이는 평소의 업무수행 과정이 개개인의 잠재적인 능력을 발휘하도록 성장을 촉진시키는 체계적인 프로그램이다.

경력개발 성과를 위한 조직의 경력개발 지원제도는 다음과 같은 것이 있다.

표 8-12 경력개발지원제도

단계	주요 내용
직무순환제도 (job rotation)	경력개발을 위한 직무순환제도는 수직적 이동보다는 조직 내의 다른 기능으로 수평적 이동을 의미한다. 조직은 직무순환 범위 내에서 개인의 능력(역량) 및 희망에 따라 일정 기간마다 직군 내 또는 직군 간 직무순환을 실시하게 된다. 직무순환은 조직구성원의 경력에 다양성을 부여하고, 새로운 기술에 대한 학습 기회를 제공하며, 조직 간 이동을 통해 더 폭넓게 조직을 이해할 수 있는 장점이 있다.
내부공모제도	외부인을 대상으로 구인공고를 하기 전에 사내 인트라넷 등을 통해 모든 공석에 대해 먼저 조직구성원들을 대상으로 직무와 직위를 개방하는 사내 공모를 통해 필수 직무수행요건과 공모 참여자의 보유 역량을 비교 검토하여 적임자를 선발하는 개방형 사내 인사 충원 시스템이다. 내부 공모는 경력정보 외 채용과 선발자료로도 사용 가능하고, 공정하고 투명하게 운영되는 경우 조직구성원의 사기 향상에도 도움이 될 수 있다.
교육이수학점 제도	공정한 균등 교육 기회의 보장을 위해 할당된 교육예산 내에서 개인의 경력계획을 수립하고 이에 따른 직무수행요건에 부합하는 교육프로그램을 자율적으로 선택할 수 있는 기회를 제공하는 교육 제도이다. 통상 기업은 조직구성원들이 해당 직급에서 근속하는 기간 동안 필수적으로 취득해야 하는 총 교육훈련량을 설정하고 이를 학점으로 관리하는 교육훈련제도이다. 교육이수학점의 교육훈련량과 과정은 기업 상황에 따라 다르게 운영될 수 있으며, 교육이수 인정과목도 세미나, 연구논문 발표 등으로 다양하다. 교육이수학점제 운영을 통해 조직구성원의 자기계발을 지원함으로써 개인의 경력개발을 촉진시킬 수 있는 장점이 있다.
실천공동체 (CoP)	기업은 조직구성원들의 학습활동 장려를 위해 실천공동체(community of practice) 활동을 지원한다. 실천공동체는 조직 내에서 공통의 관심 영역을 가진 조직구성원들이 자발적으로 학습활동을 하는 집단학습 형태이다. 실천공동체는 학습자들이 자발적으로 관심 있는 공통의 주제에 대한 발표와 토론 등을 통해 조직의 문제를 해결하거나 업무능력을 향상시킬 수 있는 실천적 지식 공동체로 운영되고 있어 기업들은 이들 학습활동을 권장하고 지원하고 있다.

출처: 저자 구성.

쉬어가기

IBM(경력개발), 홈플러스(핵심인재) 사례

21세기에 들어서면서 불어온 경제 패러다임의 변화는 인사관리에서도 많은 변화를 가져왔다. 인적자원이 기업 경쟁력의 원천으로 주목받으면서 연공서열 중심의 전통적인 인사관리에서 전략적 인사관리와 성과주의, 능력주의 인사관리로 변하고 있다.

기업의 경쟁우위는 자사만이 갖고 있는 고유한 핵심역량과 내부인력에 있으며, 이런 핵심인력을 보유하고 개발할 수 있는 적극적이고 능동적인 인사관리로 다들 변화하고 있는 것이다. 이에 따라 HRD의 패러다임 역시 성과창출을 위한 전략적 개발로 바뀌고 있다. 이는 크게 '핵심인력 육성을 통한 역량강화의 경력개발'과 '성과중심의 교육훈련'으로 나눠 볼 수 있다. 기업이 목표하는 핵심인력 경력 개발의 구체적인 방향은 대체로 다음과 같다.

- 인적자원 육성, 개발 전략이 고용(employment) 보장에서 고용잠재력(employability) 제고
- 성과창출을 위한 조직 전략과 미션에 맞는 경력개발
- 구성원들의 경력니즈를 충족시키고 비젼을 제시해주는 경력개발
- 핵심인력·전문인력·대체인력에 맞는 차별적 경력관리 방안 마련, 특히 핵심인력을 육성할 수 있는 경력개발 중심의 제도를 우선적 도입
- 평가 결과의 피드백을 통한 경력개발 포인트 설정
- 직급체계의 정비를 통해 직급의 의미 변화. 특히 broadbanding의 도입
- e-HRM 시스템 구축

• IBM의 IDP 프로세스

IBM의 IDP 프로세스는 이론상으로 설명하는 경력개발계획(CDP: Career Development Plan)의 베스트 프랙티스와 거의 유사하다는 점에서 주목할 만한 사례다.

IBM은 직무 특성과 사업 방향에 따라 명확한 경력 경로를 설계하며, 직원들의 동기부여와 개개인의 적성을 바탕으로 이동/배치 계획을 실행한다. 특히 경력개발계획은 직원들의 자발적인 참여와 적극적인 지원 활동을 근간으로 평가와 교육훈련 시스템과 연계돼 체계적으로 진행되고 있다. 본인 스스로 자신에게 필요한 점을 찾아내고 본인이 경력개발계획을 만들어 일선 팀장과 협의하는 것이다. 이를 갖고 세부 교육을 받고 역량을 키워나간다. 일선 팀장은 경력개발계획을 듣고 본인의 경험을 토대로 코칭한다.

IBM의 개인경력개발계획(Individual Development Plan)의 프로세스를 살펴보면, 인사고과 목표설정 – 본인의 역량 측정 – 역량개발 계획서 작성 – 교육훈련 수행 – 역량개발 수행검토 – 인사고과 반영으로 이어진다.

• 홈플러스 그룹의 Talent Spotting

IBM과 함께 임직원의 CDP 베스트 프랙티스에 근접한 곳이 삼성테스코의 홈플러스 그룹이다. 홈플러스그룹은 인재육성 프로세스인 'Talent Spotting'은 홈플러스만의 핵심가치와 부합되는 인재를 확보하고 유지하기 위한 홈플러스그룹만의 제도다. 이는 인사 담당자와 현업 관리자가 직원들의 역량을 정확히 파악해 공정하고 투명한 프로세스를 통해 빠르게 성장할 수 있도록 도와주고 있다.

홈플러스그룹의 Talent Spotting은 HRD와 HRM 간 융합된 모습뿐만 아니라 경영 전략과 맞물려 운영된다는 점에서 전략적 HR의 대표적인 사례로 꼽힌다.

홈플러스그룹의 Talent Spotting은 크게 3단계로, 인력 소요 계획 수립 - 경력개발 면담 - 개인별, 능력별 선택교육 실시 등이 바로 그것이다. 인력 소요 계획 수립은 인사팀과 현업부서의 밀접한 협조 속에서 진행하는데, 인사팀에서는 인력소요 계획 수립을 위한 프로세스와 도구를 지원하고 현업부서는 경제 현황과 연계한 조직변화와 이에 따른 인력 규모와 요구역량을 파악한다. 이를 바탕으로 비즈니스 목표를 달성할 수 있는 최적의 조직규모를 상호 합의하에 도출한다. 이어 경력개발 면담은 일선 관리자들이 우수 인재를 발굴, 이들이 좀 더 가치 있는 일을 수행할 수 있도록 지원하는 단계다. 직속 상사는 매년 부하직원과 1대1 경력개발 면담을 실시해 개개인의 징점과 개발해야 할 사항, 향후 나아갈 방향 등과 같은 경력개발에 대한 구체적인 사항들을 논의한다. 이 인터뷰를 통해 직원들은 네 가지 인재풀로 분류되며 이를 Talent matrix에 명시해 개인능력개발 계획을 업데이트한다.

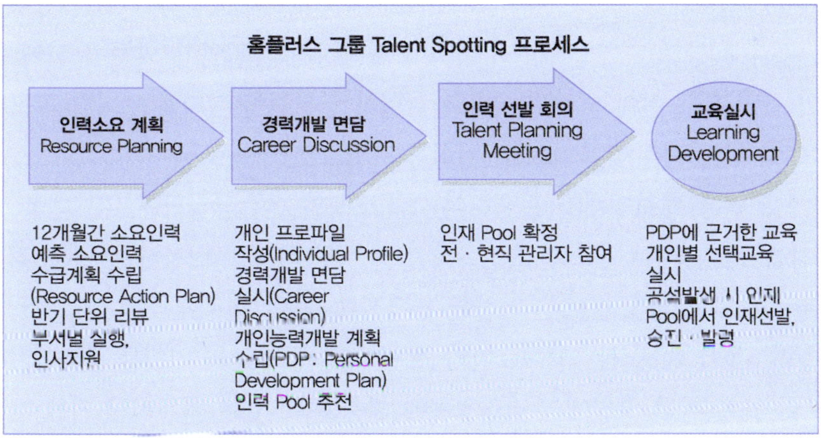

네 가지 인재풀은 현 직책 수행 개선 필요, 현 직책 지속 수행, 동일 직책 내 이동, 상위 직책으로 이동 등으로 분류한다.

이후 네 가지로 분류된 인재풀은 개인별, 능력별 선택 교육을 실시하게 된다. 특히 상위 직책으로 이동을 하게 될 경우는 승진 제도와 직접적인 관계를 갖는다. 다음 직책을 부여받기 전에 직원은 옵션 교육프로그램을 이수해야 한다. 옵션 프로그램은 현업을 지속하면서 6개월 이상 OJT(On-the-Job Training)와 OffJT(Off-the-Job Training)를 병행하는 방식을 취하고 있다.

3. 경력개발 이슈

1) 경력정체 현상

경력정체는 조직구성원들이 현재 혹은 미래의 어느 경력 시점에서 수직적 상승이 어렵다고 느끼거나 더 이상 업무에 대한 책임감과 도전성이 증가되지 않는 상태를 말한다. 경력 정체는 주로 고전적인 정의에 기반하여 조직 내에서 연령, 근속연수, 경력단계 등을 중심으로 현재의 위치에서 오랜 시간 체류하는 시간적인 개념으로 정의되어 왔다(Hall, 1976; Veiga, 1981).

1980년대 말 이후부터 경력정체에 대한 연구가 활발해지면서 경력정체는 머물러 있는 시간적 개념에서 개인의 기술과 능력으로는 현재 수행하고 있는 업무에서 앞으로 더 나아갈 수 없는 상태로 경력정체의 개념이 변화되기 시작했다(Bardwick, 1986; Chao, 1990; Fedlman & Weitz, 1988). 차오(Chao, 1990)는 경력정체를 근속연수에 따라 정체된 사람과 정체되지 않은 사람으로 구분하는 이분법으로 정의해서는 안 되며, 개인 스스로가 인식하는 주관적 경력정체에 초점을 두어야 함을 강조하였다.

그러나, 팰더맨과 웨이츠(Feldman & Weitz, 1988)는 경력정체의 원인이 경력정체의 결과에 영향을 미친다고 하면서도 경력정체의 원인이 외적 요인이 아닌 내적인 심리적 요인에 의한 것이라고 하면서 긍정적인 심리적 변화를 유도함으로써 오히려 경력정체를 새로운 기회적 요인으로 활용할 수 있다고 보았다.

이에 조직은 경력정체와 관련하여 조직구성원들이 긍정적인 피드백을 통해 자신감을 회복할 수 있도록 개인 스스로가 경력목표를 설정하는 일을 격려하고, 경력목표 달성에 필요한 적절한 경력정보 제공, 직무에서의 성장 기회 확대, 경력이동을 저해하는 장애요인의 제거, 새로운 도전의 기회를 준비할 수 있도록 인적자원관리 차원에서 경력정체에 대응할 수 있는 적극적인 지원 계획을 수립할 필요가 있다(백주현, 2016).

2) 비정규직 근로자의 경력개발 이슈

1997년 말 IMF 이후 한시적 근로자, 시간제 근로자, 단기 근로자, 특수형태 근로종사자 등의 비정규직 근로자가 크게 늘어 2022년 8월 통계청 자료에 따르면, 비정규직 근로자는 전체 근로자의 37.5%인 8,156천 명에 이르는 것으로 나타났다. 비정규 근로자에게는 일반적으로 승진이나 경력개발을 통한 내부노동시장이 아직까지 제대로 형성되어 있지 않다 비정규직 근로자는 계약 기간이 정해져 있어 고용이 불안정하므로 안정적인 경력개발 기회를 보장하기 어렵고, 기업에서의 관심의 부족하고, 비정규직 근로자 역시 재정적인 부담 등으로 자기개발 등의 교육 참여에 대한 열정이 부족한 것이 현실이다.

비정규직 근로자의 경력개발을 촉진하기 위해서는 비정규직 근로자에 대한 다양한 교육프로그램이 제공될 수 있어야 하고, 기업경쟁력을 위해 점점 근로비중이 증가하고 있는 비정규직 근로자의 중요성을 고려하여 장기적인 관점에서 이들의 직무만족도를 높이고, 역량개발을 통한 기업경쟁력 확보의 일환으로 조직 차원의 비정규직 근로자의 경력개발에 대한 관심과 전폭적인 지원이 필요하다. 또한 비정규직 근로자도 개인의 고용안정성을 위해 스스로 경력개발의 목표를 설정하고 달성하기 위한 노력이 필요하다.

연구문제

1. 전통적 개념과 현대적 개념의 경력 개념을 비교하여 서술해 봅시다.

2. 경력개발의 개념과 목적을 서술해 봅시다.

3. 경력개발제도의 등장 배경, 개념과 목적을 서술해 봅시다.

4. 현대적 경력개발모델인 프로티언 경력과 무경계 경력 개념의 개념을 서술해 봅시다.

5. 경력개발의 최근 주요 이슈를 서술해 봅시다. (한 가지 이상)

CHAPTER 09

조직개발

학습목표

본 장에서는 인적자원개발의 구성요소 중 조직개발에 대해서 공부한다. 조직개발은 특정 조직이나 단위 시스템이 아닌 조직 전체의 변화관리를 위해 조직이 계획적으로 개입하는 과정으로 지속적인 변화의 강화를 통해 조직 효과성을 향상함으로써 조직의 발전을 도모하는 것에 목적을 두는 활동이다. 조직개발의 다양한 접근방법을 이해함으로써 조직의 변화관리를 성공적으로 이끌어내는 전략적인 조직개발 방법을 체계적으로 학습하고자 한다.

제1절 조직개발의 목적 및 개념

1. 조직개발의 목적

조직개발은 변화하는 환경에서 조직의 경쟁력을 위한 필수적인 활동이며, 좋은 조직을 만들기 위한 조직 차원에서의 계속적인 개선 활동이며(Jex et al., 2017), 조직구성원의 행동을 변화시킴으로써 조직의 성과를 만들어 내는 노력이다(Porras et al., 1992). 또한 조직개발은 조직의 효율성을 극대화하기 위해 조직 수행 과정에 계획적이고 의도적으로 개입하는 활동을 의미한다(Beckhard, 1969).

결국, 조직개발은 특정 조직이나 단위 시스템이 아닌 조직 차원에서 장기적인 관점에서 바람직한 조직의 변화를 위해 계획적으로 개입함으로써 조직의 효과성을 극대화하여 조직의 성과를 창출해 내는 것을 목적으로 하는 조직 차원의 개발 전략이다(Cummings et al., 1993). 조직개발은 조직 전체의 변화에 초점을 두는 활동으로 다음 표 9-1과 같은 구체적인 특성을 지닌다.

표 9-1 조직개발의 특성

특성	주요 내용
조직 전체의 변화	• 조직 전체의 변화 중 조직 효율성과 성과 증대에 초점 • 조직구성원의 행동 변화 외 집단행동, 조직행동, 조직문화 등 다양한 수준의 변화를 포함
장기적으로 계획된 변화 과정	• 일회적·단기적 활동을 조직 내 새로운 전략, 구조, 절차를 정화·제도화시키는 장기적 노력이 요구되는 활동
체계적 과정	• 조직개발 목표설정, 적절한 구축, 평가결과 등 체계적 진행
다양한 행동과학 이론과 학제 간 지식활용	• 조직 내 문제 검토와 해석, 다양한 분야의 지식 활용
행동과학의 이론과 실제	• 매슬로(Maslow)의 욕구위계설, 알더퍼(Alderfer)의 FRG 이론, 로저스(Rogers)의 인본주의 심리학, 아기리스(Agyris)의 조직학습론 등

출처: 장원섭 역(2003). pp.152-153. 재구성.

2. 조직개발의 개념

조직개발은 개발 업무 영역이 모호하고, 개발 분야가 광범위한 특성으로 인해 그동안 연구자에 따라 다양한 개념으로 정의되어 왔다(McLean, 2011). 베카드(Beckhard, 1969)는 조직개발을 조직의 효과성을 위해 조직의 최고경영자가 조직 수행 과정에 행동과학적인 지식을 활용하여 주도하는 계획적이고 조직적인 개입 노력으로 정의하였다. 프렌치(French, 1969)는 대외적인 기업의 환경변화에 대처하기 위해 조직 내부 및 외부의 행동과학 및 변화관리 전문가를 통해 조직의 문제해결 역량을 강화시키는 장기적인 노력을 조직개발의 개념으로 정의하였다.

비어(Beer, 1980)는 조직개발은 변화관리 전문가와 조직구성원의 상호 노력을 통해 실행되고, 행동과학 이론이나 연구 방법 등을 통해 조직시스템 전반에 대해 자료수집, 진단, 액션 플랜 수립, 개입, 평가 등을 진행하는 과정이며, 조직구조, 전략, 문화 등의 적합성을 통해 새로운 해결방안과 혁신 능력을 개발하는 것을 목적으로 한다고 하였다.

배을규(2009)는 조직의 효과성을 극대화하기 위해 조직의 전략과 구조, 업무 절차 등을 계획하고, 문제점을 개선하기 위해 행동과학지식을 활용하는 장기적인 혁신 활동으로 정의하였다. 커밍스와 월리(Cummings & Worley, 2011)도 조직개발을 조직의 효과성을 위해 조직의 구조와 전략, 업무 프로세스를 계획적으로 개발, 개선, 강화하기 위해 시스템 전반에 걸쳐 행동과학지식을 활용하고 전이시키는 활동으로 정의하였다. 여러 학자들의 다양한 조직개발 개념에 대한 정의를 정리하면 표 9-2와 같다.

표 9-2 조직개발에 대한 다양한 정의

학자	정의
Burke(1982)	행동 과학이론, 연구, 기법을 활용해 조직의 문화를 변화시키는 계획적인 과정
French(1969)	조직 외부 혹은 내부 행동과학자로서 전문가를 통해 기업 환경변화에 대처할 수 있는 조직의 문제해결 역량을 향상시키는 장기적인 노력
Richard Beckhard, (1969)	행동과학 지식을 이용해 조직의 업무절차에 대한 계획적인 개입 활동으로 조직 효과성과 건전성을 증진시키고자 하는 계획적이고 전사적이며 관리적인 노력
Beer(1980)	자료수집, 진단, 실행계획 수립, 개입, 평가로 이뤄지는 체계적인 과정이며, 조직구조, 업무절차, 전략, 인간, 문화 사이의 조화를 촉진시키고, 새롭고 창의적인 조직 해결책을 개발하며, 조직의 자기 갱신역량 개발을 지향하는 활동. 이는 행동과학이론, 연구, 기법을 사용해 조직 구성원과 변화 촉진자의 협력하에 추진되는 활동
DeSimone & Harris (1998)	계획적인 개입 활동을 통해 조직의 효과성과 조직 구성원의 복지 개선에 활용되는 과정
Cummings & Worley (2001)	조직 효과성을 위해 행동과학지식을 활용하여 조직의 전략과 구조, 업무 절차 등을 개발하고, 개선하는 계획적인 활동

출처: 이진구, 정홍전(2020). p.3. 재구성.

학자들이 다양하게 정의한 개념을 토대로 조직개발의 개념을 정의하면 조직개발은 조직의 효과성 향상을 목적으로 행동과학지식을 적용하는 계획된 변화관리 프로세스로 정의할 수 있다. 결국 조직개발이라는 것은 조직 차원에서 행동과학 지식과 실천을 적용함으로써 조직의 효과성을 증대하기 위한 계획된 변화 과정이라고 할 수 있다.

제2절 조직개발의 접근방법

1. 변화과정모델

심리학자인 레윈(Lewin, 1947)은 조직의 변화는 새로운 시스템이나 프로세스 도입 등 외형적이고 구조적인 형태의 변화보다는 조직에 속한 개인들이 개별적으로 변화를 이행함으로써 조직이 발전할 수 있고 조직성과가 향상될 수 있다고 하면서 조직구성원의 행동과 태도의 변화에 대해 해빙(unfreezing), 이동(moving)과 재동결(refreezing)의 순서로 이루어지는 3단계 변화과정 이론을 주장하였다. 레윈(Lewin, 1947)은 3단계 변화과정 이론을 통해 조직에서의 안정성을 유지해 온 요인(forces)과 변화를 촉진하는 요인(force)이 부딪히면서 파생되는 결과로 조직의 상태가 만들어지기 때문에 조직 차원의 변화를 위해서는 현재의 상태를 유지하려는 요인을 감소 또는 변화를 촉진하는 요인을 증대시킴으로써 변화로의 이동(movement)을 촉진시킬 필요가 있다고 주장했다.

레윈(Lewin, 1947)의 조직 변화 과정의 첫 단계는 조직구성원들이 변화의 필요성을 인식하기 시작하는 해빙(unfreezing)의 단계이다. 해빙 단계에서는 조직구성원들이 변화에 참여하게 되는 동기가 부여되는 단계로 조직구성원들은 현 수준을 유지하려는 요인을 감소시키거나 변화를 촉진하는 요인을 증대시키게 된다. 해빙의 단계에서 어느 정도 적정 수준의 해빙이 일어나면, 다음 변화단계인 변화로의 이동(movement)이 단계로 이어진다. 이동의 단계는 조직 내에서 실질적인 변화관리가 이루어진다. 이 단계에서는 조직구조와 업무를 재설계(redesign)함으로써 이전과는 전혀 다른 새로운 조직 가치와 업무 수행 방식을 선택하게 된다. 변화단계 이후 마지막 단계는 재동결(refreezing)의 단계이다. 재동결의 단계에서는 이동 단계에서 발생한 변화에 대해 제도적인 지원을 지속함으로써 새로운 변화관리를 안정화시키는 것이 매우 중요하다.

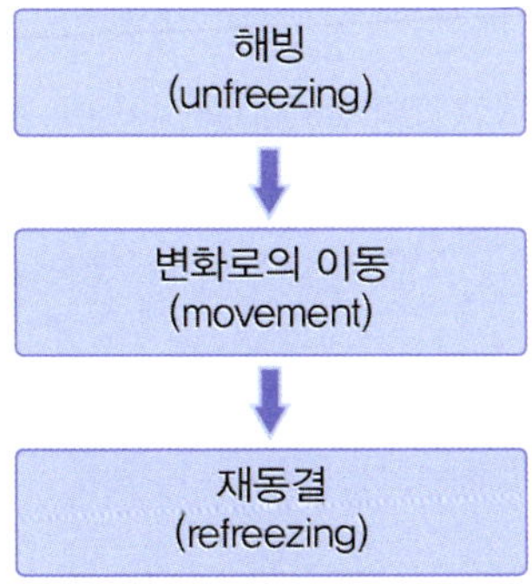

그림 9-1 레윈(Lewin, 1947)의 3단계 변화모델

출처: 송지은(2021). p.308.

레윈(Lewin)의 3단계 변화관리 이론은 단순한 이론임에도 조직의 변화 단계를 조직적인 관점에서 체계적으로 이해할 수 있게 해주었으며, 이후 변화관리이론의 기초적인 이론적 근거의 틀이 되었다(Jex et al., 2017). 셰인(Shein, 1987)은 레윈(Lewin)의 이론을 보다 구체화시켜 개인적인 변화의 과정에 중점을 두고 변화관리자의 관리가 매우 중요하다고 하였다. 셰인의 변화과정 3단계 모델은 표 9-3과 같다.

표 9-3 셰인(Shein)의 변화과정 3단계 모델

단 계	내 용
1단계(해빙기)	변화에 대한 동기가 생성되는 시기 - 불확실성과 확신 부족 - 죄의식이나 불안감 발생 - 심리적 안정 추구
2단계(변화기)	새로운 관점으로 사고하고 행동하도록 하는 시기 - 새로운 역량 모델, 멘토 등과의 동일화 - 새로운 관련 정보를 얻기 위해 주변 환경 관찰
3단계(재동결기)	새로운 관점을 자신과 타인에게 적용하는 과정 - 자신의 전반적인 성격과 자아상 - 중요한 관계(동료, 상사 등)

출처: Shein, E. H.(1987). Process Cosultation(vol 2), Reading MA. Addison-Weslry. 연구자 재구성.

리피트와 동료들(Lippit, Watson., & Westley, 1958)은 변화에 대한 필요성을 탐색

한 후 변화를 위한 진입단계를 거쳐 조직 변화의 분위기가 형성되고, 구체적인 조직 변화에 대한 계획이 수립된 다음 변화로의 이동이 순차적으로 이루어지며, 변화로 이동한 후에는 변화의 안정화를 추진하면서 변화된 결과에 대한 평가가 이루어지고, 변화가 성공적으로 지속될 수 있도록 재동결하는 단계로 구체화 되어야 한다고 논의함으로써 레윈(Lewin)의 변화이론을 보다 확장시켰다.

코터(Kotter, 1996)는 레윈(Lewin)의 3단계 모델을 토대로 실행을 위한 조직개발 변화의 단계를 위기의식 고취, 주도세력 결집, 비전과 전략 구축, 비전 전파, 임파워먼트, 단기성과 확인, 변화 확대, 조직문화로 재동결이라는 8개의 단계로 세분화하여 제시하였다.

2. 강점 탐구 모델(Appreciative Inquiry, AI)

강점 탐구 모델들은 긍정심리학에 기초하여 조직의 강점에 기반하여 미래의 조직 구축 방향을 수립하는 것에 중점을 두고 있다. 강점 탐구 모델들은 접근 방식이나 세부 실행 단계에서는 다소 차이가 있을 수는 있으나, 결국 성공적인 조직의 변화를 유도한다는 측면에서는 모두 동일하게 유용하다. 개별 조직들은 조직 상황에 적합하게 모델의 단계를 수정하면서 사용하면 된다(McLean, 2005).

강점 탐구 모델은 조직에 대한 긍정적 질문을 활용하여 조직구성원들의 많은 참여를 유도함으로써 조직구성원들이 스스로 바람직한 미래의 조직을 설계하도록 촉진시키는 새로운 조직개발 방법이다(장영철 외, 2013; 장환영 외, 2012). 강점 탐구 모델은 조직의 역량을 극대화하는 핵심적 긍정 요소를 바탕으로 조직성과를 개선하는 변화관리법으로 정의된다. 강점 탐구는 경제적, 생태적, 인간적 측면에서 조직 공동체가 가장 효과적으로 역량을 발휘했던 시기의 강점이나 긍정적 요소들을 체계적으로 탐색하고 발견하는 과정을 의미하는 것으로 핵심적 긍정 요소에 대한 발견(discovery), 상상(dream), 설계(design), 실행(destiny) 순으로 4단계가 순환한다는 모델이다. 각 단계별로 의미하는 바를 살펴보면 첫 번째 발견 단계는 조직구성원들이 현 조직 내에서 경험한 최고의 순간을 공유하는 단계이고, 두 번째 상상 단계는 자신의 미래 가능성을 상상해 보는 단계이다. 그리고 세 번째 설계단계는 이전 단계에서의 상상했던 미래의 가능성 실현을 위한 구조를 만드는 단계이고, 마지막 실행단계는 구체적인 미래 가치를 창출할 수 있는 실행방안을 도출하는 단계이다(Whitney et al., 2010). 강점 탐구 모델을 요약하면 표 9-4와 같다.

표 9-4 강점 탐구 모델

단 계	내 용
1단계 (발견)	조직구성원들이 조직에서 가장 좋았거나 즐겁게 일했던 경험, 또는 조직성과가 높았다고 생각한 기억들을 공유하는 단계이다.
2단계 (상상)	상상은 이전 단계에서 탐색한 조직의 핵심적 긍정 요소와 성공스토리를 미래가치에 투입함으로써 조직성과를 극대화하기 위한 상상으로 그려보는 단계이다.
3단계 (설계)	이전 단계에서 논의된 미래가치와 핵심적인 긍정 요소를 실행할 수 있도록 조직 전략과 구조, 업무 재설계를 논의하고, 조직 구조적 문제와 조직문화의 변화에 대한 추진전략 등을 수립하는 단계이다.
4단계 (실행)	지속가능한 변화와 강점 탐구를 통해 구체적인 미래 가치를 현실화시킬 수 있는 혁신적인 조직문화를 확립하는 단계이다.

출처: 저자 구성.

3. 액션리서치 모델(Action Research Model)

액션리서치 모델은 조직개발 전문가와 조직구성원들 간의 상호 협력을 통해 계획적 변화관리의 과정을 연구하는 조직개발 이론이다. 액션리서치 모델은 조직구성원들에게 행동의 변화에 필요한 정보를 제공하고, 평가 결과를 통해 향후 활동계획에 대한 정보를 제공하는 순환구조의 특징을 가지고 있다. 액션리서치 모델은 당초 계획적인 조직 변화관리 개입 외에 지식 개발이라는 목표를 가지고 개발되었으나, 조직개발에 이용되면서 주로 계획적인 변화관리 개입 기법으로 활용되고 있다(French et al., 1999).

액션리서치 모델에서는 조직의 해결 과제를 사전에 확인하고, 이를 해결하기 위해 조직개발 전문가와 함께 구체적인 조직개발 실행계획을 수립한다. 조직 내 문제의 원인 규명을 위해서 관련 데이터와 자료를 수집하고 분석하여 그 결과를 조직이 관련 구성원들에게 피드백함으로써 개선 계획이 반영된 구체적인 실행계획을 수립하게 한다. 커밍스와 월리(Cummings & Worley, 2011)는 액션 리서치 모델을 조직개발 과정의 각 단계별로 구체화된 계획이 다음 단계의 계획된 행동 변화로 이어진다는 순환적 과정으로 설명하고 있으며, 구체적인 프로세스로 조직의 문제점 파악, 행동과학 전문가를 통한 컨설팅, 자료 수집과 진단, 주요 고객집단별 피드백, 조직 문제점에 대한 공동 진단, 공동 실행 계획 수립, 실행, 실행 후 정보 수집 등을 계획적인 행동 변화의 과정으로 제시하고 있다.

4. 조직개발 프로세스 이론

앞에서 논의한 레윈(Lewin, 1947)의 3단계 변화이론과 액션리서치 모델에 기반하여 맥클린(McLean, 2011)과 커밍스와 월리(Cummings & Worley, 2016)는 조직개발 프로세스 이론을 제시하였다. 특히 맥클린(McLean, 2005)은 조직개발 프로세스를 마케팅 및 계약체결, 준비, 진단 및 피드백, 실행계획 수립, 실행, 평가, 제도화, 계약종료의 8단계로 설명하면서 각 단계별로 상호 연계성이 있다는 것을 그림 9-2와 같이 제시했다. 또한 프로세스별 각 단계에서는 내부와 외부전문가를 구분하지 않고 적용되며, 일부 단계에서는 간편하게 활용될 수 있는 장점이 있으나, 어떤 단계에서는 상대적으로 많은 시간과 자원이 소요되고, 노력이 수반될 수 있다고 하였다.

그림 9-2 조직개발 프로세스 모델(McLean, 2005)

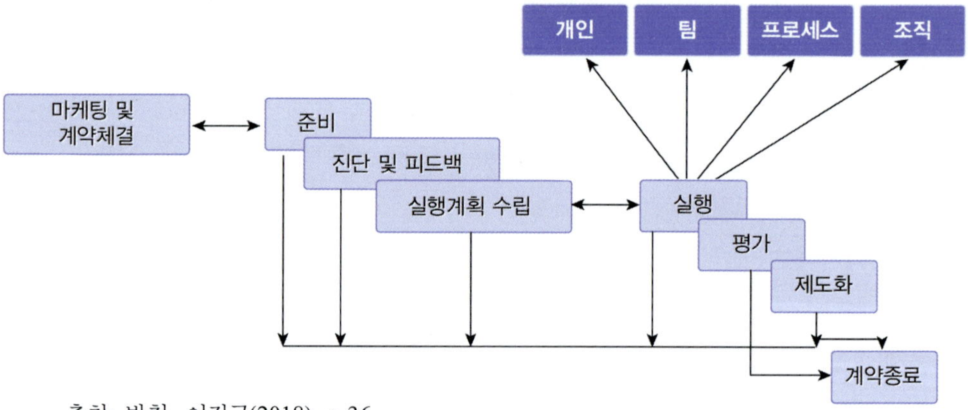

출처: 박철, 이진구(2018). p.36.

각 단계별 조직개발 프로세스모델의 세부적인 내용은 표 9-5와 같다.

표 9-5 조직개발 프로세스 모델 단계별 프로세스

단계	내용
계약체결	조직의 변화 준비 상태 확인 및 조직개발 계약 조건을 합의 진행하는 단계
준비	조직개발 전문가와 세부 진행사항에 대한 기본 인프라(조직 내 기반 시설)를 구성하는 단계
진단 및 피드백	조직문화에 대한 평가 및 분석을 진행하고, 진단 결과 내용을 조직 구성원들과 공유하는 단계(관찰, 2차 자료, 인터뷰, 설문 등을 통한 진단 실시)
실행계획 수립	목적과 목표를 설정하고, 구체적인 달성 계획을 수립하는 단계로 조직개발을 위한 교육훈련 계획도 함께 수립하는 단계
실행	실행계획을 실제로 개입(Intervention)하는 것으로 개인 차원(코칭, 멘토링 등), 팀 차원(팀 빌딩, 팀 갈등관리 등), 프로세스 차원(업무 프로세스 개선, 품질 개선활동 등), 조직 차원(조직설계, 학습조직 등)에서 개입을 이행하는 단계
평가	조직개발 투자, 프로세스 개선, 사업전략과의 적합성, 불필요한 프로세스 제거, 동기부여, 생산성 등을 목표로 하는 조직개발 활동 결과에 대한 평가 단계
제도화	목표를 달성한 조직개발 개입 실행 결과를 제도화시키는 단계
계약종료	조직개발 전문가를 통한 역량 전수가 완료되어 조직개발 활동 프로세스가 종료된 단계

출처: 박철, 이진구(2018). pp.35-38. 재구성.

커밍스와 월리(Cummings & Worley, 2016)는 조직개발을 계획적 변화를 이끌어 가는 과정으로 규정하고 조직개발을 조직개발 전문가와 조직구성원이 같이 수행하는 활동으로서 진입과 계약, 조직문화 진단, 변화의 계획과 실행, 변화의 평가와 제도화의 4단계로 정의하였다.

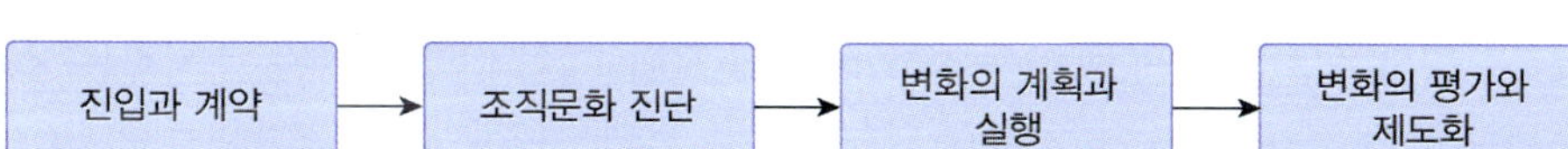

그림 9-3 계획적 변화의 일반모델(Cummings & Worley, 2016)

출처: 송지은(2021). p.309

5. 변화개입(intervention) 이론

1) 변화 저항요인

조직개발은 조직 구성원들의 조직행동 변화를 목적으로 하지만 실제 조직에서 요구하는 변화가 자연적으로 일어나지 않으며, 조직 구성원들의 행동에는 변화에 저항하는 장애요인들이 있는 것이 현실이다. 조직은 조직개발과정에서 변화 과정을 거부하는 변화 저항요인을 이해하고 이에 적절한 개입전략과 방법을 구상해야 한다.

어느 조직에서든 변화에 대한 저항요인이 존재하는바 변화 과정에 작용하는 저항요인을 이해할 필요가 있다. 변화에 대한 가장 큰 저항요인은 조직이 경험하는 환경적인 변화요인이다. 사회, 경제, 문화, 정치, 기술 등 조직을 둘러싸고 있는 내외적인 환경의 변화를 조직 변화에 압력을 작용하게 하여 조직 내부에 많은 변화를 요구한다.

경영환경 변화에 대응할 수 있는 조직 및 인력구조의 변경, 시장에 경쟁할 수 있는 새로운 기술과 제품 개발 등 내부 시스템의 변화를 요구한다. 조직 구성원은 변화되는 조직구조의 변경과정에서 직무의 변경이나 직무수행 방식의 변경 등으로 조직과 개인 간 심각한 갈등 관계를 초래할 수 있게 된다. 이와 같이 조직 환경변화는 조직에 많은 문제를 초래함으로써 조직성과에 직접적인 영향을 미침으로써 직무 불만족, 조직몰입 저하, 이직률 증가 등의 요인으로 작용할 수 있다.

2) 변화개입이론

조직구성원들의 변화에 저항하는 장애 요인들을 제거하기 위해서는 조직개발과정에서 변화의 저항요인을 이해하고 적절한 개입전략을 세워 대처하는 것이 필요하다. 구체적인 개입전략으로는 조직 구성원들의 태도, 가치, 문제 해결 방식 등 인간관계 스타일을 수정하여 행동을 변화시키는 데 초점을 둔 인간관계 과정 개입(human process-based interventions), 직무분석 및 조직설계 등을 통해 개인의 직무수행능력을 향상시키는 기술-구조개입(technostructural interventions), 보상 및 평가 등의 인사관리 방식 변화를 통한 인적자원관리 개입(human resource management interventions), 경영환경에 따른 사업전략의 변화와 조직문화의 변화 등을 일치시키는 전략적 개입(strategic interventions)이 있다.

표 9-6 조직개발의 개입 방법

구분	내용	조직개발의 개입 방법
인간관계 과정 개입 (human process-based interventions)	조직구성원들의 태도, 가치, 문제해결 방식, 인간관계 스타일을 수정해 바람직한 행동 변화를 유발하는 집단적 차원에서의 계획적 개입 방법	코칭, 훈련, 프로세스 자문, 제3자 개입, 팀 빌딩
기술-구조 개입 (technostructural interventions)	개인이 담당해야 하는 직무를 분석하고, 개인들의 특성을 조합하여 최적의 직무수행 상황을 만들어내는 데에 초점을 둔 개입 방법	리스트럭처링, 종업원 참여, 작업 설계, 전사적 품질관리, 지속적 프로세스 개선
인적자원관리 개입 (human resource management interventions)	보상, 배치, 수행성과, 인사평가, 경력개발 등의 조직의 인사방식을 변화시키는 방법을 활용하는 개입 방법	성과관리, 조직구성원의 개발과 지원
전략적 개입 (strategic interventions)	경영환경 변화에 따라 사업전략, 조직구조, 조직문화 등을 일치시키는 전략을 활용한 개입 활동	조직문화변화, 조직학습, 지식경영

출처: 서영태, 봉현철(2008). p.82. 재구성.

제3절 조직개발 변화관리

1. 개인 수준에서의 변화관리 기법

1) 감수성 훈련

감수성 훈련은 레윈(Lewin)이 주도했던 t-group 활동을 토대로 시작된 조직개발 프로그램이나. 감수성 훈련은 개인 자신의 행동이 타인에게 어떠한 영향을 주는지를 파악하고 자신에 대한 인식을 높이며, 집단의 각 구성원 간의 원활한 상호작용을 촉진시킨다. 효과적인 커뮤니케이션 방법 학습, 주의 깊게 듣기, 자신의 감정과 타인의 감정 이해하기 등을 통하여 자신의 실체에 대한 차원 높은 인식을 이룩한다는 것이다.

감수성 훈련은 집단 내 구성원들이 서로 간 감정 관리를 제대로 하지 못하여 저조한 성과가 야기된다는 가정하에 이루어지며, 이러한 감정 문제를 해결함으로써 성과 증진 방해요인을 제거하는 것을 목적으로 한다. 따라서 감수성 훈련에서는 훈련의 내용보다는 과정을 중요시하며 개념보다는 감정 개발에 초점을 둔다.

감수성 훈련은 보통 한 집단에 10~15명 정도 참여가 적당하고, 참여자는 각각 직업, 나이, 출신 등의 다르도록 구성하여 매일 3회 정도(오전, 오후, 저녁) 매회 약 2시간 정도씩 1주일 정도로 진행하고 특정 과제는 주어지지 않고 훈련 집단의 모든 관리와 운영은 자율적으로 수행한다. 훈련을 마치면 새로운 훈련 집단을 구성하여 2일간의 토의를 실시하고, 다시 원래 구성했던 훈련 집단에 복귀하여 타인의 의견을 듣는 방법과 상황에 대처하는 방식을 배우게 되는 유용한 개인 훈련이다.

2) 360도 다면평가

두 사람 이상의 평가자가 조직 내 피평가자의 평가에 참여하는 것을 의미하며, 360도 피드백으로 알려져 있다. 360도 다면평가는 1980년대부터 활용되기 시작하였으며 『포춘(Fortune)』지 선정 100대 기업 중 대부분의 기업들이 도입하고 있으며, 우리나라는 1990년대 LG그룹이 최초로 도입하여 이후 국내 기업으로 확산되었다.

360도 다면평가는 기존의 상급자 1인에 의한 일방적 평가의 문제점을 해결하고자 동료나 부하 직원도 평가에 참여하게 하여, 단일 평가자에 의한 평가의 편향을 줄이고 성과평가와 관련된 분석 자료를 다양한 관점에서 평가하게 해주는 강점이 있다. 반면에 다면평가의 단점으로 평가자별로 평가 결과에 대한 편차가 크게 발생할 수 있다. 피평가자의 역량과 성과에 의한 평가보다는 상대적으로 인간관계 등의 요인에 더 영향을 받을 수 있다. 이러한 장단점을 고려할 때 다면평가 결과를 승진과 보상에 반영하기보다는 피평가자의 부족한 역량에 대한 피드백 내용을 보완하는데 활용하는 것이 개인 개발에 더 효과적이다. 다면평가의 효과성을 위해서는 익명성이 보장되어야 하고, 여러 평가자들의 객관적인 평가를 통해서 피평가자의 부족한 면을 피드백할 수 있어야 한다.

2. 집단 수준에서의 변화관리 기법

1) 팀 빌딩

팀 빌딩은 집단 내 개인의 행동과 태도에 영향을 미치는 집단 구성원 간의 비공식적인 관계를 중시함으로써 집단과정에서의 손실을 최소화하고 집단의 강점을 최대한 활용할 수 있다는 점을 강조한다.

각 개인의 역량은 우수한데 집단이 역량을 발휘하지 못하는 이유를 찾아 치료하는 팀 빌딩 기법은 1974년 미국의 행동과학연구소가 집단역학(group dynamics)에 관한 연구를 본격화하면서 단위조직 내에 있는 문제해결을 위한 프로그램으로 개발하였다. 이 기법은 MIT 심리학 교수인 레윈(Lewin, 1947)에 의해 학문적으로 정립된 이후 본격적으로 응용되었다.

팀 빌딩은 단위집단의 구성원이 과업을 수행하는 방식과 이들의 대인관계 능력 및 문제해결 기술을 개선하기 위해 계획된 다양한 활동이다. 조직 구성원들이 집단 효율성에 방해가 되는 요인을 찾아내고 조직구성원의 합의에 의해 도출된 문제 해결방안을 찾아 실행하고 일정 기간 경과 후 실행 결과를 평가하는 일련의 집단 변화기법이다.

2) 집단 간 갈등관리

(1) 갈등의 원인

집단 간 변화관리의 개입이 발생하는 이유는 갈등관리이다. 조직은 다양한 갈등이 존재한다. 조직은 공통의 목표를 가지고 있음에도 집단 간 자원 획득, 업무 우선순위, 업적 경쟁 등으로 언제든지 갈등은 초래될 수 있다. 집단 간 갈등은 상황에 따라 긍정적인 효과와 부정적인 효과가 상존한다. 상호의존성이 없는 집단 간 갈등은 경쟁을 유도하여 생산성을 높이나, 상호의존성이 높은 집단 간 갈등은 역기능을 발생시킨다. 집단 간 갈등이 발생하는 경우 외부 또는 내부 컨설턴트 등을 통해 갈등을 해결해 나가는 노력이 필요하다.

(2) 대인적 갈등분석 방법

① 교류분석(transactional analysis)

교류분석(Transaction Analysis: TA)이론은 에릭 번(Eric Berne)에 의해 개발된 기법으로 인간관계의 모든 영역에 적용할 수 있는 대인 갈등분석 이론이다. 교류분석은 사람들이 심리적으로 어떻게 구조화되어 있는가에 대한 시각화 자료를 제공하는 개인의 성장과 변화를 위한 심리적인 치료법으로서 상담, 교육, 정신치료, 리더십 개발, 기업 혁신, 직장 활성화, 팀 구축 등을 위한 기법으로 사용된다.

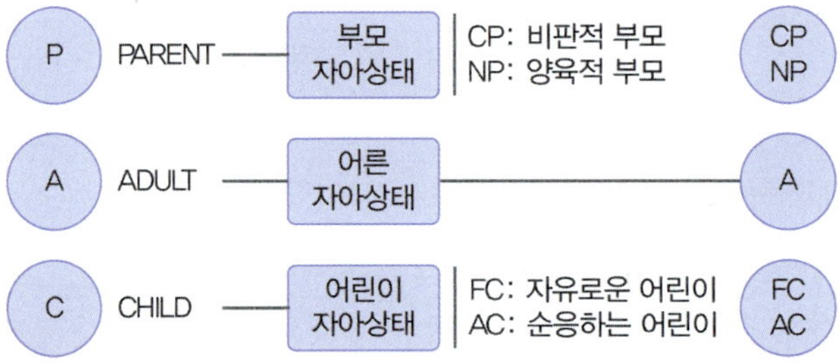

그림 9-4 교류분석 개념

출처: Berne, E.(1964). Games people play. New York; Grove Press. 재구성.

교류분석에서 말하는 자아 상태는 일관성 있는 행동과 감정, 경험을 의미하고 구조적 관점과 기능적 관점으로 설명된다(Eric Berne, 1957). 구조적 관점에서 자아 상태는 부모(P), 어른(A), 어린이(C)의 세 가지로 구분되고, 기능적 관점에서 자아 상태는 통제적 부모(Critical parent: CP), 양육적 부모(Nurturing parent: NP), 어른(Adult:A), 자유로운 어린이(Free child: FC), 순응하는 어린이(Adapted child: AC)의 다섯 가지로 분류된다. 기능적 관점에서 각각 의미하는 바는 다음 표 9-7과 같다.

표 9-7 교류분석의 기능적 관점에서의 자아 상태의 의미

자아상태	의미
통제적 부모 자아 (CP: Critical Parents)	CP는 부모의 신념, 윤리 등의 기준이 내면화된 것으로 CP가 높으면 통제적이고, 낮으면 규범 등을 소홀히 여길 수 있음
양육적 부모 자아 (NP: Nurturing Parents)	NP는 보호, 헌신 등의 태도로 NP가 높으면 상대방의 독립심을 약화시키고, 낮으면 배려심이 부족할 수 있음
어른 자아 (A: Adult)	A는 이성적, 합리적인 기능을 의미하는 것으로 A가 높으면 기계적이고, 낮으면 무계획적인 경향이 있음
자유로운 어린이 자아 (FC: Free Child)	FC는 본능적, 자기중심적인 순수한 감정을 의미하며, FC가 높으면 충동적이고, 낮으면 소극적인 경향을 보임
순응하는 어린이 자아 (AC: Adapted Child)	AC는 주변 사람들의 인정을 위해 주변 사람들의 요구에 순응하는 편으로 AC가 높으면 타인에 의존적인 성향을 보이며, 낮으면 자아 중심적인 경향을 나타냄

출처: 김미숙(2002). p.171. 재구성.

② 조하리의 창(Johari window)

조하리창은 인간의 상호작용에서 자신에 대한 관계 인식 이론이다(Luft and Ingham, 1955). 조하리의 창은 개인 자신에 대해 자신이 알고 있는 것과 타인이 알고 있는 여부를 기준으로 열린 창(Open area), 보이지 않는 창(Blind area), 감춰진 창(Hidden area), 미지의 창(Unknown area)의 네 가지 영역으로 나눠 자신과 타인과의 관계를 설명한다. 자아 상태의 네 가지 영역에 대한 의미는 표 9-8과 같다.

표 9-8 조하리의 창 이론에 따른 자아 상태

자아상태	영역	의미
열린 창	자신과 타인이 같이 알고 있는 영역	자기개방을 의미하며 자기개방을 많이 할수록 다른 사람과의 관계가 좋음
보이지 않는 창	자신은 모르지만 타인이 알고 있는 영역	스스로가 자신을 의식하지 못하므로 자신을 아는 다른 사람의 피드백을 수용하여 자신에 대한 인식을 높이면 대인관계에서 도움이 됨
감춰진 창	자신만 알고 있고 타인은 모르는 영역	다른 사람에게 자신을 자기개방을 하지 않는 것으로 자기개방을 하지 않으면 타인과의 소통이 잘 안 되어 대인관계에서 어려움을 겪음
미지의 창	자신과 타인 모두가 모르는 영역	자신뿐 아니라 타인도 자신을 인식하지 못해 고립감과 심리적 어려움이 많아 자신에 대한 지속적인 관심이 필요함

출처: 김미숙(2002). p.172. 재구성.

조하리창 이론에서는 개인마다 네 가지 창의 크기가 모두 변할 수 있기 때문에 타인에게 적절한 자기개방을 하게 되면 미지의 창이 줄어들 수 있으며, 다른 사람의 자신에 대한 피드백을 수용할수록 열린 창이 확대되어 원만한 대인관계를 형성할 수 있다.

3. 조직 수준에서의 변화관리기법

1) 관리격자 모델(Managerial Grid Model)

리더십에 관한 초기 연구는 리더 개인적 특성에 관한 연구였으나, 이후 '프로세스'에 초점을 맞춘 연구가 진행되었으며, 블레이크와 모튼(Blake & Mouton, 1964)이 리더십 관리격자(Managerial Grid) 이론을 제시하였다. 리더십 관리격자 이론은 리더 행동을 배려(Consideration)와 구조 주도(Initiating Structure)의 두 가지 리더의 행동유형 연구에서 비롯되었다. 리더의 행동유형 중 배려는 부하 직원의 생각을 존중하고 감정을 배려하는 것을 뜻하며, 구조 주도는 리더가 자신과 부하 직원의 활동을 조직화하는 정도를 의미한다.

리더십 관리격자 모델도 리더십 유형을 사람에 대해 생산(Production)과 인간(People)의 두 가지 영역으로 나누고 이를 1~10까지의 격자로 계량화하여 리더십 스타일 유형을 다섯 가지로 분류하였다. 이에 대한 내용은 표 9-9와 같다.

표 9-9 관리격자 모델에 따른 리더십 유형

리더십 유형	리더십 스타일
무관심형 (impoverished: 1.1형)	생산과 사람에 대한 관심이 모두 낮은 속성을 가진 리더십 유형으로, 자신의 위치 유지에 필요한 최소한의 노력만을 추구하는 리더십
인기형 (country club: 1.9형)	인간에 대한 관심은 매우 높은 반면 생산에 대한 관심이 매우 낮은 리더십 유형으로, 조직 구성원과의 친밀한 대인관계를 중시하는 리더십
과업형 (authority-obedience: 9.1형)	생산에 대한 관심은 매우 높지만 인간에 대한 관심이 매우 낮은 리더십 유형으로, 인간적 요소는 최소화하고 업무 효율성을 우선시하는 리더십
팀형 (team: 9.9형)	생산과 인간에 대한 관심이 둘 다 매우 높은 유형으로 상호 신뢰적 관계에서 조직 구성원들이 몰입을 통해 과업을 달성하는 리더십
중용형 (middle of the road: 5.5형)	생산과 인간에 대해 적당한 관심을 갖는 유형으로 과업의 효율성과 인간적 요소를 절충하여 적절한 수준의 성과를 지향하는 리더십

출처: 저자 구성.

2) 시스템 4 기법(System 4 Management)

시스템 4 기법은 Likert에 의해 고안된 조직진단(survey organization) 측정을 통한 조직의 유형을 4개의 관리유형(management typology)으로 분류한 조직개발 기법이다. 조직진단의 주요 내용은 리더십, 직무만족, 조직문화 등 조직의 효율성에 대한 측정 결과를 토대로 조직의 유형을 규정한다. 리커트(Likert)가 분류한 조직의 효율성을 결정하는 4개의 시스템 유형은 표 9-10과 같다.

표 9-10 리커트(Likert)의 management system에 따른 리더십 유형

시스템 유형	내용
시스템1 (exploitative authoritative)	목표설정 및 의사 결정권이 상사에 집중되어 있고 부하 직원들을 신뢰하지 않고, 위협 및 처벌 등의 통제적 수단이 사용된다.
시스템2 (benevolent authoritative)	지휘 및 통제, 의사 결정권은 상사에 집중되지만 정책 집행과 관련하여 일정 부분 권한의 위임이 이루어지며 조직 목표에 대한 발언권이 일부 허용된다. 부하 직원에 대한 신뢰는 예의적 성격으로 일부 있으나, 광범위한 금전적 보상이 사용되며 위협과 처벌이 수단으로 사용되기도 한다.
시스템3 (consultative)	대부분 정책은 상사에 의해 이루어지나 조직 하부 전체에 대해 의사결정 권한이 많이 위임되어 있는 조직으로, 목표는 합의를 거쳐 상사가 결정하고 평가와 통제 활동에 일정한 권한이 위임된다.
시스템4 (participative group)	조직 구성원 간 참여와 합의를 통해 목표가 설정되고 결정된다. 부하 직원들에 대한 신뢰가 매우 높고 다양한 형태로 의사소통이 활성화되어 왜곡이 발생하는 일이 거의 없어 목표와 정책에 저항은 거의 나타나지 않는다.

출처: 저자 구성.

3) 조직문화

(1) 조직문화의 개념

문화는 어떤 집단을 다른 집단으로부터 구분시켜 주는 보이지 않는 특성을 의미하며, 모든 조직 역시 각자 독특한 문화를 가지고 있다. 조직문화는 조직구성원간 공유되는 가치 및 신념이며, 조직 외부인에게 비치는 조직구성원들의 공통 행동에 대한 근본적인 인식과 가치를 의미한다(Robbins et al., 2019). 즉, 조직문화는 조직 구성원들을 결합시키는 공유된 가치와 행동으로 공유하는 조직 구성원들의 가치 기준이나 행동양식에 따라 유사하게 나타나며, 조직 구성원들에게 정체성과 동질성을 통해 공유함으로써 조직에 대한 몰입도를 높여 조직의 성과에까지 영향을 미치게 된다.

(2) 조직문화의 유형 및 특징

조직문화의 가장 기초적인 이론은 해리슨(Harrison, 1972)의 조직문화 유형이

다. 해리슨(Harrison)은 조직문화의 특성이 조직의 이념에 따라 다르게 형성된다고 하며, 권력 중심(power orientation), 역할 중심(role orientation), 과업 중심(task orientation), 관계 중심(person orientation)의 네 가지로 조직문화 유형을 분류하였다.

퀸과 맥그래쓰(Quinn & McGrath, 1985)는 경쟁 가치 접근법(competing values approach) 개념을 활용하여 2가지 차원을 기준으로 조직문화 유형을 분류하였다. 첫 번째 차원은 조직 내 통제 정도를 의미하는 것으로 통제력이 있는 강한 조직과 개인이 자율성과 유연화를 강조하는 조직으로 대비된다. 두 번째 차원은 조직 가치가 지향하는 방향을 의미하는 것으로 조직구성원들에게 초점을 맞추는 내적 지향성과 외부 이해관계자에 초점을 두는 외적 지향성으로 대비된다. 조직 프로세스의 통제 정도와 조직 가치 지향의 2개 차원을 축으로 집단 성향(clan), 혁신 성향(adhocracy), 시장 성향(market), 통제 성향(hierarchy)의 총 네 가지 조직문화 유형으로 구분하였다(Cameron et al., 1999). 각 집단의 특징은 표 9-11과 같다.

표 9-11 경쟁가치모델의 4가지 조직문화 유형

조직문화 유형	조직특성
집단 성향 (clan)	집단문화를 중시하는 조직문화로 팀워크가 중시되며, 상호작용이 촉진되는 경향이 있다. 리더는 조직 구성원들에게 동기부여와 소속감을 부여하고, 사려 깊은 지원을 하는 성향을 보인다.
혁신 성향 (adhocracy)	급격한 환경변화에 대처하기 위해 외부 환경변화에 민감하게 대응하는 경향이 있으며, 리더는 조직 구성원들에게 창의성과 혁신을 요구하는 성향을 보인다.
시장 성향 (market)	소식은 복표 달성을 위해 합리적인 의사결정을 하는 경향이 있고, 조직 구성원들은 성과 창출을 위해 상호 경쟁하는 경향이 있다. 리더는 목표지향적이며, 목표 달성을 위해 지원하는 역할을 하는 성향을 보인다.
통제 성향 (hierarchy)	조직의 안정성 유지를 위해 관료적 조직구조를 유지하며, 조직 구성원들의 행동은 통제되는 경향이 있다. 리더는 보수적이고 신중한 경향이 있으며, 사소한 문제까지 관심을 가지고 주의하는 성향을 보인다.

출처: 조성준 외(2022). pp.104-105. 재구성.

(3) 조직문화와 성과관리

기업이 조직문화에 관심을 갖는 이유는 조직문화가 조직성과에 영향을 미치는 매우 중요한 요인이기 때문이다. 조직 구성원들이 공유하고 있는 가치와 신념을 의미하는 조직문화는 조직 구성원들의 행동에 영향을 미치는 중요한 요인으로 조직의 성과에 직접적인 영향을 미친다(Deal et al., 1982).

조직문화가 조직경쟁력의 기반이 된다는 점에서 조직문화는 경영환경, 경영전략, 조직구조 등 조직이 직면한 상황에 적합해야 한다. 그러나 조직문화가 기업경쟁력의 기반이 되기도 하지만 반대로 조직성과의 장애요인이 될 수도 있다는 가정하에 경영전략과 조직문화의 적합성 일치를 위한 체계적인 변화관리가 요구된다.

4) 학습조직

(1) 학습조직의 개념

학습조직은 듀이(Dewey)의 비형식 학습이론에서 시작되었으며, 아지리스와 숀(Argyris & Schön, 1996)을 통해 조직학습 이론으로 발전하였다. 센게(Senge, 1990)는 학습조직을 설명함에 있어 시스템적 사고, 개인적 숙련, 정신 모델, 공유비전, 팀 학습의 5가지를 학습조직의 구성요인으로 제시하면서 조직의 정신 모델과 공유 비전에 따라 기대하는 목표에 달성할 수 있도록 개인의 숙련도를 향상시키면서 시스템적 사고와 팀 학습을 통해 문제를 해결해 나가는 조직이 학습조직이라고 정의하였다.

결국 학습조직은 새로운 지식을 창조하고 습득하고 변화시킬 수 있는 능력을 갖춘 조직이며, 조직은 학습과정을 통해 얻은 지식과 통찰력을 조직 활동에 적용함으로써 조직 전반에 대한 변화를 도모할 수 있어야 한다(Garvin, 2000). 다양한 학자들이 주장하는 학습조직의 개념은 다음 표 9-12와 같다.

표 9-12 학습조직의 정의

학자	정의
Senge(1990)	조직 구성원들이 진실로 원하는 성과를 달성할 수 있도록 지속적으로 역량을 확대시키고 새롭고 포괄적인 사고능력을 지속적으로 배우는 조직이다.
Robbins(1990)	새로운 지식의 습득과 경험에 대한 성찰을 통해 행동을 변화시키고 문제를 해결하는 과정이다.
Pedler, Boydell & Burgoyne(1991)	모든 구성원들의 학습활동을 촉진시킴으로서 조직 전체에 대한 근본적인 변화를 지속적으로 촉진시키는 조직이다. 학습기업(Learning Company)이라는 용어를 사용하면서 동태적이고 역동적인 의미를 강조한다.
Garvin(1993)	새로운 지식을 창조하고 습득하고 변환시킬 수 있는 능력을 갖춘 조직이다. 지식의 창조, 습득, 변환과정을 통해서 얻은 지식과 통찰력을 끊임없이 조직 전체 활동에 적용함으로써 조직 전반을 변환시키는 조직이다.
Watkins & Marsick(1993)	조직 구성원에게 권한을 위임하고 품질 개선운동과 노동의 질을 통합하고 학습을 위한 공간을 만들고 서로 협력하게 만들고 이익을 공유하며 탐구심을 북돋우고 지속적으로 학습하는 조직이다.
Marquardt & Reynolds(1993)	새로운 지식, 재화 및 용역을 만드는 임파워먼트된 종업원들의 집단이며 조직 내의 혁신적인 공동체 네트워크이다.
Hosley, Lau, Levey & Tan(1994)	개인, 팀 그리고 조직의 학습을 향상시키는 데 초점을 맞추면서 끊임없이 적응하는 기업으로서 변화하는 고객 요구를 만족시키고 경쟁세력의 역동성을 이해하고 시스템사고를 조장하는 조직이다.
Wishart, Flam & Robey(1996)	학습조직이란 그들의 정신적 모델과 행동관행, 중요한 사업이슈에 관한 핵심적 가정들을 잠재된 상태에서 의식화할 수 있는 상태로 끌어내고 점검하며 주기적으로 조직의 기업을 수정하여 새로운 도전에 효과적으로 대응하도록 하는 조직이다.

출처: 저자 구성

결국 학습조직은 공유된 지식을 토대로 학습행위가 조직 내에서 지속적으로 이루어지는 조직 학습과정으로 정의할 수 있을 것이다. 학습조직은 개인학습, 그룹학습, 조직학습으로 형태로 구분된다. 각 학습이 의미하는 바는 표 9-13과 같다.

표 9-13 학습조직의 형태

구분	내용
개인학습	조직의 인적자원개발 시스템을 통해 개인에 의해 받아들여지는 모든 학습 또는 기타 다른 방법을 통한 학습이다. (자기학습, Cyber를 통한 학습, 관찰 학습, 도서)
그룹학습	그룹, 팀, 단위조직 또는 다른 조직의 하위 단위들에 의한 학습, 그룹학습은 경험의 공유를 통해서 가장 빈번히 이루어진다.
조직학습	조직학습은 학습지원에 필요한 적절한 구조, 기업 학습문화, 권한과 역량의 함양, 환경분석, 지식의 창출과 이전, 학습기술, 품질, 전략, 지원 분위기, 팀워크와 네트워킹, 비전의 각 핵심 요소들을 내용으로 이루어진다.

출처: 이홍민(2013). p.9.

(2) 학습조직의 이론

① 센게(Senge)의 학습조직 이론

센게(Senge, 1990)는 학습조직을 설명함에 있어 체계적 사고, 개인적 숙련, 정신 모델, 공유비전, 팀 학습을 다섯 가지를 학습조직의 구성요인으로 제시하였다.

• 체계적 사고(systems thinking)

체계적 사고는 어떤 현상을 분석함에 있어 변수들 간에 상호 복합적인 관계에 대해 체계적인 시각으로 통찰할 수 있는 입체적인 사고 양식이다.

• 개인적 숙달(personal mastery)

개인적 숙달의 원천은 개인의 비전을 지속적으로 명료화시키고 개인의 비전과 현실과의 차이를 유발하는 창조적 긴장을 유지시키게 함으로써 개인적 숙달에 대한 높은 열망을 가진 개인이 지속적인 학습활동을 전개하게 만든다.

• 정신모형(mental model)

정신모형은 학습조직 구축을 위한 조직 내부의 공통화된 의미 형성의 철학적 기반으로써 현실 인식과 행동 양식에 영향을 미치는 기본 가정이며, 체화된 인식 기반을 의미한다. 조직에 있어서 정신모형은 개인에게 생각하고 행동하는 것에 영향을 미친다는 점에서 정신모형을 무엇보다 잘 관리하는 것이 학습조직

구축에 있어서 매우 중요하다.

• 공유된 비전(shared vision)

공유된 비전은 조직이 추구하는 방향과 목표에 대해 조직구성원들이 공감하고 있는 비전을 의미한다. 공유된 비전 없이는 조직은 학습조직을 구축할 수 없으며, 조직구성원의 몰입을 유도할 수 없다. 조직은 조직구성원 개인의 가치, 관심, 목표 등이 통합된 개인적인 비전을 수립할 수 있도록 촉진해야 한다.

• 팀 학습(Team learning)

팀 학습은 팀 구성원들이 기대하는 성과를 창조하기 위해 팀을 단결시키는 학습 과정이다. 팀 학습은 공유된 비전과 개인적 숙달의 원칙을 토대로 이루어진다. 대화와 토론은 팀 학습의 핵심 요소로 팀 구성원의 새로운 학습활동을 촉진시킨다.

② 가빈(Garvin)의 학습조직 이론

가빈(Garvin, 2000)은 학습조직을 새로운 지식을 창조하고 습득하고 변화시킬 수 있는 능력을 갖춘 조직이 학습조직으로 규정하고, 새로운 아이디어를 조직성과로 전환시키기 위해 필요한 다섯 가지 스킬을 학습조직의 구성요인으로 제시하였다.

• 체계적 문제해결

어떤 문제를 해결함에 있어서는 과학적 방법을 적용하고, 의사결정은 데이터에 기반한 통계적 수단을 사용하는 것을 의미한다.

• 실험하기

새로운 지식의 검증을 위해 과학적 방법론을 사용하는 것으로 체계적인 문제해결과는 다르게 지식의 점진적인 증가를 위해 설계된 일련의 작은 실험들을 말하는 것으로 새로운 조직의 역량을 개발할 때 수행하는 것을 의미한다.

• 과거 경험으로부터의 학습

과거의 성공 및 실패사례를 통한 학습을 의미하는 것으로 기업들은 사례를 검토하고, 체계적으로 평가하여 접근 가능한 형태로 기록하여 향후 실수를 반복하지 않도록 하는 과거의 경험을 학습한다는 것을 의미한다.

• 다른 이로부터의 학습

벤치마킹과 고객을 통해 학습하는 경험으로 벤치마킹을 통해서는 조사, 분석, 채택, 수행을 확인하는 학습을 의미하고, 고객을 통해서는 경쟁사 비교, 성과 창출을 위한 통찰력, 사용된 서비스 패턴 등에 대한 즉각적인 피드백을 얻는 것을 의미한다.

• 지식 이전과 실행

지식은 반드시 빠르게 이전되어야 효과적으로 활용되며, 아이디어는 조직 전반에 공유될 때 최고의 영향력을 미친다는 것을 의미한다.

③ 와킨스와 마식(Watkins & Marsic)의 학습조직이론

와킨스와 마식(Watkins & Marsic, 1993)은 학습조직이론을 지속적 학습기회, 탐구와 대화, 팀 학습 활동, 권한위임, 체화된 조직시스템, 시스템 연계성, 전략적 리더십의 7개 구성요인으로 제시하면서 학습조직을 구축함에 있어서 지속적인 학습 기회를 가장 중요한 요인이라고 하였다. 조직은 조직구성원의 조직 적응력과 창의력 향상을 위해 형식적, 비형식적, 무형식적 학습 기회를 지속적으로 제공해주어야 한다고 하였다.

또한 학습조직으로 특징으로 학습은 다양한 집단적 수준에 일어나며, 개인학습을 촉진시키고, 체계적인 사고와 구축을 통해 조직의 역량을 향상시키며, 조직구조와 조직문화에까지 영향을 미친다.

연구문제

1. 조직개발의 개념과 특성을 서술해 봅시다.

2. 레윈(Lewin)의 3단계 변화모델 개념을 서술해 봅시다.

3. 맥클린(McLean)의 조직개발 프로세스 모델을 서술해 봅시다.

4. 에릭 번(Eric Berne)의 교류분석의 개념과 의의를 서술해 봅시다.

5. 퀸과 맥그래쓰(Quinn & McGrath)의 조직문화 유형 중 조직은 목표 달성을 위해 합리적인 의사결정을 하는 경향이 있고, 조직구성원들은 성과 창출을 위해 상호 경쟁하는 경향이 있습니다. 리더는 목표지향적이며, 목표 달성을 위해 지원하는 역할을 하는 성향이 있는 유형을 다음 중에서 선택해 봅시다.
   ① 집단성향(clan) ② 혁신성향(adhocracy)
   ③ 시장성향(market) ④ 위계성향(hierarchy)

CHAPTER 10

국가 인적자원개발 정책과 제도

학습목표

본 장에서는 국가 인적자원개발 정책과 제도를 다루었다. 인적자원개발의 시작은 기업이었으나 기업 인적자원개발 혁신이나 취약계층 인적자원개발 등 인적자원개발에서 국가의 역할이 커짐에 따라 이에 대한 내용을 살펴보았다. 먼저 국가 인적자원개발이 대두된 배경과 유형을 제시하고 우리나라에서 국가 인적자원개발이 어떻게 전개되고 이것의 근거가 되는 인적자원개발기본법 등 관련 법의 제정과 주요 내용들을 서술하였다. 또한 인적자원개발 우수기관 인증 사업, 국가자격제도와 직무능력표준(NCS), 일학습병행제, 직업능력개발계좌제(내일배움카드제), 유급휴가훈련제도, 2022년 말에 도입된 직무능력은행제(NCS Bank)까지 국가 차원의 인적자원개발제도를 정리하여 제시하였다.

제1절 국가 인적자원개발의 대두와 유형

1. 국가 인적자원개발의 대두와 개념

1) 국가 인적자원개발의 대두

인적자원개발의 주체가 누구인가에 대해서는 학자별로 입장이 다르다. 인적자원개발을 조직-특히 기업에서 실천하는 교육활동(Gilley et al., 2010; 이기성, 2014; 장원섭, 2015)이라고 정의하는 경우 국가 차원의 인적자원개발은 전통적인 인적자원개발에 포함되지 않는다고 본다. 주로 미국과 독일 또는 이에 영향을 받은 학자들인 경우가 많은데, 이들은 인적자원개발이 조직에서 이루어지는 것을 선제로 하기 때문에 국가 수준의 인적자원개발이라는 용어 자체가 적절하지 않다고 지적한다(임세영, 2022). 독일은 기업교육이 체계화되어 있고 컨설팅도 광범위하게 이루어지고 있으나 인적자원개발이라는 용어 자체가 없다(Mclean et al., 2001). 인적자원개발 관련 학문이 발달한 미국의 경우 인적자원개발을 개인이나 기업이 주도하는 것이라고 보는 경우가 많다.

그러나 사회의 변화가 급속하게 이루어지고 기후 변화와 이로 인한 자연재해, 소득 양극화, 저출산과 고령화 등 이전보다 사회문제가 복잡해지고 많아짐에 따라 국가의 역할이 더 커지고 있다. 또한 국가 수준의 인적자원개발을 지지하는 경제학자들은 사람이 지닌 잠재능력을 교육과 훈련을 통해 개발함으로써 생산성을 높이고 이를 기반으로 경제 발전을 이룰 수 있다고 보면서(임세영, 2022) 국가 차원의 인적자원개발을 점점 더 중시하고 있다. 실제로 우리나라는 천연자원이 부족하지만 인적자원에 대한 교육과 투자를 기반으로 괄목할만한 경제성장을 이룬 경험을 가지고 있다.

또한 개인과 기업에만 인적자원개발을 맡길 경우 문제가 생길 수 있기 때문에 국가 수준의 인적자원개발이 필요하다고 보는 경우도 있다. 개인은 노동시장에 대한 정보 부족이나 트렌드를 좇아 특정 분야에 몰릴 수 있고, 기업은 필요한 인력을 양성하는 데 투자하기보다 다른 곳에서 육성한 인력을 스카우트하는 방식으로 충원할 수 있다(노남섭 외, 2021). 이런 내용을 종합해 보았을 때 국가는 인적자원개발을 개인과 기업에만 맡기지 않고 다양한 법과 제도를 마련하고 정책을 입안하여 추진해야 한다.

2) 국가 인적자원개발의 개념

맥클린(McLean, 2004)은 국가마다 처한 환경이나 문화가 다르기 때문에 포괄적인 국가 인적자원개발의 개념을 정립하는 것은 불가능하다고 하였다. 그럼에도 불구하고 국가 인적자원개발은 다양한 환경 변화에 능동적으로 대응하기 위해서, 특히 개발도상국처럼 정부가 주도적으로 경제 발전을 이끌어가는 나라들이 정책적으로 국가 인적자원개발을 추동하게 되면서 국가 인적자원개발에 대한 개념 정리가 필요하게 되었다.

국가 인적자원개발에 대한 학문적 논의가 국제사회에서 이루어진 것은 2004년 이후이다(노남섭 외, 2021; 임경수, 2013). 한국은 1990년대 후반부터 논의가 시작되어 2000년에 본격적으로 진행되었다. 2001년 대통령 자문기구인 교육인적자원정책위원회에서 발표한 정책보고서를 보면 "국가 인적자원개발은 인적자본과 사회적 자본의 개발 및 효율적 관리로 지식의 창출·활용·확산을 촉진하여 개인의 발전과 국가 경쟁력을 강화하는 국가·사회의 총체적인 노력"(교육인적자원정책위원회, 2001)이라고 정의하고 있다. 인적자원개발기본법 제2조(정의)에 따르면 "인적자원개발이라 함은 국가·지방자치단체·교육기관·연구기관·기업 등이 인적자원을 양성·배분·활용하고, 이와 관련되는 사회적 규범과 네트워크를 형성하기 위한 각종 활동을 말한다."고 되어 있다. 이는 전통적으로 기업 중심의 인적자원개발 활동 주체를 국가와 지방정부 등으로 확대하고, 인적자원과 관련된 사회적 규범과 네트워크 형성까지 포함시킴으로써 인적자원개발 활동 영역도 확대하여 제시한 것이다.

오현석(2003)도 국가 인적자원개발을 인적자원 양성, 인적자원 배분, 인적자원 활용을 포괄하는 것으로서, 인적자원에 대한 3가지 과정의 순환적, 동태적 상호작용의 개념으로 정의하여 폭넓게 범위를 제시하고 있다. 노남섭, 박양근(2021)은 국가 인적자원개발이란 "국가적 관점에서 국가의 유지·발전을 위해 활용할 수 있는 인력의 총규모와 전체적인 질적 수준을 개발·향상시키는 것"이라고 하였는데, 이는 인적자원개발의 주체로서 기존의 기업 중심 입장을 넘어서 국가의 역할을 강조한 개념이라고 할 수 있다.

이상의 내용을 종합하면 국가 인적자원개발은 무엇을 강조하느냐에 따라 개념 정의가 다르게 나타나지만, 주체로서 국가가 강조되고 국가의 역할을 규정할 때 그 영역과 범위가 굉장히 넓어질 수 있음을 알 수 있다. 결국 국가 인적자원개발이란 국가 안에서 중앙정부와 지방정부가 주체가 되어 이루어지는 인적자원개발로서 인적자원개발의 영역을 포함하여 대상, 내용, 이를 지원하는 사회적 규범과 네트워킹까지 아우르는 폭넓은 개념이다. 다만 본 장에서 정책이나 구체적인 제도를 기술할 때는 인적자원 양성을 중심으로 기술한다.

2. 국가 인적자원개발 모형

국가인적자원개발 모형을 조와 맥클린(Cho & McLean, 2004)은 정부의 개입 정도에 따라 중앙집중식 모형(centralized NHRD), 이행적 모형(transitional NHRD), 표준 기반 정부 주도 모형(government-initiated NHRD), 분권형 자유시장 모형(decentralized/free-market NHRD), 작은 국가 모형(small-nation NHRD) 등 다섯 가지로 구분하였다. 그런데 이 모형 범주에는 북유럽 국가들이 채택하고 있는 사회시장경제 모형이 없다.

반면 임세영(2022)은 카나리아 제도 등 몇몇 국가에 해당하는 작은 국가 모형 대신 사회시장경제 모형을 추가하여 제시하고 있다. 이에 따르면 교육훈련에 대한 이해와 인적자원개발에 대한 의도를 기준으로 중앙집중식 모형(centralized NHRD), 이행적 모형(transitional NHRD), 표준 기반 정부 주도 모형(government-initiated NHRD), 분권형 자유시장 모형(decentralized/free-market NHRD), 사회시장경제적 모형(social-market economic model) 등 5개로 구분한다.

1) 중앙집중식 모형(centralized NHRD)

이 모형은 인적자원개발을 위한 기획, 실행, 평가 기능이 중앙정부에 집중되어 있고, 국가가 경제성장 정책을 주도한다는 특징을 가진다. 경제개발 5개년 계획을 기반으로 근대화를 추진한 60년대~80년대 한국이 이 모형에 해당한다. 우리나라 외에도 멕시코, 케냐, 중국, 폴란드 등이 포함된다(Cho et al., 2004). 이 모형에서는 인적자원개발의 사회경제적 기여를 중시한다.

2) 이행적 모형(transitional NHRD)

이 모형은 중앙집중식 모형에서 표준화 모형이나 분권형 모형으로 이행하는 과정에 있는 국가의 인적자원개발을 말한다(임세영, 2022). 주로 고도성장기 이후 경제 규모는 커진 반면 경제성장율은 낮아지는 단계에 있는 국가로, 현재의 한국이나 싱가포르 등이 해당된다. 중앙집중식 모형처럼 국가가 주도하기보다는 일명 '노사정위원회(현재 공식 명칭은 경제사회노동위원회)'처럼 정부와 기업, 노동자가 함께 협의하는 형태로 국가 인적자원개발 정책을 조정한다.

3) 표준 기반 정부 주도 모형(government-initiated NHRD)

이 모형은 시장에서 이루어지는 인적자원개발 활동을 포용하면서 정부는 노동시장의 미스 매치나 저숙련 노동 문제를 해결하기 위한 국가 수준의 표준 자격제도 등을 도입하여 인적자원개발 활동의 지표를 만든다. 영국, 오스트레일리아, 남아프리카공화국 등 영연방 국가들이 해당된다(임세영, 2022). 한국도 2002년부터 국가직무능력표준(NCS: National Competency Standards) 개발에 착수하여 현장 중심 인재를 양성하도록 정부가 지원하고 있다.

4) 분권형 자유시장 모형(decentralized/free-market NHRD)

이 모형은 국가가 인적자원개발 활동에 개입하지 않는다. 자유시장 경쟁체제 하에서 개인이 자신의 능력개발에 책임을 지고, 기업이 인적자원개발을 추진한다. 국가는 실업자나 빈곤층을 위한 직업교육과 훈련을 제공하는 것으로 인적자원개발 역할을 제한한다. 대표적인 국가는 미국과 캐나다이다(임경수, 2013).

5) 사회시장경제적 모형(social-market economic model)

이 모형에서는 교육훈련과 그에 따라 수반되는 비용을 사회가 부담한다. 초중등 교육은 물론 대부분의 고등교육이 무상으로 제공되거나 소액이다. 기업이 제공하는 직업훈련 이수자는 정규근로자 임금의 약 1/3에 해당하는 훈련수당을 기업에서 받는다. 자본주의 시장경제를 기반으로 하되, 시장질서가 독점이나 카르텔 형성으로 공정하게 작동되지 않는 것을 방지하기 위해 사회적 개입이 필요하다고 본다. 독일, 프랑스, 오스트리아, 스웨덴, 핀란드, 노르웨이 등 일부 중유럽 국가와 북유럽 국가들이 해당된다.

제2절 국가 인적자원개발 전개와 관련 법

1. 국가 인적자원개발의 전개

국가 차원에서 인적자원개발을 추진한 것은 한국이 세계적으로 선도적인 역할을 한 것으로 평가받고 있다. 국가 차원의 인적자원개발을 국가 인적자원개발이라 부르면서 1990년대 후반에서 2000년대 초반에 그 개념을 연구하기 시작하였다(장창원 외, 2006). 그러나 국가 인적자원개발에 관한 논의는 연구 차원보다 정부의 정책 추진을 기반으로 촉진되었다(임경수, 2013). 1960년대 경제개발계획을 추진하면서 필요한 인력을 공급하기 위해 과학기술진흥 5개년 계획을 시행하였는데 이것이 국가 수준 인적자원개발의 시작이라고 할 수 있다(노남섭 외, 2021).

인적자원개발을 넓게 보면 직업교육도 포함할 수 있는데 이렇게 할 경우 광복 이후 중등교육의 직업교육을 중심으로 이루어진 인적자원개발도 포함될 수 있다. 1948년 미군정기 이후 학교교육 편제가 6-3-3-4로 확정되면서 3년제 실업계 고등학교가 설립되어 직업교육이 시작되었다(이기성, 2014). 그러나 앞서 말한 것처럼 한국의 본격적인 인적자원개발은 1960년대 경제개발계획 실시 이후 시작되었으므로 그 시기부터 살펴보면 다음과 같다.

1) 1960~2000년대 초반

1960년대 제3공화국이 수립되고 경제개발5개년계획을 추진하면서 이에 필요한 산업인력 양성을 위해 직업교육을 본격적으로 시작하였다. 1961년부터 1970년대 초반까지 노동집약시대에 맞는 인력 양성을 위해 직업교육을 추진하였다. 1970년대 중반~1980년대에는 기술집약시대에 맞는 인력 양성을 위한 교육과 훈련을 실시하였다(이기성, 2014). 이를 위해 1970년대는 산업체 부설 중·

고등학교, 기술학교·고등기술학교, 한국방송통신대학 등을 설립하고 운영하였다. 기술학교와 고등기술학교는 정규학교에 진학하지 못한 학생들에게 직업기술을 교육하기 위하여 설립되었다. 기술학교는 중학교, 고등기술학교는 고등학교 교육과정을 개설한다. 중학교 교육이 의무화되고 기술 인력 수준이 높아지면서 기술학교는 1975년 60개교이었는데 1992년 모두 폐교되었다. 고등기술학교는 1980년대 후반부터 감소하여 1989년 28개교에서 2009년 10개교로 감소하였다(이무근 외, 2020).

1982년에는 개방(산업)대학이 설립되었다. 이는 산업체 근로자들의 고등교육 기회를 제공하기 위한 목적으로 설립한 것이다. 이 시기에 실업교육 분야에 대한 투자를 확대하고 기업에 대해 직업훈련 의무를 부과하는 정책도 추진하는 등 국가 차원에서 적극적으로 인적자원개발 정책을 추진하였다(노남섭 외, 2021).

1990년대 들어 경제가 성숙 단계에 들어서고 경제개발5개년계획이 1996년을 마지막으로 종료되면서 국가 차원의 인적자원개발에 대한 노력이 다소 주춤해졌다. 그러나 지식정보화사회가 본격화되고 이에 걸맞는 인적자본에 대한 요구가 높아지면서 다시 국가 차원의 인적자원개발정책이 재논의되고 추진되었다. 그 결과 2001년 정부조직법을 개정하여 교육부를 교육인적자원부로 개편하고 국가인적자원개발기본계획을 수립하였으며, 인적자원개발기본법이 2002년에 제정되었다. 이후 2006년에 제2차 국가인적자원개발기본계획이 수립되었으나 이후 더 이상 진행되지 못하고 있다(노남섭 외, 2021).

2) 2000년 이후

2005년부터 기업에서 자체적으로 사내대학을 설립하고 운영할 수 있게 되었다. 2006년에는 기능대학을 폴리텍대학으로 통합하여 산업학사를 수여하고 있다. 현재 폴리텍대학은 재직근로자 직업능력 향상은 물론, 민간 부분에서 담당하기 어려운 국가기간산업이나 신성장사업 분야의 다능기술자와 기능장 등을 양성하는 데 주력하고 있다. 또한 취업을 희망하는 청소년, 고학력 미취업자, 실직자, 취업취약계층 등을 대상으로 하는 기능인력(기능사) 양성과정도 운영하고 있다.

이렇게 형식교육으로 국가 차원의 인적자원개발을 진행하는 것 외에 다양한 제도를 도입하여 운영하고 있다. 실업자훈련 지원제도, 내일배움카드제 지원,

신규실업자 훈련생계비 대부, 재직근로자훈련 지원제도, 근로자 능력개발카드제 등을 통해 직·간접적으로 다양한 형태의 제도를 활용하고 있다.

2. 국가 인적자원개발 관련 법

한국의 인적자원개발 관련 법은 교육부와 고용노동부가 관할하는 경우가 대부분이다. 교육부 소관 법률은 「산업교육진흥 및 산학연협력촉진에 관한 법률」(약칭: 산학협력법), 「직업교육훈련 촉진법」(약칭: 직업교육훈련법), 「인적자원개발 기본법」(약칭: 인적자원법), 「평생교육법」 등이 있다.

1) 교육부 소관 법률

(1) 산업교육진흥 및 산학연협력촉진에 관한 법률

이 법은 1963년에 제정된 「산업교육진흥법」이 모체이다(이기성, 2014). 이 법의 제2조(목적)에 따르면 목적은 '산업교육을 진흥하고 산학연협력(産學研協力)을 촉진하여 교육과 연구의 연계를 기반으로 산업사회의 요구에 따르는 창의적인 산업인력을 양성하며, 효율적인 연구개발체제를 구축하고, 나아가 산업발전에 필요한 새로운 지식·기술을 개발·보급·확산·사업화함으로써 지역사회와 국가의 발전에 이바지'하는 것이다.

여기서 말하는 산업교육이란 '산업교육기관이 학생에게 산업에 종사하거나 창업하는 데에 필요한 지식과 기술 등을 습득시키고 기업가정신을 함양시키기 위하여 하는 교육'을 말한다(「산업교육진흥 및 산학연협력촉진에 관한 법률」 제2조 정의). 산업교육기관에 대해서 이기성(2014)은 다음과 같이 세 가지 유형으로 정리하여 제시하고 있다.

첫째, 고등학교에 해당하는 특수목적고등학교, 특성화고등학교, 고등기술학교 등이다. 특수목적고등학교는 산업계의 수요와 연계된 맞춤형 교육과정을 운영하는 학교이다. 이전에 실업계 고등학교라고 했던 특성화고등학교는 현장실습 등 체험 위주의 교육을 전문적으로 실시한다. 고등기술학교는 전술한 대로 정규학교에 진학하지 못한 학생들에게 직업기술을 교육하기 위하여 설립되었다. 이밖에 산업 수요 맞춤형 학과나 전문계 과정을 설치하여 운영하는 일부 고등학교가 포함된다.

둘째, 직업 또는 진로와 직업교육 과정을 운영하는 특수학교이다. 이 학교는 특수교육 대상 학생의 진로 지도와 직업교육, 취업을 지원한다.

셋째, 대통령령으로 정하는 고등교육기관으로 기능대학, 국방대학교, 사관학교, 국군간호사관학교, 육군3사관학교, 경찰대학, 한국과학기술원, 광주과학기술원, 대구경북과학기술원 등이다.

산학협력법은 산업교육 진흥에 대한 국가와 지방정부의 책무를 명시하였고, 이에 따른 기본계획 수립, 계약학과 설립 근거, 현장실습 운영에 관한 내용 등을 담고 있다.

(2) 직업교육훈련 촉진법

「직업교육훈련 촉진법」은 1973년에 제정되었다. 제1조(목적)에 따르면 이 법은 직업교육훈련을 촉진하는 데에 필요한 사항을 정하여 모든 국민에게 소질과 적성에 맞는 다양한 직업교육훈련의 기회를 제공하고 직업교육훈련의 효율성과 질을 높임으로써 국민생활 수준의 향상과 국가경제의 발전에 이바지하는 데 목적이 있다. 이 법은 학생뿐 아니라 일반 근로자에게 필요한 지식이나 기술, 태도 등을 습득하고 향상하기 위하여 실시하는 직업교육과 훈련에 관한 내용을 담고 있다.

(3) 인적자원개발 기본법

2002년에 제정된 「인적자원개발 기본법」은 인적자원개발정책의 수립·총괄·조정·평가 등에 관하여 필요한 사항을 정하여 인적자원개발을 효율적으로 추진하도록 함으로써 국민의 삶의 질 향상과 국가경쟁력 강화에 이바지함을 목적으로 한다. 이 법에서 말하는 "인적자원"이란 '국민 개개인·사회 및 국가의 발전에 필요한 지식·기술·태도 등 인간이 지니는 능력과 품성'을 말한다.「인적자원개발 기본법」 제2조(정의). 제3조(다른 법률과의 관계)를 보면 "이 법은 인적자원개발에 관하여 다른 법률에 우선하여 적용한다."고 명시하고 있어 인적자원개발에 관한 법령을 살필 때 가장 먼저 참고해야 하는 법이다.

또한 인적자원개발을 위한 종합적인 시책을 세우고, 그 추진에 필요한 행정적·재정적 지원방안 등을 강구해야 하는 책임을 국가와 지방정부에 있다고 명시하고 있다. 그러나 제14조(인적자원개발 우수기관 등에 대한 인증) ①항에 "정부는 공공부문 및 민간부문의 인적자원개발을 촉진하기 위하여 인적자원개발 우수기관 등에 대한 인증을 실시하고 필요한 지원을 할 수 있다."고 되어 있어, 민간부문에 대해서도 인적자원개발을 촉진할 수 있다.

(4) 평생교육법

「평생교육법」의 모체는 1982년에 제정된 「사회교육법」이다. 1999년에 「평생교육법」으로 개명하며 전면 개정하였다. 이 법은 「헌법」과 「교육기본법」에 규정된 평생교육의 진흥에 대한 국가 및 지방자치단체의 책임과 평생교육제도와 그 운영에 관한 기본적인 사항을 정하고, 모든 국민이 평생에 걸쳐 학습하고 교육받을 수 있는 권리를 보장함으로써 모든 국민의 삶의 질 향상 및 행복 추구에 이바지함을 목적으로 한다. 이 법에서 말하는 평생교육이란 "학교의 정규교육과정을 제외한 학력보완교육, 성인 문해교육, 직업능력 향상교육, 성인 진로개발역량 향상교육, 인문교양교육, 문화예술교육, 시민참여교육 등을 포함하는 모든 형태의 조직적인 교육활동"(제2조 정의)으로서, 직업능력 향상 교육을 평생교육의 하나로 규정하고 있다.

법 조문 중 인적자원개발과 관련이 있는 내용은 제32조 사내대학 형태의 평생교육시설, 제33조 원격대학 형태의 평생교육시설, 제38조 지식·인력개발 관련 평생교육시설이다(이기성, 2014). 사내대학은 사업장의 경영자가 교육부 장관의 인가를 받아 사업장 내에 설치한 평생교육 시설이다. 사업장에 고용된 종업원이 일정 기간 동안 교육 과정을 이수하면 전문 대학이나 대학 졸업자와 동등한 학력과 학위를 인정받는다.

원격대학 형태의 평생교육시설은 전문대학 또는 대학 졸업과 동등한 학력을 인정받기 위해 원격교육 형태의 교육을 이수하거나 다양한 정보를 제공받는데, 이를 통해 인적자원개발에 활용할 수 있다. 지식·인력개발 관련 평생교육시설은 지식정보의 제공과 교육훈련을 통한 인력개발을 위하여 설치·운영된다.

2) 고용노동부 소관 법률

고용노동부 소관 법률에서 주로 사용하는 용어는 직업훈련이나 직업능력개발이다. 직업훈련이란 "산업 분야의 직업에 취업하고자 하는 자 또는 이미 취업한 자에게 그들의 적성, 희망, 능력에 알맞은 직업을 선택하도록 돕거나, 직무수행에 필요한 지식, 기능, 태도를 개발시켜 변화하는 산업사회에서 계속적으로 직업적 자기발전을 성취할 수 있도록 도와주는 학교, 훈련원 또는 일의 현장에서 실시되는 모든 형태의 훈련을 의미한다. 즉, 현직에 종사하고 있거나 취업 의사를 가진 자에게 직업에 필요한 직무수행능력을 습득, 향상시키기 위하여 실시하는 훈련"이다(한국직업능력개발원, 1999). 이 정의를 보면 인적자원개발과 큰 차이가 없으므로 이와 관련한 법률부터 살펴보면 다음과 같다.

(1) 직업훈련법과 관련 법의 변천

「직업훈련법」은 우리나라 최초로 직업훈련의 법적 근거를 마련한 법으로서 1967년에 제정되었다. 「근로기준법」과 「산업교육진흥법」 등에 분산되어 있던 직업훈련이 이 법의 제정으로 일원화되었다. 이후 일정 규모 이상의 사업주는 매년 일정 비율의 인원을 의무적으로 기술인력으로 양성하도록 규정한 「직업훈련에 관한 특별조치법」이 1974년에 제정되었다. 1976년에는 「직업훈련법」과 「직업훈련에 관한 특별조치법」을 통·폐합하여 「직업훈련기본법」이 제정되었다. 이 법은 직업훈련 분담금제를 규정하여 사업주가 직업훈련을 실시하거나 분담금을 납부하도록 강제하였다. 「직업훈련기본법」에 규정된 내용이 「고용보험법」과 「근로자직업훈련촉진법」 등 다른 법에 관련 내용이 들어가면서 1995년에 폐지되었다.

(2) 고용보험법

1993년에 제정된 「고용보험법」의 목적은 고용보험의 시행을 통하여 실업의 예방, 고용의 촉진 및 근로자 등의 직업능력 개발과 향상을 꾀하고, 국가의 직업지도와 직업소개 기능을 강화하며, 근로자 등이 실업한 경우에 생활에 필요한 급여를 실시하여 근로자 등의 생활 안정과 구직 활동을 촉진함으로써 경제·사회 발전에 이바지하는 것이다(고용보험법 제1조 목적). 이 법은 상시 근로자를 고용하고 있는 모든 사업체에 적용된다.

1995년에 「고용보험법」에 의한 직업능력개발사업이 도입되어 직업훈련의 중심이 기능인력 양성에서 근로자의 평생직업능력 개발로 확대되었다. 이 법에 따른 직업능력개발사업은 상시근로자 70인 이상의 전 사업체에 적용하였으나, 제조업이나 건설업 등 6개 산업의 1,000인 이상 사업체는 「직업훈련기본법」에 의한 의무적인 훈련 실시를 존속하게 하여 직업훈련 제도가 이원화되는 결과를 낳았다(노남섭 외, 2021).

(3) 고용정책기본법

1997년에 제정된 이 법은 국가가 고용에 관한 정책을 수립·시행하여 국민 개개인이 평생에 걸쳐 직업능력을 개발하고 더 많은 취업 기회를 가질 수 있도록 하는 한편, 근로자의 고용안정, 기업의 일자리 창출과 원활한 인력 확보를 지원하고 노동시장의 효율성과 인력수급의 균형을 도모함으로써, 국민의 삶의 질 향상과 지속가능한 경제성장 및 고용을 통한 사회통합에 이바지함을 목적으로 한다(고용정책기본법 제1조 목적).

제5조에 직업능력 개발에 관한 근로자와 사업주, 노동조합과 사업주단체 등의 책임과 의무를 다음과 같이 명시하고 있다.

① 근로자는 자신의 적성과 능력에 맞는 직업을 선택하여 직업생활을 하는 기간 동안 끊임없이 직업에 필요한 능력(이하 "직업능력"이라 한다)을 개발하고, 직업을 통하여 자기발전을 도모하도록 노력하여야 한다.

② 사업주는 사업에 필요한 인력을 스스로 양성하고, 자기가 고용하는 근로자의 직업능력을 개발하기 위하여 노력하며, 근로자가 그 능력을 최대한 발휘하면서 일할 수 있도록 고용관리의 개선, 근로자의 고용안정 촉진 및 고용평등의 증진 등을 위하여 노력하여야 한다.

③ 노동조합과 사업주단체는 근로자의 직업능력 개발을 위한 노력과 사업주의 근로자 직업능력 개발, 고용관리 개선, 근로자의 고용안정 촉진 및 고용평등의 증진 등을 위한 노력에 적극 협조하여야 한다(동법 제5조 근로자 및 사업주 등의 책임과 의무).

(4) 근로자직업훈련촉진법과 근로자직업능력개발법

전술한 직업훈련 제도 이원화로 인해 법규 적용 상의 혼란, 각종 행정 규제 완화에 따른 훈련 비용 지원 남용, 훈련기관 난립으로 인한 훈련 부실 우려 등 여러 문제점이 나타나서 「고용보험법」과 「직업훈련기본법」에 의한 제도의 이원화를 개선해야 하는 요구가 높아졌다. 또한 정보화 등 직업훈련의 환경 변화에 대응하기 위해 1997년 「직업훈련기본법」을 폐지하고 「근로자직업훈련촉진법」

을 제정하였다(노남섭 외, 2021). 이에 따라 「직업훈련기본법」에 의한 직업훈련의무제도 폐지되고 전 사업장이 고용보험 상의 직업능력개발사업의 적용을 받게 되었다.

이 법의 목적은 근로자의 직업능력 개발을 위한 훈련 등을 통하여 근로자가 직업능력을 최대한 개발·발휘하도록 함으로써 근로자의 고용증진 및 지위 향상과 기업의 생산성 향상을 도모하고 경제·사회 발전에 이바지하는 것이다(제1조 목적). 여러 차례 개정을 거치며 대통령령이 정하는 직업능력 개발과 훈련을 실시하는 사업주에게 필요한 비용 지원과 직업능력개발훈련시설의 설치 및 장비 구입에 필요한 비용의 대부, 노동부장관이 정하는 직업능력개발훈련 시설의 설치 및 운영비를 지원하도록 하였다. 또한 대통령령이 정하는 기준에 해당하는 중소기업을 우선적으로 고려하도록 하였고, 필요하다고 인정되는 경우 직업능력개발훈련사업을 위탁하여 실시할 수 있도록 하였다.

이후 지식경제와 평생학습사회로 전환하는 것과 맞물려 근로자의 평생직업능력개발 체제 구축이 요구되었다. 이에 직업능력개발사업의 참여자, 지원 대상 및 지원 범위를 확대하는 등의 내용을 보완하여 2005년 「근로자직업능력개발법」(약칭: 직업능력개발법)으로 변경되었다(이기성, 2014).

법명이 바뀌면서 목적도 일부 수정되었다. 2010년 개정된 현재 제1조(목적)에 따르면 근로자의 생애에 걸친 직업능력 개발을 촉진·지원하고 산업현장에서 필요로 하는 기술·기능인력을 양성하며 산학협력 등에 관한 사업을 수행함으로써 근로자의 고용촉진·고용안정 및 사회·경제적 지위 향상과 기업의 생산성 향상을 도모하고 사회·경제의 발전에 이바지하는 것이 동 법의 목적이다. 2022년에 직무 중심 수시 채용이 확산되면서 개개인이 습득한 직무능력 정보를 저축해 통합적으로 활용할 수 있도록 지원하는 '직무능력은행제'(고용노동부, 2022a)를 추가하는 등 산업환경 변화에 맞는 내용을 보완하는 노력이 계속되고 있다.

제3절 국가 인적자원개발 제도

1. 인적자원개발 우수기관 인증 사업

1) 개요

2006년부터 시행되고 있는 '인적자원개발 우수기관 인증 사업(Best human resource development: Best HRD)'은 능력 중심으로 공정하게 인사를 관리하고 재직자들에게 지속적인 역량개발 기회를 제공하는 우수기관 및 기업을 인증하는 제도이다. 목적은 공공·민간기관에서 능력을 중심으로 인재를 채용 관리하고 재직 중 근로자에게 지속적인 교육훈련 기회를 제공하는 등, 인적자원개발이 우수한 기관에게 인증을 부여하여 인적자원개발을 촉진하는 것이다. 이 제도의 인증 주체는 고용노동부, 교육부, 산업통상자원부, 중소벤처기업부 4개 부처이다. 대상 기관은 고용보험법 시행령 제8조의 규정에 의한 사업장으로 구체적인 내용은 다음 표 10-1과 같다.

표 10-1 인적자원개발 우수기관 인증 사업 대상 기관

<table>
<tr><th>구분</th><th colspan="2">대상 기관</th><th>공통사항</th></tr>
<tr><td>대기업 부문</td><td colspan="2">고용보험법 시행령 제12조의 규정에 의한 우선지원 대상 기업이 아닌 기업</td><td rowspan="17">고용보험법 시행령 제8조 규정에 의한 사업장으로 공공부문 제외(인증제 운영규정 제3조 제2호)
재인증 대상: 유효기간 내 재인증 신청한 기인증 기업 (19년~21년)</td></tr>
<tr><td rowspan="15">중소기업 부문</td><td colspan="2">고용보험법 시행령 제12조의 규정에 의한 우선지원 대상 기업</td></tr>
<tr><th>산업분류</th><th>상시 근로자 수</th></tr>
<tr><td>1. 제조업</td><td>500명 이하</td></tr>
<tr><td>2. 광업</td><td rowspan="7">300명 이하</td></tr>
<tr><td>3. 건설업</td></tr>
<tr><td>4. 운수 및 창고업</td></tr>
<tr><td>5. 정보통신업</td></tr>
<tr><td>6. 사업시설 관리, 사업 지원 및 임대 서비스업</td></tr>
<tr><td>7. 전문, 과학 및 기술 서비스업</td></tr>
<tr><td>8. 보건업 및 사회복지 서비스업</td></tr>
<tr><td>9. 도매 및 소매업</td><td rowspan="4">200명 이하</td></tr>
<tr><td>10. 숙박 및 음식점업</td></tr>
<tr><td>11. 금융 및 보험업</td></tr>
<tr><td>12. 예술, 스포츠 및 여가 관련 서비스업</td></tr>
<tr><td>13. 그 밖의 업종</td><td>100명 이하</td></tr>
<tr><td>선취업·후학습 기업 부문</td><td colspan="2">선취업·후학습을 진행하고 있는 기업
- (선취업) 직업계 고(특성화고, 마이스터고), 인문계 고, 특화과정, 인문계 고 졸업자 또는 졸업예정자
- (후학습) 재직자 특별과정, 사내대학, 일학습 병행, P-Tech, 야간·계약 학과, 국가 자격증 취득, 학점취득(학위 취득), 사이버대학, 학점은행제 등</td></tr>
</table>

출처: https://www.hrd4u.or.kr/hrdcert/contents.do?menuNo=0101 보완.

2) 현황

2021년까지 총 1,448개 기관(공공 610개, 민간 838개)이 우수기관으로 인증됐다. 인증 심사는 인증 신청기관에 대해 인적자원관리 400점, 인적자원개발 600점 부문으로 구성된 심사지표를 바탕으로 서류와 현장 심사를 실시한다. 이 중 700점 이상을 획득한 기관을 대상으로 인증위원회 심의를 거쳐 최종 선정한다.

우수기관에는 인증서(3년 유효)와 인증패를 수여하고, 인증 기간 동안 정기근로감독 면제, 우수기관 담당자 연수 등 혜택을 부여한다. 2022년부터 민간부문에서는 중소벤처기업부와 협업하여 '중소기업 성과공유기업' 인증 혜택을 부여하며, 공공부문에서는 유형별 최우수 4개 기관의 담당자에게 부총리 겸 교육부장관 표창을 수여한다. 하위기관과 탈락기관 중 원하는 경우 컨설팅을 제공하여 기관의 인적자원관리와 개발 체계를 개선할 수 있도록 지원하기도 한다(관계부처 합동 보도자료, 2022).

2. 국가자격제도와 직무능력표준(NCS)

1) 국가자격제도

자격제도는 경제활동을 하는 데 필요한 역량의 표준을 정하고, 개인이 지닌 능력이 표준에 부합하는지 평가하여 표준에 적시된 능력을 지녔다는 것을 인증하는 제도이다. 이는 인적자원에 대한 질적 정보를 제고함으로써 노동시장의 수요공급 상황을 파악하는 틀을 제공하며, 인력수급의 불일치를 완화하고 인적자원개발을 촉진하는 중요한 기반(임세영, 2022)이 된다.

1997년에 「자격기본법」을 제정하여 자격에 관한 기본적인 사항을 정하고 이를 근거로 자격제도의 관리와 운영을 체계화하여 평생직업능력 개발을 촉진하고자 하였다(동 법 제1조 목적). 이 법에서 말하는 자격이란 "직무수행에 필요한 지식·기술·소양 등의 습득 정도가 일정한 기준과 절차에 따라 평가 또는 인정된 것"을 말한다(동법 제2조 정의). 또한 「자격기본법」에 민간자격의 신설과 관리, 운영을 법적으로 명시하였다.

이에 따라 국가가 관리하는 자격은 크게 국가자격과 민간자격으로 구분된다. 국가자격이란 법률에 따라 국가가 신설하고 관리, 운영하는 자격을 뜻한다. 「국가기술자격법」에 의한 자격과 「의료법」, 「약사법」 등 개별 법령에 의한 자격이 해당된다. 민간자격이란 국가 외의 민간 조직이 신설하여 관리·운영하는 것이다.

2) 국가직무능력표준(NCS)

국가직무능력표준(National Competency Standards: NCS. 이하 NCS)란 "산업현장에서 직무를 수행하기 위하여 요구되는 지식·기술·소양 등의 내용을 국가가 산업부문별·수준별로 체계화한 것"을 말한다(자격기본법 제2조 정의). NCS에 대한 관심이 커지는 것은 그동안 직업훈련을 통해 형성된 능력과 실제 일터 현장에서 직무를 수행하는 데 요구되는 능력 사이의 격차가 컸기 때문이다. 이를 좁히기 위해 일터에서 실제로 요구되는 직무수행능력을 조사하고 이를 자격검정의 평가 기준으로 설정하는 것에 대한 필요성이 높아짐에 따라 NCS를 수립하게 되었다고 볼 수 있다(조정윤 외, 2022). NCS를 바탕으로 직업교육(특성화고, 전문대)·훈련(폴리텍, 훈련기관) 및 자격제도를 현장(일)에 맞도록 개편하고, 기업의 실력 중심 채용(블라인드 채용) 및 인사관리(승진·업무 분장 등)를 유도하는 것이다(고용노동부, 2022b). 이러한 목적을 실현하기 위한 NSC의 구성 내용은 그림 10-1과 같다.

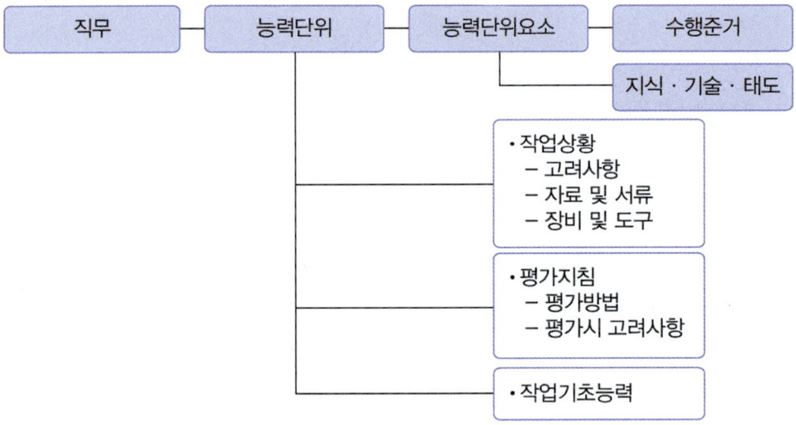

그림 10-1 국가직무능력표준(NCS)구성 내용

출처: 김주섭(2014). p.2.

NCS의 구성을 좀 더 살펴보면 하나의 NCS는 10개 내외의 '능력단위'로 구성되고, '능력단위'는 2~10개의 '능력단위요소'로 구성된다. '능력단위요소'별로 작업에 요구되는 역량을 나타내는 수행준거, 지식, 기술, 태도로 구성된다.

수행준거는 학습목표, 평가기준에 해당되고, 능력단위별로 직무 복잡성, 난이도에 따라 1~8의 수준이 부여된다.

각 수준에서 요구되는 구성요소별 설명지표는 NCS 등을 바탕으로 학력, 자격, 현장경력 및 교육훈련 이수 결과 등이 상호 연계될 수 있도록 한 수준체계인 한국형 국가역량체계(Korean Qualifications Framework, KQF)를 참고하면 된다.

표 10-2 **한국형 국가역량체계 구성요소·수준·설명지표**

구성요소 / 수준	지식 (Knowledge)	기술 (Skills)	자율성과 책임성 (Autonomy & Responsibility)
8	해당 분야 최고의 전문 지식과 관련분야와의 융합적 지식	관련 지식을 확장하고 재정의 하는데 필요한 융합적 기술	조직 전반에 영향을 주거나 변화를 가져올 수 있는 새로운 아이디어나 프로세스를 창출 조직 전반에 대한 전문가적 권한 및 책임
7	해당 분야 고도의 전문 지식과 관련 분야와의 연계적 지식	새로운 지식과 절차를 개발하고 관련 분야의 지식을 통합하기 위해 필요한 연계적 기술	새로운 전략적 해결방안을 제시하고 적용 조직의 성과를 관리하고 타인의 성과를 평가
6	해당 분야의 심화된 전문 지식	해당 분야의 예측불가능한 문제를 해결하는데 필요한 기술	일반적 권한 내에서 과업을 수행하고 조직의 과업을 관리
5	해당 분야의 포괄적 전문 지식	해당 분야의 일상적이지 않은 문제를 해결하는데 필요한 기술	일반적 권한 내에서 과업을 수행하고 타인의 과업을 관리
4	해당 분야의 제한적 전문 지식	해당 분야의 특정한 문제를 해결하는데 필요한 기술	제한된 권한 내에서 과업을 수행하고 타인의 정해진 과업을 관리
3	해당 분야의 포괄적 기초 지식	해당 분야의 일상적 업무를 수행하고 일상적 문제를 해결하는데 필요한 기술	제한된 권한 내에서 정해진 과업 수행

수준 \ 구성요소	지식 (Knowledge)	기술 (Skills)	자율성과 책임성 (Autonomy & Responsibility)
2	해당 분야의 제한적 기초 지식	일상적 업무를 수행하는데 필요한 기술	일반적인 지시를 받아 정해진 과업 수행
1	문자 이해, 연산 능력 등 단순 지식	단순 업무를 수행하는데 필요한 기술	구체적 지시 및 감독을 받아 정해진 과업 수행

출처: 교육부 보도자료(2022. 2. 22). p. 8.

3. 일학습병행제

1) 개요

중소기업의 인적자원개발을 활성화하기 위해 특화된 능력개발 지원사업 중의 하나가 일학습병행제이다. 우리나라는 오래전부터 중소기업은 인력난을 겪는데 청년 실업자는 증가하는 인력 수요공급 불일치를 경험하고 있다(노남섭 외, 2021). 이 같은 중소기업 인력난과 청년실업 해소를 위해 실시하는 정책이 일학습병행제이다. 2013년 시범운영을 거쳐 2014년부터 본격적으로 운영되고 있다.

일학습병행이란 사업주가 기업 내 전문적인 지식이나 기술이 있는 자로 하여금 기업의 시설이나 장비를 이용하여 근로자의 직무수행에 필요한 지식, 기술 등을 전수하게 하는 것이다. 일종의 도제식 현장교육훈련으로, 교육 내용 보완을 위해 별도의 장소나 기관에서 제공하는 교육훈련에 참여할 수 있다. 교육훈련 결과에 따라 자격이나 학력이 인정된다. 이처럼 국가로부터 일학습병행과정을 지정받아 일학습병행제를 실시하는 기업을 '학습기업'이라 하고, 일학습병행과정을 통해 훈련을 이수하는 자를 '학습근로자'라고 한다(임세영, 2022).

일학습병행제에 참여하는 기업은 컨설팅을 통해 교육훈련프로그램을 개발하고, 학습근로자를 선발한다. 학습기업 사업주와 학습근로자가 체결한 근로계약을 '학습근로계약'이라고 하는데 이를 체결하여 일학습병행제에 참여하는 기업에게 정부는 교육훈련을 위한 인프라구축 비용과 훈련비용을 지원한다.

2) 사례

자동차 부품 전문기업인 아진산업㈜는 그림 10-2와 같은 과정을 통해 일학습병행제를 실시하고 있다.

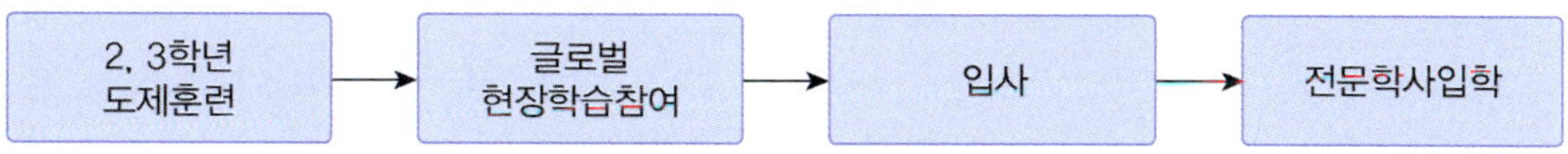

그림 10-2 산학일체형 도제훈련(경북기계금속고) 과정

출처: 이원찬(2022). p.21.

2, 3학년 학생을 대상으로 도제훈련을 실시하고 이를 통해 우수 학생을 조기 선발 후 학교-학업, 회사-실습을 병행하여 현장 조기적응력을 증대하였다. 도제훈련이 종료된 후에는 해외지사에서 현장학습을 하는 글로벌 현장학습에 참여하게 하였다. 정식 입사 후에도 사내대학(전문학사) 입학 등 회사 인재육성 프로그램에 지속적으로 참여할 수 있게 하였다.

4. 직업능력개발계좌제(내일배움카드제)

직업능력개발계좌제란 고용노동부장관이 「근로자직업능력 개발법」 또는 「고용보험법」에 따라 실업자, 자영업자 등의 자율적인 직업능력 개발을 지원하기 위하여 직업능력개발훈련 비용을 지원하는 계좌를 발급하고 이들의 직업능력 개발에 관한 이력을 종합적으로 관리하는 제도를 말한다(직업능력개발계좌제 실시규정 제2조 정의). 국민의 자율적인 직업능력 개발을 국가가 지원하는 대표적인 정책이다. 실업자(구직자)나 직업능력 개발을 희망하는 사람에게 상담을 거쳐 직업능력개발계좌를 발급하고 이들에게 일정 금액을 지원한다.

5. 유급휴가훈련제도

유급휴가훈련제도는 재직근로자에게 유급으로 휴가를 주고 훈련을 실시하는 사업주에게 훈련비와 임금을 지원하는 것이다. 여기서 말하는 유급휴가란 「근로기준법」에 의한 연·월차 유급휴가가 아닌 경우로서 휴가 기간 중 통상임금에 해당하는 금액 이상의 임금을 지급한 경우를 말한다. 법적 근거는 고용보험법 시행령 제41조 제1항 제5호, 직업능력개발법 제20조 제2항 제4호이다. 고용보험법 시행령 제41조 제1항 제5호에서 제시하는 유급휴가훈련은 다음과 같다.

> ① 우선지원대상기업의 사업주나 상시 사용하는 근로자 수가 150명 미만인 사업주(이하 우선지원대상기업 사업주)가 해당 근로자를 대상으로 계속하여 5일 이상의 유급휴가를 주어 20시간 이상 실시하는 훈련
> ② 우선지원대상기업 사업주 등이 해당 근로자를 대상으로 계속하여 30일 이상의 유급휴가를 주어 120시간 이상 실시하면서 대체인력을 고용하는 훈련
> ③ 우선지원대상기업 사업주 등이 아닌 사업주가 1년 이상 재직하고 있는 근로자를 대상으로 계속하여 60일 이상의 유급휴가를 주어 180시간 이상 실시하는 훈련
> ④ 사업주가 기능·기술을 장려하기 위하여 근로자 중 생산직 또는 관련직에 종사하는 근로자로서 고용노동부장관이 고시하는 자를 대상으로 유급휴가를 주어 20시간 이상 실시하는 훈련

1) 지원 대상

지원 대상은 첫째, 우선지원 대상기업의 사업주 또는 상시 사용하는 근로자 수가 150인 미만인 사업주가 해당 근로자를 대상으로 계속하여 7일 이상의 유급휴가를 주어 30시간 이상의 훈련을 실시한 사업주이다. 둘째, 그 외 사업주가 1년 이상 재직하고 있는 근로자를 대상으로 30일 이상의 유급휴가를 주어 120시간 이상의 훈련을 실시한 사업주이다. 훈련 방법은 사업주가 근로자에게 유급휴가를 부여하여 직업능력개발훈련 실시기관에 위탁하여(집체훈련) 실시한다.

2) 지원 내용

정부가 지원하는 내용은 훈련비용, 기숙사비와 식비, 임금이다. 구체적인 내용은 표 10-3과 같다.

표 10-3 유급휴가훈련 지원 내용

구분	지원 내용
훈련비용	직종별 훈련비용 기준단가에 조정계수를 곱한 다음, 훈련 시간과 훈련 수료인원을 곱하여 산출한 금액의 100분의 80(우선지원대상기업은 100분의 100)에 해당하는 금액 지원
기숙사비·식비	1일 평균 5시간 이상인 훈련과정으로서 훈련 실시기관이 기숙사 등을 제공하여 훈련을 실시하거나 훈련생에 대하여 식사를 제공하는 경우 이에 필요한 비용 지원
임금	유급휴가훈련을 실시한 사업주에게 1월당 훈련생 1인당 최저임금법에 의하여 월 단위로 환산한 최저임금액(우선지원 대상기업은 월 단위로 환산한 최저임금액의 100분의 150) 지원

출처: 서울지방노동청서울남부지청 서울남부종합고용지원센터(2022). pp.1-2. 재구성.

5. 직무능력은행제(NCS Bank)

2022년 말에 「국민 평생 직업능력 개발법」이 개정되어 도입된 정부 정책이 직무능력은행제 일명 NCS Bank이다. 직무능력은행제는 "개인의 다양한 직무능력을 통합 관리하여 취업과 인사 배치 등에 활용할 수 있는 개인별 직무능력 인정·관리체계로서, 개인의 다양한 학습 이력(교육, 훈련, 자격 등)을 직무능력은행에 저축해 체계적으로 관리하고, 필요에 따라 취업 등에 활용토록 지원"(고용노동부, 2022c)하기 위해 시행한다(그림 10-3 참조).

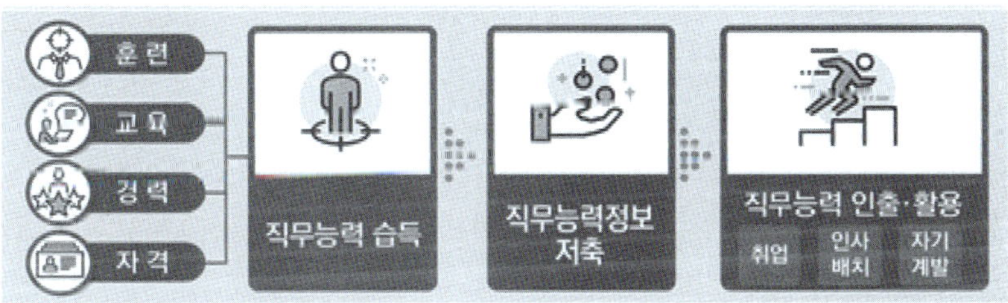

그림 10-3 직무능력은행제

출처: 고용노동부(2022c). p.2.

그동안 NCS가 직업교육·훈련과 자격 등에서 활용되어 왔으나, 개인이 NCS 등에 기반하여 학습한 직무능력을 관리·인정하기 위한 체계가 부재하여 학습

이력 등 활용에 한계가 있었다. 이에, 개인이 습득한 직무능력정보를 필요에 따라 노동시장 진입·이동 및 자기계발 등에 활용하도록 지원하는 인프라를 구축하기 위해 추진되었다. 자격·교육·훈련 정보를 중심으로 2023년 9월 1일부터 서비스를 시작하였고, 2024년 3월에 고용보험 가입 이력, 개인 사업자등록정보, 평생학습계좌제 학습이력 등 정보 연계를 확대하였다. 2024년 6월 26일부터는 직무능력은행-NEIS 시스템 연계를 통해 고교 NCS 기반 교과 이수정보도 연계할 수 있게 되었다(교육부 보도자료, 2024. 6. 25.).

직무능력은행제가 도입되면 개인은 직무와 관련된 자신의 다양한 학습 이력을 직무능력은행에 저축하여 체계적으로 관리할 수 있다. 취업할 경우 저축되어 있던 내용에 대한 인정서를 정부로부터 발급받아 자신의 직무능력 정보를 손쉽게 제시할 수 있게 된다. 기업은 인정서를 통해 근로자나 구직자의 직무능력 정보를 구체적으로 확인이 가능하므로 직무능력 중심 채용이나 인사 배치에 활용할 수 있다. 취업 지원기관의 경우는 축적된 정보를 바탕으로 맞춤형 직업훈련 추천이나 취업 지원을 해주는 등 고용 관련 서비스도 높일 수 있다.

연구문제

1. 국가 인적자원개발이 필요한 이유를 설명해봅시다.

2. 국가 인적자원개발의 다섯 가지 모형을 비교하여 차이를 알아봅시다.

3. 한국 인적자원개발 역사를 약술해봅시다.

4. 국가가 시행한 인적자원개발 정책 중 가장 잘한 것이라고 평가하는 것과 그 이유를 설명해봅시다.

5. 앞으로 더 개발이 필요한 국가 차원의 인적자원개발 정책에 대한 생각을 제시해봅시다.

CHAPTER 11

기업 인적자원개발 전개와 제도

학습목표

본 장에서는 우리나라 기업의 인적자원개발 전개와 제도에 대해 다룬다. 경제개발 5개년 계획 이후 본격화된 기업 인적자원개발의 역사를 간략하게 서술하고 한국의 기업 인적자원개발의 특징에 대해 살펴보았다. 이후 대부분의 기업에서 활용되고 있는 기업 인적자원개발 제도를 기술하였다. 사내대학과 사내강사, 실천공동체, 일터학습으로 각광받고 있는 OJT에 대해 알아보고 최근 우리나라 기업의 해외 진출이 늘면서 글로벌HRD에 대한 관심이 높아지고 있어 이에 대해서도 기술하였다.

제1절 기업 인적자원개발의 전개와 담당 조직

1. 한국 기업의 인적자원개발 전개

1997년 제정된 「근로자직업능력개발법」을 개정하여 공포된 「국민평생직업능력개발법」에 따르면, 모든 국민의 평생에 걸친 직업능력 개발을 촉진·지원하고 산업현장에서 필요한 인력을 양성하며 산학협력 등에 관한 사업을 수행하기 위해 국가와 지방자치단체, 사업주, 개인 등에게 각기 다른 책무를 제시하고 있다. 사업주는 근로자를 대상으로 직업능력개발훈련을 실시하고, 직업능력개발훈련에 많은 근로자가 참여하도록 하며, 근로자에게 직업능력개발을 위한 휴가를 주거나 인력개발담당자를 선임하는 등 직업능력개발훈련 여건을 조성하기 위한 노력을 하여야 한다(국민평생직업능력개발법 제4조 국가 및 사업주 등의 책무). 또한 조직 구성원의 역량 향상을 위한 직업능력 개발뿐 아니라 경력개발과 조직의 효과성 및 효율성 제고를 위한 조직개발이 기업의 조직 수준에서 추진된다.

1) 기업 인적자원개발 단계

길레이와 길레이(Gilley & Gilley, 2002)는 HRD에 대한 조직의 활용 정도에 따라 6개의 발전단계로 나누었다(그림 11-1 참조). 1단계는 기업이 HRD에 무관심한 단계이다. 2단계는 HRD 담당자가 한 명 있으나 교육훈련을 중요하게 생각하지 않는 단계이다. 3단계는 외부 교육기관에 위탁하는 등 교육훈련을 실시하기는 하나 공급자 중심으로 진행한다. 4단계는 수요자 중심의 맞춤형 프로그램이 도입되는 단계이다. 외부 기관에 위탁하기도 하지만 자체적으로 프로그램을 개발하고 기업별로 상황에 맞게 보완하여 운영한다. 5단계는 성과를 중시하는 단계로 조직의 성과에 집중하는 HRD를 진행한다. 6단계는 HRD와 기업의 전략을 통합적으로 생각하고 기업 경영전략의 하나로 HRD가 추진된다(노남섭 외, 2021, 새인봉).

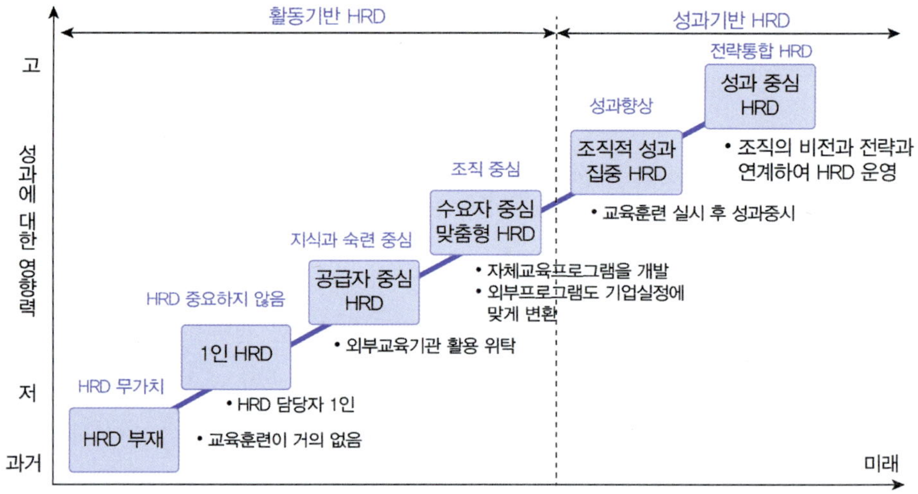

그림 11-1 HRD 발전단계

출처: Gilley & Gilley(2002). 노남섭, 박양근(2021) 재인용, p.482.

2) 한국 기업의 인적자원개발 전개

길레이와 길레이(Gilley & Gilley, 2002)의 발전단계에 맞추어 노남섭, 박양근(2021)은 우리나라 기업 인적자원개발의 단계를 다음과 같이 제시하였다.

(1) 1950~1970년대

우리나라 기업 인적자원개발의 시작은 1957년 산업계의 생산성 향상을 위해 한국생산성본부가 설립되고 경영자 세미나를 개최하면서부터이다. 한국생산성본부는 1958년에 국내 최초로 산업교육을 실시하였다(https://www.kpc.or.kr/PTWIT002_kpcHist_index.do).

1962년에는 경제개발5개년 계획이 실시되면서 국가 차원의 인적자원개발제도도 본격화되는데, 이를 뒷받침하기 위해 다양한 산업교육이 실시되었다. 1962년에 설립된 한국능률협회도 기업과 공공부문의 경영혁신, 개인의 경쟁력과 자아실현을 위해 활동하면서 기업교육과 컨설팅을 진행하였다.

기업에서는 고도성장기, 수출주도형 산업발달, 경영관리기법의 효율화 등에 맞춰 관리교육과 계층별·직능별 교육을 실시하였다. 일부 대기업에서는 교육전담 부서를 설치하여 신입사원교육과 관리자 교육 중심으로 교육훈련 프로그램을 운영하였다(이무근 외, 2020).

1970년대 중반부터는 공장새마을교육이 실시되었다. 이를 통한 의식교육으로 근로자들의 소속감을 높이고 원가 절감, 생산성과 능률, 품질을 향상시켰다. 이러한 공장새마을교육은 한국 기업의 사업 내 직업훈련을 확산하는 데 기여하였고, 조직개발 프로그램이 실시되기도 하였다. 이처럼 일부 기관과 대기업 중심으로 인적자원개발이 시행되기는 하였으나 아직 인적자원개발이 본격화되지 않았던 1960~1970년대가 1~2단계에 해당한다.

(2) 1980년대

1970년대에 이어 1980년대는 고도경제성장이 이어지고 1988년 올림픽 개최를 계기로 개방화, 세계화가 촉진되면서 기업의 인적자원개발 특히 교육과 훈련이 본격화하기 시작하였다. 1982년에 삼성종합연수원이 설립되었고, 다른 대기업들도 교육전담부서 설치 및 연수원을 설립하여 자체적으로 능력개발 시스템을 구축하기 시작하였다. 이를 통해 계능, 직능, 과제별로 체계적으로 교육훈련 프로그램을 실시하고, 조직개발도 활발하게 이루어졌다(이무근 외, 2020).

1980년대 노사분규가 빈번해지면서 근로자에게 기업의 경영상황과 비전을 공유하는 것의 중요성과 이를 실현하는 기업 인적자원개발에 대해 재인식하게 되었다. 기업별로 원활한 노사관계와 조직 활성화를 위해 신념강화훈련, 산악극기훈련과정 등이 유행처럼 실시되었다. 그러나 중소기업은 여전히 교육훈련이 미미한 단계에 있었다(노남섭 외, 2021). 이처럼 대기업을 중심으로 연수원 체계가 도입되어 기업별로 교육체계를 갖추고 자체 프로그램이 개발되어 실시했으나 중소기업은 인적자원개발이 미약한 이 시기가 공급자와 수요자 중심의 인적자원개발이 이루어지는 3~4단계이다.

(3) 1990년대

이 시기에 많은 기업들이 미국의 인적자원개발협회(American Society for Training and Development: ASTD)에 참여하면서 인적자원개발 개념을 학습하게 되었고, 기업교육의 영역을 개인개발과 경력개발, 조직개발로 확장하게 되었다. 1990년에 삼성그룹이 삼성종합연수원을 삼성인력개발원으로 명칭을 바꾸고 교육훈련을 포함하여 교육컨설팅, 경력개발과 조직개발 프로그램을 제공하기 시작하였다. 이는 기업 차원에서의 교육훈련을 넘어서 인적자원개발 패러다임으로 전환한 것이라고 볼 수 있다. 뿐만 아니라 교수체제개발, 컴퓨터 기반 훈련, 지식경영, 학습조직, 투자수익(Return on Investment: ROI) 등의 개념과 내용이 기업교육에서 활용되기 시작했다(이무근 외, 2020).

그러나 1997년 IMF 위기 이후 기업의 교육 관련 부서나 조직이 축소되고 예산도 줄어들면서 기업교육이 위축되었다. 그럼에도 불구하고 이 시기는 인적자원개발이 발달한 미국의 이론과 경험을 대기업을 중심으로 인적자원개발의 조직의 성과와 연결하여 추진하면서 5단계에 진입했다고 볼 수 있다(노남섭 외, 2021). 성과 중심 인적자원개발에 가장 영향을 많이 준 이론이 수행공학(Human Performance Technology: HTP)이다(이무근 외, 2020). 수행공학이 개인 수준에서 개입하는 대표적인 예가 역량모델링이다. 역량의 종류와 수준을 특정 조직의 업무체계나 직무에 맞게 개발하여 성과 창출을 도모하게 된다(이찬 외, 2017).

중소기업 차원에서 보면 고용보험법 제정과 직업능력개발사업의 도입으로 인적자원개발 사업에 대한 인식이 대기업뿐 아니라 중소기업에도 확대되면서 기업별 특성에 맞는 교육훈련 프로그램들이 개발하게 된다(노남섭 외, 2021). 이처럼 1990년대는 기업의 규모에 따라 인적자원개발의 단계나 수준이 다르기는 하지만 기업 자체로 하든 정부의 지원을 받아서 하든 대부분의 기업들이 인적자원개발을 추진하게 되었다.

(4) 2000년대

21세기로 넘어오면서 제4차 산업혁명 시대가 본격화되었다. 기업은 세계화에 따른 무한경쟁뿐 아니라 4차 산업혁명으로 인한 급격한 사회 변화에 대응해야 했다. 이에 따라 인적자원개발이 경영의 주요 자원으로 인식되면서 경영전략의 하나로 인적자원개발이 추진되었고, 인적자원개발 담당자들도 그들의 활동을 기업의 비전·전략과 일치시켜야 한다. 이를 전략적 인적자원개발이라고 하고, 2000년대 이후 기업의 인적자원개발은 경영전략과 통합한 6단계 수준에 해당한다고 할 수 있다.

이런 변화에 맞추어 개인개발 영역에서는 리더십 교육이 강화되고 있고, 평생직장이 사라지는 등 노동시장의 변화로 경력개발의 중요성이 높아졌다. 조직개발에서는 설정한 목표 달성을 위하여 성과관리가 강조되었다.

교수학습방법에 있어서도 전통적인 형식보다는 다양한 형태의 무형식학습이 중시되었다. 외국의 연구를 보면 무형식 학습이 기업 및 개인의 성과에 긍정적인 영향을 주는 것으로 나타났다(Rowden et al., 2000; Rowden, 2002). 국내 연구에서 무형식학습이 직무능력을 향상하고 이를 통해 직무만족과 조직몰입은 높이고 이직 의도를 낮출 수 있다고 하였다(곽상현, 2012). 또한 여러 형태의 무형식학습을 실시하는 기업일수록 재무적 성과와 비재무적 성과(직무만족, 조직몰입)가 높은 것으로 조사되었다(박선민 외, 2012), 이에 따라 인적자원개발은 '훈련'보다는 '학습'이 강조되어 자기주도학습 방식으로 전환되었다.

한편, 2000년대 중반 이후 기업 내 학습조직, 그리고 이 활동과 성과의 관계에 대한 관심이 높아졌다. 학습조직에 대한 관심 고조는 증가한 지식의 양과 이를 습득할 수 있는 시스템이 구축된 영향이 크다. 본격적인 지식기반사회 등장과 정보화로 엄청난 양의 지식과 정보가 쏟아졌다. 또한 온라인 학습이 활성화되고 다양한 플랫폼을 통해 공식적인 교육훈련 프로그램 외 개인이 접근할 수 있는 콘텐츠가 많아졌다. 따라서 개인이 개별적으로 학습할 수도 있고 학습조직에 참여하여 새로운 지식과 정보를 얻을 수 있게 되었다.

기업에서는 학습조직을 구성·운영하거나 장려함으로써 학습조직을 활성화하여 일상적으로 필요한 지식과 기술을 익히게 하고 있다. 이런 학습조직 활동과 조직성과에 관한 연구(진규동 외, 2008)에 따르면 개인 차원의 학습조직 활동 - 지속학습, 연구와 대화, 자율역량이 조직 차원을 매개로 비재무성과에 간접적으로 영향을 미치고, 기업의 팀 학습은 직접적으로 비재무성과에 영향을 미치는 것으로 나타났다.

한국 기업의 인적자원개발 활동은 미국에 비해 늦게 시작되었으나 경제성장과 마찬가지로 빠르게 성장하였다(노남섭 외, 2021). 이제는 더 이상 인적자원개발 활동을 '비용'으로 보지 않고, 장기적인 경쟁우위 확보를 위해 필수적으로 필요한 기업 활동으로 보고(이기성, 2014; 이혜정 외, 2008) 좀 더 선진적이고 체계적으로 하기 위해 노력하고 있다.

그러나 우리나라 중·대규모 기업에서 인적자원개발의 전형적 특징을 연구한 바에 따르면 과거에 비해 기업 내 교육과 훈련이 위축되고 있다. 생산방식에서 외주화의 확대, 비정규직 비중의 증가, 연구개발 및 전문지과 같은 핵심인력의 외부 조달 전략과 같은 요인이 기업의 교육·훈련에 대한 관심과 투자를 후퇴시키고 있다는 것이다. 다만 이러한 결과는 주로 공식적이고 측정 가능한 교육훈련 지표들에 기초했기 때문에, 기업 내부의 비공식적인 학습과 훈련, 팀 단위의 다양한 혁신 활동, 근로자의 자기주도학습과 같은 무형식학습은 반영되지 않았다(김미란 외, 2017). 전술한 바와 같이 기업 내 무형식학습 관련 활동의 의미와 중요성, 가치, 실제 활동들이 늘어나고 있기 때문에 기업의 전체 인적자원개발 활동이 축소되었다고 단정하기는 어렵다.

2. 기업 인적자원개발 담당 조직

기업의 규모에 따라 인적자원개발 담당 조직의 형태나 위상은 다르나, 대체로 다음 세 가지 형태로 구분할 수 있다. 첫째, 인적자원개발 담당 조직이 별도로 구성되어 있는 경우로 대기업에서 많이 볼 수 있다. 둘째, 인적자원관리 조직의 하위 부서로 있으면서 인적자원개발 업무를 수행하는 경우로 많은 기업들이 이런 조직 형태로 운영한다(임세영, 2022). 셋째, 다른 부서 기능을 수행하면서 인적자원개발 활동을 하는 경우인데, 주로 규모가 작은 기업이 해당한다. 대체로 단순한 교육훈련 기능을 수행하는 경우가 많다.

제2절 한국 기업 인적자원개발의 특징

1. 한국 기업 인적자원개발의 특징

김미란 외(2017)의 연구 내용을 토대로 한국 기업 인적자원개발의 특징을 제시하면 다음과 같다.

1) 기업 규모별 훈련참여율

기업 규모별로 훈련 참여율 격차가 크다. 우리나라 중·대규모 기업은 대부분이 근로자에 대한 교육훈련을 실시하고 있으며, 소속 근로자의 훈련 참여율도 EU 평균과 비슷한 수준이다. 그러나 소규모 기업(10~29인) 경우, 훈련 실시율 40.4% 훈련 참여율 22.8%로 중·대규모 기업(100인 이상)의 훈련 실시율 약 84%, 훈련 참여율 약 34.1%와 비교할 때 차이가 컸다. 또 기업의 '인건비 중

훈련비 비중'과 종업원 '1인당 훈련비' 수준은 각각 약 0.5%, 7~15만 원으로 EU 평균 1.6%, 80~85만 원보다 현저히 낮았다. 소규모 기업에서는 이 두 지표가 대기업의 1/4 이하로 매우 낮았다. 훈련비지출액 비중은 2010년 이후 감소 추세로 나타났다.

2) 훈련 수요 요인

훈련 수요와 관련해서는 훈련 실시를 높이는 요인과 낮추는 요인이 함께 있었다. 훈련 수요를 높이는 요인은 두 가지로 구분할 수 있다. 기술 변화, 신제품/서비스의 개발, 사업장 수준의 라인/설비의 변동으로 이에 따른 훈련수요가 상당히 존재했다. 둘째, 근로자의 고학력화와 고령화가 진행되면서 고급 훈련과정과 고령자의 재훈련 수요가 높아지고 있었다. 그러나 이에 대응한 투자 조치나 변화 모습은 뚜렷하게 나타나지 않았다.

훈련 실시를 낮추는 요인은 기업에서 업무의 외주화(outsourcing)와 비정규직 활용이다. 이 두 요인이 증가함에 따라 신규 채용이 줄고 경력자 채용을 통한 인력 충원 방식이 증가했다. 특히 생산기능직에 비해 전문직(엔지니어)과 연구개발직 경우, 이러한 중도 채용 증가가 더 뚜렷했다. 과거 대기업에서 내부 노동시장을 통해 숙련(기능)인력이 육성·축적되고, 전문기술 인력으로 승진·발전하며 경력개발이 이루어지던 모습과는 거리가 멀었다.

3) 인적자원관리와 교육훈련 운영

연구 대상 기업의 약 절반 이상이 훈련 전담조직/부서를 설치하고 있었다. 그러나 교육훈련 프로그램을 자체 개발 보유하거나 훈련 참여를 인사고과에 반영하는 비율은 약 41~45%였다. 훈련 방법은 집체식 사내훈련이 여전히 지배적이었으나 인터넷 학습도 활발하게 병행되었다.

다만 코로나19 팬데믹 영향으로 비대면 교육은 늘어나서 집체식이나 대면교육의 비중은 줄어들 것으로 예상된다. 실제로 2020년 멀티캠퍼스 조사에 따르면 응답자 중 51.9%가 코로나19 영향으로 기존 대면교육을 언택트 교육으로 바꿔 진행했다고 답했다. 기업들은 코로나19로 교육투자를 줄여야 하는 상황에서 대면 교육은 연기하거나 취소(64.9%)했지만, 온라인 등 비대면 교육은 오히려 확대했다(25.9%)고 답했다. 이에 따라 기업의 비대면 교육 솔루션 도입도 증가 추세에 있다. 기업교육의 디지털 혁신과 비대면 방식은 장기적으로 지속될 커다란 변화의 하나이기 때문에(매일경제, 2020) 비대면 교육의 증가는 코로나 팬데믹이 종료되어도 계속 이어지거나 강화될 것이다.

팀/부서 단위의 혁신활동은 OJT와 제안제도가 주로 활용되었다. 근로자의 경력개발에서는 멘토링/코칭, 그리고 학원 수강 지원이 주를 이루었고, 회사 밖 재교육활동(연수나 외부 업체 기술 지원, 대학/대학원 진학)에 대한 지원이 낮았고 감소 추세를 보였다.

4) 인적자원개발지수(HRD-Index: HRI)로 본 HRD 수준

인적자원개발지수(HRD-Index)는 한국직업능력개발원에서 「인적자본기업패널조사(Human Capital Corporate Panel Survey: HCCP)」를 기반으로 HRD 수준을 측정하기 위해 개발하였다(김안국, 2007). HRI를 통해 연구 대상 기업들의 HRD 수준을 측정한 결과, 100점 만점에 약 49.07점으로 나타났다. 2007~2015년 기간 동안 중간에 약간의 변동이 있으나 거의 정체 상태를 보였다. 산업별로는 금융업, 비금융업, 제조업의 순으로 높았다. 기업 규모 별로는 대기업(1,000인 이상)은 61.99점, 중규모 기업(300~999인)은 50.63점으로 평균 이상이었지만, 중·소규모 기업(299인 이하)은 42.67점으로 평균 이하였다. 규모 1,000인 이상 여부에 따라 그 격차가 컸고, 최근에 올수록 확대되었다.

5) 기타

노동조합이 기업의 훈련에 관여한다는 비율은 약 25.9%에 불과했고, 최근에는 이 비율이 낮아지고 있다. HCCP 표본이 중·대규모 기업으로 90% 이상이 노조가 있는 점을 고려할 때, 교육훈련에 대한 노동조합의 참여가 저조함을 알 수 있다. 훈련을 실시하지 않은 경우, 그 이유로 훈련이 불필요하다는 응답의 비율이 높아지는 추세였다. 훈련이 필요 없거나(12%) 현재 업무역량에 만족한다(40%)는 비율이 약 60% 가까이 나타났다(고용노동부, 2015). 이상을 통해 한국 기업의 노동조합은 사내 교육훈련에 대한 관심과 참여가 낮아지고 있고, 구성원들이 훈련이 필요 없다고 인식하는 경우도 상당함을 알 수 있다.

제3절 기업 인적자원개발 제도

1. 사내대학과 사내강사

1) 사내대학

(1) 개념과 설치

사내대학이란 "기업의 필요에 부합되는 인력을 체계적이고 효율적으로 육성할 수 있도록 기업 스스로 기업 내에 제도화한 평생교육기관의 한 유형"이라고 할 수 있다. 사내대학은 종업원들이 기업에 필요한 역량을 확보하거나 인재 양성을 안정적으로 할 수 있게 해준다. 직원들에게는 취업과 학업 양립을 통해 학위 취득 욕구를 해소할 수 있고 풍부한 자아실현의 기회를 얻게 되는 등의 장점이 있다(김환식 외, 2002).

이렇게 사내대학 형태로 기업이 실시하는 근로자 교육훈련은 기업의 경쟁력 제고는 물론, 노동시장의 유연화와 평생직업시대에 대비한 근로자 개인의 직업능력 개발, 이를 통한 국가경쟁력 제고에 기여할 수 있다. 우리나라에서 사내대학은 시간적, 경제적 여유가 없어 대학에 진학하지 못한 근로자의 면학 욕구를 충족하고, 직무교육과 특화된 교육을 통해 기업의 생산성을 향상하며 복지후생 제도의 일환으로 설립되었다(나영선 외, 2014).

사내대학 설립의 법적 근거는 평생교육법 제32조, 평생교육법 시행령 제35조부터 제47조, 평생교육법 시행규칙 제14조부터 제16조이다. 평생교육법 시행령 35조에 따르면 설립 주체는 상법 또는 특별법에 의하여 설립된 법인으로 종업원 200명 이상 사업장(해당 사업장에서 근무하는 타 업체 종업원 포함)이다. 사내대학은 고등교육법에서 말하는 학교가 아니지만 평생교육법 시행령 제43조, 제45조에 의거 전문대학 또는 대학 졸업자와 동등한 학력 학위가 인정된다(김봄이 외, 2018).

사내대학 대상은 사업장 소속 종업원 및 사업장 내 타 업체 종업원이었는데, 2019년부터 하도급 및 협력업체 종업원까지 확대하고 해당 사업장 고용주에게 교육 비용을 부담하도록 하였다. 이를 통해 중소기업을 비롯한 보다 많은 근로자들에게 일과 학습을 병행할 수 있는 기회가 제공될 수 있도록 하였다. 2023

년 평생교육법 개정으로 중소기업 등이 연합하여 사내대학을 설립할 수 있도록 설립요건이 완화되고 대학에 사내대학을 위탁 운영할 수 있게 되었다.

사내대학의 경우, 기본적으로 기업에서 학교 운영비 전액을 부담한다. 다만 직접 교육경비인 강사료나 교재비는 고용노동부 고용보험기금을 통해 대기업은 80%, 중소기업은 100%, 교육비를 환급해준다. 기타 실습 투자비인 교육시설비, 실습 장비 구입비는 환급 대상에서 제외된다.

2025년 1월 17일부터 '첨단산업 인재혁신 특별법(첨단인재특별법)'이 시행되어 기업이 사내 대학원을 설치·운영할 수 있게 되었다. 사내 대학원 제도를 통해 기업은 현장, 사내 전문가, 첨단·고가의 설비를 활용해 기업에 필요한 맞춤형 인재를 석·박사까지 양성할 수 있다. 기업 재직자는 일과 학습을 병행하면서 정식으로 석·박사 학위를 취득할 수 있게 되고 산학 협력도 더 활성화되어 특히 첨단산업 인재 육성에 기여할 것이다(산업통상자원부, 2025. 1. 16.).

(2) 운영 현황

우리나라에서 평생교육법에 근거하여 설치·운영되고 있는 사내대학은 2022년 10월 현재 총 8개로 삼성전자공과대학교, 삼성중공업공과대학, SPC식품과학대학, 대우조선해양공과대학, 현대중공업공과대학, LH토지주택대학교, KDB금융대학교, 포스코기술대학이 있다. 이 외에 사내대학과 유사하지만 고등교육법에 따라 규정되는 기술대학인 정석대학이 포함될 수 있다.

설립 주체에 따라 단독형과 컨소시엄형으로 구분할 수 있다. 단독형으로는 삼성전자공과대학교, 삼성중공업공과대학, 대우조선해양공과대학, 현대중공업공과대학, LH토지주택대학교, 포스코기술대학, 정석대학이 있다. KDB금융대학교과 SPC식품과학대학의 경우에는 그룹계열사 사이의 컨소시엄 형태로 운영되고 있다.

교육과정은 삼성전자공과대학교의 경우 4년제 학사과정으로 3년 9학기 제로 운영되며, 삼성중공업공과대학은 2년 4학기 제, SPC식품과학대학은 2년 6학기제이다. 현대중공업공과대학과 대우조선해양공과대학, 포스코기술대학의 경우는 2년제 전문학사과정을, KDB 금융대학교와 LH토지주택대학교의 경우에는 4년제 학사과정으로 과정을 진행하고 있으며, 정석대학은 4년제 학사과정과 2년제 전문학사과정을 모두 운영 중이다.

사내대학의 교육과정은 평생교육법 시행령에 의해 대학 자율성이 보장되고, 학칙이 정하는 바에 따라 운영한다. 이수 및 평가 방법은 평점 및 학점제로 운영한다. 수업연한 및 교육과정은 2년(학사/전문학사)과정과 4년(학사) 과정을 설치할 수 있다. 이에 더하여 학칙이 정하는 입학정원의 범위 내라면 편입학도 가능하다(고등교육법 시행령 제28조 제1항부터 제3항까지, 제29조 제1항 준용).

(3) 사내대학 사례

① 삼성전자공과대학교

삼성전자공과대학교(SAMSUNG Institute of Technology: SSIT, 이하 SSIT)는 삼성전자 반도체(DS부문)에서 운영하는 사내대학으로 국가가 인정한 최초의 사내대학이다. 1989년 사내기술대학으로 시작해 1991년 국내 최초 기업체 사내대학으로 과학기술부 공인을 받았으며, 1992년에는 사내기술대학원 과정을 개설했다. 2000년에는 대학원 과정으로 성균관대학교와 산학협동 협약을 체결했다. 2001년에는 교육부로부터 전문학사과정을 인가받았고, 2005년에는 전문학사과정을 반도체공학과 정규 학사과정으로 개편해 인가를 받았다. 2011년에는 학사 편입제도까지 도입해 학부부터 대학원까지 학사-석사-박사 과정을 밟을 수 있게 되었다. 설립 이후 2022년 현재까지 SSIT를 거쳐 간 졸업생은 총 1,100명으로 이들 중 학부 졸업생은 480여 명, 대학원생은 630여 명에 달한다.

SSIT의 학부 과정은 반도체공학 전공, 대학원 과정은 반도체디스플레이공학 전공이 마련돼 있다. 학부 과정은 1년 3학기제로 운영되며 신입생은 8학기(2.8년)를, 편입생은 5학기(1.8년)를 이수하면 교육부가 인정하는 정규 학사학위를 취득할 수 있다. 대학원 과정은 일반 대학원과 동일한 1년 2학기 제로 석사는 2년, 박사는 4년 동안 코스워크(Course Work) 과정과 현업을 병행하고, 논문을 작성해 학위를 획득할 수 있다.

② SK하이닉스

SK하이닉스는 2017년부터 기술사무직을 대상으로 사내대학(SKUU)을 운영하고 있다. 이들은 입사하면 자동으로 사내대학에 입학해서 8년 동안 50학점을 취득해야 한다. D램, 낸드, 제조·기술 등 분야별 세부 전공이 240개가 마련되어 있다. 교수진은 SK하이닉스 전직 임원이나 현업 전문가들로 구성되어 후배들에게 기술 노하우를 전수해주고 있다(서울신문 2024. 03. 26. 귀하신 이공계 인재 키우자: 사내대학에 힘 쏟는 기업들. https://www.seoul.co.kr/news/economy/industry/2024/03/26/20240326019003).

2) 사내강사

(1) 개요

기업에서 교육과 훈련을 실시할 때 교육 내용에 따라 외부 전문강사를 초빙하기도 하고 내부 구성원을 강사로 활용하기도 한다. 대인관계나 리더십 등 기본 역량에 관계되거나 산업 전반에서 필요로 하는 내용은 외부 전문강사에게 의뢰한다. 그러나 해당 기업에서만 필요로 하는 특화된 내용일 경우 외부 전문가를 활용하기 어려우므로 고유직무와 관련된 주제는 내부 전문가에게 맡기게 되는데 이를 사내강사라고 한다. 사내강사는 직무 내용에 대해서는 전문성을 가지고 있지만, 교안 작성이나 교수기법 등 강사로서의 역량은 부족한 측면이 있기 때문에 사내강사 인력풀을 모집하고 강사에게 필요한 내용을 훈련시킨다. 훈련된 사내강사는 직무에 필요한 내용을 가장 잘 알려줄 수 있어서 직원들의 만족도가 높다.

(2) 사례: 두산중공업

두산중공업의 팀장A는 국제변호사이자 구매계약 관리전문가이다. A는 자신의 전문성과 경험을 바탕으로 구매 계약과 관련된 조항, 리스크 요인 등을 가르치고 있다. 자신의 노하우를 집약한 100쪽에 달하는 강의 교재를 직접 만들어 제공하면서 인기 강사로 손꼽혔다. 그의 수업을 들었던 동료 직원들은 유엔협약을 실무에 적용해서 각종 해외 프로젝트 리스크를 사전에 방지해 금액으로 환산할 수 없는 효과를 거뒀다.

두산중공업의 사내 강사 제도가 직원들의 자질을 높이고 회사 경쟁력을 키우는 프로그램으로 자리 잡고 있다. 두산중공업은 회사 내 전문성을 인정받은 직원들이 사내 직무교육을 직접 담당하는 사내 강사 제도를 2009년부터 본격적으로 운영했다. 현재 리더십·경영 분야를 비롯해 마케팅·영업, 사업관리, 설계, 생산, 구매, 시공·시운전, 품질 등 다양한 분야에서 직원 300명이 전문지식과 현업 노하우를 동료들에게 생생하게 전달하고 있다(매일경제, 2017).

두산중공업이 사내 강사들에게 전폭적인 지원을 한 것도 제도 활성화의 한 요인이다. 사내 강사에게 강의료 지급과 강사 역량을 향상하기 위한 별도 교육까지 지원한다. 우수 강사 명예의 전당을 설립하고 최우수 강사에게는 포상도 하며 최고 직무 전문성을 갖춘 직원을 존중하는 문화를 구축하고 있다.

2. 실천공동체(Community of Practice: CoP)

1) 개념

실천공동체(Community of Practice: CoP, 이하 CoP)는 공통의 관심을 가진 참여자들이 자발적으로 학습활동에 참여하여 다른 구성원들의 학습을 서로 돕고 지원해주는 분위기가 형성된 특정 그룹을 의미한다. 레이브와 웽거(Lave & Wenger, 1991)는 조직 내에서 신입직원이 선배 직원으로부터 직무와 관련된 지식과 노하우를 전해 받으면서 학습공동체의 일원이 되어 가는 과정을 밝히는 과정에서 실천공동체 개념을 최초로 도입하였다(노남섭 외, 2021). 2000년대에는 공통의 직무나 관심사에 대한 열정에 의해서 비공식적으로 결합된 사람들의 모임 혹은 특정 주제에 대해 서로 배우는 것을 유용하다고 여기고 서로의 실천 경험을 학습 자원으로 사용하는 사람들 간의 학습 파트너십(Wenger et al., 2011) 등 다양한 관점에서 정의되고 있다(박보람 외, 2020).

실천공동체(CoP)는 동일한 주제나 문제에 관심 있는 구성원들의 공동체란 점에서 일반 공동체나 학습공동체와 유사하다. 그러나 실천공동체의 목적은 당면한 문제를 잘 해결하는 데 있다(양흥권 2011). 즉 실천공동체와 다른 공동체의 차이는 이러한 실천 행동이 있느냐의 여부이다.

기업은 개인의 업무능력 향상과 이를 통한 성과 창출, 경쟁력 제고 등을 위한 실천적 지식이 중요하기 때문에 많은 기업에서 실천공동체를 제도화하거나 활용하고 있다(노남섭 외, 2021). 2000년대 전후로 많은 기업들은 구성원들 간에 다양한 직무 관련 지식과 경험 등을 공유함으로써, 구성원들의 역량개발과 조직의 성과 창출을 돕는 전략적 수단의 하나로 실천공동체를 도입하고 육성하기 위해 노력하고 있다. 기업은 실천공동체를 장려하기 위하여 운영에 필요한 경비를 지원하거나, 참여 활동의 종류에 따라 마일리지를 부여한다. 그리고 이를 인사관리에 활용하고 우수 실천공동체에 대해서 포상하기도 한다. 이처럼 기업에서 많이 운영되고 있는 실천공동체는 이론 습득이나 경험 나눔에서 그치는 것이 아니라 실질적인 문제해결을 위한 실천 행동이 강조하는 학습공동체라고 할 수 있다.

2) 구성요소

박보람 외(2020)는 실천공동체의 구성요소에 대한 학자들의 논의를 종합하여 주제영역(Domain), 상호참여(Mutual engagement), 실천(Practice), 학습환경(Learning Environment) 등 4개로 정리하여 제시하였다.

첫째, 주제영역(Domain)은 구성원들의 협상을 통해 결정된 실행이나 지식의 영역을 의미한다(Wenger et al., 2004). 이는 구성원들이 관심 있는 주제영역에 대해 정체성과 책무성을 기반으로 구성원들이 실천공동체 참여에 의미를 부여하게 되므로, 단순한 개인 간의 네트워크와는 구별되는 개념이다(Wenger et al., 2004). 주제는 구성원들에게 가치를 제공하고, 지식영역 구축을 위해 필요한 가장 기초적인 구성요소이다.

둘째, 상호참여(Mutual engagement)는 실천공동체를 구성하는 구성원들이 호혜성을 바탕으로 그들만의 고유한 정체성을 형성하게 된다는 점에서 실천공동체의 중요한 구성요소 중 하나이다(Wenger, 1998; Wenger et al., 2004). 상호참여는 웽거와 맥더몬, 신더(Wenger et al., 2004)가 실천공동체의 구성요소 중 하나로 제시한 공동체(Community)의 의미와도 일맥상통한다. 또한 구성원들이 가상공동체에서 긴밀하게 의견을 나누는 소통(Conversation)과 서로 다른 곳에서 있는 사람들이 지식 구축이라는 공동의 목적을 가지고 함께 작업할 수 있도록 관계와 신뢰를 조성하는 연결(Connection)의 개념(Hoadley et al., 2005)도 상호참여의 의미와 통한다.

셋째, 실천(Practice)은 실천공동체의 구성원들이 함께 개발하고 공유하는 다양한 형태의 공유자산(repertoire)을 의미한다(Wenger, 1998). 이는 실천공동체 활동을 통해 생성된 지식, 방법, 도구, 이야기, 사례, 문서들의 집합체(Wenger et al., 2004)라고 할 수 있다.

넷째, 학습환경(Learning Environment)은 면대면 혹은 가상 공간 등 실천공동체 구성원들의 참여가 이뤄지는 공간 및 시간적 환경을 의미한다. 2000년대 이후 인터넷 발달로 가상공동체가 등장하게 되고 공동체 활동이 일어나는 환경적 공간이 오프라인에서 온라인으로 확대되면서, 실천공동체 구축을 위한 학습환경(Learning Environment)이 가상공동체 구축에 있어 중요하게 고려해야 할 요소로 제시되었다. 가상공동체 안에서 정보를 공유하기 위해 자료 다운로드, 업로드, 채팅 등을 위해 할애하는 시간이 어떻게 되는지가 참고해야 할 요소가 되었다. 또한 정보를 생성한 사람, 정보 공유 목적, 과거의 활동 레퍼런스 등의 정보 맥락(Information context)을 얼마나, 어떻게 제공하느냐가 지식공유가 이뤄지는 것에 중요한 영향을 미치는 요인이라고 보았다(Hoadley et al., 2005).

3) 성공 요인

실천공동체 성공 요인에 대한 국내 선행연구를 분석한 이은철, 최문선(2015)에 의하면 가장 큰 성공요인은 구성원들의 상호작용 수준이었다. 다음은 구성원들의 신뢰 및 정체성, 지식을 공유하는 정도, 학습 동기의 수준, 관리자의 지원 순으로 영향을 미치는 것으로 나타났다. 그밖에 실천공동체 활동의 유익한 정도를 인식하는 수준, 활동에 적극적으로 참여하는 것, 업무와의 관련성, 개방적이고 수평지향적인 조직 문화, 성과에 대한 보상, 실천공동체가 잘 운영될 수 있도록 조직적 차원에서 제공되는 지원, 정서적인 유대감, 자신이 조직 내에서 어느 정도 영향력이 있는지를 인식하는 수준도 성공 요인으로 밝혀졌다.

그러나 이은철, 최문선(2015)이 사례연구를 한 결과 실천공동체에 가장 많은 영향을 미치는 것은 성과에 대한 보상이었다. 이는 단기간에 성과를 얻기 위해 보상을 제안하여 나타난 것으로 볼 수 있다. 다른 요인은 조직문화, 업무와의 관련성, 상호작용의 수준과 구성원에 대한 신뢰 및 정체성이어서 선행연구의 내용과 비슷한 것으로 나타났다. 이런 내용을 종합할 때 우리나라의 실천공동체는 개인적 요인 못지않게 조직 차원의 요인도 중요하게 작용함을 알 수 있다.

4) 사례

표 11-1은 G그룹의 CoP 운영사례를 예시화한 것이다. 학습CoP 활동의 유형을 네 가지로 분류(연구활동, 학습활동, 표준화 활동, 공유활동)하여 주제별, 조직별 특성에 맞추어 활동을 지원하고 있다.

표 11-1 G그룹의 CoP 유형

유형	설명	예시
연구 활동	- 업무 관련 새로운 Issue, 제도, 기술, Trend 등에 대한 학습을 통해 선제적 대응을 모색	- 기후 변화 대응에 대한 학습 - IFRS 도입에 따른 회계 기준 학습 등
학습 활동	- 담당 업무를 수행하는 데 요구되는 지식이나 Skill을 공동으로 학습하여 직무역량을 향상	- SAS 사용법 학습 - ERMS 활용법 학습 등
표준화 활동	- 담당 업무를 체계화하여 매뉴얼, 지침서, 사례집 등의 문서를 작성	- CR 업무 매뉴얼 작성 - Risk 관리 사례집 작성 등
공유 활동	- 유사 업무 담당자들이 각자 업무를 통해 획득한 노하우, 아이디어, 정보를 공유	- 회전기계 담당자 Know-how 공유 - AM Best Practice 공유 등

출처: GS칼텍스의 지식창출을 위한 CoP 운영 사례(2009).

현업의 CoP 활동에 대한 부담을 완화하기 위해 운영 제도를 개선하고 실질적인 지원과 활성화 프로그램을 실시하여 업무생산성 향상에 기여할 수 있도록 하고 있다.

활동기준	활동 기준 완화	전사 KPI에 반영
	• 최소 구성인원 5명 • 최소 활동기간 3개월 • 시스템 상에서 신청, 활동	• CoP 활동을 혁신지표의 하나로 설정하여 KPI에 반영[인당 0.3개]
교육 및 지원	CoP 리더 교육	CoP 활동 지원
	• CoP 개설 직후 실시 – Off-line 교육 실시 ['09:263명, '08:152명] – On-line 매뉴얼 상시 교육	• 도서구입, 사내외 강사초빙, 사외교육 수강시 비용 전액 지원
활성화	CoP 홍보	CoP 경진대회
	• 매월 2개의 우수 CoP 동영상 제작 후 전사 공유	• 매년 초 전사 경진대회 실시 • 매년 말 본부단위 경진대회 실시

그림 11-2 G그룹의 CoP 활동 기준과 지원

출처: GS칼텍스의 지식창출을 위한 CoP 운영 사례(2009).

CoP에 가장 많은 영향을 미치는 것은 실제로 성과에 대한 보상이었다. 이를 위해 CoP 평가는 본부 단위 평가와 전사 단위 평가로 이원화되어 있으며, 연말 각 본부 단위에서 경진대회를 실시하고 연초에 각 본부에서 추천된 CoP를 대상으로 심사하여 CEO 포상을 실시한다. 아울러 본부 단위 평가와 전사 단위 평가 모두 1차 시스템 산출 점수, 2차 평가 기준에 의한 정성적 평가로 진행된다.

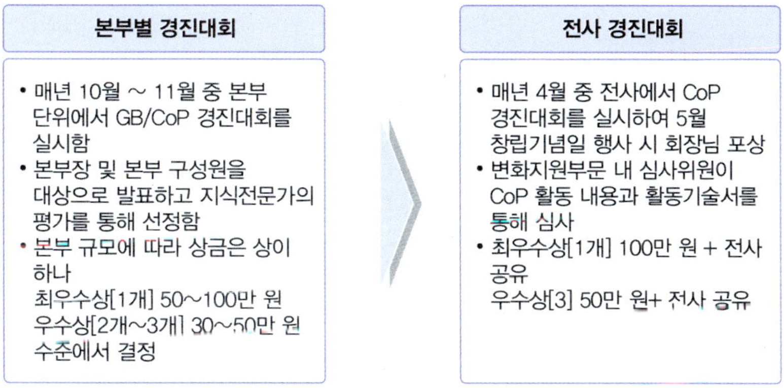

그림 11-3 G그룹의 CoP 활동 경진대회

출처: GS칼텍스의 지식창출을 위한 CoP 운영 사례(2009).

표 11-2 G그룹의 CoP 활동 평가 항목과 기준

<table>
<tr><th colspan="2" rowspan="3">평가항목</th><th rowspan="3">가중치</th><th colspan="5">점수기준</th><th rowspan="3">평가 점수</th></tr>
<tr><th>5</th><th>4</th><th>3</th><th>2</th><th>1</th></tr>
<tr><th>매우 그렇다</th><th>그렇다</th><th>보통 이다</th><th>아니다</th><th>전혀 아니다</th></tr>
<tr><td rowspan="2">학습 과정</td><td>지식의 창출/체계화</td><td>20%</td><td colspan="5">학습주제와 관련한 새로운 지식을 창출하거나 기존의 지식을 정리하여 업무에 적용 가능한 형태로 만듦</td><td></td></tr>
<tr><td>학습결과물의 완성도</td><td>20%</td><td colspan="5">학습의 결과물이 보고서, 매뉴얼, PC파일의 형태의 기록매체로 체계적으로 정리되어 누구나 쉽게 이해할 수 있게 정리됨</td><td></td></tr>
<tr><td>학습 성과</td><td>조직/개인의 역량 강화</td><td>40%</td><td colspan="5">조직과 개인 차원의 지식이 양적/질적으로 증가하거나 조직과 개인 차 원의 지식의 차이가 줄어듦</td><td></td></tr>
<tr><td rowspan="2">파급 효과</td><td>현업 업무의 적용/개선</td><td>10%</td><td colspan="5">학습의 결과물이 실제 업무에 적용되거나 기존의 업무 절차를 개선하는 데 활용됨</td><td></td></tr>
<tr><td>지식의 공유/전파</td><td>10%</td><td colspan="5">학습 활동 또는 학습의 결과물이 타인/ 타 조직에 적용가능성이 높아 전사적으로 파급효과가 큼</td><td></td></tr>
</table>

출처: GS칼텍스의 지식창출을 위한 CoP 운영 사례(2009).

3. OJT(On-the-job-Training)

1) 등장 배경과 개념

기업에서 인적자원개발 프로그램을 운영하는 이유는 배운 것을 현업에 돌아와서 제대로 잘 활용하기 위해서이다. 이를 위해서 현장에서 직접 교육시키는 것의 중요성이 높아졌다. 1945년 둘리(Dooley)가 제시한 '산업체 내 훈련(Training Within Industry: TWI)'이 한 예이다. 당시 제2차 세계대전으로 인해 빠른 시간 안에 군수산업 인력을 양성하는 것이 중요했으므로 훈련을 산업체 안에서 실행하였고, 그 후에 나온 것이 OJT이다(이찬 외, 2017).

OJT는 우리나라 말로 현장훈련, 현장직무훈련, 직장 내 교육 등 여러 단어를 혼용하고 있는데 통상적으로 OJT라고 사용하는 경우가 많다. OJT는 한마디로 현장에서 이루어지는 부하에 대한 지도·육성이라고 할 수 있다. 'HRD 용어사전'에 따르면 "업무수행 과정에서 상사와 선배가 부하와 후배에 대하여 업무에 필요한 지식, 기술, 태도를 중점적으로 지도·육성하는 계획적인 관리행동"을 의미한다.

OJT 내용은 대체로 일반적인 경영관리에 대한 것보다는 현장 직무교육 중심으로 진행되고 직장 상사의 지도로 진행되는 경우가 대부분이다(이찬 외, 2017). 이처럼 현장에서 이루어지는 OJT는 실무중심적, 성과중심적이어야 한다. 특히 기업의 특수한 업무와 관련된 기능을 전수한다는 점에서 중요하다. 또한 집합교육이 숙박과 식사, 직원이 현장을 떠나서 업무수행을 하지 못해 발생하는 기회비용까지 포함하여 비용이 많이 발생하는 데 반해, OJT는 현장에서 바로 진행되기 때문에 효율적이면서 효과적이다.

2) 구조화된 OJT

OJT는 구조화된(structured) OJT와 비구조화된 OJT로 구분할 수 있다. 비구조화된 OJT는 필요에 따라 그때그때 이루어지는 현장교육이고, 구조화된 OJT는 계획적이고 체계적으로 이루어지는 것이다. 따라서 구조화된 OJT를 실시하는 숙련직원은 업무의 전문성 외에 트레이너로서의 능력도 갖추고 있어야 한다. 비숙련 근로자 역시 단순히 직무 수행에 필요한 역량이 부족한 것 외에 교육을 받을 전제요건을 갖춘 자가 되어야 한다(임세영, 2022). 비구조화된 OJT와 구조화된 OJT를 비교하면 표 11-3과 같다.

표 11-3 비구조화된 OJT와 구조화된 OJT의 차이

구분	체계화되지 않은 OJT	S-OJT
숙련 직원	과업에 대한 지식을 가지고 있는 자	과업에 대해 잘 알 뿐 아니라 S-OJT 트레이너로서 능력을 갖춘 자
신입 직원	그 과업을 수행하는 데 필요한 지식이 부족한 자	그 과업을 수행하는 데 필요한 지식이 부족하지만 교육을 받을 전제요건을 갖추고 있는 자
프로세스	특별한 단계 없이 가르치는 자가 임의로 교육훈련	트레이너가 S-OJT 모듈을 수행하기 위한 체계적인 단계에 따라 교육훈련
과업	특별한 과업 정의 없음	한 직무 내에 구체적인 작은 단위의 일

출처: 임세영(2022). p.116.

4. 글로벌 HRD

1) 필요성

한국 기업이 세계적으로 위상이 높아짐에 따라 지속적인 경쟁력을 확보하고 해외에서의 사업을 성공적으로 수행하기 위해서는 해외 법인의 현지화가 필요하다. 이를 위해 우수한 주재원과 법인장의 육성, 역량 있는 현채인 채용과 육성이 매우 중요해졌다(리상섭, 2012; 이찬 외, 2017). 따라서 해외에서도 사업을 하는 기업은 한국 지역에서의 한국인 임직원 대상으로 육성하는 것에서 벗어나 외국에 흩어져 있는 한국인 임직원과 비한국인 임직원의 육성을 위한 글로벌 HRD 체제를 구축해서 운영해야 한다.

먼저 글로벌 HRD 체제 구축을 위해서 이를 위한 원칙과 표준을 정하고 이에 따른 육성 프로그램 등을 구축해야 한다. 한국 본사 차원의 HRD 원칙과 표준이 있다면 이를 글로벌 HRD에 그대로 적용해도 되는지 판단해야 한다. 만약 그렇지 않다면 글로벌 HRD 원칙과 표준을 수립하는 것이 바람직하다. 글로벌 HRD 원칙과 표준에 따라 육성 프로그램을 구축했으면 이것은 한국 본사와 해외 법인의 한국인 임직원과 비한국인 임직원에게 동일하게 적용하도록 해야 한다. 다만 현지 특성을 반영해야 할 경우는 주문식 프로그램으로 별도로 개발하여 진행한다(리상섭, 2011).

2) 글로벌 HRD 조직 운영

한국 기업의 글로벌 HRD 조직 운영은 본사의 글로벌 전략과 규모, 글로벌 매출 등에 따라 다양하게 할 수 있다. 일단 글로벌 HRD 조직을 구축하기로 했으면 글로벌 HRD 조직 프로젝트를 실행한다. 해외지역 총괄 HRD 조직 구축을 시작하고 글로벌 HRD 체계를 개발한다. 다음 단계는 해외지역 총괄 HRD 조직과 글로벌 HRD 체계를 전개한다. 해외지역 총괄 HRD 조직을 점차 현채인 HRD 매니저 중심으로 운영하고 HRD 주재원 및 장기파견자는 현채인 HRD 매니저와 구성원 육성, 해외지역 총괄 HRD 조직이 안착되도록 한다. 세 번째 단계는 해외지역 총괄 HRD 조직이 자체적으로 운영한다(이찬 외, 2017). 현채인 중심으로 운영하고 본사 HRD 조직과 협업한다. 자세한 내용은 그림 11-4와 같다.

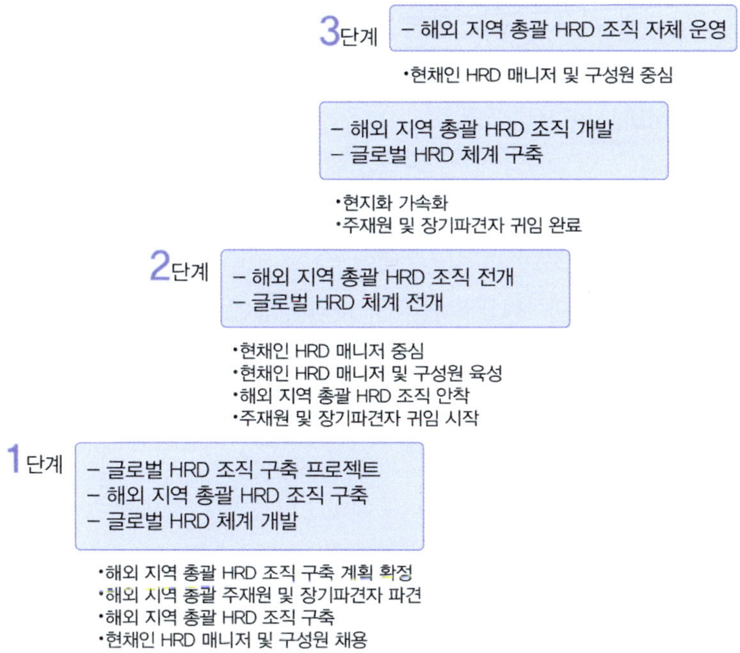

그림 11-4 해외 지역 총괄 HRD 조직 구축 전개 방향 예시

출처: 이찬 외(2017). p.330.

3) 글로벌 기업의 인재육성

글로벌 기업은 국내의 한국인과 비한국인은 물론 해외 법인에 근무하는 주재원과 현채인을 육성해야 한다. 먼저 주재원을 육성하려면 이들에게 필요한 역량을 규명해야 한다. 리(Lee, 2005)는 주재원의 역량으로 언어, 이문화, 직무, 리더십, 가족의 5가지 역량군을 제시하였는데, 가족 역량군을 제외한 나머지가 개인적 역량이다.

이찬 외(2017)는 개인적 역량 외 선호 영역과 환경적 요인도 같이 살펴야 한다고 주장하였다. 개인적 역량은 직무 역량, 직무 공통 역량, 리더십/관리 역량, 외국어 역량, 이문화 역량이 필요하다고 하였다. 그러나 주재원이 해외에서 근무하는 특성을 고려할 때 개인적 역량뿐 아니라 개인 선호 측면과 환경적 요인 등 다른 요소도 함께 살펴야 한다고 하였다. 개인 선호 측면에는 직무/법인 적합성과 자신감이 포함되고, 환경적 요인은 조직 영역과 가족 영역으로 구분된다고 하였다. 조직 영역에는 도구와 자원, 평가와 보상, 성과 목표와 피드백, 관계가 있고, 가족 영역에는 외국어 역량, 이문화 역량, 자신감 등이 포함되어 있다. 날로 중요성이 커지고 있는 현채인 육성은 한국 지역의 임직원 육성체계가 같아야 한다. 이들에게는 직무교육 외 이문화, 한국 기업 문화, 리더십 교육 등이 강조되고 있다.

4) 사례: 현대인재개발원 글로벌HRD센터

현대인재개발원은 글로벌HRD센터를 운영하고 있다. 여기서 운영하는 교육 중 해외파견자 교육을 소개한다. 해외파견자교육은 글로벌커뮤니케이션, 해외주재원부임자, 해외시장진출전문가, 해외건설전문가양성, 해외OJT 등 5개 영역이 있다.

먼저 글로벌 커뮤니케이션 영역은 국제비즈니스전문가 과정(영어, 중국어, 특수어-스페인어, 일본어, 베트남어, 프랑스어, 러시아어, 말레이·인도네시아 등), 국제프리젠테이션, 국제문서작성, 국제협상, 국제미팅 등 총 7개 과정으로 운영된다.

해외주재원부임자 과정은 첫째, 주재원의 사명 의식을 함양하고 주재원으로서의 다양한 업무 및 역할 이해 둘째, 글로벌 비즈니스 환경의 이문화 이해를 통해 다문화 조직 내 갈등 관리 능력 배양, 셋째, 파견국 비즈니스를 성공적으로 수행하기 위한 체계적인 전략과 스킬 습득을 목표로 운영하고 있다. 구체적인 내용은 표 11-4와 같다.

표 11-4 해외주재원 부임자 과정 교육 내용

모듈	주요 학습내용
해외주재원의 역할	• 해외 주재원의 역할 습득 및 사명의식 함양 • 파견국 책임자로서의 재무/영업·구매/인사 노무 등 업무 이해
글로벌 비즈니스 이해	• 기업 글로벌화의 목적 및 의미 이해 • 글로벌 시장 현황 및 최신 트렌드 분석/파견국 시장의 중요성 인식
글로벌 리더십	• 다문화 조직의 갈등 관리를 통해 조직 시너지를 창출하는 관리 역량 배양 • 글로벌 환경에서의 'Assertiveness Leadership' 개발 • 고성과 조직 개발을 위한 핵심 요소 탐색
글로벌 커뮤니케이션/이문화 이해	• 다문화 조직관리를 위한 효과적인 커뮤니케이션 및 코칭 역량 배양 • 문화권별 커뮤니케이션 스타일 이해 및 문화 간의 충돌 시 갈등 극복과 해결 • 주재국 문화에 대한 다차원적 이해: 개인주의 문화/공동체 문화
글로벌 비즈니스 에티켓	• 문화권별 인사 문화, 테이블 매너, 탑문화, 선물 문화, 파티 문화 등 차이 이해 • 비즈니스 디너 관련 와인 상식 습득 및 상황별 건배 제안 실습 등
국제 계약 및 법률 이해	• 주재국의 법적 지위 및 국제 계약의 형식, 기본조항, 분쟁 해결법 이해 • 노동법 법률 쟁점의 손익 비교 방법 등

출처: 현대인재개발원 글로벌HRD센터 홈페이지.

연구문제

1. 한국 기업의 인적자원개발 역사를 시기별로 약술해 봅시다.

2. 한국 기업의 인적자원개발 특징을 논의해 봅시다.

3. 기업 실천공동체의 성공요소를 도출해 봅시다.

4. 기업 현장에서 무형식학습의 중요성이 커지는 이유를 설명해 봅시다.

5. 글로벌HRD를 수행할 때 유의해야 할 사항에 대해 정리해 봅시다.

CHAPTER 12

취약계층과 여성 인적자원개발

제1절 취약계층 범주와 인적자원개발

제2절 노동시장 취약계층의 인적자원개발 제도

제3절 여성 인적자원개발

학습목표

본 장에서는 경제 양극화가 심화되고 노동시장 이중구조가 고착되어가는 한국 사회에서 취약계층 범주와 이에 대한 인적자원개발 필요성과 의의를 먼저 살펴보았다. 최근 들어 인적자원개발에서도 사회 정의나 공평성 등에 대한 담론이 만들어져 가고 있고, 국가 차원에서는 취약계층에 대한 인적자원개발 제도를 마련하여 시행하고 있다. 따라서 이에 대한 역할과 정책 모형, 관련 제도를 정리하였다. 또한 우리나라가 이미 선진국 대열에 올라섰음에도 불구하고 다른 선진국과 달리 여성의 경제활동 참여율이 50%대에 머물러 있고 경력단절여성 문제가 계속해서 제기되고 있다. 따라서 이를 해결하기 위한 여성 인적자원개발과 관련된 현황과 이슈를 살펴보고 좋은 사례를 제시하였다.

제1절 취약계층 범주와 인적자원개발

1. 취약계층 범주와 인적자원개발 필요성

1) 취약계층 범주와 대상

일반적인 인적자원개발 논의에서 사회 정의나 형평성 등의 주제는 국내외적으로 많이 연구되지 않았다(백평구, 2011). 비판적 인적자원개발은 주류 인적자원개발 논의의 이면에 있었던 사회 정의나 형평성 문제를 주요한 주제로 거론하였다(Fenwick, 2005). 이들의 사회적 형평성과 관련된 연구는 여성, 소수인종, 미숙련 근로자, 장애인, 성 소수자 등 주로 인적자원개발 대상 측면에서의 취약계층을 우선적으로 고려해왔다.

한국직업능력개발원 외(2003)는 취약계층을 '사회적 배제(exclusion)로 인해 한 특정 집단이 사회적 지원 및 보조가 없다면 자활·자립하기 어려운 불우한 집단으로 구조화되었을 때, 그 불우한 위치에 있는 집단'이라고 정의하였다. 여기서 말하는 '사회적 배제'는 사회 문제가 복합적으로 나타나는 후기산업사회에 나타난 개념이나 합의된 개념을 도출하기가 쉽지 않다. 이는 다음의 세 가지 이유 때문이다. 첫째, 사회적 배제를 발생시키는 원인과 그 결과가 상호작용을 해가며 배제의 악순환구조를 이루고 있기 때문이다. 둘째, 사회적 배제는 특정한 인구나 집단을 일컫는 것이 아니라, 하나의 사회적 상징으로서 주변부 집단을 총칭하는데, 각각의 주변부 집단은 다르면서 서로 이질적이다. 셋째, 사회적 배제는 다양한 요인이 서로 중첩되어 나타나기 때문에 하나의 완결된 개념으로 정리하기 어렵다(문진영, 2010). 즉, 빈곤이나 실업 등과 같은 기존의 개념으로는 이러한 복잡다단한 사회 문제를 포괄할 수 없으므로 새로운 개념이 필요하게 되어 사회적 배제 개념이 나타났다고 볼 수 있다. 따라서 이 개념 안에는 이미 다차원적이고 역동적인 성격을 포함하고 있다.

사회적 배제가 원인이 되어 나타난 취약계층은 공통적으로 개인과 사회 간의 결속 부재, 특수한 징후에 의한 차별(불이익), 희소자원에의 접근불가능(빈곤, 저임금) 등의 특징을 보인다. 그리고 이것은 권력관계를 반영하기 때문에 사회마다 다르게 나타날 수 있다. 한국직업능력개발원 외(2003)는 한국사회의 취약계층을 전통적인 경제적·사회적 배제계층, 노동시장 배제계층, 특수 취약계층, 한시적 취약계층 등 네 가지로 구분하여 제시하였다. 구체적인 내용은 표 12-1과 같다.

표 12-1 취약계층의 범위 및 특징

기준	구체적인 취약계층	특징
① 전통적인 경제적 사회적 배제계층	저소득층	전통적인 빈곤층으로 국민기초생활보장법 및 자활 대상자
	저학력 청소년(학업중단청소년)	학업중단청소년 등은 교육제도로의 재통합 등으로 해결될 수 없음. 종합적인 지원대책이 필요함
	저학력 노동자	저숙련, 저임금일자리에 종사하면서 실업과 취업을 반복
	여성취업자	전통적 가부장제 문화의 차별계층
② 노동시장 배제 계층	장기실업자	노동시장에서의 빈번한 구직실패로 낙인효과 등으로 빈곤층으로 전락할 우려가 심각
	비정규근로자	경기 등에 따라 임시적인 취약계층으로서 노동보호정책이 시급함
③ 특수취약 계층	학령기 장애인	특수교육기회의 부족으로 사회통합 곤란
	성인장애인	사회구성원으로 자활에 필요한 직업능력개발 및 고용기회의 부족
	수용자	전과기록을 보유하고 사회에 복귀하기 때문에 사회적 지원이 필요함
④ 한시적 취약계층	북한이탈주민	북한이탈주민은 일종의 난민위치이면서 합법적으로 체류하고 있으나 별도 관리되고 있음. 이들은 사회적으로 특별한 지원이 없다면 자활, 자립이 어려운 취약계층으로 분류되고 있음. 이와 같은 맥락에서 북한이탈주민은 한시적인 취약계층임
	외국인근로자	외국인근로자 문제는 대부분 불법체류 신분으로 인한 문제임

출처: 한국직업능력개발원 외(2003). p.3.

강현주, 현영섭, 최지수(2019)는 취약계층을 '사회·경제·문화적 요인, 혹은 생애과정에서 발생하는 불가피한 사건·사고 등으로 사회적 재화나 서비스로부터 소외·배제되거나 계층적 지위가 낮아질 수 있는 집단'으로 정의하고 다음 표와 같이 정리하여 제시하였다.

표 12-2 취약계층의 구분 및 대상

구분	구체적 대상	위험요인/부족한 자원
전통적 취약계층	저소득층(청소년, 여성, 고령자 등)	경제적 수입, 빈곤
	저학력자	학력, 직업능력 부족
	한부모 가족	보육 및 경제활동 제약
	노인(독거노인)	소득, 사회연결망 부족
	장애인	신체적, 심리적 제약
노동시장 취약계층	장기실업자	노동시장 배제, 수입단절
	비정규근로자	고용 불안정성, 저임금
	경력단절여성	재취업 곤란
시대적 취약계층	정보취약계층	정보화 능력 부재
	북한이탈주민	자본주의에 대한 적응력
	국제결혼가족	한국어 등 한국문화 이해부족
	외국인근로자	상기 동일
특수 취약계층	범죄수용자	사회적 편견과 차별

출처: 강현주 외(2019). p.29.

학문적 논의와 별개로 정부는 인적자원개발 취약계층에 대해 관심을 갖고 제도와 정책을 만들어 왔다. 우리나라 「국민 평생 직업능력 개발법」(약칭: 평생직업능력법) 제3조(직업능력개발훈련의 기본원칙)에 따르면 직업능력개발훈련을 중요시하여야 할 대상으로 다음과 같이 명시하고 있다.

> ① 고령자·장애인, ② 기초생활수급권자, ③ 국가유공자와 유족 또는 가족, 보훈보상대상자와 유족 또는 가족, ④ 5·18민주유공자와 유족 또는 가족, ⑤ 제대군인 및 전역예정자, ⑥ 여성근로자, ⑦ 중소기업근로자, ⑧ 일용근로자, 단시간근로자, 기간제 근로자 등, ⑨ 파견근로자 ⑩ 학교 밖 청소년

이 글에서는 고용과 직접적인 연관이 있는 노동시장 취약계층을 중심으로 다루고자 한다. 이 중 경력단절여성은 여성 인적자원개발에 포함시켜 기술한다.

2) 취약계층 인적자원개발의 필요성

일반적으로 취약계층을 위한 정부와 사회의 지원은 주로 최소한의 빈곤 상태를 벗어나게 해주는 재정이나 물품 지원이었고, 공공근로를 통한 일자리 제공이었다. 이후 IMF를 거치고 김대중 정부 시기 생산적 복지 개념이 등장하면서 2000년대 초반부터는 교육훈련을 통해 노동시장 진입을 수월하게 해주는 인적자원개발 차원의 정책이 시행되었고, 이 같은 기조는 점점 확대되고 있다.

취약계층 인적자원개발이 필요한 이유는 첫째 사회통합을 위해서이다. 특히 국가 차원에서 사회통합은 항상 주요 이슈였다. 지식기반사회에서 새로운 지식과 기술 습득, 활용 능력이 부족한 취약계층은 사회안정을 침해하는 잠재적 요인이 될 수 있다. 더욱이 경제적 양극화가 심화되고 있는 현대사회에서 불완전 취업, 장기 실업 등으로 소득격차가 확대될 경우 이로 인한 집단 간·계층 간 갈등을 조정하여 사회통합을 유지해야 한다(한국직업능력개발원 외, 2003). 이를 위해 정부는 취약계층에 대한 국가 수준의 인적자원개발 정책을 수립하고 실시해 왔다.

둘째, 국가 차원의 인적자본 수준을 높여 생산성과 국가경쟁력을 제고하기 위해서이다. 우리나라는 자원과 기술이 부족한 상태에서 인적자본에 대한 개인적·국가적 투자를 통해 높은 수준의 인적자본을 확보하였고, 이를 기반으로 경제적으로 놀라운 성장을 이룩하였다. 따라서 여러 요인으로 노동시장 취약계층이 되어 있는 집단에 대한 인적자원개발을 통해 모든 국민이 일정 수준 이상의 직업능력을 확보하여 생산성을 높이는 것이 필요하다. 이것은 국가경쟁력 향상으로 이어져 시민들의 전반적인 삶의 질 향상으로 연결될 수 있다.

셋째, 사회적 형평성 차원에서 취약계층 인적자원개발이 필요하다. 근대 이후 인권 개념이 확산되고 평등의식이 높아짐에 따라 인간다운 삶을 위한 사회적 관심과 제도에 대한 요구도 많아졌다. 자본주의 사회에서 대부분의 사람들은 임금노동을 통해 생활을 영위할 수 있다. 이를 위해 노동시장에 진입하려면 그에 맞는 직업능력을 갖춰야 하는데 취약계층은 이런 기회가 부족하거나 수준이 낮은 경우가 많다. 따라서 이들의 인권 보장과 사회적 형평성 실현을 위해 취약계층에게 특화된 인적자원개발이 실시되어야 한다.

2. 취약계층 인적자원개발 이론

1) 취약계층 인적자원개발 역할

사회적 배제는 경제(소득), 주거, 교육, 건강, 사회참여 등 다양한 요인들이 서로 연결되어 있어서 이 연결고리를 끊어내는 것이 중요하다. 초기 취약계층을 위한 정책은 주로 최소한의 빈곤 상태를 벗어나게 해주는 경제적 지원이나 공공근로 시행 등의 사회복지 관점에 따라 시행되었다. 2000년대 들어서는 교육훈련을 통한 직업능력 향상으로 노동시장에 참여하도록 하는 인적자원개발 관점의 정책이 확대되고 있다(나영선 외, 2003). 소위 '물고기를 주는 것' 못지않게 '물고기 잡는 법'을 알려주는 것의 중요성이 커지고 있다.

다만 취약계층의 사회적 배제는 다층적이고 역동적인 성격을 갖고 있으므로 취약계층 인적자원개발도 다차원적으로 접근해야 한다. 이는 인적자원개발 역할이 취약계층을 대상으로 이루어질 때 다양하게 접근해야 한다는 의미이다(나동만 외, 2015). 이런 측면에서 강현주 외(2019)는 취약계층 인적자원개발 역할을 다음과 같이 네 가지로 제시하고 있다.

첫째, 기본적인 역할로서 취약계층에 대한 교육훈련 기회를 확대함으로써 이들이 노동시장에 성공적으로 진입할 수 있도록 하는 것이다. 이를 통해 소득 증대도 기대할 수 있게 된다. 둘째, 인적자원개발과 사회복지 정책을 양립하거나 융합해야 한다. 취약계층에 대한 인적자원개발을 확대한다고 해서 기존의 사회복지 제도나 정책이 필요 없는 것이 아니다. 사회복지 관점을 기본적으로 시행하되 일할 권리 충족을 위해 인적자원개발이 실행되는 것이므로 두 가지는 같이 진행되어야 한다. 셋째, 사회적 자본 관점에서의 인적자원개발이 이루어져야 한다. 사회적 배제 요인 중 하나가 사회적 관계 고립이므로 이를 완화 내지 없애주는 역할을 인적자원개발 영역에서도 해야 한다. 넷째, 심리적 지원 강화도 있어야 한다. 취약계층 중에는 자신감이나 자존감, 주도성 등이 떨어져 있는 경우가 많다. 따라서 이런 요인들을 강화하지 않으면 일터에서의 인간관계 형성이나 노동시장 적응이 어려워질 수 있다. 결국 취약계층 인적자원개발은 교육훈련을 통한 직업능력 제고와 취업 성공과 소득 증대뿐 아니라 사회적 관계 확대를 통한 사회적 자본 확대, 심리적 지원을 통한 자존감과 주도성 강화까지 이루어질 때 효과가 높아질 수 있다. 이를 그림으로 나타내면 다음과 같다.

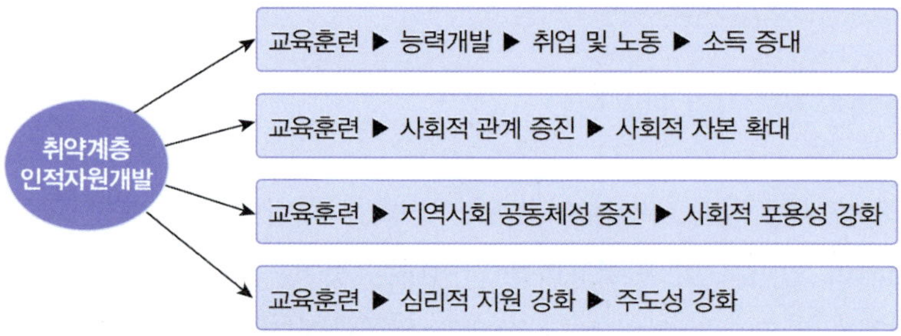

그림 12-1 **취약계층 인적자원개발 활동**

출처: 강현주 외(2019). p.32. 일부 수정.

2) 취약계층 인적자원개발 정책 모형

취약계층을 위한 인적자원개발 정책 모형에 대해 강현주 외(2019)는 고용(노동) 중심 모형, 교육훈련중심 모형, 제3섹터중심 모형 세 가지로 구분하여 제시하였다.

첫째, 고용(노동) 중심 모형은 복지를 근로의 대가로서 지원해줘야 한다는 관점을 갖는다. 즉 경제의 효율성을 높이기 위하여 필요한 복지서비스만 제공하는 데 초점을 두고 수익자 부담 원칙에 의해서 교육훈련 정책을 추진한다. 이런 점에서 고용 중심 모형은 시장에서 실패하거나 노동시장에서 퇴출된 취약계층을 대상으로 복지 지출을 하는 것을 최소화하는 한편, 근로와 복지를 연계시킨다. 근로를 유도하지만 취약계층을 위한 교육훈련에는 소극적이라는 점에서 충분한 인적자원개발 역할을 보장하지는 않는 유형이다.

둘째, 교육훈련 중심 모형은 적극적 노동시장 정책을 사용하고 이를 위해 노동력의 질을 제고하며, 취약계층의 노동 능력 강화에 정책적 초점을 둔다. 사회복지국가에서 취약계층을 위한 적극적 지원으로서 단순한 복지를 넘어 인적자원개발 정책을 중요하게 실행하는 유형이다.

셋째, 제3섹터 중심 모형은 취약계층의 노동시장 참여뿐만 아니라 공동체 차원에서 대응하기 위한 사회적 자본과 연계를 강화하는 방향으로 새로운 노동시장과 유형을 수용하는 것이다. 시민공동체가 활성화되어 있는 국가에서 볼 수 있다. 이 모형에서 취약계층 인적자원개발은 심리적 차원, 사회적 관계적 차원,

복지 및 취업 연계가 함께 진행되어야 함을 강조하며, 취약계층이 단순한 노동자가 아닌 민주시민으로서 지역문제 해결을 위한 주체자로 성장하도록 돕는 역할을 한다.

제2절 노동시장 취약계층 인적자원개발 제도

1. 실업자 인적자원개발 제도

1) 국민내일배움카드제

실업자 인적자원개발의 기본적인 목표는 직업훈련을 통해 취업하는 것이다. 이를 위한 대표적인 제도가 내일배움카드제이다. 이는 정부가 실업자에게 일정한 금액을 지원하고, 실업자는 정부가 제공하는 상담과 훈련정보를 바탕으로 지원금액 내에서 훈련과정을 선택하고 직업훈련을 받는 제도이다. 이전의 실업자에 대한 직업훈련은 훈련기관에 위탁하는 방식('위탁 또는 물량배정방식')으로 이루어졌다. 2010년 '내일배움카드제(직업능력개발계좌제)'가 본격 도입됨으로써 큰 변화를 맞게 되었다(정재호 외, 2013). 이러한 변화는 정부가 직업훈련을 주도하던 방식에서 훈련생의 선택권을 확대하고 공급자인 훈련기관 간의 경쟁을 도입했다는 점에서 시장주의 요소가 도입된 것이라고 할 수 있다. 이를 통해 훈련과정과 훈련공급기관, 훈련참여자가 크게 늘어났고, 훈련의 기회와 권리가 크게 신장되었다(장홍근 외, 2012).

현재 내일배움카드제는 '국민내일배움카드제'로 개편되었다. 정부의 훈련비 지원이 재직자와 실업자에 따라 재직자 내일배움카드와 구직자 내일배움카드로 구분되어 있던 것을 2020년부터 통합하였다. 이를 통해 정부 지원에서 소외되었던 고용보험 미가입자 등의 훈련 인원이 점진적으로 늘어나고 있다(고용노동부, 2022d). 또한 실업자뿐 아니라 취업준비생, 이직 희망자, 은퇴 예정자, 졸업까지 남은 수업연한이 2년 이내인 대학(원)생 등 대상이 확대되었다. 대부분의 훈련 과정에 최대 500만 원까지 지원한다. 140시간 이상 훈련과정을 수강하는 실업자에게는 월 최대 11만 6천 원의 훈련장려금도 지급하고 있다.

2) 국민취업지원제도

국민취업지원제도는 취업을 원하는 사람에게 취업지원서비스를 종합적으로 제공하고, 저소득 구직자에게는 생계를 위한 최소한의 소득도 지원하는 한국형 실업부조이다. 참여 자격요건을 갖춘 사람에게 고용복지플러스센터에서 관련 취업지원서비스와 수당(비용)을 지원한다(국민취업지원제도 홈페이지). 지원 대상(수급자격 요건)은 근로능력과 구직의사가 있음에도 불구하고 취업하지 못한 자 중 표 12-3 요건을 충족한 자이다.

표 12-3 국민취업지원제도 지원 대상

<table>
<tr><th colspan="3">필요요건</th><th>연령</th><th>가구단위 소득</th><th>가구원 재산</th><th>취업경험</th></tr>
<tr><td rowspan="3">Ⅰ
유
형</td><td colspan="2">요건심사형</td><td>15~69세</td><td>중위소득 60% 이하</td><td>4억 원 이하(청년 5억 원 이하)</td><td>최근 2년 이내 100일 또는 800시간 이상</td></tr>
<tr><td rowspan="2">선
발
형</td><td>비
경
활</td><td>15~69세</td><td>중위소득 60% 이하</td><td>4억 원 이하</td><td>최근 2년 이내 100일 또는 800시간 미만</td></tr>
<tr><td>청
년</td><td>18~34세</td><td>중위소득 120% 이하</td><td>5억 원 이하</td><td>×</td></tr>
<tr><td rowspan="3">Ⅱ
유
형</td><td colspan="2">특정계층</td><td>15~69세</td><td>×</td><td rowspan="3">×</td><td rowspan="3">×</td></tr>
<tr><td colspan="2">청년</td><td>18~34세</td><td>×</td></tr>
<tr><td colspan="2">중장년</td><td>35~69세</td><td>중위소득 100% 이하</td></tr>
</table>

출처: 고용노동부 홈페이지 국민취업지원제도

국민취업지원제도의 지원은 Ⅰ·Ⅱ유형 참여자 모두에게 취업지원서비스를 제공한다. Ⅰ유형 참여자에게 구직촉진수당(월 50만 원×6개월+부양가족 1인당 10만 원씩 월 최대 40만 원 추가 지원)을 지급하고, Ⅱ유형 참여자에게 취업활동비용(최대 6개월 범위에서 월 최대 284천 원)을 지급한다. 구체적인 지원 내용은 표 12-4와 같다.

표 12-4 국민취업지원제도 지원 내용

구분	취업지원서비스 *12개월(6개월 연장 가능)	생계지원
I 유형	• 상담·진단을 통해 취업역량 파악, 취업지원경로(IAP) 설정 • 직업훈련·일경험·창업·해외취업 및 복지프로그램(생계, 의료, 금융, 돌봄서비스 등) 등 연계 • 구직활동지원 프로그램 연계 및 집중취업알선 진행 등	• (구직촉진수당) 월 50만 원×6개월 + 부양가족* 1인당 10만 원씩 월 최대 40만 원 추가지원 * 구직촉진수당 지정일 기준 미성년자(만 18세 이하), 고령자(만 70세 이상), 중증장애인(장애인복지법상 증명서 발급자) • (취업성공수당) 취(창)업시 최대 150만 원(중위소득 60% 이하) • (조기취업성공수당) 잔여 구직촉진수당의 50% *부양가족 추가수당 제외(취업활동계획 수립 후 3개월 이내 취업 시)
II 유형		• (취업활동비용) 최대 195만4천 원(직업훈련 참여 시) *취업활동계획 수립 참여수당 15~25만 원, 직업훈련 참여지원수당(월 28만4천 원×6개월) 등 최대 195만4천 원 지원 • (조기취업성공수당) 조건부수급자: 50만 원(취업활동계획 수립 후 3개월 이내 취업 시) • (취업성공수당) 최대 150만 원(저소득층, 특정계층)

출처: 고용노동부 홈페이지 국민취업지원제도

2. 비정규 근로자 인적자원개발

1) 비정규직 개념과 규모

일반적으로 정규직 고용은 사용자와 기간을 정하지 않은 고용계약을 맺고 전일제(full-time)로 근무하며, 노동법상의 각종 보호조항 하에서 사용주로부터 안정적인 임금 및 근로조건, 기업의 복리후생 등을 제공받는 고용관계 형태를 말한다(원인선, 2003). 반면 비정규직은 노동 방식, 노동 시간, 고용의 지속성 등에 있어서 정규 노동자가 아닌 노동자로 한시적 노동자, 시간제 노동자, 비전형 노동자로 구분할 수 있다. 한시적 노동자는 고용이 지속적이지 않은 노동 형태를 말하며, 계약 기간이 명확한 기간제 노동자와 짧은 계약 기간이 반복되는 비기간제 노동자로 나뉜다. 시간제 노동자는 주간에 36시간보다 적게 일하는 노동자를 말한다. 그리고 비전형 노동자는 노동 방식에 따른 구분으로 파견, 용역, 재택, 일일 노동자를 말한다.

우리나라는 IMF 이후 노동시장의 비정규직화가 가속화되었다(장홍근, 2001). 2022년 8월 현재 임금노동자 21,724천 명 중 정규직은 13,568천 명 비정규직은 8,156천 명으로 비정규직 비중이 37.5%이다. 성별로 보면 남성은 11,936천 명 중 정규직이 8,283천 명으로 69.4%, 비정규직은 3,653천 명으로 30.6%이다. 여성은 9,788천 명 중 정규직 5,285천 명으로 54.0%, 비정규직이 4,503천 명으로 46.0%로 비정규직 비중이 여성이 높게 나타난다(국가통계포털, 2022).

이에 따른 문제점이 누적되면서 비정규직을 보호하기 위한 법률이 제정되었다. '기간제 및 단시간근로자 보호 등에 관한 법률', '파견근로자보호 등에 관한 법률', '노동위원회법' 등으로 이 법률을 '비정규직법'이라고 한다. 이것의 핵심 내용은 기간제(계약직) 근로자로 2년 이상 일하면 사용주는 정규직으로 전환해줘야 한다. 파견직도 2년이 지나면 고용주가 고용 의무를 지게 된다.

2) 비정규직 직업교육훈련

우리나라 비정규직 종사자들은 주로 취약계층에 속하는 사람들로서 낮은 직무능력과 기능을 요구하는 분야에 종사하고 있다(남재량 외, 2000). 비정규직은 임금, 승진, 배치 등에서는 물론 훈련 기회에서도 정규직에 비해 차별받고 있다. 게다가 이들의 교육훈련 참여는 정규직에 비교하여 매우 낮은 수준에 머물러 있다(OECD, 2019). 전반적으로 근로자의 교육훈련 참여율은 꾸준히 높아지고 있으나 정규직과 비정규직 간 격차는 그림 12-2와 같이 확대되는 추세를 보이고 있다(오호영, 2020).

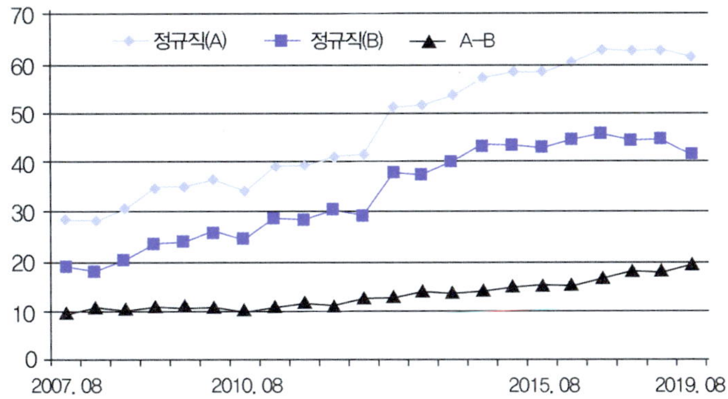

그림 12-2 **정규직과 비정규직의 교육훈련 경험자 비율(%)**

출처: 오호영(2020). p.34.

이미 노동시장에 진입하였지만 숙련 수준이 낮아서 저임금·불안정 근로를 전전하는 사람들에게 적절한 직업교육훈련 제공이나 인적자원에 대한 투자를 통해 더 나은 직장으로 갈 수 있는 기회를 제공하는 것은 사회통합과 공평성 차원에서 필요하다.

실제로 이상준(2011)의 연구에 따르면 재직자 직업능력개발 훈련은 정규직에게는 직의 유지가능성을 높이고 비정규직에게는 정규직으로 전환할 확률을 높이는 것으로 나타났다. 장효진(2017)에 의하면 직업훈련제도가 고용률과 실업률뿐 아니라 임금불평등 수준과 비정규직 비중에도 긍정적으로 영향을 미친다. 특히 우리나라처럼 이중노동시장 구조를 가진 국가에서 직업훈련에 대한 공공의 투자 수준을 높이면 비정규직 근로의 비중이 낮아지는 효과가 있었다. 따라서 비정규직에 대한 직업교육훈련을 제공하는 것은 개인적으로나 사회적으로 중요하다.

비정규 근로자의 직업교육훈련과 관련되는 부분은 크게 세 가지로 나누어진다. 재직자 훈련 지원과 실업자훈련, 그리고 건설일용근로자에 대한 지원이다(장홍근, 2001). 재직자 훈련 지원은 고용보험에 가입한 근로자이면 정규·비정규직 상관없이 훈련을 받을 경우 훈련비를 지원해주는 것이다. 최근에는 고용보험 미가입자에 대한 지원을 늘리고 있다. 또한 파견근로자 등 타사 근로자에 대하여 훈련을 실시하는 사업주에 대해서도 지원하고 있다. 고용보험에 가입한 비정규직 근로자가 실직할 경우, 취업능력 제고 또는 전직을 위해 다른 실직자와 마찬가지로 동일한 조건에서 실업자 재취직훈련을 받을 수 있다. 마지막으로 건설일용근로자를 위한 기능 향상 지원이다. 업계 특성상 일이 없는 장마철이나 동절기 등에 건설기능훈련을 실시하여 건설노동자의 직업능력 향상 및 생활 안정을 지원한다. 고용노동부 산하 공공기관인 건설근로자공제회에 위탁하여 서비스를 제공하는 경우가 많다.

제3절 여성 인적자원개발

1. 여성 인적자원개발의 중요성과 의의

1) 여성 인적자원개발의 중요성

여성은 전통적인 사회적 배제 집단의 하나였고(나영선 외, 2003), 인구 비중으로 보면 절반에 해당하므로 여성에 특화된 인적자원개발 정책과 제도를 살펴보는 것은 중요하다. 한국을 포함하여 많은 국가들이 여성 인적자원 활용이 국가 경제 성장과 활성화의 주요 요인 중 하나라는 것에 대해 더 이상 이견을 달지 않는다. 그러나 우리나라 여성 경제활동 참여율은 2020년에 들어와서야 50%를 넘었고 2023년 현재 55.6%이다. 남성의 경제활동 참여율-2020년 74.4%, 2023년 73.3%와 비교하면 약 여전히 차이가 크다(표 12-5 참조).

표 12-5 경제활동인구 추이 (단위: 천 명, %)

연도	경제활동인구		경제활동 참가율		실업률		고용률	
	여성	남성	여성	남성	여성	남성	여성	남성
2000	9,104	13,047	48.8	74.4	3.6	5.0	47.0	70.8
2010	10,335	14,622	49.6	73.2	3.3	4.0	47.9	70.3
2020	12,007	16,005	52.8	72.6	4.0	3.9	50.7	69.8
2022	12,546	16,376	54.6	73.5	3.1	2.7	52.9	71.5
2023	12,817	16,386	55.6	73.3	2.8	2.6	54.1	71.3

출처: 정성미·박송이·이진숙·한진영·임연규(2024). p. 165.
경제활동인구: 취업자 + 실업자
경제활동참가율: 만 15세 이상의 인구 중에서 경제활동인구가 차지하는 비율
고용률: 15세 이상 인구에서 취업자가 차지하는 비율

국내 남성과의 격차뿐 아니라 선진국의 여성 경제활동 참여율과 비교해도 격차가 크게 나타난다. 성평등 수준이 높은 스웨덴, 핀란드, 노르웨이 등의 국가는 20세기 중반 이후 여성 경제활동 참여율이 70% 중반대를 기록하고 있다(나영선, 2008).

특히 한국 여성은 고학력자가 많음에도 불구하고 이들이 경제활동에 참여하지 않아 인적자원을 제대로 활용하지 못하고 있다. 20세기 이후 전 세계적으로 나타난 저출생고령화로 인해 인구증가율이 급락한 상황에서 우수한 잠재인력인 고학력 여성의 인적자원개발 등을 통한 경제활동 참여 촉진은 성장전략의 핵심이라고 할 수 있다. 이처럼 여성 인적자원개발은 여성의 사회적 배제를 극복하여 사회 정의와 형평성을 실현하는 데 기여하고, 실질적으로 국가 경제 활성화에도 도움이 되는 측면에서 그 중요성이 크다고 할 것이다.

2) 여성 인적자원개발의 의의

나영선(2008)이 제시한 여성 인적자원개발의 의의를 요약하면 다음과 같다. 첫째, 여성이 경제성장의 새로운 동력이 될 수 있다. 복지, 보건, 의료, 교육, 사회적 경제 분야가 확대되고 돌봄과 가사노동의 사회화가 증가함에 따라 여성인력 수요가 늘어나게 된다. 이는 국가 자원 배분의 효율성을 높이고 경제성장을 촉진하는 데 기여한다.

둘째, 여성 인적자원개발이 양질의 일자리 실현 및 노동시장 양극화 해소에 도움이 된다. 비정규직이 여성 중심으로 채워지는 노동시장의 양극화가 확산되고 있는데 여성 인적자원개발은 여성의 공식 노동시장 진입을 지원함으로써 전체적인 소득분배를 개선할 수 있다.

셋째, 여성의 경력 유지 및 개발에 기여할 수 있다. 고학력여성 인력공급이 증가하면서 조직 내 여성 리더의 비중이 증가할 것인데, 여성 인적자원개발을 통해 이들의 경력 유지와 개발에 도움을 줄 수 있다.

2. 여성 인적자원개발의 문제점과 원인

1) 여성 인적자원개발의 문제점

미국의 고용평등기회위원회(Equal Employment Opportunity Commission: EEOC)나 동일임금법(The Equal Pay Act), 한국의 「남녀고용평등과 일·가정 양립 지원에 관한 법률」(약칭: 남녀고용평등법) 등으로 과거보다 나아졌지만 여전히 기업체의 여성 인력 활용을 위한 노력은 충분하지 않다. 또한 고용이나 훈련, 승진과정에서 여성에 대한 차별이 아직 남아 있어서 성별 간 직종 분리 현상 또는 취업 여성의 경력단절 현상도 줄어들지 않고 있다. 이러한 여성 인적자원개발의 문제점 중 인적자원개발 참여 기회 제한, 경력단절, 승진 기회 제한, 직장 내 성차별적 괴롭힘을 중심으로 살펴본다.

(1) 인적자원개발 참여 기회 제한

나영선(2010)의 연구에 의하면 남녀 모두 인적자원개발 참여 여부가 '시간당 평균임금' 변수에 유의미한 영향력을 미치고 있는 것으로 나타나, 인적자원개발은 개인의 성과와 긍정적 관계가 있는 것으로 분석되었다. 그런데 기업 내 인적자원개발 프로그램 참여 경험을 분석한 결과 인적자원개발 참여는 성별로 유의미한 차이가 있고, 그 참여기회는 직무의 숙련도와 밀접한 관련이 있는 것으로 나타났다. 즉 여성의 숙련도가 남성에 비해 떨어지고 퇴사 우려 등으로 기업의 인적자원개발이 여성근로자에게 상대적으로 적게 제공되어왔다는 것이다.

여성 구직자의 경우도 직업훈련에 참여하고자 할 때 남성에 비해 가사, 육아, 가족부양 문제로 더 많이 어려움을 겪는다. 이처럼 여성근로자는 취업 상태에 있든 구직 상태에 있든 인적자원개발 기회 접근에 있어서 제한을 받고 이것은 이후 개인의 역량 향상이나 경력개발에 불리하게 작용할 가능성으로 이어진다.

(2) 경력단절

우리나라 여성의 연령대별 고용률은 여전히 M자형으로 나타난다(그림 12-3 참조). 20대 후반에 최고 고용률을 보이다가 30대 중반에 최저 고용률을 찍고 다시 높아진다. 이런 형태는 대부분의 선진국에서는 더 이상 관찰되지 않는다(최세림 외, 2022). 우리나라 여성은 한창 일할 나이인 30대에 오히려 노동시장에서 이탈하는 경력단절 현상이 나타나는 것이다.

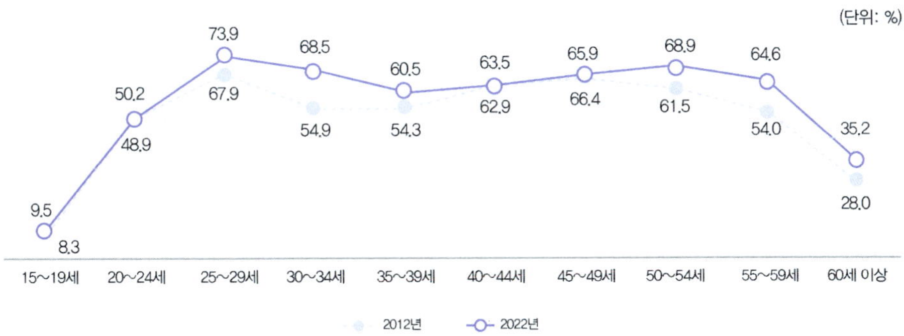

그림 12-3 우리나라 연령대별 여성 고용률

출처: 정성미 외(2024). p. 49.

경력단절여성이란 15~54세 기혼인 비취업(실업+비경제활동) 여성 중 결혼, 임신 출산, 육아, 자녀교육(초등학생), 가족돌봄 때문에 직장을 그만 둔 여성을 말한다. 2024년 현재 기혼여성 비취업자는 2,601,104명이고, 이 중 경력단절여성 수는 1,215,371명으로 46.7%이다(성인지통계시스템, 2022).

학력별 경력단절 비율을 살펴보면 학력이 높을수록 경력단절 비율이 높아진다. 2024년 기준 초졸 이하 19.9%, 중졸 24.0%, 고졸 37.7%, 대졸 이상 53.6%이다(성인지통계시스템 홈페이지 경력단절여성 현황). 능력 있는 고학력 여성들이 경력단절로 경제 발전에 기여하지 못하고 있는 것이다. 경력단절여성이 일을 그만두기 전 근무기간을 보면 2021년 기준 5~10년 미만이 25.6%로 가장 많다. 다음 3~5년 미만이 12.9%, 1~3년 미만이 11.9%, 1년 미만 9.5% 순이었다. 이는 조직 내 적응기를 지나 안정적으로 자리 잡고 중간관리자로 도약할 즈음에 경력이 단절되는 것을 보여준다고 할 수 있다. 경력단절 사유는 육아가 43.3%로 가장 많고 결혼 준비 27.4%, 임신과 출산 22.1%, 자녀교육(초등학생) 3.8%, 가족 돌봄 3.4%로 나타나 육아가 가장 큰 요인으로 나타났다(성인지통계시스템, 2022).

이후 자녀 부양에 대한 부담감이 감소하게 되면 재취업을 희망하며 노동시장에 진입하려고 한다. 2024년 기준 경력단절여성의 93.9%는 취업을 희망하고 있다(성인지통계시스템 경력단절여성의 취업 희망 및 구직활동 여부. https://gsis.kwdi.re.kr/statHtml/statHtml.do?orgId=338&tblId=DT_GIABRM19_011&vw_cd=undefined&list_id=undefined&s

crId=&seqNo=&language=ko&obj_var_id=undefined&itm_id=undefined&conn_path=I2&path=).

중장년층 경력단절여성에게 주어지는 취업 기회는 매우 제한적이어서 저숙련, 저임금의 비정규직 일자리가 대부분이다(장서영 외, 2009). 이처럼 경력단절여성의 재취업은 제한적 고용기회 외 여성취업에 대한 고정관념, 준비 및 기술 부족, 자신감 부족 등 다양한 요인으로 인해 많은 어려움이 따른다(최은화 외, 2015). 특히 고학력 경력단절여성들의 경우 재취업 욕구가 높지만 자신에게 맞는 적당한 일자리를 찾기가 더 어렵다(손승현 외, 2009). 이는 학력이 높아질수록 경력단절 비율이 높아지는 통계 수치로 잘 드러난다.

경력단절여성이 실제 재취업한 직종의 경우 생산·판매·서비스 관련 단순직이 높은 순위를 차지한 반면, 재취업 희망직종의 경우에는 미용사·조리사·사무원 등이 높은 순위를 차지하였으며, 컴퓨터 및 디자인 관련 숙련직도 있었다(최정원, 2005). 이처럼 경력단절여성의 재취업 가능 직종과 재취업 희망 직종 간 차이는 이들이 경력단절을 벗어나는 데 주된 장애요인으로 작용한다.

경력단절여성은 재취업에 성공하더라도 임금과 지위 하락으로 개인적 손실을 입게 되고, 이는 성별로도 불평등한 노동시장을 지속하게 만든다. 국가적으로는 여성 인적자원의 불충분한 활용이나 손실로 경제성장에 부정적인 영향을 끼치게 된다.

(3) 승진 기회 제한

여성 관리자 비율은 2010년 15.1%에서 꾸준히 높아져 2018년 20.6%를 기록했지만 2019년에는 19.8%로 소폭 낮아졌다. 특히 민간기업의 여성 임원 비율은 3.6%로 OECD 평균 21.8%에 한참 못 미치는 것으로 조사됐다(오정숙, 2022).

유리천장(琉璃天障, glass ceiling)은 충분한 능력을 갖춘 사람이 직장 내 성 차별이나 인종 차별 등의 이유로 고위직을 맡지 못하는 상황을 비유적으로 이르는 경제학 용어이다. 영국의 경제주간지 <이코노미스트>에 따르면 한국의 유리천장지수가 경제협력개발기구(OECD) 회원국 38개국 중 조사한 29개국 중 종합순위 29위였다. 한국의 여성 중간관리자 비율은 15.6%로 28위였고, 상장기업 이사회 내 여성 비율은 8.7%로 29위였다(한겨레신문 2022.3.8). 이런 결과는 조직 내 의사결정 권한이 높은 자리에 여성이 올라가는 경우가 제한적이라는 사실을 반증한다. 따라서 여성의 승진 문제는 기업과 정부 차원에서 다양한 시책을 마련하고 시행해야 한다.

(4) 직장 내 성차별적 괴롭힘

취업 여성이 지속해서 일하기 어려운 요인 중 하나가 직장 내 성희롱이다. 2021년 실태조사에 따르면 지난 3년간 직장에서 재직하는 동안 한 번이라도 성희롱 피해를 경험한 사람은 전체 응답자의 4.8%로, 2018년 8.1%에 비해 3.3%p 감소했다. 성희롱 행위자는 '상급자' 또는 '기관장·사업주'가 58.4%로 가장 많았고, 성별은 80.2%가 '남성'이었다. 피해경험자의 절반 정도가 직장생활과 관련해 부정적인 영향이 있었던 것으로 응답하였다(여성가족부 보도자료, 2022). 직장 내 성희롱이 발생하면 많은 경우 그냥 참고 일하기는 하나, 조사 결과처럼 직장생활에 부정적 영향을 미쳐 전반적인 고용환경을 악화시킨다. 그리고 일부 피해자, 특히 중소기업이나 영세 사업장에 종사하는 경우는 퇴사로 이어지는 경우도 많다.

(단위: %)

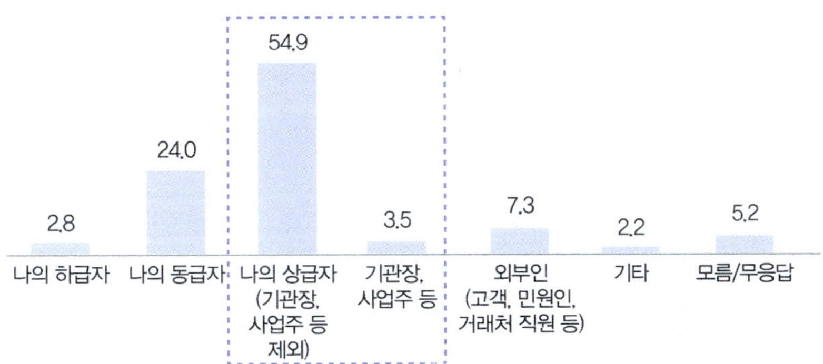

그림 12-4 성희롱 행위자와의 관계 및 성별

출처: 여성가족부 보도자료(2022.6.8.). p.5.

최근에는 직장 내 성희롱을 포함하여 '일의 세계에서 폭력과 괴롭힘'이 주요 의제로 떠오르고 있다. 2019년 ILO 100주년 총회에서 일의 세계 폭력과 괴롭힘 근절을 위한 협약(제190호)과 이를 보충하는 권고(제206호)가 채택되었다. 협약 제1조 1항(a)는 일의 세계에서 '폭력과 괴롭힘'이란 "일회적이든 반복적이든 상관없이, 신체적·정신적·성적 또는 경제적 해악을 목적으로 하거나 이를 초래하거나 초래할 가능성이 있는 것으로서, 허용할 수 없는 행위나 관행 또는 위협의 범주"를 가리키는 것으로 정의하였다. 제1조 1항(b)에서는 '젠더 기반 폭력'에 대해 "성희롱을 포함하여, 성별이나 젠더를 이유로 사람들에게 향한 폭력과 괴롭힘, 특정한 성별이나 젠더의 사람들에게 불평등하게 영향을 미치는 폭력과 괴롭힘"을 의미한다고 정의하고 있다(국제건설연맹, 건설노조, 프리드리히 에버트 재단, 2020). 즉 성희롱 외 성을 매개로 한 다양한 폭력과 괴롭힘을 포함하여 일터에서의 폭력과 괴롭힘이 사라져야 안정적인 직장생활을 이어갈 수 있고, 이것이 전제되어야 조직 내 인적자원개발도 원활하게 작동될 수 있다.

2) 여성 인적자원개발 문제의 원인

여성 인적자원개발의 문제가 발생하는 근본 원인은 성역할 고정관념과 성별 편견이다. 남성은 생계부양자로서 직장생활을 하고, 여성은 살림과 육아 전담자라는 성별분업 인식이 잔존하고 있다. 기업은 가정과 기업공간의 분리 원칙에 입각하여 생산활동에 전념할 수 있는 미혼 여성을 선호한다(공선영 외, 2006). 성별분업 인식이 사라졌다고 해도 이것을 완화시켜 주는 사회 시스템은 제대로 갖추어지지 않았다. 따라서 일과 집안일을 병행하기 어렵게 만드는 현실에 마주쳤을 때 어쩔 수 없이 일을 그만두게 된다.

둘째, 여성은 업무 보조에 적합하다든가, 리더는 남성이 해야 한다는 인식 역시 교육훈련 프로그램이나 승계 계획 같은 인적자원개발에 보이지 않게 작용한다. 실제로 전통적이거나 소규모 기업에서는 여전히 성별 직무 분리나 차별적 대우가 존재한다(김종숙 외, 2018). 남성과 여성 관리자에 대한 선입견도 있어서 기혼 여성관리자가 가정에 대한 관심이 많아 일에 덜 집중하고, 관리능력이 상대적으로 남성보다 부족할 것이라는 편견이 있다(Choi & Chen, 2006; 오정숙, 2022). 여성의 경력개발 방안을 연구한 김흥국(2005)은 기업 여성인력의 경력개발을 저해하는 문제의 핵심은 성차별의식이라고 하면서, 남성 중심의 차별의식이 조직의 인적자원관리 과정에서의 차별로 이어진다고 주장하였다.

셋째, 이런 문제를 해결하기 위해 마련한 법과 제도의 실효성이 아직은 부족하다는 점이다. 5인 이상 사업장 남녀고용평등법 적용, 고용평등 전담 근로감독관 지정, 직장 내 성희롱 예방 강화, 고용상 성차별 감독 및 구제 강화, 경력단절 예방 및 해결 방안 마련과 시행 등 법·제도적 개선을 통해 과거보다 많이 나아지고는 있다. 그러나 여성 고용과 인적자원개발 관련 통계는 아직도 갈 길이 멀다는 것을 보여주고 있다.

3. 여성 인적자원개발 제도와 사례

1) 여성 인적자원개발 제도

(1) 일·생활 균형 지원제도

일·생활 균형에 대한 수요 증가는 개개인의 삶의 질을 중시하는 시대적 흐름의 결과이기도 하지만, 좀 더 성평등한 근로환경을 구축하고자 하는 목표와도 연결되어 있다. 여성은 가사노동과 가족 돌봄을 위해 경력을 중단하는 경우가 많았는데, 일·생활 균형 제고를 통해 이를 극복할 수 있게 된다. 특히 코로나19 팬데믹 기간을 거치면서 그 중요성이 커지고 있다(정성미 외, 2021).

① 육아휴직제도

대표적인 일·가정 양립 지원제도가 육아휴직제도이다. 이는 근로자가 피고용자의 신분을 유지하면서, 일정 기간 자녀의 양육을 위해 휴직을 할 수 있도록 하는 제도이다. 육아휴직 기간은 최대 1년이며 자녀 1명당 남녀 근로자 각각 1년 6개월 사용할 수 있다. 분할 사용도 가능하다. 육아휴직 급여는 육아휴직 기간 동안 월 통상임금의 80%를 지급한다(상한 250만 원, 하한 70만 원). 육아휴직을 마친 후에는 휴직 전과 동일한 업무 또는 동등한 수준의 임금을 지급하는 직무에 근로자를 복귀시켜야 하고, 육아휴직 기간은 근속 기간에 포함시켜야 한다.

그동안 육아휴직제도는 휴직 기간 동안의 급여 인상, 남성 육아휴직제도 사용 확대 등 저출생시대임에도 불구하고 사용자 수가 계속해서 증가했다. 2019년부터 10만 명을 넘었고 남성 이용률은 2021년 26.3%까지 늘어났다. 통계청에 따르면 부모 중 육아휴직을 사용할 수 있는 대상자가 실제 육아휴직을 사용한 비중은 24.2%였다(부: 3.4%, 모: 63.9%). 이는 4명 중 1명꼴로 여전히 육아휴직제도를 이용하지 못하는 경우가 많다는 것을 보여준다. 이밖에 난임휴가제도 및 난임시술비용지원제도를 운영하는 기업도 있다.

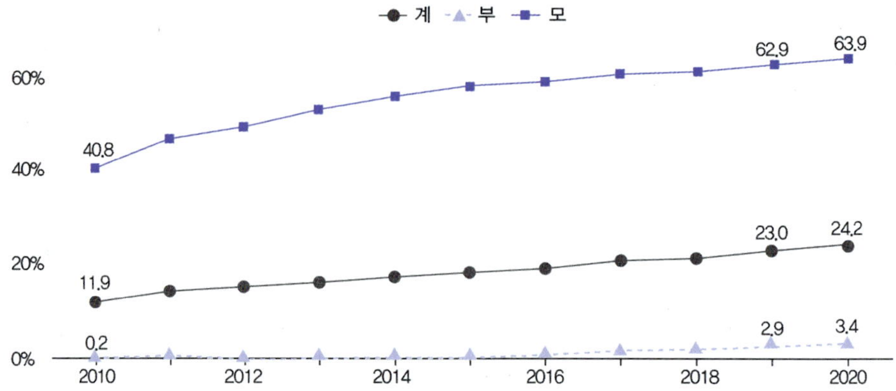

그림 12-5 출생아 부모의 육아휴직 사용률

출처: 통계청 보도자료(2021.12.20.), 한국여성정책연구원(2022). 재인용, p.11.

② 유연근무제

유연근무제도 일·생활균형 지원정책 중의 하나이다. 유연근무제란 통상의 근무시간·근무일을 변경하거나 근로자와 사용자가 근로시간이나 근로장소 등을 선택·조정하여 일과 생활을 조화롭게 하고, 인력활용의 효율성을 높일 수 있는 제도를 말한다(가족친화 사회환경의 조성 촉진에 관한 법률 제2조). 이것의 유형과 운영방법은 다음과 같다.

표 12-6 유연근무제 유형 및 운영방법

형태	내용
시차출퇴근제	기존의 소정 근로시간을 준수하면서 출·퇴근시간을 조정하는 제도
선택적 근로시간제	1개월 이내의 정산기간을 평균하여 1주 소정근로시간이 40시간을 초과하지 않는 범위에서 1주 또는 1일 근로시간을 조정하는 제도
재량근로시간제	업무특성상 업무수행방법을 근로자의 재량에 따라 결정하고 사용자와 근로자가 합의한 시간을 근로시간으로 보는 제도
원격근무제	주거지, 출장지 등과 가까운 원격근무용 사무실에 출근해서 일하거나, 사무실이 아닌 장소에서 모바일 기기를 이용하여 근무하는 제도
재택근무제	근로자가 정보통신기기 등을 활용하여 사업장이 아닌 주거지에서 업무공간을 마련하여 근무하는 제도

출처: 찾기쉬운 생활법령정보 홈페이지. 유연근무제의 의의 및 유형
https://easylaw.go.kr/CSP/CnpClsMain.laf?csmSeq=1326&ccfNo=1&cciNo=1&cnpClsNo=1

유연근무제 활용은 2020년 코로나19 이후 늘어나 2020년 14.2%, 2021년 16.8%인 것으로 나타났다. 종사상 지위를 살펴보면 상용근로자, 임시근로자, 일용근로자 순으로 많이 사용하고 있다. 정규직 여부에 따라서는 정규직이 비정규직보다 2배 더 사용하고 있다. 기업 규모별로는 기업규모가 증가함에 따라 유연근무제 활용률 역시 증가하는 것으로 나타났다. 성별 차이를 보면, 유연근무제가 활용되지 않던 시기에는 여성들이 더 많이 활용하였으나, 코로나19의 충격 이후로는 남성의 활용률이 더 증가하여 성별 차이가 감소하거나 역전되는 경향을 보였다. 유연근무제를 활용하지 않은 임금근로자를 대상으로 조사한 결과, 최근으로 올수록 희망한다고 응답한 임금근로자의 비율이 높았다. 성별로 보면 2021년 기준 여성이 44.6%, 남성이 41.3%로 남성보다는 여성이 조금 더 높게 나왔으나, 남녀 모두 원하는 비율이 높다는 것을 알 수 있다(한국여성정책연구원, 2022).

(7) 여성 경력단절 관련 제도: 여성새로일하기센터

고용 문제와 관련하여 여성을 특별한 정책 대상으로 지원할 수 있었던 근거는 2008년에 제정된 「경력단절여성 등의 경제활동 촉진법」(이하, 경력단절여성법)이다. 실질적 정책 대상이었던 장기 경력단절 중장년 여성을 지속적으로 지원한 결과 뚜렷한 고용률 개선이 있었다(최세림 외, 2022). 여기에 큰 역할을 한 기관이 여성새로일하기센터(이하 새일센터)이다.

새일센터는 경력단절여성의 빠른 재취업을 목적으로 2009년 72개소가 설립되었고, 2023년 현재 전국에서 158개가 운영 중이다. 현재는 경력단절여성뿐 아니라 미취업 여성에 대한 ONE STOP 취업지원서비스를 제공하고 있다. 주요 사업 내용은 경력단절여성 및 구직여성 등을 대상으로 직업상담, 구인/구직관리, 직업교육, 인턴십, 취창업지원, 취업 후 사후관리, 경력단절예방 등을 종합적으로 지원하는 것이다.

2) 여성 인적자원개발 사례

(1) 일·생활 균형

① AXA손해보험

AXA손해보험은 배우자 출산휴가 10일, 배우자 출산 시 유아휴직, 육아기

단축근무, 가족돌봄휴가와 휴직을 적극 지원하고 있고, 출산휴가 1개월 확대와 육아수당 확대 등의 정책도 도입을 검토 중이다.

또한 맘토링(Mom+Mentoring) 제도를 운영 중인데 이는 육아휴직 복직(예정)자들의 애로사항을 파악하고 원활한 조직생활을 돕기 위해 선배 워킹맘과 육아휴직 복직(예정)자를 1:1 매칭하여 리마인드 교육을 하는 것이다. 이외 Refresh & Restart 사업을 통해 육아휴직 복직 후 업무 적응 지원 및 육아 관련 네트워크 기회를 제공하고 있다.

② ㈜하나투어

2011년부터 스마트워킹의 일환으로 재택·거점근무 및 유연근무를 다음과 같이 실시하고 있다.

a. 시차출퇴근: 업무특성, 자기계발, 건강상 이유, 장거리 출퇴근 등의 사유에 따라 오전 8시부터 10시 사이에 출근할 수 있도록 조정하였다.
b. 재택근무: 근로자의 필요에 따라 사무실이 아닌 집 등의 장소에서 근무하는데 1년 이상 근무한 모든 직무(IT직무 제외)의 근로자가 가능하다. 주로 여성근로자(95.8%)가 활용하고 있다.
c. 거점 근무: 거주지 인근에 사무실을 운영하여, 30분 이내 출퇴근하도록 인프라를 마련하였다.
d. 스마트 세일즈: 효율적인 업무 운영을 위해 영업직무를 담당하는 직원은 현장 거래처로 바로 출근하는 제도이다.

이러한 스마트워킹 추진 이후 이직률이 2011년 9.3%에서 2015년 5.8%로 감소 추세를 보이고 있다. 또한 일과 가정 양립 가능한 고용문화로 고용증가 및 여직원 비율 증가하였다. 2011년 근로자 수 1,738명에서 2015년 2,521명으로 증가하였고 여성 비율이 2011년 여성비율 50.9%에서 2015년 55.5로 유의미하게 늘어났다(고용노동부 홈페이지).

(2) 직장 내 괴롭힘 대응: 우버(Uber)

미국의 고용평등기회위원회(Equal Employment Opportunity Commission: EEOC)는 우버 내 성차별, 성희롱 및 성희롱 고발자에 대한 보복 행위 등을 적발해 2017

년 조사하였고, 조정 절차를 통해 이에 대한 대응 방안을 포함한 전국적인 협약을 우버와 체결했다. 협약 내용은 다음과 같다(UN Global Compact Network Korea 홈페이지).

- 2014년 1월 1일 이후 EEOC가 성희롱 및 관련 보복을 겪은 것으로 판단하는 모든 피해자에게 보상금을 지급하기 위해 440만 달러의 기금 설립
- 성희롱 가해자인 직원 및 성희롱 사건에 적시에 대응하지 못한 관리자 등을 식별하는 제도 수립
- 제3자 컨설턴트의 의견을 받아 관련 정책 업데이트
- 프레드 알바레즈 전 EEOC 위원으로부터 3년간 모니터링

협약에 따라 우버는 2014년 1월 1일부터 2019년 6월 30일까지 우버에서 근무한 모든 여성 직원에게 관련 공지사항을 발송하였으며, 이에 따라 해당 직원들은 설문지를 작성하고, 금전적 보상 수령 가능 여부에 대해 EEOC로부터 안내받게 되었다.

연구문제

1. 인적자원개발과 사회통합, 공평성의 관계에 대해 생각해 봅시다.

2. 취약계층 인적자원개발이 필요한 이유에 대해 논의해 봅시다.

3. 우리나라 취약계층 중 현재 시점에서 어느 집단의 인적자원개발에 관심을 가져야 하는지 자신의 생각을 정리해 봅시다.

4. 기업 현장에서 여성 인적자원개발 관련 이슈를 도출해 봅시다.

5. 여성 인적자원개발 관련 좋은 사례를 찾아보고 긍정적인 영향에 대해 정리해 봅시다.

CHAPTER 13

HRD와 기술 및 환경의 변화

학습목표

본 장에서는 인적자원개발(HRD)의 기술적인 변화에 대하여 이해하고 인적자원개발(HRD)의 시대적 변화 단계를 제시한다. 이를 위해 인적자원개발(HRD)의 시대적 변화 단계를 7단계로 나누어 설명하고 HRD의 기업 내 학습방식 변화와 포스트 팬데믹 이전, 이후 인적자원 개발 이슈와 HRD 플랫폼의 변화 사례를 제시하여 인적자원개발(HRD)이 환경에 대한 변화를 알도록 하였다.

제1절 HRD와 기술의 변화

1. HRD의 시대적 변화

HRD는 산업혁명부터 코로나 이후 AI 리터러시로 인한 같은 급격한 환경의 변화까지 상호작용 특성에서 오는 패러다임의 변화가 있어 왔다. 다양한 변화의 세대를 거쳐 온 HRD의 시대적 변화 단계를 알아본다.

1세대 HRD는 개인의 훈련개발(Training and Development)로 개인의 직무수행 성공에 도움이 되는 지식, 기술, 태도를 기를 수 있는 활동으로 적합했다. 핀토와 워커(Pinto & Walker, 1978) 및 맥라겐(McLagan, 1983)의 교수설계(ISD)를 활용하여 개인의 역량, 즉 지식, 기술, 태도를 바람직한 방향으로 변화시키는 훈련이 각광을 받는 세대이다.

2세대 HRD는 훈련 및 개발(T&D), 조직개발(OD), 경력개발(CD) 등을 통합하여 HRD라는 용어가 등장하였다(Mclagan, 1989). 기업교육은 훈련개발과 경력개발을 통해서 조직개발을 하려는 데 목적이 있다.

3세대 HRD는 기업은 교육 투자를 조직구성원의 성과를 향상시키기 위한 방안으로 교육을 실시되었다. 인간성과향상(HPI: Human Performance Improvement)의 단계로 인적자원 수행문제의 근본 원인 확인과 해결안 또는 개입 방안을 제시하여 결과에 관심을 갖는 퍼포먼스 컨설팅(Performance consulting)을 도입하였다.

4세대 HRD는 상시학습체제가 등장하였다. 즉, 일터학습 및 성과(WLP: Workplace Learning and Performance)는 학습이, 조직 상황에 따라 향상된 업무 성과를 얻는 도구로 강조되었다. 개인, 팀, 조직의 성과이슈를 분석하고 대응하는 일련의 체계적 절차를 활용한다(Rothwell, Sanders, & Soper, 1999).

5세대 HRD는 선 직원의 일터 학습자화(Workplace Learners)이다. 학습을 통해 학습자의 역량을 극대화시키고 개인의 고용가능성을 제고시킨다. 따라서 일터 학습자는 인식하는 자, 정보를 수집하는 자, 분석가, 평가자 등의 역할을 수행하며 뛰어난 학습자가 잠재적 고성과자(high potential performers)가 될 수 있는 것이다.

6세대 HRD는 성과중심 HRD가 대두되었다. 학습에 따른 성과(Learning and Performance) 즉, 1세대부터 6세대로 진행되어 오면서 가장 큰 키워드 변화는 훈련(Training)에서 학습(Learning)으로, 교육시켜 주던 방식에서 자기주도 방식, 교육의 내용은 공급자에서 수요자 중심으로 무게중심이 옮겨간 것이다.

7세대 HRD는 호모 루덴스적 인간관 및 HRD 패러다임의 변화에 발맞춘 놀이기반 HRD라고 할 수 있겠다. 어떻게 하면 즐겁게, 창의성을 가지고 인적자원의 발전에 기여할 수 있는가에 대해 초점을 맞추는 것이 핵심이라고 할 수 있다.

표 13-1 HRD 패러다임의 7단계 변화

HRD 세대	HRD 패러다임의 형태
1세대	Training & Development (T+D)
2세대	Human Resource Development (HRD)
3세대	Human Resource Improvement (HRI)
4세대	Workplace Learning and Performance (WLP)
5세대	Workplace Learner
6세대	Learning & Performance
7세대	Play-based HRD

출처: 이찬 외(2022). p.374. 저자 수정

2. HRD의 기업 내 학습방식 변화

1945년과 1980년, 1990년대를 거치며 용어는 다르지만 '현장에서의 교육체계'가 화두였다. 로스웰(Rothwell)이 소개한 WLP(Workplace Learning and Performance) 방식으로 일터에서 실시된 학습이 현업에 활용되어 성과와 연계되기 시작하였다. 현장교육방법은 훈련환경과 업무환경 간 유사성을 높이는 것이다. 과거의 HRD는 '알면 좋고 몰라도 상관없는 것'이었으나, 현재는 '반드시 알아야 하는 것'이고 관심도 개개인의 역량 향상보다는 조직의 성과로 무게중심이 변화하고 있다.

1) 고전적 교육훈련 방법

(1) 집합교육

집합교육은 일터인 근무현장을 떠나 연수원 같은 특정 공간에 모여서 진행되는 대표적인 교육훈련 방법이다. 조직의 경쟁력은 조직구성원들의 경쟁력에서 나오기 때문에 조직의 전략 중 하나인 종업원들의 훈련과 육성은 매우 중요하므로 기업에서는 조직원이 역할수행을 잘 할 수 있도록 지속적으로 정보, 지식을 제공하고 역량을 개발할 교육기회를 제공하여야 한다. 인재육성이 조직의 현재와 미래를 결정짓기 때문에 많은 조직들은 이러한 집합교육을 활용하고 있다. 최근 스마트러닝의 보급이 활성화되고 있지만 전통적인 집합교육은 기업교육의 가장 대표적인 모습이다. 집합교육에는 강의법, 토의법, 사례학습법 등 다양한 방법이 활용되고 있다.

A. 강의

강의는 설명이 중심이 되는 가장 역사가 오래된 교육 방법 중 하나이다. 교수자가 가르칠 어떠한 사실이나 정보 또는 개념을 오감 중 특히 청각(verbal)과 시각(visual)을 통해 자세하고 체계적으로 설명하거나 주입시키며 학습자들에게 전달하는 것을 그 목적으로 한다. 학습자의 이해를 돕기 위해 시범을 보이거나 이야기(story telling)하거나 해설하는 활동을 포함한다. 강의법은 짧은 시간에 많은 정보를 전달할 수 있어 효율적이고 경제적인 방법이다. 기업교육 중 직무교육 분야에서 그 활용도가 높다.

B. 질문과 대화

대화도 강의만큼 오래된 전통적인 교수방법이다. 세계 4대 성인이 가장 잘 활용했던 교육방법으로서 스스로 생각하고 터득하도록 자극하는 대화는 효과적인 교수방법이라 할 수 있다. 성인학습자가 주 대상이자 주체인 기업에서의 교육훈련은 지식이나 견해를 그대로 받아들이지 않고 비교·판단·분석·해석하기 때문에 대화가 중요하다. 여기서 원활한 대화를 위한 교수자의 질문은 매우 효과적이고 매력적인 교수방법이 된다. 질문 수준에 따라 학습자의 학습경험 수준이 결정되므로 효과적인 질문을 던지는 것은 교수자의 중요한 역량 중 하나라 할 수 있다. 특히 개방형 질문을 사용하는 것은 학습자의 배움에 도움이 된다.

C. 토의

토의법은 지식전달이 목적이 아니라 서로의 의견을 교환하며 각 개인이 해결할 수 없는 문제를 공동의 집단사고로 해결하려는 교육방법이다(권대봉, 1999). 토론주제의 중요도나 난이도에 따라 시간, 토의방법, 방향을 결정한다. 토의법이 학습방법으로 의미가 있는 것은 핫이슈가 되는 주제에 대해 학습자가 주체적으로 참가하면서 의견교환을 통해 서로의 상황과 입장을 이해하고, 자신의 생각을 다양한 지각적 각도에서 검토함을 통해 자연스럽게 학습이 일어나게 하는 참여적 교육방법이라고 할 수 있다.

D. 팀 활동

조별활동, 모둠활동, 그룹활동이라고 한다. 팀 활동은 보통 소집단활동인 3~11명 전후의 구성원이 상호작용을 통해 배우고 익히는 교수방법이다. 대화와 토의가 가장 잘 활용되는 교수방법이 바로 팀 활동이다. 참여자들은 소집단 내의 집단역학(group dynamic)을 경험하며 상호 다양한 방법의 의사소통을 통하여 각자의 리더십과 경험, 가치관 공유, 정보교환 등을 통해 자연스럽게 배움을 얻게 된다.

E. 사례학습

사례연구법은 참가자들이 실제 혹은 가상의 문제해결에 직접 참가하여 사례를 분석하고 해결하며 답을 찾아가는 활동으로 심화학습을 위한 방법으로 활용되는 방법이다. 사례학습법이 효과성을 높이기 위해서는 적절한 사례 선정, 학습자의 주도적인 참여, 교수자의 적절하고 효과적인 피드백이 핵심 성공요소다. 성공적인 사례학습의 선행조건으로 학습자들은 기본정보, 지식을 가지고 있어야 하고 분석, 토론, 대화 및 상호 피드백 능력이 필요하다.

F. 역할연기법

역할연기법은 상담심리분야에서 활용되던 심리극(psychodrama)을 교육의 장에 접목하여 리더십훈련, 고객만족훈련 등 인간관계와 관련된 교육훈련에 사용되는 기법이다. 교수자의 강의보다는 연극의 형태로 이루어지며 실제 연극 체험을 통해 경험함으로써 배우고, 학습자들은 역할 변화를 통해 상대방에 대한 이해수준을 높이고 자신을 보다 객관적으로 바라보는 효과가 있다. 조직개발의 하나로 역할연기법과 팀 빌딩이 활용된다.

집단의 이질성이 높아 공감대 형성이 필요할 때, 고객, 동료(부하, 상사) 입장에 대한 이해수준을 높일 때, 조직 내 감수성을 높이고자 할 때, 의사소통이 원활하지 않을 때, 구성원들의 장애요인과 욕구를 심층적으로 판단하고 해결하고자 할 때 효과적이다.

G. 문제해결학습

학습자 중심교육인 문제해결학습(Problem Based Learning)은 사례를 통해 문제를 해결해 나가는 과정과 그 결과를 통해 학습이 이루어진다. 학습자들은 실제 상황에서 직면하는 문제를 단순히 지식설명을 듣고 이해하는 것이 아니다. 학습공간에서 실제 문제의 초점을 동료들과 함께 고민하고 토론하면서 진행하므로 자연스럽게 학습이 된다. 학습자들은 이 과정을 거치며 새로운 지식 습득과 문제해결력이 키워진다. 이러한 협동학습활동은 구성원이 스스로의 개별학습이 중요하다는 것을 자연스럽게 깨닫게 도와주고 보다 심층적인 이해를 이끌어내며 자기주도학습을 촉진하게 된다.

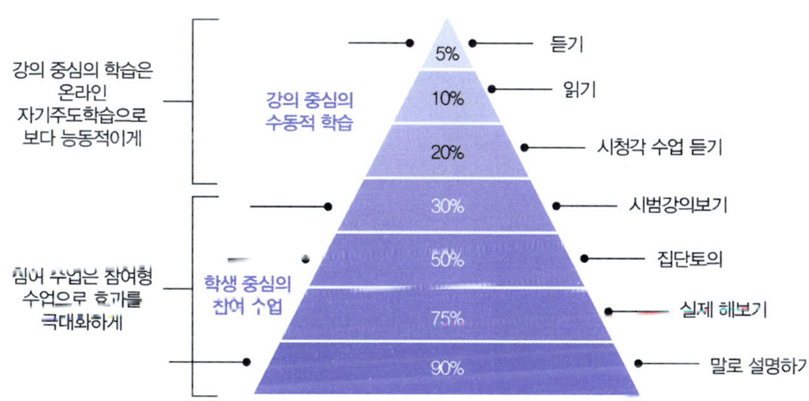

그림 13-1 **학습효과**

출처: National Training Laboratories(NTL). http://www.ntl.org.

2) 현장학습

(1) OJT

제2차 세계대전 당시 빠른 시간 안에 군수산업 인력을 키워내는 것이 급선무였다. 1945년 둘리(Dooley)가 제시한 '산업체 내 훈련(Training Within Industry: TWI)'은 당시에는 상당히 파격적인 내용이었다. 그 다음으로 나온 것이 현장직무훈련이 중요하다는 OJT(On-the-Job Training) 방식이다.

(2) 자기주도학습

놀즈(Knowles)는 자기주도학습(Self Directed Learning)을 학습자 개인이 주도권을 갖는 과정이라 했다(Brockfield, 1985). 학습의 필요성을 인식하고 자신의 필요성에 의해 주도적으로 학습하는 것으로 학습 몰입도와 만족도가 높아, 결과적으로는 학습효과가 높아진다. 교수자는 학습자와 목표설정 단계부터 평가에 이르기까지 대화 등의 활동을 통해 자기주도학습을 촉진할 수 있는 퍼실리테이터의 역할을 한다. 스마트러닝은 학습계획 수립·학습·평가와 피드백이라는 일련의 절차를 거치며 반복된다. 따라서 스마트러닝은 이러한 자기주도학습이 효과적으로 이루어질 수 있도록 돕는 기능이다.

(3) 스마트러닝

웹기반학습(web based learning), 원격학습(distance learning), 사이버학습(cyber learning), 온라인학습(online learning) 등의 다양한 용어의 학습들을 스마트러닝(Smart Learning)이라 하고 스마트러닝과 이러닝은 온라인으로 학습이 이루어진다는 공통점이 있다.

스마트러닝은 '두루누리학습(ubiquitous의 우리말)'으로 모바일을 활용한다. 모바일러닝(mobile learning)은 시간, 장소에 구애받지 않고, 지식 획득을 도와주는 전자정보와 교육적 내용을 제공해 주는 서비스 및 시설이다(Lehner & Nosekabel, 2002). '두루누리학습'으로 기업교육환경은 언제, 어디서나 학습할 수 있게 되었다.

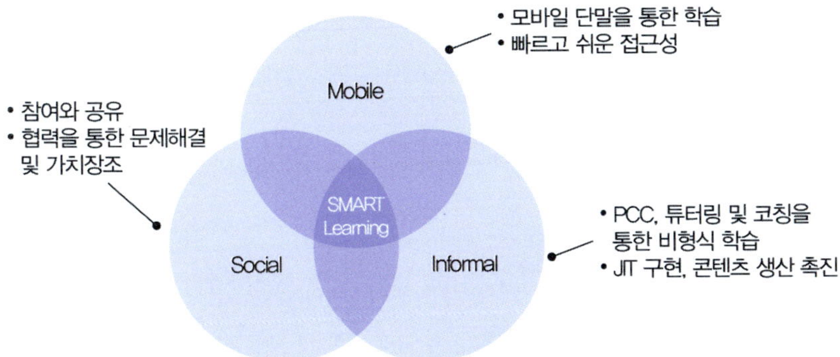

그림 13-2 스마트러닝의 특징

출처: 이지은(2011). "다양해지는 플랫폼, 문제는 콘텐츠다"(동아비즈니스리뷰 99호).

(4) 코칭(Coaching) & 멘토링(Mentoring)

고전적인 교수-학습방법은 학습자 개개인의 수준에 맞춘 눈높이 교육에 한계가 있으나 코칭과 멘토링은 1대 1의 관계를 통해 학습자의 개인적 특성은 물론 현재의 수준, 학습능력, 경력목표 등을 충분히 고려하여 지도할 수 있는 장점이 있다. 이는. 코칭과 멘토링 활동은 코치(coach) 또는 멘토(mentor)가 코치이(coachee) 또는 멘티(mentee)에게 직무능력 향상을 위한 기능적 지도뿐만 아니라 직장생활에 대한 가치나 신념, 개개인의 재능과 정체성까지 고려된다. 국제코치협회(ICF: International Coach Federation)에서 기업관리자들의 중요한 역량으로 코칭 능력을 제시했다. 코칭은 1대 1코칭, 팀 코칭, 그룹 코칭의 형태로 운영되기도 한다. 상사에 의한 코칭은 단기적, 장기적 성과향상과 동시에 부하의 육성을 함께 고민하게 되며, 상사와 부하의 신뢰 향상에 기여하는 순기능이 있다.

(5) 액션러닝

액션러닝(Action Learning)은 실제 문제를 실제 사례를 가지고 다른 학습자들과 함께 해결해가는 과정을 통해서 배우는 학습법이다. 기존의 팀 활동과는 차이가 있다. 구성원들이 브레인스토밍 등 다양한 소그룹 활동을 통해 실제 문제를 사례로 참가자들 사이에 다양한 역동이 일어난다. 이를 통해 배움이 촉진되며 문제에 대한 해결책을 찾는 과정이 된다. 특히 구성원들이 문제를 해결해 나가는 과정, 성찰을 통해 돌아보는 과정이 대화를 통해 이루어지는 것이 액션러닝의 대표적인 모습이며 성공적인 결과를 위해 변화스폰서의 역할이 중요한 전제가 된다는 것이 특징이다.

3) 새로운 교육훈련 개념과 방법

(1) 플립드러닝

2010년 처음 등장한 거꾸로 교수법(flipped learning)은 정보통신 기술을 활용해 온라인 사전학습 및 오프라인 사후학습으로 구성되어 진행하는 교육이다. 주로 학교에서 사용하는 교수법으로, 학습자들이 온라인 강의 동영상을 통해 사전학습을 한 후 수업시간에는 교수자 및 학습자 간 토론, 심화학습 활동 등의 상호작용적 학습활동으로 이루어진 교수법이다. 이것은 상호작용 및 협력 학습활동을 통해 과제활동과 교수(instruction)를 전환하여 지식의 전이를 도모한다는 점에서 교육 전문가들에게 매력적으로 다가온다. 이제는 일터에서 교육훈련을 담당하는 HRD 전문가들이 관심을 갖게 되었다. 성인학습자들의 몰입을 이끌고 지식 전이를 촉진시키는 효과적인 교수법으로서 거꾸로 교수법은 학교뿐만 아니라 일터에서도 성과를 높이기 위한 훈련방법으로 적용할 수 있다.

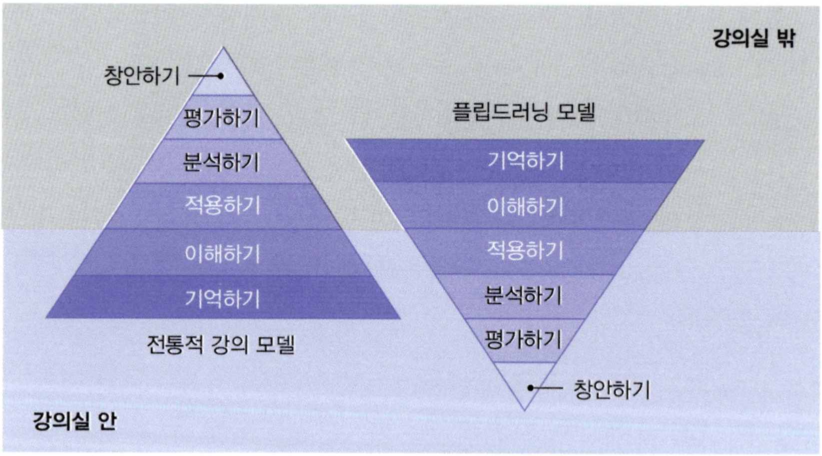

그림 13-3 Bloom의 교육목표분류에 따른 플립드러닝 학습성과

출처: 조선대학교 교수학습개발센터(2021). 플립드러닝(Flipped Learning) 수업 가이드북, p.6.

(2) 휴먼 라이브러리

휴먼 라이브러리(human library)는 말 그대로 인간 도서관이다. 도서관에서 책을 빌리듯 '사람책을 인간도서관(human library)'에서 빌리는 개념이다. 조직개발 차원에서 기업교육에서는 이러한 휴먼 라이브러리를 운영할 수 있다. 예를 들어 상관이 '책'이 되고 신입사원은 독자가 되어 조직의 역사와 선배들의 성공과 실패 경험을 배울 수 있다. 저예산 대비 고효율적인 교육훈련 방법으로 인적자원개발 차원에서 다양하게 운영될 수 있는 '무형식학습'의 백미라 할 수 있다.

(3) 월드 카페

1995년 브라운(Juanita Brown)과 아이젝스(David Issacs)가 주어진 테마 질문에 대해 참석자들이 다양하게 토론하는 방법으로 고안하였다. 월드 카페는 최소 12명에서 1,000명 이상의 참석자가 주어진 질문에 대해 아이디어를 나누고, 공유하고, 발전시키는 대화방법이다. 기업은 조직문화나 문제해결 워크숍 등에서 활용할 수 있다. 월드 카페는 사람들의 상호 열린 대화라는 상호작용을 통해 소속감을 느끼고, 참여를 통해 주인의식을 고취할 수 있는 부가적인 장점도 있다. 조직원이 어떤 의사결정에 참여함으로써 소속감과 책임감을 느낄 수 있기 때문이다.

운영방법은 소규모 팀을 구성하여 한 회당 20~30분 정도 걸리는 토론대화를 시작하고 중간에 구성원들이 3~5회 서로 교차해가며 토론을 하여 아이디어를 지속적으로 발전시켜 나가는 방법으로 운영한다.

(4) 기타

바캠프(BarCamp)는 소셜 텍스트(Social Text)의 창업자 메이필드(Ross Mayfield)가 만들었다. 형식이나 절차 없이 참가자들이 자발적이고 즉각적으로 발표, 토론, 시연하는 컨퍼런스의 일화이다.

타운홀 미팅(Town Hall Meeting)은 1995년 주민참여를 통한 정책결정을 위해 America Speakers라는 비영리단체에서 개발하고 발전시켰다. 주민들의 직접적인 토론과정을 거쳐서 핵심의제를 결정하는 것이다. 기업에서는 기업문화 전파, 주요 이슈의 공유 및 결정 등을 위한 조직개발의 방편으로 활용하고 있다.

오픈스페이스 테크놀로지(Open Space Technology)는 넓은 공간에 5명에서 수천 명까지 참가자가 논의하고 싶은 주제를 제출하고 원하는 주제에 자유롭게 주제를 옮겨가며 토론에 참여한다.

3. HRD Trend 변화

HRD의 다학제적(Multidisciplinary), 간학문적(Interdisciplinary) 성격으로 인해 새로운 HRD패러다임은 여러 학문 분야의 발전과 궤를 같이 하며 영향을 주고받는다. HRD 패러다임의 변화에 영향을 미치고 있는 HRD 트렌드는 무엇인지 알아보고자 한다.

1) 창의성 개발을 위한 교육훈련 설계

로빈슨(Sir Ken Robinson)은 개인과 조직의 교육혁명과 창조성 발현을 강조한 인적자원 분야의 글로벌리더이다. 그는 교육혁명이 창조성에서 시작하고 창조성은 선천적인 것이 아닌 배워서 익힐 수 있는 능력으로 배운 창조성을 어떻게 효율적으로 발현시킬 수 있는지를 제시하며 창조성을 극대화한 지점, 즉 엘리먼트(Element)를 찾기 위해 다음과 같은 세 가지 성찰과정을 소개한다.

- 자신의 능력 범위가 어디인지 스스로 살핀다.
- 자신의 능력들이 유기적으로 연결되어 있는 것을 이해해야 한다.
- 자기능력이 아직 발현되지 않았지만, 더 성장할 잠재력이 있다는 것을 자각해야 한다.

성찰 과정을 통해 몰입해서 일하다 보면 상상력이 떠오르고 창조적인 결과가 나오는 엘리먼트가 더 많이, 더 자주 발현될 수 있다.

조직의 관점에서 로빈슨은 창조성 있는 인재를 선발하는 것이 우선이라고 하였다. 서로의 역량을 통해 시너지 효과를 발휘하고 집단지성을 창출하기 위해서 선발된 인재들은 획일적 사고를 공유하는 군중(crowd)보다는 서로의 개성을 존중하고 서로의 엘리먼트를 이룰 수 있도록 상호 협력하고 조력하는 모습이 요구된다고 강조한다.

이를 위해 HRD 담당 부서에서는 단순 집합교육보다 조직원 간의 엘리먼트를 촉진할 수 있는 조직문화를 구축하는 것이 필수적이다.

에릭 왈(Erik Wahl)은 파블로 피카소의 이름을 따 'PICASSO'라는 손쉽게 발현될 수 없는 창의성 발현 조건 여섯 가지를 정리하였다.

Provocative(자극적인): 도전적인 행동을 실행해 보는 것
Intuitive(직관적인): 현재의 지식보다는 자신의 직관적 인식을 믿는 것
Convicted(소신 있는): 스스로의 신념을 따르는 것
Accelerated (빠른 속도의): 빠른 아웃풋, 간결한 메시지, 즉각적인 영향을 목표로 하는 것
Spontaneous(자발적인): 자발적으로 행동하는 것
Surrendered(포기할 줄 아는): 열정을 위해 불필요한 것은 놓을 줄 아는 것
Original(독창적인): 대담하고 특별하며 자유롭게 일하는 것

에릭 왈(Erik Wahl)의 방식을 적용하고 발전시키려는 노력을 한다면 조직의 혁신, 조직의 성과에 기여하는 자양분이 형성될 수 있다. 또한 창의성과 함께 인성적 측면에서 창의성과 관련된 사고력과 연계된 확장된 시민성과 사회적 책임성을 갖추는 것이 중요하다.

2) 놀이 기반 교육훈련 방법

브라운(John Seely Brown)은 조직 간 네트워크를 활용하여 '기술변혁과 새로운 학습문화의 구축'을 이룬다는 학습 환경과, 놀이의 학습문화가 혁신을 창출한다고 한다. HRD담당자는 기술발전, 사회변화 흐름을 파악하고, 가지고 있는 네트워크의 자원들을 어떻게 하면 다차원적으로 커뮤니케이션 채널을 확보하여 활용할 수 있는지를 고민해야 한다. 궁극적으로는 이를 획득 및 창출할 수 있도록 즐길 수 있게끔 놀이에 기반한 HRD를 구현하는 것도 요구된다.

3) 자기구조화 학습환경

수가타 미트라(Sugata Mitra) 교수는 자기구조화 학습환경(SOLE: Self Organized Learning Environment)'은 학습자가 스스로 학습하게 만드는 환경이라고 하였다.

'Hole in the Wall' 프로젝트는 컴퓨터와 인터넷을 접한 적이 없던 아이들이 벽에 설치된 컴퓨터를 조작해 보며 스스로 사용법을 터득하고, 서로 사용법을 알려주며 컴퓨터의 더 많은 기능을 활용하는 학습의 결과를 보여주었다.

스스로 알고 싶었던 주제에 대해 학습할 기회가 주어진다면 성인학습자들도 아동 못지않게 탐구의 의지를 불태우는 경우가 발견된다. 따라서 조직의 HRD 부서가 자기구조화학습의 질문, 탐구, 검토 세 단계에서 교수자로서의 역할을 적절히 수행하고, 전사적 차원에서의 학습조직 구축에 앞장선다면 성인학습자집단인 기업의 조직구성원들에게서도 자기구조화학습이 나타날 수 있을 것이다.

4) 긍정 기반 목적의식

캐롤(Kevin Carroll)은 잠재력을 극대화하기 위하여 개인, 팀, 조직에서 놀이의 창조성을 높이고 영감을 주도록 하는 긍정 기반 목적의식 발현을 주장하는 Social change agent로서 활동하고 있다. 놀이를 통해 개인의 창조성을 깨우고 삶의 목표로서 자신의 빨간 고무공(개인의 숨겨진 잠재력, 꿈과 열정, 삶의 방향)을 끊임없이 좇아야 한다고 주장하였다. 빨간 고무공이란 어디로 튈지 모른다는 점에서 삶의 불확실성을 의미하고, 물리적으로 존재하는 물체를 좇는다는 면에서 명확한 방향성을 의미하며, 숨겨진 잠재력을 의미한다. 조직 내의 커리어코칭 활성화를 위해서는 개개인의 빨간 고무공에 대해 긍정적으로 코칭해 줄 수 있는 문화 형성이 되어야 한다.

5) 주관적 경력개발 성공

허핑턴(Arianna Huffington)은 성공을 조직구성원의 복지 강화를 통해 조직의 성과를 향상시킬 것을 강조한다. '건강이 곧 부'라는 슬로건을 내 걸고 직원들의 재충전에 상당한 가치를 두고 직원들의 재충전을 통하여 생성되는 창조성을 통해서 조직의 전반적인 성과를 향상시키는 데 주력한다. 조직원이 '소진' 상황에 처하지 않도록 돈과 권력이라는 낡은 잣대를 과감히 버리고 새로운 잣대를 웰빙, 경이, 지혜, 베풀기 등 네 가지로 새로 설명한다.

프로이덴베르거는 과도한 업무에 지쳐 자기혐오감, 무기력증, 무관심, 불만, 비관 등이 극도로 커진 상태를 소진이라고 했다. 벨기에의 철학자, 파스칼 샤보는 소진을 '문명의 질병'이라고 했다.

안드레아 정(Andrea Jung)은 주관적 경력성공과 여성 리더십, 사회의 지속가능한 성장의 관계에 대하여 주장하였다. 그리고 개인의 혁신으로부터 회사의 개혁이 이루어지기 때문에 창조적 혁신과 발전을 원하는 기업은 개인이 자아의 가치를 명확히 파악하고 가시화할 수 있도록 조력해야 한다고 주장한다.

경력개발 차원에서의 주관적 경력성공의 중요성 인식은 남녀를 막론하고 행복한 직장생활의 대전제가 될 것으로 보인다.

6) 역발상의 조직개발 기법

맥 크리스탈(McChrystal)은 아프가니스탄의 연합군 사령관 출신으로서 조직에 혁신적인 조직개발 솔루션을 전파하고 있다. 현재의 격변하는 조직 환경 속에 리버스 멘토링을 통한 리더십 발현의 중요성을 역설하고 있다.

7) 멀티플라이어 리더십

리즈 와이즈먼(Liz Wiseman)은 리더십 컨설팅을 진행한 리더십 개발의 전문가이다. 멀티플라이어(재능자석: Talent Magnet, 해방자: Liberator, 도전자: Challenger, 토론자: Debate Maker, 투자자: investor)는 우리 조직의 구성원들을 더 똑똑하게 만들고 조직구성원으로부터 지성과 능력을 더 부활시키고 이끌어냄으로써 조직의 성과를 창출하게 하는 리더를 의미한다.

제2절 HRD와 환경의 변화

1. 포스트 팬데믹 이전 인적자원개발 환경 이슈

산업사회의 태동 이후에는 조직의 인적자원은 성과에 직접적 영향을 주는 노동, 토지, 자본 등 전통적 요소로부터 많은 연구가 이루어져 왔다. 후기산업사회 이후에는 인적자원의 역량(지식, 기술, 태도 등), 전문성 등을 경쟁우위 창출의 결정적 요소로 인적자원의 경쟁력이 더욱 주목받게 되었다. 인적자원이 학습을 통해 역량과 전문성 등을 높이고, 인간의 수행력이 개인 및 조직의 성과에 직접적인 영향을 줄 수 있다는 사실을 인정받기 시작했다. 또한 HRD 분야에서 전통적으로 시스템을 통해서 인간의 수행을 관리하고 결과를 강조하는 성과 패러다임과 인간의 자율적 의지와 학습을 통해 수행을 관장하는 학습 패러다임이 등장한 이래 지속적으로 논쟁이 되어왔다(오헌석, 2009; 전정호 2010; Swanson et al., 1995).

성과 패러다임은 조직 HRD의 훈련 및 개발과 조직개발분야에서 개인 수준뿐만 아니라 조직 수준의 인터벤션이 필요하다고 주장한다(Cummings et al., 2001). 따라서 성과 패러다임은 조직의 시스템을 효율적으로 구축하는 것이 조직의 미션과 관련된 결과물을 산출할 수 있는 최상의 방법이라는 관점을 갖는다. 1990년대 이후가 되며 조직학습(Organizational Learning)과 학습조직(Learning Organization)에 대한 논의가 확대되게 되었다(전정호, 2010). 조직학습은 조직과 이해 관계자들의 요구를 충족시키기 위해 개인, 집단, 시스템 수준에서 학습과정을 활용하여 조직변화를 이끌어내고, 학습조직은 조직학습을 가능하게 하는 단서가 될 수 있다(Swanson et al., 2009). 학습조직이란 스스로 학습활동에 참여하고 변화를 주도하는 조직으로 조직의 변화와 성과향상을 이루어내는 조직을 의미한다(Watkins et al., 1993). 이에 따라 학습조직은 학습 패러다임의 궁극적인 목적으로 대두되고 있다. 경영진 및 HRD 부서는 경영의 목표와 HRD의 비전, 미션 등을 일치시킴으로써 학습과 성과에 적절한 가치를 부여하고 조직구성원에게 두 가지를 다양하게 개입시켜 실시할 수 있어야 할 것이다. 2010년대 이후 정보통신기술의 급속한 발달은 새로운 환경과 부응하는 융합 기술 연구가 활발하게 진행되었다. 정보기술의 발달과 모바일기기 보급으로 인한 인터넷의 생활화로 인하여 현재의 기업교육환경은 언제, 어디서나 학습할 수 있는 '두루누리학습(ubiquitous의 우리말)'이 가능해졌다. 또한 웹을 기반으로 발달하면서 교수자와 학습자의 쌍방향 의사소통이 가능한 형태로 발달하였다.

2. 포스트 팬데믹 이후 인적자원개발 환경 이슈

전 세계를 위기에 빠트리고 있는 코로나19 팬데믹 사태는 특정 바이러스 문제를 넘어, 정치·경제·사회·문화 전 영역에 변화를 일으키는 주요 변인이 되었다. 조직 내 다른 분야와 같이 HRD 분야에서도 업무 방법, 인간관계, 조직과 구성원 간의 연대감 등 많은 부분에서 변화를 불러일으켰다. 따라서 HRD 담당자 또한 갑작스럽게 새로운 역할과 역량을 요구받는 상황이 되었다.

1) 비대면의 일상화

코로나19 장기화로 지구촌국가의 전염병 노출은 경제 및 국가 간 교류에 있어서 광범위하고도 다양한 위협적인 사태를 가져오며 전 영역의 지형 변화를 야기하고 대응과정에서 나타난 이슈는 사회적 논란을 야기했다. 이 과정에서 '비대면'은 언택트(untact), 온택트(ontact) 등으로 각종 산업 및 일상 분야를 설명하는 일반적 용어로 자리 잡게 되었다.

(1) 사회적 충격과 혼란

코로나19가 장기화되면서, 학교, 기업, 종교와 일상생활 등 모든 영역의 전형적 모습을 변화시킬 만큼 충격을 주고 있다. '마스크 착용'과 '사회적 거리두기'가 생존전략의 중요한 수단이 되면서 종교의식, 공연, 물리적 집회, 직장 내 회식, 혼잡한 대중교통 출퇴근, 대형마트 장보기 등에서 접촉을 최소화하는 방향으로 모든 생활양식이 전면적으로 조정되고 있다. 평상적인 활동조차 대부분 배제되거나 포스트 팬데믹 이전과는 다른 방식으로 명맥을 유지하고 있다.

몸이 아파도 등교하거나 출근하는 성실함이 미덕이라는 생각에 균열이 생기기 시작했고, 사람의 일을 기술이 대체한다는 거부감 때문에 가로막혀 있던 AI나 로봇 등 사람이 하는 일자리를 대체하는 문제도 어느덧 수용할 수밖에 없는 일로 받아들여지고 있다.

(2) 사회의 변화양상

코로나19에 대한 불가피한 대응 수단이 된 비대면의 노력은 제4차산업혁명의 기술적 기반과 결합하며 효과성과 효용성이 입증되었다. 기술 기반의 비대면화가 향후 지구촌 전체의 경제·사회 체제 변화를 이끌 핵심적 동력으로도 자리 잡게 되었다. 제4차 산업혁명에 따른 디지털 기반의 비대면화는 대면방식을 보조적 기능으로 역전시키고 있으며, 이를 '새로운 비대면화'로 명명할 수 있다.

코로나19 사태는 접촉중심 문화가 접속의 문화로, 컨슈머 위주 개념이 프로슈머 개념으로 우리 사회가 비대면 시대로 나아갈 수 있는 일종의 게임체인저로서 이행하고 있음을 확인할 수 있다.

코로나19가 완화되거나 종식되어도 비대면화 상태가 계속될 것인가에 대한 예측은 분분하나, 새로운 비대면화를 받아들이는 명백한 계기가 되었다는 점은 분명하다.

2) 기업 차원의 변화

(1) 기업의 변화양상

비대면 시대의 변화상은 디지털 기술의 발전과 이를 통한 새로운 데이터 생태계로의 전환이다. 사물 스스로가 데이터 생성을 하는 비대면 산업 영역의 확장 등으로 보아 우리 생활을 비롯한 산업 세계 전반은 빠르게 디지털 및 데이터 생태계 중심으로 변환되고 있다. 정부에서도 '비대면 산업 발전 가능성'으로 '상품과 서비스의 비대면 거래, 비대면 의료서비스, 재택근무, 원격교육, 배달유통 등 디지털 기반의 비대면 산업을 적극적으로 육성'할 것을 천명한 바 있다(대한민국 정책브리핑, 2020.4.14.).

판매점의 키오스크, 금융권의 스마트뱅킹, SNS와 앱의 e커머스 및 배달문화 등 비대면 산업은 코로나19 기간을 통하여 주류적 위상을 차지하게 되었다. 그러나 비대면산업·시장이 강화되면 역으로 개인의 감성 및 아날로그적 라이프스타일에 대한 욕구가 증대되고, 디지털 플랫폼의 독과점 등 새로운 사회문제가 출현할 수 있다.

(2) 근무형태나 업무방식, 직장문화

재택근무나 원격근무 형태를 신속하게 도입하는 기업과 노트북을 지급하여 근무자와 미팅을 화상회의 방식의 일상화하는 기업이 늘어났다. 신입사원 채용도 온라인으로 대체하는 기업이나 기관이 있으며, 대기업들은 주주총회에 전자투표제를 도입하고 있다. 또한, 사무직 근무방식과 제조 및 작업방식도 로봇 등 자동화 시스템 도입을 서두르고 있다. 정부(고용부)가 재택근무 중소기업에게

2,000만 원의 인프라 구축비용을 지원하고 시차출근, 선택근로, 탄력근로 등 유연근무제로의 혁신적 분위기도 감지된다(고용노동부, 2020a).

재택근무의 문제점도 나타나고 있다. 정보기술(IT) 기업에서 출·퇴근이 사라지며 원격근무가 IT기업 취업·근로의 조건을 뿌리째 흔드는 뉴노멀(새로운 기준)이 될지 관심을 끈다.

3) 일과 학습의 변화

센서와 통신 기능을 내장한 각종 사물이 무선통신을 통해 인터넷으로 연결되고 동시에 분산 컴퓨팅을 통해 생성·가공한 새로운 생태계가 코로나19 사태를 기점으로 더욱 힘을 얻고 있다. 우리의 생활 및 산업 세계 전반은 빠르게 디지털 및 데이터 생태계 중심으로 전환되고 있다. 즉, 비대면 시대로 진입하고 있는 것이다. 줌(zoom)이나 구글 미트(google meet)와 같은 화상회의의 보편화는 대표적인 사례이다. 온라인 강의와 수업 시행에 대한 거부감과 막연함 등이 코로나19 사태를 통해 일거에 불식되는 계기가 되고 있다.

노동시장에 있어서 비대면화는 재택근무, 화상회의 등 '일의 형태 변화' 및 '직무 재조정' 등 직접적인 영향과 비대면화로 나타나는 산업 변화의 간접적 영향이 다르게 나타날 것이기 때문이다. 비대면화는 우리 생활 및 산업세계 전반은 빠르게 디지털 및 데이터 생태계 중심으로 전환되고 있다. 일종의 게임체인저로서 기능한다.

코로나19 이후 시기는 미지수다. 그러나 비대면 시대로의 전환은 인적자원개발에서 핵심적 위치를 점하고 있다. 전문직과 사무직, 대졸과 대학원 졸, 대기업의 경우가 재택근무 활용가능성이 높으나 일의 과정에서 비대면화가 반드시 재택근무로만 이뤄지는 것이 아니므로, 넓은 관점에서 직무재조정 과정을 보는 것이 필요하다.

4) 인적자원개발 정책의 방향성 모색

비대면의 특성이 현재의 인적자원개발 방식 및 시스템에 대해 미치는 파급과 영향을 면밀히 고찰할 필요와 인적자원개발 주체들의 구성과 관련한 변화상을 포함한 새로운 인적자원개발 혁신 방향도 모색할 필요가 있다. 전면적 비대면 상황에서의 취약점을 보강할 인적자원개발의 혁신 방향은 다음과 같다.

- 비대면화의 성과나 기술적 특성을 공적기관과 행정과정, 기업과 민간기관 등의 거버넌스 형성 및 혁신적 조직 운영체계로 활용할 필요가 있다.
- 산업과 교육기관의 경쟁력을 높이는 새로운 계기로 삶고 일과 학습 전반의 비대면 시대 이행 과정을 활용할 필요가 있다.
- 비대면 시대 진입은 사회적 자본 형성의 새로운 기회가 될 수 있으므로, 사회적 격차로 나타나지 않도록 정책적 투여가 요구된다.

비대면 시대로의 전환에 따른 법-제도적 규제 및 콘텐츠 현황과 개편의 문제, 훈련 프로그램 및 교육 공급자의 역할 변화, 일자리 문제 등도 인적자원개발의 주요한 이슈로서 탐색되어야 한다.

제3절 HRD 플랫폼의 변화 사례

1. 나의 학습지식을 타인에게 주는 Sun Learning Exchange

썬 마이크로시스템즈(Sun Microsystems)사는 플랫폼을 통해 개인이 습득한 지식을 비디오로 제작, 서로 공유할 수 있도록 하는 Sun Learning Exchange를 만들어 높은 학습효과를 거두었다. 이것은 사내에 유튜브(youtube) 형태의 시스템을 구축했다고 볼 수 있다. 비디오 콘텐츠 제작 툴을 지원하고, 태깅(tagging)을 통한 카테고리를 구분하여 모바일기기의 재생 등 손쉬운 활용에 초점을 두었으며, 필요에 따라서는 편집이 가능하도록 했다. 즉, 공유와 참여를 통한 무형식 학습이 효과적으로 이루어질 수 있도록 한 대표적인 사례이다.

2. 휴먼 라이브러리(human library) 사례

휴먼 라이브러리(human library)는 말 그대로 인간 도서관이다. 덴마크의 로니 아버겔(Ronni Abergel)이 청소년 폭력방지활동을 위한 프로그램으로 기획한 후 널리 알려졌다. 도서관에서 책을 빌리듯 '사람책'을 인간도서관(human library)에서 빌리는 개념이다. 사람책은 스스로 자신의 인생에 대한 이야기를 나누고 독자는 사람책에 질문하며 그가 가진 경험과 배움을 공유하는 것이다.

3. 크레듀의 Right HRD 패러다임

크레듀는 개인과 조직의 목표 달성 및 가치 향상, 획기적인 사업 성장 지원을 위해 'Right HRD'라는 새로운 패러다임을 구축했나. 조직에 최적화된 패러다임을 구축하고 성과를 극대화시키고 있다. 제대로 하는 의미의 Right HRD는 4S+개인과 조직의 목표 달성 및 가치 향상, 획기적인 사업 성장을 지원하기 위해 Right HRD '제대로 하는 HRD' 철학을 기반으로 Total HRD 서비스를 제공한다.

4. BSC 활용 기업 사례

제조업 포스코는 2000년에 도입한 BSC를 확대 발전시켜 가치 중심의 성과주의 경영을 성공적으로 수행하는 기반을 만들었다. BSC 지표와 평가의 연계는 기존문화를 성과중심문화로 변화시키는 촉진제 역할을 했다. BSC의 수립주기를 전략, 예산 등과 일치시키고 BSC의 운영 효율성을 높이기 위해 여러 방안을 시도하고 있다.

서비스업 KTF는 BSC 도입부터 효율적, 효과적으로 사용하기 위해 BSC가 필요한 이유, 장점, 한계를 알고 인프라구축, 전략, 분석, 예산, 평가 등의 핵심 프로세스가 한 방향을 보는 'Single View' 형태를 수립하여 핵심 경영프로세스와 일체화하였다.

공공업계 KOTRA는 공공부무 성과 측정 지표의 선정이 어려워 CRM(고객관계관리)과 BSC시스템을 연계하여 조직 미션 수행에 활용하였다. 전 세계 구성원이 실시간으로 조회하도록 일 단위로 측정하여 구성원들의 고객지향적 문화로 혁신할 수 있도록 만들었다.

5. 재택근무 활용 기업 사례

SK텔레콤은 원하는 직원들이 선택적으로 재택근무를 하는 등 IT업계는 재택근무가 일상화된 분위기로 재택근무의 장점을 키워가는 방향으로 인사관리를 하고 있다(머니투데이, 2020.8.26.).

위메이드는 '시프트(SHIFT: Stay Home Instead Full Time)' 평가를 진행하여 근무 체계를 레드·옐로우·그린 단계로 전환했다. 레드는 전염병 확산 비상상황으로 100% 원격근무, 옐로우는 지속적 주의 상황으로 15~20%가량 직원만 회사에 나오는 단계, 그린은 전염병 위험 없이 자유롭게 회사에 나와 일해도 되는 단계이다.

NHN의 기술전문 법인 NHN 토스트는 월요일과 목요일에 4시간씩 총 8시간만 회사에 나오고 화·수·금요일은 전면 원격근무제인 '오피스 프리' 제도를 도입했다. 오히려 프로젝트 마감 일정이 앞당겨지는 등 결과물이 나왔다고 한다.

6. AI 리터러시

직장인들은 AI가 자신의 일자리를 대체할지 모른다는 불안을 느낀다. 그러나 AI는 일자리 대체보다 직무 재설계를 주도하며 AI가 단순한 자동화 도구를 넘어 업무를 지원하는 역할로 자리 잡으며 일하는 방식을 바꾸고 효과적으로 활용할 수 있는 'AI 리터러시' 중요성이 커지고 있다.

1) AI와 함께 일하기

AI는 데이터 분석, 자동화, 개인화 등 다양한 방식으로 활용되고 있다. 예를 들어 마케팅팀은 데이터 분석으로 맞춤형 캠페인을 실시, 재무팀은 AI 예측 모델링을 이용한 리스크를 예측 관리를 하며 직무의 단순 반복 작업을 넘어 사람이 더 나은 의사결정을 내릴 수 있도록 돕는다. 따라서 AI를 비판적으로 평가하고 AI와 효율적으로 업무에 도구로 활용할 수 있는 AI 리터러시가 핵심 능력으로 부각되고 있다.

2) AI 프롬프트 활용능력

프롬프트란 ChatGPT와 같은 생성형 AI 모델에 원하는 답변을 얻기 위해 AI가 이해할 수 있는 형식으로 제공하는 지시문 또는 질문형식의 텍스트이다.

연구문제

1. HRD 패러다임의 7단계 변화를 생각해 봅시다.

2. 창조성을 극대화한 지점, 즉 엘리먼트(Element)를 찾기 위한 세 가지 성찰과정을 생각해 봅시다.

3. "PICASSO"라는 창의성 발현 조건 6가지를 생각해 봅시다.

4. 포스트 팬데믹 이후 인적자원개발 환경 이슈를 생각해 봅시다.

CHAPTER 14

HRD 담당자 역량 및 역할

학습목표

코로나19 팬데믹의 갑작스러운 상황과 AI 리터러시의 부각은 조직 내 각 분야와 함께 HRD 분야도 급속한 변화를 가져오게 되었다. 일을 할 수 있는 방법모색과 조직과 구성원 간의 연대감 및 관계 등의 여러 부문, 부분에서 거다란 변화가 있었다. HRD 담당자 또한 HRD 분야의 변화에 따른 새로운 역할이 주어지고 그에 따른 새로운 역량을 요구받게 되었다. 본 장에서는 코로나19 상황과 AI 리터러시의 부각 상황에서 HRD 담당자에게 요구되는 역할과 역량이 무엇인지를 규명함으로써 HRD 담당자가 어떠한 역할을 수행해야 하며, 역할 수행을 위해서는 어떠한 역량이 필요한지를 제시하였다.

제1절 HRD 담당자 역량

1. HRD 담당자의 개발 역량

AI 리터러시의 부각에 따른 갑작스러운 사회환경의 변화와 상황은 조직 내 각 분야와 함께 HRD 분야도 급속한 변화를 가져오게 되었다. 일하는 방법모색과 조직과 구성원 간의 연대감, 관계 등의 여러 부분에서 커다란 변화가 있었다. HRD 담당자 또한 HRD 분야의 변화에 따른 새로운 역할이 주어지고 그에 따른 새로운 역량을 요구받게 되었다.

HRD 분야는 환경 변화에 대응하며 독자적으로 지속적인 발전을 해왔다(Torraco et al., 2020). 테크놀로지의 비약적 발전, 세계화업무 특성의 변화 등으로 인한 여러 가지 도전에 HRD 분야도 다른 분야와 같이 직면하게 되었다(주영진 외, 2021).

최근 비즈니스 환경 변화에 따른 구성원들의 학습과 개발에 대한 책무성까지 업무로 통합되는 추세이다. 따라서 HRD의 대응방안과, HRD 담당자의 역할은 환경 변화에 어떻게 변화되어가고 있는지 논의할 필요가 제기되었다(Torraco & Lundgren, 2020). HRD환경의 급속한 변화와 더불어 AI 리터러시의 부각까지 겹치면서 많은 기업 내의 HRD 담당자들은 자신들의 업무를 어떻게 진행할지에서 많은 어려움과 혼란을 겪게 되었다. 맥킨지 연구소는 글로벌 경제 흐름을 파악하며 일들의 미래에 관한 담론을 코로나19가 현재로 이동시켰다고 지적하였다. 그러므로 과거, 현재 답습보다 미래에 발생될 잠재적 위기상황을 극복할 역량 개발 전략 수립과 역할규명이 필요하다고 하였다(Hite & McDonald, 2020). 포스트 코로나 이후의 변화에 대응하기 위하여 HRD 분야도 미래 지향적 진단과 분석이 요구되었다. 특히 기업의 미래 전략적 파트너 역할을 맡는 HRD 담당자들의 역량 개발 전략 수립과 역할규명은 중요한 과제가 되었으며 코로나19 팬데믹 환경은 종식 후에도 지속적인 영향을 줄 것으로 예상되며 HRD 담당자의 역량 개발 전략 수립과 역할규명 분석은 HRD의 실무적인 차원에서도 큰 의미가 있다.

ChatGPT와 같은 생성형 AI 기술이 빠르게 발전하면서 HRD 담당자의 역량 개발 전략 수립은 AI와 함께 일하기와 AI 프롬프트 활용능력을 갖추어 효과적으로 데이터를 분석하고 콘텐츠를 생성하여 업무 효율성과 생산성을 높일 수 있는 역량개발이 시급하다.

1) HRD 담당자의 역량이란

역량이란 성공적인 업무 수행자가 지닌 성공과 관련된 특별한 능력의 크기를 의미한다(McClelland, 1973). 맥라간(McLagan, 1983)은 훈련과 개발에 초점을 둔 '수월성 모형'에서 경력개발 지식, 성인학습의 이해, A/V 스킬, 역량규명 스킬 등 31개의 HRD 담당자들의 역량을 도출하였다. 그 후 너무 광범위한 범위의 능력이나 단순한 지식과 기술역량은 일부 제거하고 본인에 대한 지식, 훈련과 개발, 경력개발, 사업과 조직개발이론 등을 추가한 35개의 역량을 맥라간(McLagan, 1989)은 새롭게 제안하였다.

교육훈련에 초점이 맞춰졌던 1980년대 HRD 담당자의 역량은 1990년대부터 활발한 논의를 거쳐 수행공학(HPT) 분야와 성과향상의 영향을 받게 되어 HRD 전문가의 포괄적 역량과 조직차원의 성과, 수행성과로 초점이 변하였다(한준상 외, 2008).

(1) 해외학자들의 분류

로스웰, 산더스와 소퍼(Rothwell, Sanders & Soper, 1999)는 HRD 담당자를 '일터학습과 수행 전문가'로 정의하였고 요구되는 역량들은 분석역량, 관리역량, 대인관계역량, 기술역량, 리더십역량, 전문역량 등 여섯 가지에 52개의 세부 역량을 포함시키고 있다.

번스탈(Bernthal, 2004)은 기존의 역량 모델보다 담당자 역할, 기초 및 전문 역량의 통합적 연계를 구성하였다(한준상 외, 2008). 기초 역량은 개인, 대인관계, 경영관리역량이고, 전문역량은 교육훈련, 학습설계, 경력개발과 인재관리, 코칭, 개인 수행향상, 조직변화 촉진, 지식관리, 측정 및 평가 등 8가지이다.

2004년 ASTD는 HRD 담당자를 일터학습 및 수행 전문가라고 하며 그 역할에 초점을 주었고 2013년 역량 모델에서는 HRD 담당자의 역할을 훈련과 개발 전문가에 초점을 맞추고 있다.

2013년 ASTD는 HRD 담당자의 기본역량(6가지), 전문역량(10가지)을 발표하였다. 기본역량은 직업에 대한 지식, 비즈니스 스킬, 글로벌 마인드, 테크놀로지 활용능력, 인간관계 스킬, 인간적 스킬 등이 포함된다. 전문역량의 경우 강의, 교수설계, 성과향상, 교육공학, 학습 성과평가를 포함하고 있다(Rothwell, Arneson & Naughton, 2013). 다양한 문제해결에 관심을 기울이던 시기를 지나 HRD관심이 수행공학으로 전환하면서 다시 HRD 본연의 인적자원개발 자체에 초점을 두는 것을 알 수 있다(이진구 외, 2014).

2019년 ATD(Association for Talent Development) 역량모델은 역량(competence)보다는 능력(capability)표현으로 등장한 최근의 모델이다. 역량은 현재 직무수행에 필요한 지식과 기술을 갖추고 우수한 수행을 하는 것이다. 능력은 미래의 변화 요구 충족을 위한 적응성과 유연함으로 여러 상황에 효과적이고 효율적으로 사용되는 개인의 질적 상태와 지식과 기술의 통합이라고 설명하고 있다.

갈라간, 히트와 비탈(Galagan, Hirt & Vital, 2019)은 HRD 담당자의 지식, 기술, 기량을 종합 정리하였다. 첫째, 개인역량 구축으로 인간관계 기술을 끌어내는 능력 둘째, 전문역량 개발은 전문지식을 갖추고 사람들의 학습을 돕고 개발시키는 역량 셋째, 조직역량 향상은 조직의 비션 수행으로 성과가 나게 하는 역량이다. 이 모델이 기존의 HRD 역량모델과 차이점은 특정 역량이 특정한 역할 수행을 하기보다는 특정한 역할을 수행하기 위해서는 각각 다른 특성과 다른 능력이 결합되어 수행되는 것이 중요하다고 강조한 것이다.

(2) 국내 학자들의 분류

국내도 1990년대 말부터 HRD 담당자의 역량연구가 ATD에서 발표한 역량모델 연구를 국내에 소개하거나 국내 상황에 적합한가에 관한 실증 연구로 진행되었다(전영욱 외, 2005).

송영수(2000)는 WLP(Workplace Learning and Performance)보형의 역량과 역할 중에서 국내 HRD 담당자(국내 6개 그룹)들이 더 중요하게 생각하는 종목과 수행되는 수준을 연구진행 하였다.

김영길 외(2012)는 WLP 역할과 역량의 중요도 분석 후 국내 HRD 및 글로벌 HRD 담당자의 역량 연구 비교에 사용하였다.

조대연 외(2012)는 HRD 담당자의 역량에 대한 우선순위를 선정하였다. 요구분석, 파트너 관계 구축, 솔루션의 제안역량, 네트워크와 비즈니스에 대한 통찰력, 전략적인 사고, 개인 개발의 모델링 등의 중요도 순서를 입증하였다.

HRD 담당자 역량은 역할의 성공적인 수행을 위해서 역량이 제시되고 있었다. 특히, 코로나19로 인해 미디어를 활용한 온라인 교육증가, 온라인 학습과정 운영, 퍼실리테이션 등의 역량이 부각된다. 학습 데이터구축에 기반한 조직구성원의 학습경험을 설계하기 위한 데이터 활용 능력과 기존의 전통적인 교수설계에서 코로나19와 같은 위기 상황에서는 더욱 조직의 변화 관리와 성과를 내기 위한 관리를 위해 전문가로서의 역량이 확대되는 성향이 있었다.

2) 창조경제시대 도래

인적자원개발의 새로운 요체는 시대에 적합한 핵심 인력을 키우는 것이다. 세계는 지식정보화시대를 거쳐 창조경제시대로 돌입하고 있다. 기업의 경쟁력과 가치 창출의 원천이 기술·브랜드 등의 지식 자산인 지식경제이며 지식경제의 중심은 기술개발(R&D)과 마케팅이다. 창조경제는 기술 개발도 아웃소싱 되고 창조경제시대의 기업 가치는 현물 자산보다 지식 자산(IP: Intellectual Property) 중심으로의 창조경제(IP Economy)이다. 이에 국부의 새 원천으로서 지식재산 증대에 선진국들은 총력을 기울이고 있다(이민화, 2011).

지식재산권은 20년의 차별화를 보장하고 있다. 2005년 미국의 지식재산권 이행은 S&P 500대 기업 가치의 79%에 달했다. 특허 펀드와 특허 거래가 대폭 늘며 세계선도 기업들의 핵심 전략이 되고 있다. 구글이 모바일 검색 광고시장의 강화를 위하여 모토로라를 인수한 것은 이런 시대 변화를 보여주는 증거들이다.

한국경제 역시 IT에서 IT융합으로, 요소경제가 혁신경제로 변화되고 있다. Fast Follower에서 First Mover인 창조경제 시대로 변화하는 것은 지식재산이 부가가치의 중심이 되는 새로운 경제모델의 요구인 것이다. 따라서 인재와 창조적 인재 양성을 위한 기업의 패러다임이 산학 협동 전략을 수용하는 방향으로 바람직한 HRD 분야가 전개되어야 할 것이다(이민화, 2011).

(1) 새로운 HRD 인재상: 3C+W

한국의 미래를 이끌어갈 새로운 HRD 인재상은 새로운 패러다임에 도전해야만 한다. 성실하고 열심인 사람보다 이제는 창조성 있는 새로운 인재상이 필요한 때가 되었다. 지식주도형 창조경제 체제에서는 전문성은 물론, 다른 분야 기술과 서비스와의 융합 능력, 기술, 사회변화에 대한 통찰력이 필요하다. 이러한 통찰력과 창의성의 발현은 집단 협업 능력이 개인 지향적 역량보다 더 중요하다.

아이폰은 스티브 잡스 생각이 개인의 뇌에 머무르지 않고 혁신적IT제품 개발을 위해 많은 사람이 생각을 조직화하고 오랫동안 공동 작업한 결과로 네트워크 지능시대를 만들었다. 전문가, 네트워크, 협업능력, 리더십 역시 중요한 HRD 역량 요소라 할 수 있다.

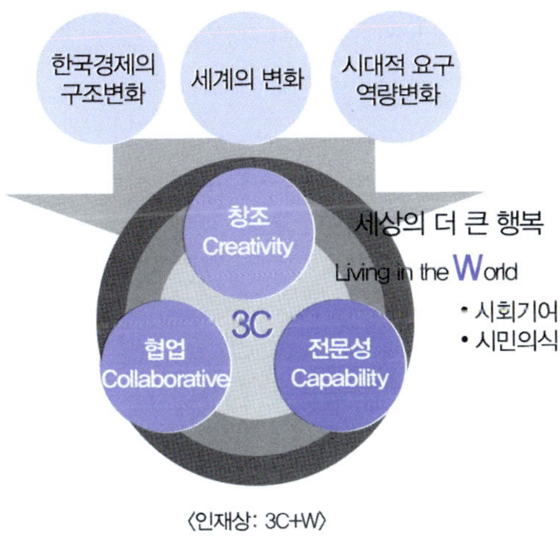

그림 14-1 **인재상: 3C+W**

출처: 이민화(2011). 21세기 기업의 인재상과 창조적 인재 양성 산·학 파트너십 구축전략. p.3.

창조경제에는 전문성(Capability), 창조성(Creativity), 협업능력(Collaborative), 사회기여와 시민의식을 갖춘 인재가 필요하며 이를 3C+W(Capability, Creativity Collaborative+Living in the World)인재라 한다. 이제는 국가와 기업경쟁력을 좌우하는 HRD 핵심요소는 창조성과 협업능력을 가진 인재의 발굴과 양성이다.

창의성을 개발할 수 있는 방법으로 우뇌 운동 활성화, 두려움 관리, 올바른 기업문화 확립 등의 방법을 제시했다(이찬 외, 2022),

(2) 새로운 교육 패러다임: HRD교육 3.0

조직에서의 HRD교육 3.0은 강의 중심에서 조직원 중심으로 교육이 이동하므로 3C+W인재 양성도 사회 변화를 반영한 새로운 교육 패러다임이 필요하다. 조직원들이 서로 협력하여 학습하도록 HRD에서는 사회업무 변화에 걸맞는 혁신 중심의 교육내용이 제공된다. 이제는 배움 자체보다 창출해 가는 과정을 배우고 콘텐츠보다 혁신을 이끄는 창조성과 협업 역량으로 HRD조직교육의 핵심이 이동하는 사회가 된 것이다.

HRD담당자는 프로젝트를 담당하면서 조직원의 자율적 과정구성을 위해 개별 조직원의 역량과 수행 프로젝트를 고려한 과정 구성에 필요한 멘토링을 제공하는 역량을 갖추어야 한다. 교육담당자의 멘토링과 활용 가능한 과정 리스트, 세부 과정내용을 제공하는 교과 검색 Navigator해주어야 한다. 조직원들이 프로젝트 수행에 필요한 내용과 형식의 과정 개설을 요청하면 1Day, 1Week 과정으로 개설도 해주는 역량이 필요한 것이다(주영진 외, 2021).

2. 코로나19 팬데믹 상황의 HRD 역량

인재 확보와 유지는 21세기 비즈니스 패러다임에 자주 등장하였다. 인사는 만사이듯이 인재경영이 일류기업으로 성장하기 위해서는 최우선이다. 그래서 신뢰도와 타당도가 입증된 평가로 우수한 인재를 확보하고 채용하는 것이다.

기업성과는 인재로부터 나오기 때문에 국내기업들의 인재 확보와 유지에 초석이 되는 지식을 전달해 왔다. 과학기술과 문명이 끊임없이 눈부신 발전을 이룬 그 원동력은 지속적으로 지식이 축적되어 왔기 때문이다(최대정 외, 2010).

코로나19 팬데믹은 기업의 조직문화, 경영환경, 구성원의 인식 등에서 많은 변화가 나타나고 있다. 포스트 코로나 이후에도 조직 환경의 변화와 조직구성원의 업무와 HRD기능의 변화가 지속될 것이므로 새로운 HRD 담당자의 역할과 역량 등은 현장에서 HRD를 지원하기 위해 매우 중요하다(주영진 외, 2021).

기업들이 치열해 지는 생존경쟁에서 살아남기 위한 기업 성과의 주체는 바로 사람이며 인재이다(최대정 외, 2010). 코로나19 이후 변화와 성과에 대한 직접 기여와 전략적 파트너로서의 HRD의 역할은 집단에서 개인, 집합에서 온라인으로 변화되면서 HRD 담당자의 역량도 상당한 변화가 나타났다.

1) ATD의 연구 역량

ATD(Association for Talent Development)는 세계적인 인적자원개발협회로서

HRDer를 위해 1978년부터 매 5~7년마다 역량 모델을 업데이트했으며 2020년에 가장 최신 버전을 제시하였다 “Competency out, Capability in” 프레임워크로 Competency 모델을 Capability 모델로의 전환을 제시하였다(김민선 외, 2021).

ATD의 Capability Model은 개인역량 구축, 전문역량 개발, 조직 성공에 기여의 세 가지 영역으로 동등한 중요성을 지니므로 인적자원개발전문가가 성공하기 위해서는 세 영역의 적절한 활용과 최대효과를 발휘하기 위한 특정 지식과 기술이 중요한 역량이다.

그림 14-2 Capability Model(2020)

출처: https://www.td.org/capability-model/about

ATD의 연구 역량은 개인역량(8개), 전문역량(14개), 조직 성공기여역량(12개) 등 34개의 항목이다. 개인역량개발은 커뮤니케이션, 협업, 프로젝트 관리, 시스템적 사고, 메타인지적 사고, 학습민첩성, 감성지능, 규제준수 및 윤리적 행동이 역량으로 제시되었다.

전문역량개발은 학습경험을 설계하기 위한 학습과학 원리적용, 지식경영, 교수설계, 학습큐레이터, 코칭, 퍼포먼스컨설턴트, 경력 및 리더십개발의 교육트렌드와 데이터를 분석하고 활용하는 역량이 요구되고 있다. HRD 전략가 역할 수행을 하기 위한 데이터 분석역량, 데이터분석가로서 데이터 리터러시 활용역량 등 데이터 활용 관련 역량이 중요하다. 이것은 개인화, 맞춤화되는 HR분야에서 학습분석(learning analytics)과 같이 데이터 분석 및 활용이 중요해지면서 HRD 담당자들은 데이터 분석 처리와 활용하는 역량을 습득해야 한다. 영향평가, 기술응용, 훈련전달 및 촉진 또한 HRD의 성과를 입증하고 설명하는 도구로서 중요해질 것이다(김민선 외, 2021).

조직역량 향상은 온라인 학습프로그램 설계, 온라인 학습팀 운영, 테크놀로지기반 콘텐츠개발, 테크놀로지활용, 미디어 리터러시 활용, 디지털 리터러시 등 온라인 특화 역량이 다양하게 등장했다. 그동안 HRD의 행정영역에 교육자원관리가 요구되었으나, 2020년 ATD 역량모델도 온라인과 관련된 역량은 테크놀로지 활용역량 한 가지 정도로 언급되었으나 요즘은 테크놀로지와 학습의 연계 영역으로 분류하여 훨씬 구체화되었다는 점에서 변화를 느낄 수 있다.

이전의 HRD 부서는 프로그램 개발, 학습자를 유인하는 마케터, 행정담당 역량을 강조했으나, 전통적인 HRD 담당자의 역량이 축소되고 있다는 점을 확인할 수 있다(최대정 외, 2010).

2) 스마트 캠퍼스

지식 주입식 교육에서 방대한 양의 지식을 가르치기 위해 많은 시간과 자원을 지원하는 방법보다 발전적 창조성 교육으로 근본적인 패러다임 변화를 위하여 '상호작용 네트워크'를 통한 스마트 캠퍼스(Smart Campus)가 실현되도록 HRD 담당자들은 클라우드 컴퓨팅 환경 구축을 하여 열린 상호작용으로 창조적 해결 대안을 도출하는 스마트 플랫폼을 제공할 수 있는 역량이 필요하다.

스마트 네트워크 조직화는 선후배 간의 멘토링을 통해 세대를 융합하는 협력이 가능해지고 비공식 서클들은 융합형 미래 인재의 초석이 될 수 있다. 조직원들이 앱 경진 대회 등을 통해서 발표된 연구 자료가 공유되면서 미래융합기술의 발전이 이루어지고 기술 시장이 형성되면 산업계 간의 교류도 활발해질 수 있다.

스마트 캠퍼스를 구축하면 ETC, MIT, LTI 등 타 대학 온라인 강좌 Open Course Ware를 활성화할 수 있고, 다양한 온라인 도구들(Youtube, Slide share, Google Docs, SNS)을 학습에 활용함으로써 경제적인 측면에서 성과를 실현할 수 있을 것이다.

3) 산·학 협력: Seed 중심의 R&D

사회 현장의 변화를 전통적 학교교육 체계로는 변화를 따라가지 못하기 때문에 대졸 신입들의 재교육 비용이 연봉을 넘어서고 있는 현실에 대해 산업계에서는 대학 교육에 대한 불신이 팽배해 있다.

기업은 혁신 프로세스의 부재와 인재공급의 한계를, 학계는 산업체와의 괴리와 시장 접근성, 초기투자를 통한 창업 활성화에 어려움을 겪고 있으므로 산·학 협력의 가치를 창출할 수 있는 새로운 협력 모델이 필요하다.

현재 R&D 관리는 단편적 과제 관리 체계보다 시장통합을 통한 가치 창출형, 기술개발 중심의 혁신형 R&D보다 새로운 가치 창출의 혁신형 R&D, 특허와 프로젝트 발굴을 위한 'Seed 중심형 R&D'로 옮겨가고 있다. Seed 중심형 R&D는 국가의 미래 로드맵에 근거하여 산업체(미래연구팀)와 학계(연구팀)가 Seed 연구를 발췌하고 미래 연구개발의 로드맵을 개발하는 것이다. 이 같은 미래 연구개발의 로드 맵은 원천특허와 사업계획서의 형태로 산출될 수 있으며 이는 '지재권 중심의 기술개발 전략'이라고 할 수 있다.

기업 HRD담당자는 Seed 중심의 R&D와 스마트러닝 도입의 적절성보다 어떻게 도입할 것이며 기업의 교육성과를 활성화시켜 실행에 옮길 수 있는 역량 개발이 시급한 시점이 되었다. 그러므로 HRD 담당자는 디지털문해력(digital literacy)을 기초역량으로, 퍼실리테이션 기술(facilitation skill)과 학습민첩성(Learning agility)을 갖춰야 한다(이찬 외, 2022).

4) 글로벌 HRD 담당자 역량

HRD 담당자의 역량은 본사 및 해외 지역 총괄, 해외 법인의 효율적인 글로벌 HRD 조직 운영을 위한 중요한 요소이다. HRD 체계와 조직이 있더라도 해외 지역 총괄 및 해외 법인의 HRD 조직 역량이 약한 원인은 한국 본사 및 해외 지역 총괄 및 해외 법인의 HRD 조직과 담당자의 글로벌 역량부족에 있다 이것은 글로벌 HRD 전문가가 부족하기 때문이므로, 한국 기업에서 글로벌 역량을 갖춘 HRD 담당자의 육성은 매우 중요한 과제이다. 따라서 HRD 담당자들이 조직의 상황에서 우선순위에 맞추어 새로운 역량을 개발한다면 팬데믹 상황뿐 아니라 포스트 코로나의 도전을 슬기롭게 극복할 수 있을 것이다.

5) AI 리터러시

HRD 담당자는 ChatGPT와 같은 생성형 AI 기술을 활용하여 조직원의 역량

개발 전략 수립을 해야 한다. 그렇게 하기 위하여 AI 프롬프트 활용능력을 높이는 것이 시급하다.

제2절 HRD 담당자 역할

1. HRD 담당자의 역할

HRD분야는 업무환경 변화에 따라서 지속적으로 발전해왔으나(Torraco & Lundgren, 2020). 세계화와 테크놀로지의 비약적인 발전으로 인한 업무특성의 변화 등으로 인해서 HRD 분야도 여러 가지 도전에 직면하게 되었다. 최근에는 비즈니스 환경 변화와 함께 구성원들의 학습과 개발에 대한 책무성이 직속 상사나 관리자의 업무로 통합되는 추세에 따라 HRD의 대응과 HRD 역할, HRD 담당자역할은 무엇인지 논의가 필요하다(Torraco & Lundgren, 2020).

맥킨지 연구소는 코로나 팬데믹 위기가 일의 미래에 관한 담론을 현재로 이동시켰다고 지적하면서, 역할을 개발하는 전략수립이 필요하다고 강조하였다(Hite & McDonald, 2020). 그 후 ChatGPT와 같은 생성형 AI 기술을 활용한 현장의 HRD 담당자들이 변화된 환경에 적응하여 최고의 성과를 낼 수 있도록 지원하기 위해서는 HRD 담당자들이 수행해야 하는 역할이 무엇인지 학문적 관점에서 면밀한 분석이 선행될 필요가 있다.

1) 해외 학자들의 역할분류

시대별로 기대하는 역할의 변화에 따라 HRD 담당자의 역할은 차이를 보이고 있다. 맥라간(Mclagan)과 내들러(Nadler)는 T&D, 혹은 HRD 전문가들은 역할이 계속 변화하고 있다고 주장했다.

내들러(Nadler, 1970)는 1964년에 HRD 훈련가의 첫 역량 모델을 개발하였다. 행정담당자, 학습전문가, 컨설턴트 등 세 가지 역할을 제안하였으며 이후 학습전문가 영역, 인적자원개발 관리자 영역, 컨설턴트 영역 세 가지로 구분하며 하위 역할도 수정하였다(Nadler, 1970; Nadler & Nadler, 1989). HRD 담당자의 역할을 정의한 중요성을 인정받고 있는 내들러(Nadler, 1970), 내들러와 내들러(Nadler &

Nadler, 1989)의 역할 정의는 다양한 후속 연구의 기본적인 문헌이 되었다(황성준 외, 2011).

핀터와 워커(Pinto & Walker, 1978)는 요구분석 및 진단, 교수훈련연구 및 접근법 결정, 프로그램설계 및 개발, 교보재 자원개발, 내 외부자원 관리, 개인개발계획 및 상담직무 수행, 성과관련 교수훈련, 집합교수훈련, 그룹 및 조직개발, T&D 기능관리, 전문적 자기개발, 매니저 및 고객 간의 관계관리역할을 제시하였다.

내들러(Nadler, 1984)는 행정담당자에서 HRD 관리자로 HRD 담당자의 역할 중 일부를 바꾸었으며, 이는 내부 컨설턴트로서의 역할 중요성이 증가하였음을 보여주었다(주영진 외, 2021).

맥라간(Mclagan, 1983)이 진행한 연구는 조직 내에서 HRD 담당자들의 위치가 점점 올라가며 역할의 범위가 정책(제도), 전략, 조직적인 문제 해결을 하기 위한 조언 등 더 넓고 중요한 역할이 주어졌다고 보았다. 1983년 연구에서 T&D를 조직개발과는 다른 분야로 규명하고 개인이 현재와 미래 직장에서 수행하기 위한 핵심 역량으로 보았으며 평가하며, 개발하도록 도와야 한다고 했다. 1989년에는 HRD로서 개인, 그룹, 조직의 효과성 향상을 위한 훈련과 개발, 조직개발, 경력개발을 설명하였다. 1996년 연구에선 수행/성과 컨설턴트로서의 역할을 추가하였고 1997년에는 HRD 담당자의 역할로 인사전략 조언자, 인사시스템 설계 및 개발자, 성과 컨설턴트의 세 가지 역할을 새롭게 제시하며 HRD와 비즈니스 성과 간의 밀접한 관계를 강조하였다.

발람과 폴(Varlaam & Pole, 1988)은 기본 단위와 고등 단위의 열성적 교수훈련가, 교수훈련관리자, 교수훈련 제공을 위한 통합적안 역할을 가지고 있는 사람 등으로 나누었다.

길레이와 에글랜드(Gilley & Eggland, 1989)는 내들러(Nadler)가 표명한 역할에 교수설계자를 추가하고 1990년대에 들어서면서 수행공학적 관점으로 확장되면서 HRD 담당자 역할을 규정하였다.

피스쿠리치와 샌더스(Piskurich & Sanders, 1998)는 HRD 담당자의 역할에 ADDIE 모형을 결합하여 HRD 담당자의 역할로 분석자, 설계자, 개발자, 실행자, 평가자 등과 같이 구분하였다.

로스웰(Rothwell, 1999)은 HRD 담당자를 수행공학 실천가로 그 역할을 분석자, 중재전문가, 변화관리자, 평가자로 정의하였다.

로스웰, 산더스와 소퍼(Rothwell, Sanders & Soper, 1999)는 HRD전문가를 일터 학습 및 수행 전문가로 정의하며, 관리자, 분석가, 조정가, 설계개발자, 문제해결 실천가, 변화리더, 평가자 등 일곱 가지 역할을 제시하였다.

2000년대에 길레이, 에글랜드와 길레이(Gilley, Eggland & Gilley, 2002)는 HRD의 영역으로 개인개발, 경력개발, 수행관리, 조직개발로 구분하였고 이를 성공적으로 수행하기 위한 HRD 담당자의 역할을 리더, 학습촉진자, 수업설계자, 수행공학자, 변화촉진 컨설턴트 다섯 가지로 제안하였다. 이에 2000년대에 들어 HRD 내에 촉진자로서의 역할과 맥라간(Mclagan)의 연구와 같이 수행/성과의 중요성이 더욱 부각됨을 보여준다.

번탈 외(Bernthal et al., 2004)의 학자들은 ASTD 역량보고서에서 HRD 담당자의 역할로 교수·학습 전략가, 프로젝트 관리자, 기술적 전문가와 다른 연구에 제시된 역할에는 없는 사업파트너가 추가되었다. 이것은 변화되는 HRD 분야에 맞추어 HRD 담당자의 역할이 늘어나며 사업과 산업에 대한 이해를 바탕으로 조직성과향상을 위하여 제언을 하는 내부 컨설턴트로서의 역할도 추가된다.

로스웰(Rothwell, 2006)은 HRD 담당자의 역할을 교육훈련이나 HRD를 넘어 WLP(Workplace Learning and Performance)를 주장하였다. WLP는 업무현장에서의 변화를 이끌어내어 개인과 조직의 성과향상에 중심을 두어 전략 목표달성 또는 해결책을 얻는 것이다.

최근 들어 기업 HRD 인터벤션의 방법으로 70:20:10 전략이 대두되면서 HRD 담당자의 역할 역시 새로 규명되었다. 아레츠, 제닝스와 헤이넨(Arets, Jennings & Heijnen, 2015; 이찬 외 역, 2016)은 기존에 피스쿠리치와 샌더스(Piskurich & Sanders, 1998), 로스웰(Rothwell, 2006)이 제시했던 분석가, 설계자, 개발자, 실행자, 평가자역할을 성과문제 분석가, 성과개선설계자, 성과창출개발자, 성과변화주도자, 성과결과추적자로 성과향상 역할을 제시하였다.

2010년대 이후 HRD 담당자의 역할연구가 정체되었으나, 4차 산업혁명으로 나타난 인공지능, 빅데이터, 머신러닝 등의 기술 발전과 코로나19로 촉발된 안전성 이슈, 온라인 및 원격교육의 실시간 실시 등에 따라 HRD 담당자들에게는 또다시 새로운 역할이 대두되었다(Torraco et al., 2020).

쉬퍼드(Shepherd, 2017)는 각 분야와 상호작용하는 기술의 중요성을 강조하며 HRD 담당자의 협력적이고 포괄적인 역할 수행을 강조하였다. 첫째, 이해관계자들과의 소통으로 관리자·설계자·분석가·평가자로서의 역할, 둘째, 학습자들과의 소통으로는 강사·코치·촉진자·전문가로서의 역할, 셋째, 언론과의 소통으로는 기자·디자이너·큐레이터·제작자 역할을 제시하였다(주영진 외, 2021).

와손(Yawson, 2020)은 HRD가 일의 의미, 비대면 상업 및 교육, 리더십, 자발성과 같은 차원을 다루어야 한다고 주장하였다. 디라니 외(Dirani et al. 2020)는 코로나19의 위기 상황 속에서의 다음 수행역할을 강조하였다. 첫째, 의사결정 조력자, 둘째, 테크놀로지 활용지원가, 셋째, 정서안정 촉진자, 넷째, 혁신적 소통가, 다섯째, 경영현황 전달자 등을 제시하였다(주영진 외, 2021).

토라코와 린드그렌(Torraco & Lundgren, 2020)은 HRD가 세계화, 테크놀로지의 발전, 경제상황, 조직의 구성과 변화하는 업무, 직장에서의 다양성, 포용성과 기회의 필요성에 따라 역할이 변화해야 한다고 주장한다. 최근 발생한 세계적, 사회경제적 변화상황 및 기술에 대해 언급하며 HRD 전문가의 역할 변화를 제시하고 있다.

첫째, 세계화를 통해 HRD 담당자들은 기업이 더 많은 수익성과를 창출하기 위하여 협업하고 효과적인 팀워크를 촉진시킬 수 있어야 하므로 구성원간 협력학습 구축, 가상 팀학습 등 온라인을 통한 협력학습을 구축이 새로운 HRD 전문가의 역할로 대두되었다.

둘째, HRD 담당자에게는 테크놀로지의 발전을 활용한 다양한 역할을 제시하였다. 예를 들면 온라인에서 학습자의 참여를 촉진시키기 위한 전략으로 교수자는 컴퓨터 기반의 엔터테인먼트와 게임 적용을 활용한 학습 설계와 소셜미디어 확산 등을 통한 직원 간 협업 및 지식공유 촉진 등의 역할을 해야 한다.

셋째, 경제 상황 측면은 경영 측면에서는 인건비 절감을 위한 지속적인 노력이 필요함에 따라서 고비용의 강사활용을 감소시키는 현상에 대해서도 대비해야 한다는 점을 강조하고 그 성과에 따라 HRD의 효과성과 필요성을 입증해야 하는 도전에 직면해 있다.

넷째, 조직의 구성과 변화하는 업무에 대처하기 위하여 노동 인구의 경력 특성과 변화를 파악하고 변화하는 업무와 조직의 특성에 적극 대처하기 위한 학습 전략을 도출하거나, 개인의 고용 안정을 위한 개발 계획을 수립, 구성원의 경력 경로파악 및 조직의 원활한 인력 운용을 위한 학습 경로를 제공한 경력 경로 설계 등의 역할이 새롭게 요구되고 있음을 제시하였다.

다섯째, 직장에서의 다양성, 포용성과 기회는 시대적 특성으로 기업의 지속가능경영에 중요한 영향을 끼치므로 HRD 부서가 우선적으로 다양성과 포용을 위한 특성을 반영하여 교육을 실시하며 그 중요성을 전파하는 것 역시 필수적인 역할로 지목되고 있다.

2) 국내 학자들의 역할분류

국내 연구는 HRD 담당자의 역할을 재분류하거나 국내 상황에 맞는지 타당성 여부를 확인하는 연구가 대다수를 이루고 있다. 황성준과 김진모(2011)는 HRD 담당자의 역할 및 활동을 개인개발 영역, 경력개발 영역, 조직개발 영역, 성과관리 영역, HRD관리 영역의 5개 주요 HRD 영역으로 도출하였고 HRD 담당자 역할을 학습프로그램 개발자, 학습요구 분석자, 학습프로그램 설계자, 강사/퍼실리테이터, 핵심인재 개발자, 학습전이 촉진자, 학습평가자, 경력개발 지원자, 조직변화 촉진자, HRD 전략가, 조직학습 담당자, 수행분석자, 개입실행 지원자, 개입평가자, 비즈니스 파트너, 마케터, 프로젝트 관리자, 행정담당자, 연구자 등 19개로 분류하였다.

오늘날까지 미국을 중심으로 T&D에서 HRD의 개념이 논의되고 더 나아가 HRD 담당자들의 역할 연구가 진행되었다. 다음 표에서 HRD 담당자들의 역할 변화를 들여다볼 수 있다(이찬 외, 2022).

표 14-1 수행공학 및 성과관리를 위한 HRD 담당자의 역할

학자(연도)	역할구분	
Nadler (1970)	행정담당자	직원개발자, 진행프로그램 감독자, 조정자(시설, 재정), 관계유지자(지역)
	컨설턴트	자극자(질문), 변화촉진자, 옹호자, 전문가
	학습전문가	퍼실리테이터, 교수, 교육과정 개발자, 전략가
Pinto & Walker (1978)	요구분석 및 진단, 교수훈련 연구, 교수훈련 접근법 결정, 프로그램 설계 및 개발, 교보재 자원개발 내부 외부자원관리, 개인개발계획 및 상담직무수행, 성과 관련 교수훈련, 집합 교수훈련, 조직개발, T&D 기능관리, 전문적 자기개발, 매니저 및 고객 간의 관계관리,	

<table>
<tr><td rowspan="4">McLagan & McCullough (1983)</td><td>인터페이스</td><td>마케터, 촉진자, 그룹 퍼실리테이터, 교수자</td><td rowspan="4">관리자</td></tr>
<tr><td>개념개발</td><td>이론가, 프로그램 설계자, 교안 작성자</td></tr>
<tr><td>연구</td><td>요구분석가, 업무분석가, 평가자</td></tr>
<tr><td>리더십</td><td>전략가, 프로그램운영자, 개인개발 상담자, 매체전문가</td></tr>
<tr><td rowspan="3">Nadler (1984)</td><td>교수학습 전문가</td><td colspan="2">학습 촉진자, 전략개발자
교수학습 프로그램설계자</td></tr>
<tr><td>HRD 관리자</td><td colspan="2">HRD 인력개발자, HRD제도 개발자, 관계유지자, 프로그램 감독자, 시설 및 재정 조정자</td></tr>
<tr><td>컨설턴트</td><td colspan="2">전문가, 옹호자, 촉진자, 변화 관리자</td></tr>
<tr><td rowspan="5">Hayton (1984)</td><td>준비</td><td colspan="2" rowspan="5">직원 개발 교수자, 직원 개발 프로그램 담당관, 직원 개발 담당관, 직원 개발 프로그램 관리자, 직원 개발 연구 관리자, 직원 개발 관리자</td></tr>
<tr><td>교수</td></tr>
<tr><td>연구</td></tr>
<tr><td>관리</td></tr>
<tr><td>개인 개발</td></tr>
<tr><td>Laird(1985)</td><td colspan="3">행정담당자, 설계자, 컨설턴트, 강사</td></tr>
<tr><td>Varlaam & Pole (1988)</td><td colspan="3">기본 단위의 열성적 교수훈련가, 고등의 열성적 교수훈련가, 교수훈련 제공을 위한 통합형 역할, 교수훈련 관리자</td></tr>
<tr><td>Mclagan & Suhadolnik (1989)</td><td colspan="3">행정담당자, 요구분석자, HRD매니저, HRD자료 개발자, 교수자, 퍼실리테이터, 조직변화 촉진자, 프로그램 설계자, 연구자, 마케터, 개인 경력개발 상담자, 평가자</td></tr>
<tr><td rowspan="4">Gilley & Eggland (1989)</td><td>관리자</td><td colspan="2">T&D 관리자, 마케터, 프로그램 운영자, 전략가, 평가자</td></tr>
<tr><td>컨설턴트</td><td colspan="2">요구분석자, 과업 분석자, 그룹 퍼실리테이터, 산업개발 상담자, 전략가, 전이 촉진자, 마케터, 강사, 평가자</td></tr>
<tr><td>학습전문가</td><td colspan="2">요구분석자, 그룹 퍼실리테이터, 교육매체전문가, 교안작성자, 프로그램 설계자, 과업분석자, 이론가, 평가자</td></tr>
<tr><td>교수설계자</td><td colspan="2">요구분석자, 교안작성자, 교육매체 전문가, 프로그램 설계자, 과업분석자, 전이 촉진자, 평가자</td></tr>
<tr><td>Mclagan (1996)</td><td colspan="3">인적자원 시스템설계 및 개발자, 연구자, 인적자원 전략 조언자, 학습프로그램 전문가, 개인개발 및 경력 컨설턴트, 조직설계 컨설턴트, 조직변화 컨설턴트, 수행/성과 컨설턴트, 퍼실리테이터, 강사</td></tr>
<tr><td>Rothwell (1996)</td><td colspan="3">개입 전문가, 변화 관리자, 분석자, 평가자</td></tr>
</table>

<table>
<tr><td>Piskurich & Sanders (1998)</td><td colspan="2">HRD 관리자, 개발자, 설계자, 실행자, 조직변화 촉진자, 교수자, 분석자, 평가자</td></tr>
<tr><td>Rothwell, et al.(1999)</td><td colspan="2">관리자, 인터벤션 선택자, 인터벤션, 분석자</td></tr>
<tr><td rowspan="5">Gilley, Eggland & Gilley (2002)</td><td>교수설계자</td><td>프로그램 설계자, 교수자료 작성자, 교육매체 전문가, 직무분석가, 이론가</td></tr>
<tr><td>학습 촉진자</td><td>요구 분석자, 교수자료 작성자, 교육매체 전문가, 프로그램 설계자, 조직 촉진자전이 촉진자, 교수자, 직무분석가, 평가자</td></tr>
<tr><td>수행/성과 공학자</td><td>수행/성과 공학자</td></tr>
<tr><td>HRD 컨설턴트</td><td>관계형성자, 의사소통자, 협력자, 영향력행사자, 전략가, 동반자, 문제해결자, 체제연계자, 탐색자</td></tr>
<tr><td>HRD 리더</td><td>전략적 사업동반자, 조직의 학습, 평가자</td></tr>
<tr><td>Bernthal et al. (2004)</td><td colspan="2">교수학습 전략가, 기술적 전문가, 사업 파트너, 프로젝트 관리자 (경력계획과 핵심인재 관리, 훈련 전달 학습 설계, 학습 기능 관리, 조직의 변화 촉진, 코칭, 인간 수행/성과향상, 조직 지식관리, 측정과 평가 전문분야 중 1개 이상의 전문성 보유)</td></tr>
</table>

Rothwell (2006)	관리자	요구파악, 예산 확보 및 관리, 교육담당 직원의 리더십 및 감독권 부여, 교육과정 수립 교육 실시 및 평가, 교육기획 및 성과에 관한 정보 습득 및 공유, 교육장비 선택·구매·평가
	분석자	업무효율 차이 원인규명 및 해결, 교육 요구의 파악과 이해, 업무효율 증진을 위한 영역 발견
	해결책 선택자	WLP 해결책 및 비WLP 해결책 선택을 통한 수행/성과 차이의 근본 원인 해결
	해결책 설계자/개발자	촉진자, 교수자, 프로그램 설계자, 학습자료 전문가, 미디어 전문가, 전략가, 업무분석가
	해결책 실행자	개인개발 계획 및 상담, 강의실 교육훈련 실시, 그룹 및 조직개발, 내부 자원 관리, 외부 자원 관리
	변화주도자	조직원변화 적응을 위한 조력, 변화방향 창출, 조직원들의 변화를 수용하고 고취, 해결책의 지속적 관찰, 이해관계자들의 요구결과와 일관성 유지
	평가자	현상과 목표와의 갭 차이, 해결책의 성과목표 규명, 목표달성의 해결책에 대한 효과성 평가, 연구 분석, 조직구성원의 해결책 납득 규명
Arets, et. al.(2015)	성과 개선 설계자, 성과 창출 개발자, 성과 변화 주도자, 성과 결과 추적자, 성과 문제 분석가	
Shepherd (2017)	이해관계자 소통	관리자·설계자·분석가·평가자
	학습자 소통	강사·코치·촉진자·전문가
	언론 소통	기자·디자이너·큐레이터·제작자
Dirani, et. al.(2020)	의사결정 조력자, 테크놀로지 활용지원가, 정서안정 촉진자, 혁신적 소통가, 경영현황 전달자	
Yawson (2020)	일의 의미, 비대면 상업 및 교육, 리더십, 자발성	
Torraco & Lundgren (2020)	세계화	성과 창출 개발자, 협력학습가, 가상 팀 학습설계자
	테크놀로지	엔터테인먼트, 학습 설계자, 교수자, 촉진자
	경제상황	관리자, 성과 관련 교수훈련,
	변화 업무	업무 분석가, 변화촉진자, HRD 인력개발지
	다양성, 포용성	촉진자·전문가

출처: 이찬 외(2022). 인적자원개발론. p.308 저자 수정.

표 14-1을 보면 발람과 폴(Varlaam & Pole, 1988)은 기본 단위와 고등 단위의 열성적 교수 훈련가, 교수훈련 관리자, 교수훈련 제공을 위한 통합적안 역할을 가지고 있는 사람 등으로 나누었다. 다른 학자들은 역할을 HRD 담당자의 직무 및 업무의 집단으로 해석한다. 예를 들면 핀토와 워커(Pinto & Walker, 1978)의 경우 HRD 담당자의 역할과 그에 적합한 직업명을 제시하였다.

역할 분류 차이점은 연구방식이 다르다는 것이다. 핀토와 워커(Pinto & Walker, 1978), 맥라간과 맥글로우(Mclagan & McCullough, 1983), 헤이튼(Hayton, 1984) 등은 양적 연구를 통해 역할을 분류한 데 비해 내들러(Nadler, 1984), 발람과 폴(Varlaam & Pole, 1988) 등은 질적 연구를 통해 역할을 분류하였다.

전반적으로 HRD 분야가 여러 세대를 거쳐나가며 교수훈련에서 T&D, 그리고 HRD로 오기까지 여러 변화를 거쳤으나 HRD 담당자의 역할은 거의 변하지 않았다. 이는 핀토와 워커(Pinto & Walker, 1978)가 분류한 역할이 맥라간(Mclagan, 1989)이 분류한 역할과 비슷하였다. 맥라간(Mclagan)과 같은 학자의 연구 이후에 역할의 중점이 시대의 흐름에 따라 변화하는 모습을 포착할 수 있다. 초기 HRD 담당자 역할의 영역이 교수훈련 및 개발(T&D)에서 경력개발과 조직개발, 성과관리 등으로 영역을 넓혀지며 개인에게 이루어진 직접적인 학습에서 개인과 조직의 성과 중심으로 확대되고 있음을 파악할 수 있다. 발람과 폴(Varlaam & Pole, 1988)을 제외하고 각 시대 트렌드에 맞추어 전반적으로 HRD 담당자 역할의 변화를 보여주고 있다.

3) 코로나19 팬데믹 이후 HRD 담당자의 역할

코로나19 팬데믹 이후 변화되고 있는 HRD 담당자의 역할을 연구한 토라코와 린드그렌(Torraco et al., 2020)은 매우 중요한 시사점을 제공한다. 즉, 학습자 주도의 테크놀로지 기반 학습을 촉진시키는 촉진자로서의 역할이 중요하다. 소셜 학습이나 경험 학습을 활용한 생산성 향상, 트렌드를 발굴하고 사회적 이슈를 파악하여 조직의 지속경영을 위한 전략적 역할을 수행해야 한다는 것이다.

와슨(Yawson, 2020) 역시 코로나19 이후 환경변화에 따른 HRD의 전략적 필요성을 강조하며 HRD가 일의 의미, 비대면 상업 및 교육, 리더십, 자발성과 같은 차원을 주장하였다.

ATD(2020)는 온라인 수업 비중 확대와 다양한 테크놀로지의 지원으로 실시간으로 온라인 수업, 실시간 투표, 서베이(63%), 손들기 기능(62%), 멀티미디어 전송(58%) 등을 동시에 활용하게 되었다. 이러한 현상을 바탕으로 학습 PD(Learning Producer)라는 개념의 학습을 새롭게 소개하고 있다. 실시간 온라인 수업 중 학습 PD는 강사를 지원하는 역할을 한다. 그 역할은 기술적인 문제해결 지원(76%), 학습자의 질문이나 대화응답(68%), 실시간 투표 및 서베이 관리(56%), 수업준비 및 수업녹화 배포(55%), 출결 관리(55%), 학습 활동 모니터링과 지원(53%), 학습자료 배포(51%), 가상교실 사용법 교육(50%) 등이다.

기존의 HRD 담당자는 교실수업의 지원 업무를 하였으나 코로나 19 이후 많은 부분이 온라인 상황의 새로운 유형으로 변화되었다. 강사와 학습 PD가 효과적으로 협업하기 위하여 실시간 온라인 수업전략 등도 새로운 역할 부분으로 고려되어야 한다.

이상에서 논의된 HRD 담당자의 역할 변화를 종합분석해 보면, HRD 부서 중심의 조직 주도 학습이 현장과 구성원 개인 주도 학습으로 이동하면서 콘텐츠 큐레이션, 학습경험 설계, 학습 환경 구축을 위한 HRD 담당자 역할이 중요하게 대두되었다. 실시간 화상 학습이 가속화되면서 테크놀로지와 미디어를 활용 한 온라인 퍼실리테이션 활성화, 학습설계, 지식 전달 등을 위한 HRD 담당자 역할이 점차 증대됨을 알 수 있다. 그리고 코로나 위기 상황 속에서 구성원의 심리적 안정과 조직의 성과 지원을 위한 경영의 전략적 파트너로서의 역할 또한 중요하게 부각 되고 있다(주영진 외, 2021).

표 14-2 코로나19 상황에서 필요한 HRD 담당자의 역할 및 역량

HRD 담당자의 역할 및 역량	최종 정의
Supporting Individual Driven Learning (개인주도학습지원)	
학습경험 설계자	학습자 성찰, 자기주도 및 경험기반학습을 위한 학습경로를 제시하고 개인의 학습을 지원하는 솔루션을 제공하는 역할
경력 및 리더십개발	구성원이 조직 내에서 성장할 수 있도록 조직목표에 기반한 개인의 성장 목표 수립 및 실행을 지원하는 능력
학습과학의 원리 적용	학습이론, 성인학습이론의 원칙 및 인지과학을 이해하고 적용하여 성과촉진 솔루션을 설계, 개발 및 제공하는 능력
학습동기	구성원 스스로 지속적인 학습이 가능하도록 동기를 부여, 구성원의

	촉진	지적 호기심을 자극할 수 있는 개입을 활용하는 능력
학습큐레이터		학습자들에게 가치 있는 정보 또는 콘텐츠를 제공, 활용할 수 있는 방법 제안, 학습 기회를 확장시키는 역할
	지식관리	지적 자산의 체계적 관리, 생성, 수집, 검증, 분류, 보관, 배포, 활용하는 능력
	학습채널 관리	학습자에게 제공되는 다양한 학습 채널의 특징을 이해, 적절한 학습방법을 제시할 수 있는 능력
	데이터 분석	참여, 학습, 성과 등 인재에 대한 데이터 분석으로 의미 있는 결과와 통찰을 도출하는 능력
소셜러닝 촉진자		조직 내·외의 다양한 채널을 활용하여 구성원간 협업 및 지식공유를 촉진시키는 역할
	테크놀로지 활용	적기에 적절한 테크놀로지 적용으로 목표를 달성할 수 있도록 테크놀로지를 파악, 선정, 실행하는 능력
	지식관리	지적 자산의 체계적 생성, 수집, 검증, 분류, 보관, 배포, 활용하는 능력
경력개발지원자		학습자가 upskilling과 reskilling을 통해 직무 능력을 개선하고 새로운 경력을 쌓아갈 수 있도록 제도, 플랫폼, 프로그램을 기획하고 지원하는 역할
	변화관리	변화 과정에서 임직원의 효과적인 대응과 성장을 지원하기 위한 도구, 자원, 프로세스를 이해하고 활용하는 능력
	경력 및 리더십 개발	구성원이 조직 내에서 성장할 수 있도록 조직 목표에 기반한 개인의 성장 목표 수립 및 실행을 지원하는 능력
	경력프로그램 설계	조직구성원의 효과적인 경력 개발을 위한 경력 프로그램을 설계하는 능력
Linking Technology with Learning (테크놀로지와 학습의 연계)		
테크놀로지활용 지원가		새롭게 등장한 학습 테크놀로지와 학습자 사이를 매개하여 학습자들이 학습을 수행함에 있어 쉽게 기술을 활용할 수 있도록 지원하는 역할
	테크놀로지 활용	적기에 적절한 테크놀로지 적용으로 목표를 달성할 수 있도록 테크놀로지를 파악, 선정, 실행하는 능력
	트렌드 센싱	지적 호기심을 가지고 새로운 트렌드와 기술을 모니터링하며 지속적으로 전문성을 개발하는 능력
	기술 감수성	디지털 기술 발전이 학습 형태, 방법, 콘텐츠에 미치는 영향력을 지속적으로 감지하고 학습자의 학습경험 확대를 위해 기술 활용의 가능성을 확장시키는 능력

역할	역량	내용
미디어 기반 전달자		다양한 미디어의 특성을 이해하고, 전달하고자 하는 메시지를 미디어의 특성에 맞게 효과적으로 디자인하여, 적시에 전문적인 지식을 전달할 수 있는 역할
	테크놀로지 활용	적기에 적절한 테크놀로지 적용으로 목표를 달성할 수 있도록 테크놀로지를 파악, 선정, 실행하는 능력
	학습프로그램 설계	효과적인 학습 경험을 위한 전략, 방법, 기술을 분석하여 학습프로그램을 설계하는 능력
	미디어 리터러시 활용	미디어를 통해 표현된 광범위한 정보 출처에서 나온 다양한 유형의 정보를 이해하고 사용하는 능력
실시간 온라인 수업 퍼실리테이터		비대면 실시간 교육에서 플랫폼의 기능과 다양한 테크놀로지를 활용하여 학습자의 참여를 촉진시키고 효과적으로 메시지를 전달하는 역할
	커뮤니케이션	적극적인 경청을 기반으로 대화 촉진, 생각과 느낌, 아이디어를 명확하고 간결하며 설득력 있게 표현하는 능력
	테크놀로지 활용	적기에 적절한 테크놀로지 적용으로 목표를 달성할 수 있도록 테크놀로지를 파악, 선정, 실행하는 능력
	강의와 촉진 스킬	학습 환경 구축, 학습자와 라포 형성, 적절한 교수법과 미디어 사용으로 학습 참여를 촉진하는 능력
	온라인 학습 팀 운영	온라인상에서 학습 팀의 효과적 수행을 위하여 팀원들의 역할분배, 운영 및 참여 프로세스 정립, 필요한 시스템적 지원을 제공하는 능력
온라인 학습설계자		조직을 진단하고 피드백하며, 조직의 변화관리 활동을 계획, 실행, 평가하여 조직의 바람직한 변화를 촉진하는 역할
	요구분석	학습자의 현재 역량과 기대 역량 간 격차를 체계적으로 규명할 수 있는 능력
	온라인 학습프로그램 설계	온라인상에서 효과적인 학습자 참여유도 및 학습경험 극대화를 위한 학습전략, 방법, 기술을 분석하고 선택하여 프로그램을 설계하는 능력
	테크놀로지 기반콘텐츠 개발	다양한 매체의 특성을 이해하고 매체 효과를 극대화할 수 있는 학습 콘텐츠 개발 능력
	테크놀로지 활용	적기에 적절한 테크놀로지 적용으로 목표를 달성할 수 있도록 테크놀로지를 파악, 선정, 실행하는 능력
학습자원관리자		테크놀로지 기반 학습 환경을 포함한 학습의 원활한 수행을 위해 제도, 예산, 도구, 인프라를 적절히 확보, 활용, 관리하는 역할
	프로젝트	HRD 프로젝트의 체계적인 계획 수립, 전략적 자원 확보 및 관리,

관리	지속적 모니터링 등을 통해 성공적으로 프로젝트를 수행할 수 있는 능력
테크놀로지 활용	적기에 적절한 테크놀로지 적용으로 목표를 달성할 수 있도록 테크놀로지를 파악, 선정, 실행하는 능력
Performance Orientation (성과지향)	
핵심인재개발자	조직의 핵심인재 필요 역량을 규명하고 진단을 통해 맞춤형 양성프로그램을 지원하는 역할
인재전략 및 관리	조직의 succession plan에 기반하여 핵심인재 양성을 위한 전략과 체계를 수립하고 실행하는 능력
학습프로그램 설계	효과적인 학습 경험을 위한 전략, 방법, 기술을 분석하고 선택하여 프로그램을 설계하는 능력
핵심인재 개발	다양한 진단을 활용하여 핵심인재 양성에 필요한 데이터를 확보하고, 이를 기반으로 사내·외 핵심인재 양성 프로그램을 준비하고 실행하는 능력
퍼포먼스 컨설턴트	조직의 주요 비즈니스 요구사항을 반영하여 변화하는 환경에서 문제해결에 도움이 되는 학습 솔루션을 제안하는 역할
데이터 분석	참여, 학습, 성과 등 인재에 대한 데이터 분석으로 의미 있는 결과와 통찰을 도출하는 능력
요구분석	현재 역량과 기대 역량 간 격차를 체계적으로 규명하는 능력
성과평가	개인 및 조직의 수행성과를 분석, 성과 격차 해소를 위한 개선점을 도출할 수 있는 능력
성과향상	성과 관련 근본 원인 분석, 성과향상 계획 수립, 성과 격차 해소를 위한 솔루션 설계 및 개발 능력
비즈니스 문제해결	업계와 시장 트렌드, 유관 비즈니스 상황 등 비즈니스 전반에 영향을 미치는 요인에 대한 종합적 이해 능력, 조직에 발생하는 현재의 성과와 바람직한 성과와의 차이를 발견하고 격차 해소를 위한 다양한 솔루션을 제시하는 능력
Toward Strategic HRD (전략적 HRD 수행)	
조직변화촉진자	조직을 진단하고 피드백하며, 조직의 변화관리 활동을 계획, 실행, 평가하여 조직의 바람직한 변화를 촉진하는 역할
조직 및 조직문화 개발	조직문화, 규범, 공식/비공식 관계, 계층 구조 등을 이해하여 인사 시스템 및 프로세스 개발을 주도하는 능력
변화관리	변화 과정에서 임직원의 효과적인 대응과 성장을 지원하기 위한 도구, 자원, 프로세스를 이해하고 활용하는 능력

	비즈니스 통찰력	업계와 시장의 트렌드, 유관 비즈니스 상황 등 비즈니스 전반에 영향을 미치는 요인에 대한 종합적 이해 능력
HRD전략가		학습과 수행 향상의 전략적 가치를 파악하고, 조직의 비즈니스전략 달성을 위한 HRD 전략을 수립, 실행하는 역할
	HRD 전략 수립	학습과 수행향상의 전략적 가치를 파악하고, 조직의 비즈니스 전략달성을 위한 HRD 전략 수립과 실행을 지원하는 능력
	학습평가	학습 전 과정에 걸쳐 데이터를 수집, 분석하여 학습 프로그램의 효과와 개선점을 확인하는 능력
	데이터 분석	참여, 학습, 성과 등 인재에 대한 데이터 분석으로 의미 있는 결과와 통찰을 도출하는 능력
	HRD 이슈 해결	조직에 발생하는 현재의 성과와 바람직한 성과와의 차이를 발견하고 격차 해소를 위한 다양한 솔루션을 제시하는 능력
비즈니스파트너		HRD 실행에 있어 다양한 이해관계자와의 파트너십을 구축함으로써 협력적 실행을 이끌어내는 역할
	비즈니스 통찰력	업계와 시장의 트렌드, 유관 비즈니스 상황 등 비즈니스 전반에 영향을 미치는 요인에 대한 종합적인 이해 능력
	협업	HRD 유관 부서나 관계자와의 상호협력 및 조정 과정을 통해 HRD 실행 목적을 달성해 나가는 능력
	이해관계자 관리	조직 내 HRD 목적성취를 위하여 내·외부 이해관계자의 참여와 지원을 이끌어내고 협력적 관계를 유지하는 능력
조직소통혁신가		변화하는 소통환경과 방법을 이해하고, 조직구성원들이 적응할 수 있도록 지원함으로써 조직 혁신을 촉진하는 역할
	커뮤니케이션	적극적인 경청을 기반으로 대화 촉진, 생각과 느낌, 아이디어를 명확하고 간결하며 설득력 있게 표현하는 능력
	조직 및 조직문화 개발	조직문화, 규범, 공식/비공식 관계, 계층 구조 등을 이해하여 인사 시스템 및 프로세스 개발을 주도하는 능력
	변화관리	변화 과정에서 임직원의 효과적인 대응과 성장을 지원하기 위한 도구, 자원, 프로세스를 이해하고 활용하는 능력
데이터분석가		데이터 및 처리기술에 대한 지식을 바탕으로 데이터를 수집·분석·활용하여 효과적인 HRD 의사결정을 지원하는 역할
	비즈니스 통찰력	업계와 시장의 트렌드, 유관 비즈니스 상황 등 비즈니스 전반에 영향을 미치는 요인에 대한 종합적인 이해 능력
	데이터 리터러시	인재양성에 필요한 정보를 제공하기 위해 데이터를 분석하여 이해하고 의미 있는 통찰을 도출해내는 능력

	활용	
	시스템적 사고	어떠한 문제와 목표를 바라볼 때, 단편적으로 하위요소들을 바라보는 대신 이를 서로 연결된 시스템으로 인식하는 능력

출처: 주영진 외(2021). p.252.

주영진 외(2021)는 코로나19 이후 HRD 담당자가 수행해야 하는 역할을 16가지로 나타내었다.

(1) 학습경험설계자, (2) 학습큐레이터, (3) 소셜러닝촉진자, (4) 경력개발지원자, (5) 테크놀로지활용지원가, (6) 미디어기반지식전달자, (7) 실시간온라인수업 퍼실리테이터, (8) 온라인학습설계자, (9) 학습자원관리자, (10) 핵심인재개발자, (11) 퍼포먼스컨설턴트, (12) 조직변화촉진자, (13) HRD 전략가, (14) 비즈니스파트너, (15) 조직소통혁신가, (16) 데이터분석가

HRD 역할은 조직의 학습영역이나 문제해결 영역에서 구성원 개인의 경험과 성장, 학습자와 콘텐츠, 테크놀로지 간의 교류, 조직성과까지 확장하고 있다. 교육 주체가 HRD 부서에서 개인으로 이동하며 개인 주도 학습지원의 학습경험 설계자, 소셜러닝촉진자, 학습큐레이터 등의 역할이 새로 등장했다. 코로나19의 환경변화로 대면 집합교육이 축소되고, 개인이 다양한 방법으로 필요한 학습을 진행한다. 에듀테크의 활용은 미디어 기반 지식전달자, 온라인 학습설계자, 실시간 온라인 수업 퍼실리테이터 등의 역할이 전면에 부각되었다.

코로나19로 화상회의나 재택근무, 온라인 학습으로 대체되었다. 퍼포먼스 컨설턴트, HRD 전략가, 조직변화촉진자 등 전통적 역할에 데이터분석가라는 새로운 역할도 등장하였다. 데이터분석가는, 빅데이터와 학습분석학 등 최신의 HRD 트렌드에 부응하는 역할이다. 이와 같은 HRD 담당자의 역할 변화를 구체적으로 살펴보면

첫째, 그동안 교육프로그램을 교육부서가 주관하고 기획하고 개발하던 HRD 담당자 역할에서 이제는 교육의 주체가 개인으로 바뀌면서 HRD 담당자들은 개인이 역량을 개발할 수 있는 프로그램을 준비, 안내, 지원하는 새로운 역할을 하게 되었음을 의미한다.

둘째, 에듀테크를 효과적으로 활용할 수 있도록 테크놀로지 기반의 실시간

온라인 수업의 교수학습 전문가가 되어야 한다. 세계적인 기업 교육기업 Ken Blanchard Companies의 Trend Report(Jay, 2021)에 따르면, 집합교육 비중이 코로나 이전 63%에서 코로나 기간 중 9%, 온라인 화상수업은 코로나 이전 10%에서 코로나 기간 중 53%로 급상승하였다. 코로나 이후의 전망도 거의 비슷한 수준을 유지할 것으로 예측된다(Jay, 2021). 그러므로 에듀테크의 특성을 파악하고 다양해진 유형을 효과적으로 적극 교육에서 활용할 수 있는 방법 모색이 HRD 담당자의 새로운 과제가 되었다.

셋째, 코로나19는 경영성과 악화와 이직률을 높이는 등의 변화가 생겼다. 이직 증가의 주원인은 직원들의 원격, 재택근무 경험을 1순위로 뽑았다. 이처럼 조직성과가 악화되고, 우수 인력 유출을 걱정해야 하는 상황의 HRD는 직원들이 역량을 키우고 성장시킬 수 있는 프로젝트를 제공하여 조직의 성과향상을 위한 전략을 제공할 필요하다. HRD 전략가나 퍼포먼스 컨설턴트가 HRD 담당자의 역할로 제시되며 지속적으로 강조해 온 성과향상 및 조직의 전략적 파트너로서 HRD가 필요하다는 것이 다시금 확인되었다.

연구문제

1. 갈라간, 히트와 비탈(Galagan, Hirt & Vital)이 HRD 담당자가 지니고 있는 지식, 기술 그리고 기량을 종합하여 세 가지 영역으로 정리하였다. 세 가지 영역을 정리해 봅시다.

2. 새로운 HRD 인재상으로 제시된 3C+W를 설명해 봅시다.

3. ATD의 Capability Model의 세 가지 영역을 설명해 봅시다.

4. 코로나19 팬데믹 이후 HRD 담당자의 역할변화에 대하여 생각해 봅시다.

CHAPTER 15

HRD 미래전망 및 과제

제1절 HRD의 미래전망

제2절 HRD의 전략적 과제

학습목표

코로나 팬데믹과 생성형 AI 기술발달은 기업에서의 경영환경과 조직문화, 구성원의 인식 등 많은 변화를 초래하였다. 본 장에서는 이러한 변화들이 HRD 분야에 어떠한 영향을 미치는지를 연구하여 HRD의 미래 방향과 전략을 예측하고 조직 환경의 변화와 조직구성원의 업무, HRD 기능의 변화에 적극 대처하기 위한 과제를 알아보았다.

제1절 HRD의 미래전망

1. 경영환경과 기업 인재상의 변화

2019년 12월 31일 중국 후베이성 우한에서 신종 코로나바이러스 감염증 환자 발생이 처음 보고된 후 2023년 2월 15일 기준, 코로나가 발생한 189개 국가 및 기타 영토에서의 누적 확진자 수는 738,397,577명이고 사망자는 6,837,895명이다. 한국은 확진자가 30,384,701명이고, 사망자 수는 33,782명이다. 코로나19 확진자가 처음 확인된 후 2020년도 상반기의 전 세계는 속수무책의 공포와 혼돈, 생존 본능에서 나타나는 이기심과 편견의 면모를 드러냈다. 이동 통제 및 마비, 격리, 의료시스템 붕괴, 셧다운, 원격 업무, 경기 추락과 의도치 않은 기후 환경 개선 등 미증유의 사건과 현상을 경험했다. 전 세계적으로 유례를 찾아볼 수 없는 사회적 거리 두기, 전국 초·중·고·대학의 온라인을 통한 비대면 수업, 직장인 재택근무, 가족생활의 변화, 고난 극복을 위한 격려와 봉사의 힘, 전 국민 대상 긴급재난 지원금 지급 등을 경험했다. 이러한 새로운 변화 속에서 정치, 경제, 환경, 산업, 교육, 보건 등 각 분야에 새로운 안식과 흐름이 형성되고 있다. 우리는 팬데믹(세계적 대유행)이 바꿔 놓은 '포스트 코로나(postcorona)' 시대에 직면한 후 아직도 종식된 것이 아니라 진행 중이기 때문에 미래전망이 어렵다고 본다. 그 후 ChatGPT와 같은 생성형 AI 기술시대를 맞이하여 인적자원개발 정책분야에서 혁신적 내용 및 방향성 모색이 시급하다.

1) 경영환경 전망

코로나 팬데믹과 생성형 AI 기술발달은 기업에서의 경영환경과 조직문화, 구성원의 인식 등 많은 변화를 초래하였다. 이러한 변화들이 HRD 분야에 어떠한 영향을 미치는지에 관해 연구는 바로 HRD의 미래 전망과 전략을 예측하고 조직 환경의 변화와 조직구성원의 업무, HRD 기능의 변화에 적극 대처하기 위함이다. 조직 환경의 변화는 조직구성원의 업무뿐 아니라 HRD의 기능에도 많은 변화를 초래하였다. 포스트 코로나 이후에도 이러한 변화가 지속될 것으로 예상되며 앞장에서 HRD 담당자의 역량과 ATD의 역량모델이 최근 새롭게 제시되었다.

이러한 변화 속에서 HRD는 향후 학습경험 적시 제공, 전파보다 직접 교육, 자기주도학습, 학습콘텐츠 큐레이션, 리스킬링과 업스킬링이라는 다섯 가지 방향으로 진화해 나가야 한다. 그러므로 학습자가 직무에 대해 필요로 하는 학습을 적시에 제공해주어야 하고, 학습내용도 효과적으로 잘 전달해 주고, 단순한 전파뿐만이 아니라 학습을 필요로 하는 임직원들이 직접 참여하고 경험할 수 있는 기회를 제공해야 한다. 핵심가치와 세부 직무교육 내용은 현장의 잡마스터(Job Master)가 직접 교육하는 것이 좋으며 직원들이 자기주도학습을 할 수 있도록 방법, 내용, 장소, 시간 측면에서 제도적 장치를 마련해야 한다. HRD담당자는 조직구성원의 스킬 요구사항을 분석하고 역량 수준을 모니터링하여 그들이 필요로 하는 콘텐츠를 적시에 큐레이션해 제공해 주어야 한다. 물론 이 과정에서 업스킬링과 리스킬링이 주기적으로 이뤄져야 한다.

월드 이코노미 포럼(WEF)에서 경영환경에 언급한 2020년 미래 핵심역량은 문제 해결력, 비판적 사고력, 창의력, 인적자원관리, 대인관계능력, 감성지능/감성관리, 합리적 의사결정, 서비스 지향성, 협상력, 융통성 등을 제시하였다. 그리고 2025년이 되면 디지털 운용능력과 디지털 기획 및 설계 능력이 새롭게 강조될 것이고 HR 분야에서도 디지털 리터러시의 중요성이 강조되는 추세라고 했다. 즉 이제는 HRD담당자들도 디지털 리터러시 역량을 갖추고 업의 본질을 파악해 성과분석에 기반한 교육을 통해 현업에 시사점을 제공할 수 있어야 한다.

2) 21세기 기업의 인재상 변화

21세기 기업의 인재상은 부지런하고 성실한 인재에서 창조와 협력의 인재로 변화하고 있다. 21세기 새로운 인재상은 3C+W의 모습으로 정의하고 있으며, 특히 기업들은 코로나19 팬데믹 같은 환경의 변화, 규제변화, 신기술, 경계파괴, 경쟁 룰, 신시장, 대체상품 변화 등에 유연하게 대처해야 하므로 창의적 인재의 필요성을 가장 절감하고 있는 조직이다. 기업 현장은 전문성(Capability)과 창조성(Creativity), 협업능력(Collaboration), 시민의식(Living in the World)을 고루 갖춘 인재를 요구하고 있다.

지금의 위기는 기업 환경의 패러다임이 전환되는 과정에서 비롯된 위기이며, 격변기 모든 기업들은 상시 생존 위기에 처해 있다. GM, Chrysler, Kodak, K-mart, Lotus, DEC, Motorola, Sony, Citi, AIG, Toyota, Nokia 등 초일류 기업들까지도 환경의 변화와 패러다임 변화에 적극 대처하지 못해 위기를 겪고 있다는 것은 사회변화에 대한 통찰력에 기반한 창조성과 자신의 전공 분야를 넘어서는 융복합(Convergency) 능력과 기술 등 새로운 패러다임에 대처할 수 있는 인재의 양성과 투입이 중요한 사항임을 보여주고 있다.

기업에서 21세기에 요구되는 창의적 인재상과 창의성 발현 요소를 모두 감당하기보다는 산·학 협력 방안에서 찾을 필요가 있다. 산·학 협력 방안으로 21세기의 창의성을 키우기 위한 학교 및 대학교육의 방향, 대학과 사회에서의 창의성 저해 요소 제거, 미래에 요구되는 핵심역량(창의적 사고력, 직무수행능력, 사회생활능력), 전공 및 전문지식, 창의적 인성이라는 역량을 갖추도록 하는 것이 요청된다.

대학 교육의 패러다임은 교육 3.0이라는 창조적 인재육성과 HRD 담당자들에 의한 산업현장과 대학 교육의 융합에 있다. 즉, 산학협력은 단순한 연구 개발 프로젝트보다 교육과 연구를 융합시키는 조직교육의 중심으로 부상해야 할 것이다. 이러한 산학협력의 방향은 지식재산으로 급격히 이동하고 있는 점을 반영하여 과거의 제품 개발 중심에서 지식재산 개발 중심으로 전환하는 것이 바람직하다.

현재 산학협력이 부진한 이유는 실제로 산업계와 비교하면 대학의 경쟁력이 낮은 데 있다. 산학협력의 성공을 위하여 산업계와 교육계를 연결하는 HRD분야의 산·학 교수 DUO 시스템, 프로젝트 중심 교육, 소셜 학습, 소셜 평가 등의 카이스트의 새로운 실험이 도움이 될 것이다(Robert et al., 2010: 역자 최대적 외).

2. 교육형태의 변화

코로나 사태는 적극적 비대면화 경향에 가속도를 더하여 디지털 기반의 접속(access) 문화가 그간의 접촉(contact) 중심 문화를 대체하고 있으며, 디지털 기반의 프로슈머(prosumer)개념이 컨슈머(consumer) 중심의 사회적, 경제적 체계를 잠식하고 있다.

사물인터넷(IoT)에 의한 데이터 경제로의 진전에 따라 ‘사물 스스로에 의한 데이터 생성 방식'에까지 이르러 기존의 산업 및 생활의 구조를 전면적으로 개편할 수 있는 추동력이 되었다.

또한, 지금까지의 일방통행적 글로벌리제이션(globalization)의 흐름은 디지털 기반의 새로운 글로컬리제이션(glocalization) 방향 모색과 성찰로 그 흐름이 변하고 있다.

오프라인 교수-학습이라는 전통적 방법에서 코로나 팬더믹 이후 온라인, 블렌디드 러닝, 플립드러닝 등의 교수-학습 형태로 촉진되었으며, 이런 변화는 학교와 교원의 역할, 교수-학습 방법, 시설·설비를 비롯한 교육환경, 교육 평가도 크게 혁신할 것을 요구하고 있다.

또한 학교에서 노동시장으로의 전환과정에서의 고용체제도 급격하게 변화되고 있으며 기업교육을 비롯한 인적자원개발 전 분야에 걸쳐서도 새로운 개혁이 요구되고 있다(이무근 외, 2020), 이러한 문제를 해결 위한 관련 분야 HRD 전문가 및 종사자의 수요가 늘어날 전망이다.

학교교육뿐만 아니라 기업교육 분야에서도 코로나19 심각단계 이전과 이후 3개월씩을 상호 비교 조사한 결과, 집체교육은 66.5%에서 2.4%로 급감한 반면, 온라인교육은 4.2%에서 76.4%로 급증하였다(이찬 외, 2020).

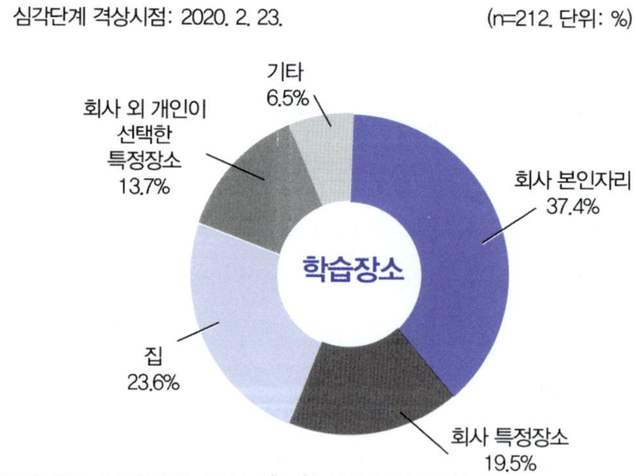

그림 15-1 코로나19 심각단계 격상 후 학습장소의 변화

코로나 이후 ChatGPT와 같은 생성형 AI 기술발달로 AI활용을 위한 스킬 교육은 도구의 기본 원리와 사용법을 이해하는 공통 스킬과 각 직무별 요구에 맞게 실무 적용방법을 구체적으로 습득하는 특화 스킬로 교육스킬 방법을 나눌 수 있다. 이를 통해 직원들은 필수적인 AI 리터러시를 함양하고 자신의 업무에 AI 도구를 활용하는 능력을 효과적으로 개발할 수 있다. 이러한 접근을 반영해 KPC에서는 AI 활용 스킬 교육을 프롬프트 엔지니어링, 자동화, 데이터 분석, 문서작성 등 모든 직무에 필요한 AI 활용 스킬 직무 공통과 마케팅, 인사, 생산 등 각 직무 분야별 실무에 필요한 AI 활용 스킬인 직무 특화 두 가지를 제시하였다.

직무 공통 Track
업무생산성을 높이는 ChatGPT 활용스킬
AI 제대로 일시키는 프롬프트 엔지니어링
ChatGPT를 활용한 엑셀, VBA, PPT 업무 자동화
생성형 AI 활용한 디지털 이미지 생성 실무
ChatGPT를 활용한 통계 데이터 요약 및 시각화
AI 기반 보고서 작성 마스터
ChatGPT로 칼퇴하기 : 엑셀 / PPT / 문서 작성
생성형 AI를 활용한 실전 도형 / 도해 / 그래프 작성
데이터 문맹탈출 데이터 리터러시 강화
생성형 AI와 빅데이터 Business Insight

직무 특화 Track
경영기획 • 기획담당자를 위한 AI & 데이터 리터러시 레벨업 • ChatGPT 활용 전략 기획서 작성 실무
마케팅 빅데이터 활용 마케팅 실무 • AI를 활용한 홍보 및 위기관리 • 생성형 AI로 블로그 광고 마케팅 자동화하기
고객서비스 • AI시대 VOC 운영 및 활용전략 • 1Day ChatGPT로 성과올리기 : 고객경험(CX) 개선전략

직무 특화 Track
인사 / 교육 • AI 활용 HR 업무 효율화 • AI 활용 HR 데이터 분석 • AI 활용 사내강사 기획역량 향상
생산 • Open AI를 활용한 스마트 팩토리 문제해결
물류 • 데이터 분석을 통한 SCM 최적화 (ChatGPT 활용)
연구개발 • Open AI로 배우는 R&D 기획서 작성 • TRIZ & ChatGPT 활용 문제해결형 아이디어 발굴

산업과 경영환경이 급변하면서 지식과 기술의 유효기간이 짧아지고 있다. 이런 변화에 대응하기 위해서는 Skill 기반 HRD를 지속적으로 민첩하게 학습해야 한다. 기존 역량 기반 인재개발은 직무 수행에 필요한 지식, 스킬 등 다양한 하위 요소를 포괄하며 습득에 긴 시간이 소요되어 변화 속도를 따라 잡기 어렵다는 의견이 많았다. 반면 스킬 기반 인재개발은 보다 구체적이고 작은 단위 작업을 수행할 수 있는 능력 향상에 초점을 맞춘다. 비교적 짧은 시간 안에 가시적으로 향상시킬 수 있어 급변하는 환경에 보다 빠르게 적응할 수 있다.

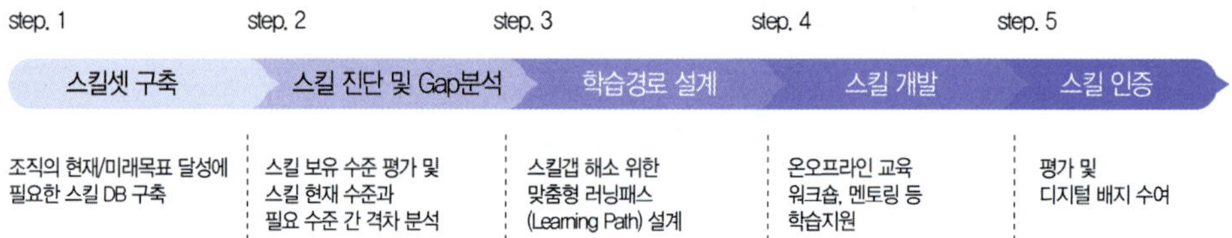

그림 15-2 스킬 기반 인재개발 프레임워크

출처: KPC, 2025 HRD Trend Report, p.68.

현업에서 성과내는 스킬 교육과정 HRD의 목표는 스킬 격차를 해소하고, 학습자가 새롭게 습득하거나 고도화한 스킬을 업무에 적용하여 성과를 내도록 지원하는 것이다. KPC는 효과적인 스킬 교육을 위해 현장의 사례를 발굴하여 현업 이슈를 진단하고 문제해결을 위한 실습 중심 교육활동을 설계하고 또한 컨설턴트 수준 현업 전문성을 갖춘 강사를 엄선하여 교육생들의 학습효과를 극대화한다.

3. 스마트 오피스의 기업문화

기업문화의 혁신을 가져오는 탈오피스, 재택근무 등으로 급격히 변하고 있다. 코로나19 확산 방지를 위해 재택근무를 권고하는 회사가 크게 늘어나면서 대형 사무실에 함께 모여 일하던 기존의 오피스 문화에 혁신의 바람이 불고 있다. 이런 화상회의와 재택근무 도입 등은 일하는 방식의 변화로 오피스 공간 혁신으로 이어지고 있다.

BMW 코리아는 코로나19 이후 모바일 오피스 제도를 도입했다. 대표이사로부터 인턴사원까지 전임직원의 고정석을 없앴고 출퇴근 근무기록도 온라인에서 처리가 가능하도록 했다. SK텔레콤도 지난해 삼성전자와 시스코 등과 손잡고 스마트폰 하나로 모든 업무가 가능한 '모바일 기반 5세대 G 스마트 오피스 사업'을 추진 중이다(이무근 외, 2020), 그래서 지금은 대기업이나 외국계 기업의 전유물로 여겨져 온 재택근무가 전 기업으로 확산하면서 홈오피스 구축 사업도 빠르게 성장하는 양상이다.

제2절 HRD의 전략적 과제

코로나 이후 디지털 기반의 가속화라는 새로운 계기와 그동안 정부와 산업계의 보수적인 경직적 된 태도, 다양한 이해관계에 얽힌 사회관습 및 제도의 제약들과 일반인들까지 변화시키는 획기적 계기가 되고 있다(김승보 외, 2020).

ChatGPT와 같은 생성형 AI 기술발달로 스킬 기반 인재개발 프레임워크로 2024년 기업들이 교육예산을 가장 많이 투입한 분야는 1위가 전문 직무스킬(43%)로 생산, 마케팅, 인사 등 각 직무에 필요한 구체적인 역량을 강화하는데 많은 자원을 투자했다. 이는 산업환경이 빠르게 변화하며 직무스킬 최신화가 지속적으로 요구되는 현실을 반영한 결과이다. 2위는 공통 직무스킬(32%)로 기획, 보고서 작성 등 모든 직무에 요구되는 기본역량을 강화하는 교육 3위는 법정의무 교육(31%)으로 집계되었는데, 기업유형에 따른 차이가 컸다. 대기업은 리더/임원교육, 승진자/직급별 교육, 핵심인재 교육 등에 중점을 두어 법정의무 교육 우선순위가 상대적으로 낮게 나타났으나, 중견·중소기업과 공공부문에서는 법정의무 교육 비중이 30% 이상으로 높게 나타났다. 교육 이수내역 활용을 보면 HRD(교육)와 HRM(인사) 분야에서 모두 활용 되며 HRD에서는 1위인 경력개발 및 개인 성장계획수립(56%)과 2위인 교육체계 및 계획 수립 시 참고(46%)가 주요 활용목적으로 이는 교육훈련 내역이 직원들의 경력개발을 촉진하고, HRD 전략을 수립하는데 중요한 자료로 활용되고 있음을 보여준다. HRM에서는 3위인 직무배치 및 역할 조정(32%), 4위 성과평가 반영(31%), 5위 승진심사(28%)에 반영되고 있다. 이는 교육훈련이 직원 직무이동과 역할변화, 성과 평가 및 승진결정에 영향을 미친다는 것을 시사하며 대부분 기업에서 교육훈련 이수내역을 인적자원 관리 자료로 활용하고 있다.

1. 일에 근간한 평생학습 체제 구축과제

일(work)을 근간으로 평생학습(lifelong learning)과 진로교육 체제가 구축되어야 하며 일을 근거로 한 평생학습체제(work based lifelong learning system)가 확립되어 다음과 같은 방향으로 추진되어야 한다.

미래의 직업교육훈련은 그림 15-3에 제시한 일(work)을 근간으로 평생학습(lifelong learning)과 진로교육(career education) 체제가 구축되어야 한다. 그리하여 일을 근거로 한 평생학습체제(work based lifelong learning system)가 확립되어 다음과 같은 방향으로 추진되어야 한다.

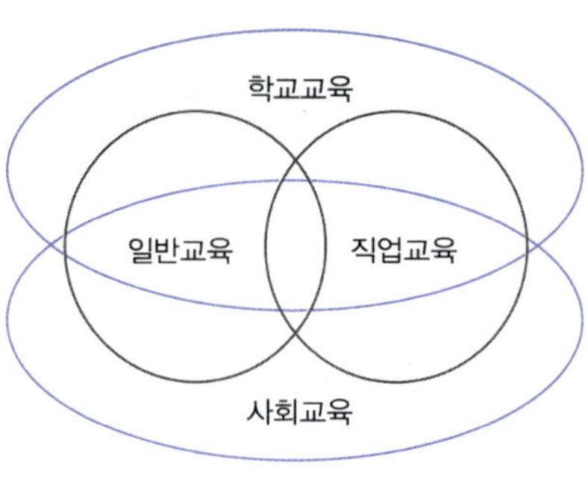

그림 15-3 일반 교육과 직업 교육, 학교 교육과 사회 교육의 관계

출처: 이무근, 이찬(2020). 한국의 직업교육훈련정책: 포스트 코로나·한국판 뉴딜의 HRD 전략. p.22.

1) 진로 발달 단계에 따른 평생 동안의 진로 개발 체제 구축

특정 진로 개발 단계에만 치중되어 진 진로교육이 아닌 생애 주기에 따라 체계적이고 균형 있게 일생 동안 전개되어야 한다. 특히 일생을 통해서 가장 하고 싶은 일, 자신의 적성과 소질에 맞는 진로 선택을 하되 인공지능, 로봇 등과 같은 기계와의 경쟁체계에서 살아남을 수 있는 직업을 선택할 수 있도록 진로지도가 체계화되어 전개되어야 한다.

2) 교양 직업교육, 중등 및 고등 직업교육, 평생 직업교육훈련 간의 종적·횡적 연계 체제 구축

일에 근간한 평생 학습체제(work based lifelong learning system)는 중등 및 고등 직업교육, 교양 직업교육과 사회교육을 통해서 다양한 직업교육훈련 간에 종적·횡적 연계 체제가 구축되어야 한다. 직업교육훈련기관 간의 연계 강화와 이를 지원하는 행정 부서 간의 거버넌스 체제의 횡적·종적 연계도 강화되어야 한다.

3) 전문대학의 역할과 기능, 교육목적 검토와 정체성 확립

전문대학은 확실한 직업능력을 갖추게 할 집중학습과정을 제공해주고 있다는 것이 학생들에게 각인되도록 교육목적, 교육과정과 교수·학습 방법이 전개되어야 한다.

전문대학은 궁극적으로 우수한 직업인을 양성하는 대학, 지역사회에서 평생 직업교육훈련의 중심에서 역할수행을 가장 잘 하고 있는 대학으로 지역사회 주민과 기관들에게 인식시키는 것이 매우 중요하다.

4) 기업 인적자원개발 및 평생 직업교육훈련에서 경력개발(CD) 체제 강화 및 확대

진로개발 단계에서 진로 유지 및 개선단계의 기업 교육(HRD)에서 강조하고 있는 경력개발(CD)이 강화되어야 한다. 초고령화 시대인 100세 시대에 부합하는 인생 2모작과 직업 2모작(1모작 26세~50세, 2모작 51~75세) 생활을 위한 새로운 생애주기별 진로개발모델(career development model)을 설정하고 진로 경로 (career path)를 다양하게 제시하는 평생 직업교육훈련이 강화되어야 한다.

직업 2모작은 고령자들도 직업능력 개발이 필요하면 언제 어디서든지 할 수 있는 평생 직업교육훈련이 대학의 주요 역할의 하나로 확대되어야 한다. 성인들도 대학의 평생 교육원에서 사내대학, 학점은행제, 독학학위제, 원격대학, 교육계좌제 등을 통해 직업능력을 향상시킬 수 있는 다양한 프로그램을 운영하는 초개방형 평생 학습체제가 구축되어야 한다. 각자가 필요한 시간과 장소에서 학습자의 능력에 따라 학습할 수 있도록 자기 주도적 개별화수업이 활성화되어야 한다. 이런 학습이 보편화되기 위해서는 온라인(online) 수업과 오프라인(offline) 수업이 유연성 있게 운영되도록 하여야 한다.

5) 한국형 산학협력 체제 구축

산학협력을 강화하되 산학협력 정책 및 관련법이 정권이 바뀔 때마다 개정되어 직업교육훈련 현장에 혼돈을 주는 현상이 반복되지 말아야 하고, 외국 모델의 무비판적 모방 또한 지양해야 한다. 한국의 현실에 맞는 산학연 간에 공동목표 설정과 공동 투자, 상호 편익(mutual benefit)을 추구하는 파트너십(partnership) 정신에 근거한 일·학습 병행제의 모델을 시간이 걸리더라도 개발하여 정착시켜야한다.

일-학습병행제를 실시하는 데 있어서 성공하기 위한 필수조건은 국제노동기구(ILO)의 마이클 악스만(Michael Axmann)이 전제조건으로 제시한 고품질 도제훈련을 위한 법적 기반 마련, 훈련프로그램 존재, 훈련생의 고용계약 실시, 1~4년의 충분한 훈련시간, 훈련생의 사회보장 마련, 현장(on-the-Job) 훈련과 현장 외(off-the-job) 훈련시행, 훈련내용 평가 및 자격증 부여 등의 조건이 갖추어져야 한다는 것은 HRD전문가들은 반드시 유념해야 하고 극복할 과제이다(이무근 외, 2020).

2. 직업(교육)훈련정책 수립과 추진 과정에 유연성 부여과제

과학과 기술 특히 ICT 기반 사물인터넷 발전으로 인한 모든 디바이스의 디지털화, 인공지능과 빅데이터의 결합을 통한 기술 및 산업구조의 초지능화는 산업 영역과 경계의 대융합과 같은 4차 산업혁명이 도래하면서 급변하고 있다.

따라서 직업 생성 소멸주기도 빠른 속도로 단축되고 일자리에도 큰 변화가 나타날 전망이다(이무근 외, 2020).

2016년 세계경제포럼 중 하나인 다보스포럼은 올해 초등학교에 입학하는 아이들의 65%는 지금 존재하지 않는 직업에 종사하게 될 전망이라고 했다. 미국 내 800개의 직업 중 5%는 로봇, 3D 프린팅 등으로 인해 완벽하게 사람을 대체하게 되고, 2,000가지 업무 활동 중 45%는 자동화가 가능하다고 한다. 앞으로 10년에서 20년 사이에 2010년 현재 미국에 존재한 직업군 중 많게는 47%까지 자동화 될 것이라고 예상했다.

『유엔 미래보고서 2040년』에 의하면 2030년이 되면 현재 직업의 80%는 없어지거나 새로운 직업으로 바뀔 전망이고, 세계의 32억 개 일자리가 2030년이 되면 20억 개의 일자리가 없어지거나 새로운 일자리로 바뀐다고 한다. 그러므로 앞으로의 직업교육훈련정책은 인구변화, 자원 부족과 기후 환경 변화, 세계화, 사회문화 변화, 과학기술변화, 노동시장 변화, 포스트 코로나 등 다각적으로 미래 변화를 고려한 장단기 계획이 유연성 있게 수립되어 추진되어야 할 과제이다(이무근 외, 2020).

3. 개인과 지역 발전을 위한 인적자원 개발 강화과제

그동안 개인이나 지역사회 발전보다 직업교육훈련정책이 국가 발전을 위해 추진되어 왔으나 앞으로 인적자원개발(HRD) 정책은 국가 발전과 국민들이 자신의 적성과 소질에 맞게 가장 잘 할 수 있고, 일생을 통해 꼭 하고 싶은 일에 종사할 수 있도록 직업능력을 개발할 수 있게 하고 자아실현도 이루도록 도와야 한다. 따라서 지역사회가 능력중심사회 구현을 통해 균형적으로 발전할 수 있도록 기획되고 추진되어야 한다.

평생 직업교육훈련이 궁극적으로 성공하기 위해서는 탄탄한 양성체제와 양성된 인력의 배분, 적절한 활용이 연계되어 움직일 수 있는 국가 차원의 인적자원개발 체제가 구축되어야 한다. 현재 「인적자원개발기본법」 제7조의 3에 근거한 '지역인적자원개발협의회', 「산업교육진흥 및 산학연협력촉진에 관한 법률」 제8조에 의한 '지방대학 및 지역균형인재육성지원위원회', 「근로자직업능력개발법」 제12조 제2항에 근거한 '산업별인적자원개발협의체', 제14조에 의한 '국가산학연협력위원회', 「국가균형발전 특별법」 제22조의2에 근거한 '지역 인적자원개발위원회', 「산업발전법」 제28조에 따른 '지역혁신협의회', 「지방대학 및 지역균형발전 인재육성에 관한 법률」 그리고 「고용노동부고시 2017-3호」에 의한 '인적자원개발위원회' 등이 있다.

그런데 위에 열거한 법률과 위원회 간의 특성과 역할, 종적·횡적 연계가 불분명하고 지역 단위에서 산학협력을 위한 거버넌스 체계가 너무 복잡하다. 그러므로 이들 법률 간의 네트워크를 체계적으로 구축하여 공동으로 추진할 사항과 각 위원회가 고유한 특성을 가지고 추진할 사항을 구분해야 하고 이를 근거로 거버넌스의 종적·횡적 체계를 확실하게 구축하고 이런 바탕 위에 개인과 지역 발전을 위한 인적자원개발을 계획하고 추진해야 하는 것 또한 과제이다.

4. 글로벌 HRD 담당자의 과제

해외지역 총괄 HRD 조직 구축에서 효율적인 글로벌 HRD 조직운영을 위한 본사, 해외지역 총괄, 해외 법인의 글로벌 HRD 담당자의 역할은 매우 중요하다. 해외지역 총괄 및 해외 법인에 HRD 체계와 조직이 있더라도 HRD 조직역량이 약한 원인은 해외 법인 HRD 조직과 담당자의 부족한 HRD 역량에 있다. 한국 본사 및 본부 HRD 조직에서는 글로벌 HRD 전문가가 부족하고, 해외지역 총괄 및 해외 법인 HRD 조직에서는 역량 있는 HRD 담당자가 부족하다. 그러므로 한국 기업에서 글로벌 역량을 갖춘 HRD 담당자의 육성은 매우 중요한 과제라고 할 수 있다.

1) 인재경영의 본질 이해 과제

HRD의 핵심역량은 시대의 흐름에 따라 변화하기 때문에 인재활용이 아닌 인재경영 관점을 갖춰야 한다. '디지털 리터러시', '학습민첩성', '창의성', '회복탄력성'을 주목해야 한다. 디지털 리터러시는 디지털 기반 데이터, 미디어, 콘텐츠, 테크놀로지 등을 활용해서 업무를 수행하는 것으로 개발이 아닌 이해와 활용이다. 학습민첩성은 구성원의 기존 역량에 리스킬링과 업스킬링을 더해 다양한 직무수행이 가능하도록 하는 것이다. 창의성은 직급별로 기존의 것과 새로운 것을 조합해서 생산성을 발휘하도록 하는 것이다. 낮은 직급은 수리, 공학, 언어, 논리에서 창의성을 보이며, 리더(부장 및 임원)들은 예술과 창작 분야에서 창의성을 보이는 경향이 있다. 회복탄력성은 목적중심으로 삶의 방정식을 풀어서 더 나은 삶을 사는 것이다. 즉, '내 일이 타인에게 무엇을 해주며, 나에겐 어떤 기회와 가치를 주는가?'를 고민하는 중요한 개념이다. 조직에서 인재는 탁월성, 가치 창출, 직업윤리를 갖춘 사람이므로 인재의 채용, 육성, 관리를 조합해서 성과를 낼 수 있는 인재경영을 이해하는 HRD 담당자들이 많아져야 된다는 과제가 있다.

2) 대내외 변화 통찰의 과제

ESG 경영, 코로나19 팬데믹, 저성장 고착화, 디지털 전환이라는 대내외 변화는 지속가능경영, 조직의 시너지 제고, 미래를 위한 인재확보, 조직 회복탄력성 강화, 리스킬링과 업스킬링, 에듀테크, 일터 혁신이라는 작금의 HRD 이슈들에 맞추어 극복해야 할 과제는 첫째, 사람과 경험에 대한 관심이다. 사람의 역량은 다양한 경험을 통해 변화하고 그로써 개발됨을 뜻한다. 둘째, 쉽게 성장하지 않을 용기다. 성장을 위해서는 꼭 필요한 실패가 있으며 구성원은 심리적 안전감을 필요로 하고, 지금은 불확실성 시대라는 점을 명심해야 한다. 셋째, 학습을 위한 공백과 느슨한 연결이다. 사람은 기계가 아니기에 학습에는 여백이 있기 마련이며, 사람은 다른 사람과의 만남을 통해 지적 도약을 이뤄낼 수 있다. 넷째, 스며드는 에듀테크다. 온라인 학습플랫폼을 수시로 자연스럽게 활용함으로써 시간과 장소에 구애받지 않는 자기주도학습을 구현해야 한다는 의미다.

3) HRD역량과 가치의 융합 과제

디지털 중심 HRD 활동이 원활하게 이뤄지기 위한 5가지 과제를 선정했다. 첫째, 리스킬링이다. 대표적인 사례가 AI 기술 부상에 따른 맞춤형 인재육성과 직무전환 프로그램 설계다. 둘째, 워크플레이스 러닝이다. 일터에서 교육만이 아니라 프로젝트, 코칭, 역량검정 등을 통해 성과에 직결되는 학습이 이뤄지도록 해야 함을 뜻한다. 셋째, 학습어징을 위한 교육플랫폼이다. 즉, 누구나 참여할 수 있는 오픈형 장기교육, 인사배치를 위한 정보의 제공, 실시간 교육과 학습 및 코칭 등이 가능한 통합형 교육플랫폼으로 진화해야 한다. 넷째, 가치 중심 HRD다. KT는 직원 대상 교육과정을 청년들에게도 제공하며 직업교육 활성화에 이바지하고 HRD 담당자들은 사회적 가치 창출에도 힘써야 한다. 다섯째, 배움과 보람 그리고 자부심이다. 세상이 급변할수록 배우는 사람이 앞서갈 수 있으며, 이를 지원하는 HRD는 보람 있는 일이기에 HRD 담당자들은 자부심을 갖고 본연의 역할에 최선을 다해야 한다.

4) HRD의 미래를 위한 인사이트 과제

DX 기반 맞춤형 자기주도학습, 리더십을 통한 생동감 넘치는 조직문화와 건강한 일터 조성, 현안과 현장 및 수요자를 중심에 둔 교육과정의 지속적 개발과 제공, 조직역량 강화에 집중하여 HRD 방향과 키워드는 도출해야 할 과제이다.

자기주도학습의 핵심은 마이크로러닝, 교육 큐레이션, 온라인 교육시스템의 개편이다. 조직문화와 일터의 건강성 &생동감 강화 측면에서 리더는 수평적 소통을 통해 구성원이 직무가 지닌 가치를 깨달으며 애사심을 갖도록 해야 하며, 교육과정은 반드시 현장의 이슈를 반영해야 하며, 디지털과 대인 관계 관련 역량개발을 지원해야 한다. 조직역량 강화를 위해 HRM과 원활한 협업과 교육의 디지털 전환을 추진하며 온라인과 오프라인 각각의 강점을 더욱 강화해야 하고, 만남과 교류가 학습을 촉진하며, 구성원들의 즉각적 학습을 갈구함을 깨닫고 지원준비를 해야 한다.

연구문제

1. 코로나19가 발생으로 발현된 기업의 적극적 비대면화 경향을 정리해 봅시다.

2. 산학 협력이 HRD 분야에 어떤 영향을 미칠지 설명해 봅시다.

3. 일에 근간한 평생학습 체제 구축에서 한국형 산학협력 체제 구축에 대하여 연구해 봅시다.

4. HRD역량과 가치의 융합 과제에 대하여 생각해 봅시다.

참고문헌

강남HR포럼(2009). 'GS칼텍스의 지식창출을 위한 CoP 운영 사례' 15(1).

강마리아, 강진희, 김선자, 백주현, 임경미(2021). 평생교육실습, 서울: 동문사.

강철민(2020). 공업계열 전문교과 교사의 NCS 학습모듈 활용 능력에 대한 교육요구도 분석. 충남대학교 대학원 석사학위논문.

강현주, 현영섭, 최지수(2019). 취약계층 인적자원개발 정책 동향 분석: 최근 40년간 중앙정부 정책을 중심으로. 평생교육·HRD연구, 15(3), 25-59.

고용노동부(2015). 2015년 기업직업훈련실태조사 기초분석 보고서.

고용노동부(2022a). '「근로자직업능력 개발법」 개정안 국무회의 심의·의결' 보도자료(1.11.).

고용노동부(2022b). 국가직무능력표준(NCS) 설명자료.

고용노동부(2022c). 정부가 개인의 직무능력정보 활용을 지원한다. 보도 참고자료(12.8.).

교육부 보도자료(2022. 2. 22). 미래 전문인력 양성을 위한 범부처 자격관리·운영 종합계획 수립. p. 8.

교육부 보도자료(2024. 6. 25.). 고등학교 때 뭘 배웠더라? 직무능력은행에서 확인하세요!

공선영, 박재규, 윤연정(2006). 경기도 저출산 해소를 위한 정책 지원방안 연구. 경기도가족여성개발원.

곽상현(2012). 초기 경력자의 일터 학습과 조직적응에서 무형식 학습 활동의 조절 효과 분석: S종합병원 간호사를 중심으로. 미래교육연구, 25(2), 45-69.

관계부처 합동 보도자료(2022.4.7.). 인적자원개발 우수기관 및 기업(Best HRD)을 찾습니다!

국가공무원인재개발원(2019). 제37집 공공HRD콘테스트 우수사례 모음집. 진천: 국가공무원인재개발원.

국가통계포털 홈페이지. 성·근로 형태별 임금근로자 비중 및 규모. (검색일: 2022.10.30.)

국제건설연맹, 건설노조, 프리드리히 에버트재단(2020). 안전한 일터, 안전한 가정ILO 제190호 협약과 여성 폭력에 관한 이해관계자 세미나 자료집.

국토교통인재개발원(2022a). 스마트리더 역량강화과정.
국토교통인재개발원(2022b). 행복한 일터만들기과정.
권대봉(1999). 평생학습사회의 인력개발을 위한 사회교육. 인력개발연구원, 1(1), 25.
권대봉(2003). 인적자원개발의 개념 변천과 이론에 대한 종합적 고찰. 서울: 원미사.
권양이(2020). 원격평생교육 방법론, 고양: 공동체.
권영선, 배철우, 윤영남, 이종훈, 조용(2021). 평생교육방법론. 서울: 동문사.
권정언, 우형록(2019). 인적자원개발론. 파주: ㈜백산출판사.
권진하, 고근영, 김한준, 서보람, 이석지(2021). 평생교육프로그램개발. 파주: 동문사.
김경희(2022). 학습주도성 향상을 위한 자기주도학습 프로그램이 학업적 자기효능감과 자기주도학습 능력에 미치는 효과. 한국콘텐츠학회논문지, 22(10), 816-825.
김기혁(2010). HRD가 경쟁력이다. 서울: 북갤러리.
김미란, 박라인, 설귀환, 노용진, 이상민(2017). 한국 기업의 인적자원개발-2007~2015년 HCCP 분석 결과. 한국직업능력개발원.
김미량, 조미헌, 김민경, 이옥화, 허희옥(2003). 컴퓨터교과 교재연구. 파주: 교육과학사.
김미숙(2022). 교류분석 집단프로그램을 활용한 직장초년생의 대인관계와 자아상태 및 조하리창 변화에 대한 사례연구. 교류분석상담연구, 12(1), 169-191.
김민선, 김진규, 이일권(2021). 온택트 퍼실리테이션, 서울: 라이프사이언스.
김봄이, 박선규(2018). 사내대학 실태 및 활성화 방안. 한국직업능력개발원.
김승보 · 한애리 · 최영섭 · 엄미정(2020), 비대면 시대의 인적자원개발 혁신기본연구, 한국직업능력개발원.
김식현(1999). 인사관리론. 서울: 무역경영사.
김안국(2007). 한국 기업의 인적자원(HR) 수준과 기업 성과: HCCP 자료를 통한 HRI(Human Resources Index) 지수를 중심으로. 한국직업능력개발원.
김영길, 길민욱(2012), 한국과 글로벌 HRD 전문가의 WLP 역량 인식 비교 연구. 디지털정책연구, 10(6), 99-109.
김용현, 김종표, 문종철, 이복희(2010). 평생교육프로그램개발론. 파주: 양서원.
김은석(2011). 대기업 사무직 근로자의 프로테우스적 경력태도와 개인 및 조직 특성의 위계적 관계. 박사학위논문. 서울대학교 대학원.
김정문, 김영아 역(2007). 핵심인재 개발전략. 서울: 엑스퍼트컨설팅.
김종숙, 김영옥, 홍지현, 이서현, 최형재(2018). 노동시장 성 격차 해소를 위한 전략개발(Ⅰ): 채용을 중심으로. 한국여성정책연구원.
김주섭(2014). 국가직무능력표준 활용 활성화 방안. 한국노동연구원.
김진화(2012). 평생교육프로그램개발, 파주: 교육과학사.
김흥국(2000). 경력개발의 이론과 실제. 서울: 다산출판사.
김흥국(2000). 경력개발이론의 평가와 연구방향. 인적자원개발연구, 2(2), 1-41.
김흥국(2005). 여성의 경력개발 방안. 인적자원개발연구, 7(2), 1-33.
나기현(2017). 가상현실 콘텐츠의 인터페이스 개선을 위한 교수 전략 연구. 한양대학교 대학원 석사학위논문.
나동만, 고혜원, 이수경, 전승환(2015). 취약계층 취업역량 강화를 위한 실업자훈련 개편 연구. 한국직업능력개발원.
나영선(2010). 기업 내 여성 인적자원개발과 생산성 효과. 직업교육연구, 29(1), 81-102.
나영선, 노대명, 이경상, 이유훈, 이성규, 최영신, 강일규(2003). 지식강국 건설을 위한 국가인적자원개발(Ⅱ): 취약계층 인적자원개발 방안. 한국직업능력개발원.
나영선, 한애리, 진현신(2014). 기업 자체 교육훈련시스템 개선 및 지원방안, 한국직업능력개발원.
남재량, 김태기(2000). 비정규직, 가교(bridge)인가 함정(trap)인가? 노동경제논집, 23(2), 81-106.
노남섭, 박양근(2021). 인적자원개발론 제5판. 서울: 한올출판사.
노혜란, 박선희, 최미나(2012). 교육방법 및 교육공학. 파주: 교육과학사.
대한민국 정책브리핑(2020). “신청일 이틀 더 많아서” … 정부, 3월 실업급여 급증에 옹색한 해명” 한국경제(4.14), korea.kr.
리상섭(2011). 글로벌 기업의 임직원 육성을 위한 글로벌 HRD 구축 방안, 월간 HRD, 252(8), 24.
리상섭(2012). 한국인 주재원의 필요 역량에 대한 한국인 주재원과 현채인의 인식 차이 분석. 지식융합, 2, 160-188.

매일경제(2017.6.21.). “회사 동료에게 노하우 배워요” https://www.mk.co.kr/news/society/7823414 (검색일: 2022.12.1.)

매일경제(2020.6.1.). 코로나19에 ‘언택트 교육’ 빠르게 확산…기업 50% “비대면 교육 경험 활용 중”. https://www.mk.co.kr/news/society/9365176 (검색일: 2022.11.20.)

머니투데이(2020.8.26.). SK텔레콤은 원하는 직원들이 선택적으로 재택근무.

문진영(2010). 한국의 사회적 배제 성격에 대한 연구 - 유럽연합 회원국과의 비교를 중심으로. Korean Journal of Social Welfare, 62(2), 87-107.

박경문, 이용탁(1999). 경력개발을 통한 인적자원개발에 관한 연구. 경성대학교 논문집, 20(2), 147-165.

박보람, 정진철(2020). 실천공동체의 개념 변화 과정에 대한 연구. 평생교육학연구, 26(2), 41-70.

박선민, 박지혜(2012). 기업의 무형식 학습이 비재무적 성과를 매개로 재무적 성과.

박성익, 임철일, 이재경, 최정임, 임정훈, 정현미, 송해덕, 장수정, 장경원, 이지연, 이지은(2012). 교육공학의 원리와 적용. 서울: 교육과학사.

박윤희, 이수경, 임수원, 김지영, 장운민, 김지수, 송영주(2022). 훈련 교·강사 보수교육의 현업적용 성공요인: 성공사례기법(Success Case Method)을 중심으로. 직업능력개발연구, 25(3), 185-217.

박찬균(2018.02.08.). 5. 개인개발, http://contents2.kocw.or.kr/KOCW/document/2017/chungang/parkchankyun4/5.pdf

박철, 이진구(2018). 조직개발 프로세스 모델을 적용한 제조업 구성원의 직원몰입 향상 사례연구. 역량개발학습연구, 13(2), 31-58.

방정은, 서희정(2015). 평생교육담당자를 위한 프로그램 평가준거 개발. 평생학습사회, 11(3).

백주현(2016). 대기업 사무직 근로자의 경력정체와 경력개발지원인식이 경력적응성을 매개하여 주관적 경력성공에 미치는 영향. 숭실대학교 대학원 박사학위논문.

백평구(2011). 인적자원개발에서의 정의(justice)에 대한 담당자의 인식 분석. 박사학위논문. 중앙대학교 대학원.

산업통상자원부(2025. 1. 16). 기업이 정식 석·박사 학위 수여 ‘사내대학원’ 운영 가능. 대한민국 정책브리핑.
https://www.korea.kr/news/policyNewsView.do?newsId=148938689

서경민(2010). 기업구성원의 경력개발지원과 고용가능성에 대한 인식이 직무유효성에 미치는 영향: 조직몰입, 경력몰입의 매개효과. 박사학위논문. 고려대학교 대학원.

서울지방노동청서울남부지청 서울남부종합고용지원센터(2022). 유급휴가훈련 지원 제도 안내자료.

서정재(2020). 인적자원개발이 이직의도에 미치는 영향에 관한 연구: 직무열의의 매개효과 및 적합성의 조절효과 검증. 박사학위 논문 울산대학교 대학원.

성인지통계시스템. 경력단절여성 현황. (검색일: 2023.2.25.)

성인지통계시스템. 여성경제활동 참가율. (검색일: 2023.2.25.)

손승현, 이영민(2009). 고학력 경력단절여성의 재취업에 관한 중소기업 인적자원 개발 담당자의 인식 분석. 인적자원관리연구, 16(4), 121-139.

송영수(2009), 대기업 중심의 전략적 HRD 주요영역 및 핵심과제 도출. 한국기업교육학회, 11(2), 75-98.

송지은(2021). 긍정 탐구에 기반한 계획적 변화의 조직개발 사례 연구. 경영컨설팅연구, 21(2), 307-320.

신은정(2012). 성인학습자의 학습성과에 영향을 미치는 요인에 관한 연구. 강원대학교 대학원 박사학위논문.

신형철(2018). 자기개발 동기가 인적자원개발 효과에 미치는 영향. 경기대학교 대학원 박사학위 논문.

안희돈(2013). 로마 공화정 후기 교육 환경의 성숙. 역사교육, 126, 277-301.

양경숙(2014). 페스탈로찌의 생활교육론 연구. 현상해석학적 교육연구, 11(1), 87-107.

양흥권(2011). 실천공동체(CoP)의 학습 분석틀 구성 연구. 역량개발학습연구, 6(4), 41-59.

여성가족부 보도자료(2022. 6. 8.). 직장 내 성희롱 피해 경험률 낮아졌으나, 피해자 보호 강화·소식문화 개선 요구 높아「2021년 성희롱 실태조사」 결과 발표.

여성가족부·고용노동부(2023). 2023 여성경제백서.

오세미(2021). 한국 사회 초기 경력자의 경력개발: 경력개발 행동과 성과의 변화를 중심으로. 박사학위논문. 아주대학교.

오인경, 최정임(2009). 교육프로그램 개발 방법론. 서울: 학지사.

오정숙(2022). 여성 관리자의 개인 및 사회, 조직요인과 조직성과의 관계 연구. 한국노동사회연구소.
오헌석(2003). 국가 인적자원개발의 개념적 이해. 교육과 인적자원개발: 국가 인적자원개발을 위한 교육의 과제, 3-34. 한국교육개발원.
오헌석(2009). 『ASTD 인적자원개발 트렌드』. 서울: 학지사.
오헌석, 이현응(2010). 인적자원개발론. 서울: 학지사.
오호영(2020). 정규직-비정규직 간 훈련 격차와 임금 효과. 노동경제논집, 43(3), 33-61.
윤명희, 임현성(2008). 초등학교 방과후 학교 평가도구 개발. 교육평가연구, 21(4), 1-19.
이기성(2014). 인력자원개발론. 서울: 학지사.
이담철(2021). 일학습병행제의 교육훈련 특성과 기업현장교사의 멘토링 기능, 상사 지원이 직무만족과 조직몰입에 미치는 영향: 학습전이의 매개효과와 자기효능감의 조절효과, 목포대학교. 박사학위논문.
이만기(2006). 멘토링의 매개효과 및 조절효과에 관한 연구, 숭실대 박사학위논문.
이무근, 이찬(2020). 한국의 직업교육훈련정책: 포스트 코로나·한국판 뉴딜의 HRD 전략. 서울: 박영스토리.
이민화(2011), 21세기 기업의 인재상과 창조적 인재 양성 산·학 파트너십 구축전략. 21세기 창의적 인재 양성을 위한 교육의 미래 전략포럼, 3.
이병욱, 허창수, 이규녀, 여은정, 이하나(2015). 국가기간 전략 직종을 중심으로 한 기업대학 활성화 방안 연구. 고용노동부 충남대학교.
이상준(2011). 비정규직 직업훈련 효과 추정과 민감도 분석. 응용통계연구, 25(1), 163-181.
이상훈(2014). 조직구성원 경력 정체의 선행요인과 직무반응에 관한 실증연구: 철강업계의 사례를 중심으로. 박사학위논문. 성균관대학교 대학원.
이수정(2009). 교수·학습자료 선정 기준 개발연구, 국가교육과정평가원.
이수진(2013). 창의력 신장을 위한 노작 중심 지리 수업의 개발 및 적용-중학교 지리영역의 내용을 중심으로. 석사학위 논문 고려대학교 교육대학원.
이원석(2009). 타당도 분석을 위한 평가적 접근 모형: 통합적 관점. 교육평가연구, 22(4), 1079-1099.
이원석(2011). 프로그램 평가에서의 맥락(context)과 일반화(generalization) 의의와 조화 가능성. 교육평가연구, 24(1), 73-88.

이원찬(2022). 지역산업과 연계한 일학습병행 운영 우수사례 소개. 지역산업과 연계한 일학습병행 운영사례 및 발전방안 세미나 자료집, 9-27.

이은철, 최문선(2015). 국내의 실천공동체(Communities of Practice)연구 동향 분석 및 성공 요인 분석. The Journal of the Korea Contents Association, 15(3), 438-447.

이정택(2004). 기업의 브랜디드 교육훈련 프로그램 개발모형과 현장 적용 방안. 한국직업능력개발원.

이지은(2011). "다양해지는 플랫폼, 문제는 콘텐츠다"(동아비즈니스 리뷰 99호).

이진구, 김주연, 김주민(2014). 기업 HRD 담당자가 경험한 수행성과 문제에 관한 분석. HRD 연구, 16(2), 25-55.

이진구, 정홍전(2020). 조직개발 연구동향 분석: 최근 20년(2000-2019)간 AHRD 학술지를 중심으로. HRD연구소, 22(12), 1-24.

이찬, 리상섭, 신제구, 이성엽, 전기석(2017). 인적자원개발론: HRD 이론과 실제. 서울: 양서원.

이찬, 리상섭, 신제구, 이성엽, 전기석(2022). 인적자원개발론: HRD이론과 실제. 파주: 양서원.

이찬, 최영준, 박혜선(2013). 교육훈련 전이 촉진 및 저해요인에 관한 연구: 성공사례기법(Success Case Method)을 중심으로. HRD연구, 15(3), 53-84.

이해경(2019). 노작교육론의 고찰을 통한 노작활동의 교육적 가치 재조명. 석사학위논문 경인교육대학교 교육전문대학원.

이현아(2012). 마을 살리기를 위한 기독교평생교육의 역할: K시 YMCA 등대생협의 사례를 중심으로. 한신대학교 대학원 석사학위논문.

이혜정, 양수경(2008). 한국 기업의 인적자원개발(HRD) 현황 - 2005년 사업체패널 데이터를 중심으로. 노동리뷰, 2008년 2월, 78-88.

이호국(2016). 기업체 구성원의 감성지능이 프로티언 경력태도를 매개로 조직시민행도와 이직의도에 미치는 영향, 숭실대학교 대학원 박사학위논문.

이홍민(2013). 강한 조직을 만드는 학습기반의 HRD 전략 핵심인재 역량 개발. 서울중앙경제.

이홍민(2017). HRD 전략: 개인개발. 경력개발. 조직개발. 서울: 중앙경제사.

이희구(2012). HRD 플래닝. 파주: 국일증권경제연구소.

임경수(2013). 국가인적자원개발 정책의 전개 과정 연구. 박사학위논문. 중앙대학교 대학원.

임세영(2014). 실천공학기술자 양성을 위한 공학과 HRD융합교육의 프로그램 개발과 발전방안 연구. 천안: 한국기술교육대학교.

임승규 외 6인(2020). 포스트 코로나 우리는 무엇을 준비할 것인가. 한빛 비즈. 304-352.

장서영, 은혜경, 오민홍(2009). 경력단절여성 재취업 유망직업 선정에 관한 연구. 직업능력발연구, 12(1), 163-187.

장석민(1985). 중세시대도제제도의 교육적 특징에 관한 연구. 작업교육연구, 4(1), 135-141.

장원섭 역저(2003). 인적자원개발론. Jerry W. Gilley, Steven A. Eggland, & Ann Maycunich Gilley(2002). 서울: 학지사.

장원섭(2021). 인적자원개발 이론과 실제. 서울: 학지사.

장창원, 조은상, 강일규, 김환식(2006). 인적자원개발 정책의 이해: 이론과 실제. 서울: 도서출판 범한.

장홍근(2001). 비정규 근로자의 직업능력개발의 현황과 과제. 노동정책연구, 2001년 가을호, 147-159.

장홍근, 주민규(2012). 훈련의 권리, 시장의 늪: 실업자훈련의 시장주의적 재편에 대한 소고. 노동정책연구, 12(4), 45-76.

장효진(2017). 노동시장 취약계층 대상 직업훈련의 효과 분석: 청년과 비정규직을 중심으로. 서울대학교 대학원 박사학위논문.

전영욱, 김진모(2005). 기업체 인적자원개발 담당자의 핵심직무역량 모델 개발. 한국농·산업교육학회, 37(2), 111-138.

전정연(2019). 자기 주도적 학습능력 향상을 위한 노작교육 미술수업 모형 연구. 석사학위논문 전남대학교 대학원.

전정호(2010). 교육본위론의 관점에서 본 HRD의 두 패러다임. 한국교육원리학회, 15(1), 149-166.

정선경(2013). 기업 내 성인학습자의 자기주도학습 역량 측정도구 개발 및 타당화. 박사학위논문 아주대학교 대학원.

정성미, 김종숙, 심혜빈, 김현경(2021). 코로나19 경제위기에 따른 여성노동시장 영향과 정책과제. 한국여성정책연구원.

정성미, 박송이, 이진숙, 한진영, 임연규(2024). 2024 한국의 성인지 통계.

한국여성정책연구원.

정수진, 고종식, 공호성(2015). 인간의 행동변화를 위한 인적자원개발론. 서울: 삼영사.

정윤길, 임병연, 손경희(2003). 지방공무원의 경력정체 영향요인. 한국행정논집, 15(3), 539-562.

조대연, 권대봉, 정홍인(2012). 국내 HRD 담당자들에게 필요한 역량은 무엇인가: ASTD 역량모델 기반 요구분석을 중심으로, 기업교육과 인재 연구, 14(1), 155-175.

조선대학교 교수학습개발센터(2021). 플립드러닝(Flipped Learning) 수업 가이드북. 6.

조성준, 최명철, 張天(2022). 동태학적 관점에서 조직문화와 사회자본이 조직성과에 미치는 영향에 대한 한중비교연구. 경영사연구, 37(3), 101-125.

주영지, 박윤희, 노동원, 김민영(2021). 코로나19로 변화된 HRD 담당자 역할 및 역량에 관한 연구, 기업교육과 인재연구, 23(3), 23.

주용국(2008). 기업내 인적자원 실무의 변화. Andragogy Today. Interdisciplinary Journal of Adult & Continuing Edition, 11(1), 145-178.

주현미, 김진모(2010). The Relationship between Perceived Dimensions of the Learning Organization and Workplace Learner Competencies of Employees in Large Corporations. 농업교육과 인적자원개발, 42(4), 175-200.

중앙공무원교육원(2007). 교육훈련담당자 업무매뉴얼.

지규동, 최은수(2008). 학습조직 활동과 조직성과에 관한 연구: 제조업과 비제조업을 중심으로. 기업교육연구, 10(1), 1-26.

차종석, 류종현, 류충렬, 박형근(2019). 인적자원개발론- 인재육성을 위한 HRD 이론과 실제. 서울: 한경사.

최대정, 이은정, 정현선, 이은경 역저(2010). 인사선발 및 평가. 서울: 시그마프레스.

최세림, 강신혁(2022). 효율적인 여성인력 활용을 위한 정책 제언. 월간 노동리뷰, (4), 17-23.

최영준, 이찬(2011). Success Case Method를 활용한 직무 교육훈련 전이 핵심 성공요인 탐색. 직업교육연구, 30(3), 303-326.

최운실, 송성숙, 박수정(2020). 평생교육방법론. 파주: 양서원.

최은수(2010). 성인학습자. Knowles, M. S., Holton Ⅲ, E. F., & Swanson, R. A., 2005, The Adult Learner 6th ed, 서울: 아카데미 프레스.

최은화, 이윤화(2015). 경력단절 기혼여성의 취업경험에 관한 현상학적 연구. 한국사회복지질적연구, 9(2), 85-109.

최정원(2005). 경력단절여성의 진로장벽 지각에 관한 연구. 석사학위논문. 한국기술교육대학교 대학원.

한겨레신문(2022.3.8.). 강산이 바뀌었는데도…한국, '유리천장 지수' 올해도 꼴찌. https://www.hani.co.kr/arti/society/society_general/1034032.html). (검색일: 2022.11.29.)

한국여성정책연구원(2022). 젠더리뷰, 2022년 여름호.

한국직업능력개발원(1999). 직업교육훈련 대사전. 서울: 한국직업능력개발원.

한국직업능력개발원, 한국보건사회연구원, 한국청소년개발원, 국립특수교육원, 장애인직업안정연구원, 한국형사정책연구원(2003). 지식강국건설을 위한 국가인적자원개발(Ⅱ): 취약계층 인적자원개발 방안. 한국직업능력개발원.

한준상, 김소영, 김민영(2008). 수행 중심 패러다임으로의 변화에 따른 기업 인적자원개발 담당자의 역할과 역량에 대한 인식 조사 연구. 직업교육연구, 27(2), 137-159.

황병수(1996). Success leader. 서울: 영풍문고.

황성준, 김진모.(2011). 대기업 HRD 담당자의 역할수행 분석. 농업교육과 인적자원개발, 43(1), 107-136.

황안숙(1999). 무한경쟁시대의 인적자원개발: 이론과 사례연구. 파주: 양서원.

Altschuld, J. W. (2004). Emerging dimensions of needs assessment. *Performance Improvement, 43*(1), 10-15.

Argyris, C., & Schon, D. A. (1996). *Organizational Jeaming J: Theory, method, and practice*. Reading, MA: Addison-Wesley.

Arthur, M. B., & Rosseau, D. M. (1996). *The boubdaryless career: A new employment principle for a new organizational era*. New York: Oxford University Press.

ATD(2020). Effective trainers -Traditional and virtual classroom success, ATD Research, Alexandria, VA, ATD 2020.

Bandura, A. (1977). Social learning theory. Englewood Cliffs, PJ: Prentice-Hall.

Baruch, Y., & Rosenstein, E. (1992). Career planning and managing in high tech organizations. *International Journal of Human Resource Management, 3*(3), 477-496.

Baumert, Fend, O'Neil, Peschar. (1998). OECD's Brief Sief-Report Measure of Education. These included: Strategies of self-regulated learning, 29-52.

Beckhard, R. (1969). *Organization development: Strategies and models*. Mass: Addison-Wesley.

Beckhard, R. (1969). Organization development: Strategies and models. Reading, Mass: Addision-Wesley.

Beer, M. (1980). Organizarion change and development: A systems view. Santa Monica, CA'Goodyear Publishing.

Bennett, C. A. (1926). History of manual and industrial education up IL: Manual Beatty, A. J.(1918). *Corporation Schools*. Bloomington IL: Public School Publishing. Arts Press.

Bennett, C. A. (1937). History of manual and industrial ducation 1870 to 1917. Peoria, commoting named graper IL: Bennett.

Berne, E. (1964). *Games people play*. New York; Grove Press.

Bernthal, P. R. (2004). ASTD 2004 competency study: Mapping the future: New workplace learning and performance competencies. American Society for Training and Development.

Bernthal, P. R., Coltcηra hn, K., Davis, P., Naughton, I , Rothwell, W. J., & Wellins, R. (2004). ASTD competency study: Mapping the future New workpJace Jeaming and performance competencies. AJexandria, VA: American Society of Training and Development & DDI.

Blake, R. R, & ane Srygley Mouton, J. S. (1994). The Managerial Grid: Key Orientations for Achieving Production Through People. Gulf Publishing Company, Book Division. 329.

Blau, P. M., & Duncan, O. D. (1967). *American occupational structure.* New York: John Wiley & Sons.

Bledsoe, K. L., & Graham, J. A. (2005). The use of multiple evaluation approaches in program evaluation. A*merican Journal of Evaluation, 26*(3), 302-319.

Bloom, B. S., (1956). Taxonomy of Educational Objectives, Handbook: The Cognitive Domain. New York: David McKay Co Inc.

Bordin, E. S. (1985). Psychodynamic model of career choice and satisfaction, in D. Brown, L, Brooks, & Associates, Career choice and development. San Francisco: Jossey-Bass.

Brinkerhoff, R. O. (2003). The success case method: A Strategic Evaluation Approach to Increasing the Value and Effect of Trainiag, San Francisco: 7(1).

Brinkerhoff, R. O. (2006). Increasing impact of training investments: an evaluation strategy for building organizational learning. capability. *Industrial and Commercial Training. 38*(6).

Brinkerhoff, R. O. (2006). Telling training's story: Evaluation made simple, credible, and effective, San Francisco, CA: Berrett-Koehler.

Briscoe, J. P., Hall, O. T, & Frautschy DeMuth, R. L. (2006). Protean and boundaryless careers: An empirical exploration. *Journal of Vocaïonal Behavior, 69*. pp. 30-47.

Bronfenbrenner, U. (1994). Jobs and psychological development: a new sociological perspective. *Contemporary Psychology, l*(39), 803-805.

Burke, W. (1982). *Organization development: Principles and practices.* Boston: Little, Brown.

CEDEFOP (1996). Vocational Training Glossarium. CEDEFOP, Thessaloniki, Greece.

Choi, J. & Chen, C. C. (2006). Gender differences perceived work demands, family demands, and life stress among married Chinese employees. *Management and Organization Review, 2*, 200-229.

ClImmings, T. G., & Worley, C. G. (2001). Organization development & change, Mason, OH: South-Western Cengage Learning.

Collin, A., & Young, R. (2000). *The future of career*. New York, NY:

Cambridge University Press.

Crites, J. O. (1978). *Theory and research handbook for the career maturity inventory*(2nd ed.). CA: CTB/McGrew-Hill.

Cumming & Worley. (2011). 조직개발과 변화(김민수, 김재구, 이동명, 이춘우, 장재윤 공역). 서울: 한경사. (원저 2007년 출판)

Cummings, T. G., & Worly C. G. (1993). *Organization development and change*. Minneapolis, MN: West Publishing Company.

Dalton, G. W., Thompson, P. H., & Price, R. L. (1977). The four stages of professional careers: a new look at performance by professionals. *Organizational Dynamic, 6*(1), 19-42.

Davis, E. G. (1978). Education in industry: A historical overview. Education Canada, Spring, 40-46.

DeSimone, R. L., & Harris, D. M. (1998). *Human resource development*(2nd ed). Orlando, FL: Dryden Press.

Dirani, K. M., Abadi, M., Alizadeh, A., Barhate, B., Garza, R. C., Gunasekara, N., & Majzun, Z. (2020). Leadership competencies and the essential role of human resource development in times of crisis: a response to Covid-19 pandemic. *Human Resource Development International, 23*(4), 380-394.

Driver, M. J. (1979). Career concept and career management in organizations, in C.L. Cooper(Ed.). *Behavioral problems in organizations*. Englewood Cliffs, NJ: Prentice-Hall.

Erikson, E. K. (1950). *Childhood and society*. New York: Norton.

Feldman, D. C. (1976). A contingency theory of socialization, Doctorial dissertation. Yale University.

Feldman, D. C., & Weitz, B. A. (1986). Types of career plateus: antecedents, outcomes, and interventions. *Proceeding of the Southern Management Association, 14*, 69-80.

Feldman, D. C., & Weitz, B. A. (1988). Career plateaus reconsidered. *Journal of Management, 14*(1), 69-80.

Fenwick, T. J. (2005). Conceptions of critical HRD: Dilemmas for theory and practice. *Human Resource Development International, 8*(2), 225-238.

Flippo, E. B. (1980). *Personnel management*. Kogakusha, NY: McGraw-Hill.

Frank Parsons, Hull. (1928). Flum, H, & Blustein, D. L. (2000). Reinvigorating the study of vocational exlploration: A framework for research. *Journal of Vocational Behavior, 56*(3), 380-404.

French, W. L., & Bell, C. H. (1999). *Organization development: Behavioral science interventions for organization improvement* (6th ed.). NJ: Prentice Hall.

French. (1969). Organization Development Objectives, Assumptions and Strategies, California Management Review, 12(2).

Galagan, P., Hirt, M., & Vital, C. (2019). Capabilities for talent development: shaping the future of the profession. American Society for Training and Development.

Gilley, J. W., & Eggland, S. A. (1989). *Principles of human resource development*. Cambridge. MA: Perseus.

Gilley, J. W., & Gilley, A. M. (2002). Strategically integrated HRD: Six transformational roles in creating results-driven. programs. Basic Books.

Gilley, J. W., & Maycunich, A. (2000). *Organizational learning performance and change: An introduction to strategic human resource development*. New York, NY: Basic Books.

Gilley, J. W., Eggland, S. A., & Gilley, A. M. (2002). *Principles of human resource development*. Basic Books. 장원섭 역(2003). 인적자원개발론. 서울: 학지사.

Gilley, J. W., Eggland, S. A., Gilley, A. M. (2010). 인적자원개발론 [Principles of human resource development. -2nd ed]. (장원섭 역). 서울: 학지사. (원저는 2003년 출판)

Gottfredson, L. S. (1981). Circumscription and compromise, a developmental theory of occupational aspirations. *Journal of Counseling Psychology Monograph, 28*(6), 545-579.

Greenhaus, J. H. (1987). *Career management*. New York, NY: Dryden.

Gustafson, K. L., & Branch, R. M.(2002). Survey of instructional design models (4th Ed.). ERIC Clearinghouse on Information &

Technology, Syracuse University. (ERIC Document Reproduction Service No. ED 477517)

Hackett, G., & Betz, N. E. (1981). A self-efficacy approach to the career development of women. *Journal of Vocational Behavior, 18*(3), 326-339.

Hall, D. T. (1971). A theoretical model of career subidentity development in organizational settings. *Organizational Behavior and Human Performance, 6*(1), 50-76.

Hall, D. T. (1976). *Careers in organizations*. Glenview, IL: Scott, Foresman.

Hall, D. T. (1986). Career development in organizations: Where do we go from here? In D.T. Hall & associates, *Career development in organizations*. San Francisco: Jossey-Bass.

Hall, D. T. (1996). Protean career of the 21st century. *Academy of Management Executive, 10*(4), 8-16.

Hall, D. T., & Candler, D. E. (2005). Psychological success: When the career is a calling. *Journal of organizational Behavio, 26*, 155-176.

Hall, D. T., & Mirvis, P. H. (1996). *The new career*. San Francisco: Jossy-Boss.

Hall, D. T., & Nougaim, K. E. (1968). An examination of Maslow's need hierarchy in an organizational setting. *Organizational Behavior and Human Performance. 3*(1), 12-35.

Halland, J. L. (1973). *Marketing vocational choices*. Englewood Cliffs, NJ: Prentice-Hall.

Harrison, R. (1972). Understanding Your Organization's character. *Harvard Business Review, 50*(3), 119-128.

Heinich, R., Molenda M., Russell, J., & Smaldino, S. (2002). *Instructional media and the new technologies for learning*. NJ: Person.

Heinich, Robert, Molenda, Michael and Russell, James D. (1993). *Instruction media and new technology of instruction*(4th ed). New York: Macmillan Publishing Company.

Herr, E. L. (2001). Career development and its practice: A historical perspective. *The Career Development Quarterly, 49*(3), 225-233.

Hite, L. M., & McDonald, K. S. (2020). Careers after COVID-19: challenges and changes. *Human Resource Development International, 23*(4), 427-437.

Hoadley & Kilner. (2005). Using technology to transform communities of practice into knowledge-building communities. *ACM SIGGROUP Bulletin, 25*(1), 31-40.

Hodson, R., & Kaufman, R. L. (1982). Economic dualism: a critical review. *American Sociological Review, 47*(6), 727-739.

Holton III, E. F., & Swanson, R. A. (2011). Foundations of human resource development. ReadHowYouWant. com.

Hosley, S. M., Lau, A. T. W., Levy, F. K., & Tan, D. S. K. (1994). The quest for the competitive learning organization. *Management Decision, 32*(6).

Inkson, K. (2006). Protean and boundaryless careers as metaphors. *Journal of Vactional Behavior, 69*(1), 48-63.

Ivancevich, J. M. (1995). Human resource management(6th ed.), Richard D. Irwin, Inc.

Jacobs, R. L. (1988). A proposed domain of human performance technology: Implications for theory and practice. *Performance Improvement Quarterly, 1*(2), 2-12.

Jay, C. (2021). 2021 Trends Report: L&D in a COVID World, Ken Blanchard Companies.

Jex, S. M., & Britt, T. W. (2017). 조직심리학(박영석, 서용원, 이선희, 이주일, 장세윤 공역). 서울: 시그마프레스(원저 2014 출판).

Kaufman, R. (1990). Relating evaluation and needs assessment. *Human Resource Development Quarterly, 1*(4), 405-408.

Knowles(1975). 자기 주도 학습: 학습자와 교사를 위한 안내서, Association Press, 291 Broadway, 뉴욕, 뉴욕 10007.

Kohn, M. L., & Schooler, C. (1978). The reciprocal effects of the substantive complexity of work and intellectual flexibility: a longitudinal asessment. *American Journal of Sociology, 84*(1), 24-52.

Kolb, C. A. (1984). *Experiential learning: Experience as the source of learning and development.* Englewood Cliffs, NJ: Prentice Hall.

Kolb, D, A., & Plovnick, M. S. (1977). The experiental learning theory of career development, in J. Van Maanen(Ed.). *Organizational career: Some new perspectives*. New York: John Wiley & Sons.

Kotter, J. P. (1996). Leading change: Why transaction efforts fail. *Harvard Business Review, 73*(3), 59-67.

KPC, 2025 HRD Trend Report, p.68.

Kram. K. E. (1996). A relational approach to career development, in D. T. Hall, & associates, *The career is dead-Long live the career.* San Francisco: Jossey-Bass.

Krumbolts, J. D., Mitchell, A. M., & Jones, G. B. (1976). A social learning theory of career selection. *Counseling Psychologist, 6*(1), 71-81.

Kuchinke, K. P. (1999). Adult development towards what end? A philosophical analysis of the concept as reflected in the research, theory, and practice of human resource development. *Adult Education Quarterly, 49*(4), 148-162.

Lave, J., & Wenger, E. (1991). *Situated Learning: Legitimate Peripheral Participation.* Cambridge: Cambridge University Press.

Lee, S. S. (2005). A needs analysis from the persecutive with expatriate working experience of 1 year or less in a Korean global corporation. *Andragogy Today, 8*(1), 57-93.

Lehner & Nosekabel (2002). The role of mobile devices in E-Learning first experiences with a wireless E-Learning environment, IEEE Xplore: 30-30.

Levinson, D. J. (1986). A conception of adult development. *American Psychology, 41*(1), 3-13.

Lewin, K. (1947). Frontiers in group dynamics. *Human Relations, 1*(1), 5-41.

Luft, J. & Ingham, H. (1955) 'The Johari window, a graphic model of interpersonal awareness', Proceedings of the western training laboratory in group development. Los Angeles: UCLA.

Marquardt, M., & Reynolds, A. (1993). *The Global Learning Organization: Gaining Competitive Advantage Through Continuous*

Learning. NY: McGraw-Hill.

McClelland D. C. (1973). Testing for Competence Rather Than for "Intelligence". *American Psychologist, 1*.

McKillip, J. (1987). *Need analysis: Tools for the human services and education*. Newbury Park, CA: Sage.

McLagan, P. A. (1983). Models for excellence: The conclusions and recommendations of the ASTD training and development competency study. American Society for Training and Development.

McLagan, P. A. (1989). *Models for HRD practice: The Research Report*. Alexandria. VA: ASTD.

McLagan, P. A. (1989). The models, American Society for Training and Development.

McLean, G. N. (2004). National human resource development: What in the World Is It?. *Advances in Developing Human Resources, 6*(3), 269-273.

McLean, G. N. (2011). 조직개발의 이해(우하영, 이유진, 김호광 역). 서울: 믿음인. (원저 2006년 출판).

McLean, Gary N. & McLean, Laird. (2001). If we can't define HRD in one country, how can we define it in an international context?. *Human Resource Development International, 4*(3), 313-326.

Morrison, R. F., & Hock, R. R. (1986). Career building: learning from cumulative work experience, in D. T. Hall, & associates, *Career development in organizations*. San Francisco: Jossey-Bass.

Nadler, L. (1970). *Developing human resources*. Houston. TX: Gulf Publishing Company.

Nadler, L., & Nadler, Z. (1994). *Designing training programs: The critical events model* (2nd). Houston: Gulf Publishing.

Nadler, L., & Nadler, Z. (1989). *Developing Human Resources*(3rd ed.). Austin, Texas: Learing Concept. National Training Laboratories (NTL). http://www.ntl.org.

Nadler, L., & Wiggs. D. G. (1986). *Managing human resource development*. Jossey-Bass, San Francisco, CA.

Nadler, Z. (1984). *The handbook of human resource development*. New

York, John Wiley and Sons.

Niles, S. G., & Harris-Bowlsbey, J. (2002). *Career development interventions in the 21st century.* New Jersey, NJ: Merrill Prentice Hall.

Noe, R. (1996). Is career management related to employee development and performance?. *Journal of Organizational Behavior, 17*(2), 119-133.

Noe, R. A., Hollenbeck, J. R., Gerhart, B., & Wright, P. M. (2003). *Gaining a competitive advantage*. Irwin: McGraw-Hill.

OECD(2019). OECD Employment Outlook 2019: The Future of Work. Paris: OECD Publishing.

Park. Y. (2008). The effect of the learning organization, career-enhancing strategy, and work orientation on the protean career: A quantitative study of workplace learning and performance practitioners in a Korea finantial company, Unpublised doctoral dissertation. The Pennsylvania State University.

Pater M. Senger(1990). The fifth discipline, 강혜정 역(2014). 서울: 에이지21.

Pedler M. J. Boydell T. and Burgoyne J. G. (1989). The Learning Company: a Strategy for Sustainable Development. *Studies in Continuing Education, 11*(2), 213.

Pfeffer, J. (1994). Competitive advantage through people. *California Management Review, 36*(2), 9-28.

Pfeffer. J. (1989). A political perspective on careers: interest, networks, and environments, in M.B. Arthur, D.T. Hall, & B.S. Lawrence (Eds.), *Handbook of career theory*. Cambridge: University Press.

Phillips, Jack J. (1997). *Handbook of training evaluation and measurement methods* (3rd ed). Texas: Gulf Publishing Company.

Pinto, P. R., & Walker, J. W. (1978). A study of professional training and development roles & competencies. WI: ASTD.

Piskurich & Sanders.(1998). Instructor Competencies for Online Courses-Science Direct. com. 1(1), 1726-1729.

Porras, J. L., & Robertson, P. J. (1992). Organization development: Theory, practice, and research. In M. D. Dunnette & L. M.

Hough(Eds.), *Handbook of industrial and organizational psychology*(Vol. 3). Palo Alto, CA: Consulting Psychologists Press.

Quinn, R. E., & McGrath, M. R. (1985). The Transformation of organizational cultures: A competing values perspective, organization culture. Beverly Hills, Cal. : Sage Pub. Co.

Reigeluth, C. M. (1983). Instructional design the6ories and models: An overview of their current status. Routledge.

Reiser, R. A., & Dempsey, J. V. (2007). *Trends and issues in instructional design and technology* (4th ed.). Columbus, OH: Pearson.

Robbins, S. D., & Judge, T. A. (2019). *Organizational behavior*(18th ed.). Upper Saddle River: Peason.

Robbins. (1990). Organization Theory Structure, Designs and Applications. 3rd Edition, Prentice Hall, Upper Saddle River. *Modern Economy, 10*(6), 522.

Roe, A. (1957). Early determints of vacational change. *Journal of Counseling Psychology, 4*(3), 212-217.

Rosenbaum, J. E. (1979). Tournament mobility: career patterns in a corporation. *Administrative Science Quarterly, 24*(2), 220-241.

Rossett, A. (1987). Training needs assessment. Educational technology. Inc., Englewood Cliffs, New Jersey 07632, 294.

Rothwell, W. J., Arneson, J., & Naughton, J. (2013). ASTD competency study: The training & development profession redefined. American Society for Training and Development.

Rothwell, W., Sanders, E., & Soper, J. (1999). ASTD Models for Workplace Learning and Performance: Roles, Competencies, and Outputs. American Society for Training and Development.

Rothwell. (2006). Factors that can affect the external validity of randomised controlled trials, journal.pctr.1(1)

Rowden, R. W. (2002). The relationship between workplace learning and job satisfaction in US small to midsize businesses. *Human Resource Development Quarterly, 13*(4), 407-425.

Rowden, R. W. (2007). *Workplace learning: Principles and practice.* Malabar: Krieger Pub.

Rowden, R. W., & Ahmad, S. (2000). The relationship between workplace learning and job satisfaction in small to midsize businesses in Malaysia. *Human Resource Development International, 3*(3), 307-322.

Russ-Eft, D., & Preskill, H. (2001). Evaluation in organizations : A systematic approach to enhancing learning, performance, and change. Cambridge, MA: Basic Books.

Schein, E. H. (1971). The individual, the organization, and the career: A conceptual scheme. *Journal of Applied Behavioral Science, 7*, 401-426.

Schein, E. H. (1978). *Career dynamics: matching individual and organizational needs, Reading*. MA: Addison-Wesley.

Schiefele. U. (1991). Interest, learning, and motivation, Educational V Psychologist, 26(3-4), 299-323.

Sears, S. (1982). A definition of career guidance terms: A National Vocational Guidance Association perspective. *Vocational Guidance Quarterly, 31*(2), 137-143.

Shepherd, C. (2017). The changing skill set of the learning professional (unpublished).

Sonnenfeld, J. A. (1989). career system profiles and strategic staffing, in M.B. Arthur, D.T. Hall & B.S. Lawrence(Eds.). Handbook of career theory. *Cambridge, 35*(1), 19-46.

Spencer & Spencer. (1993). Competence at Work: Models for Superior Performance, University of Michigan, Wiley, 372.

Spenner, K. I. (1988). Social stratification, work, and personality. *Annual Review of sociology, 14*, 69-97.

Stubblefiel, H. W. (1981). A learning model for adults. 김영아 역(2007).

Stufflebeam, D. L. (1971). The Revlevance of the CIPP Evaluation Model for Educational Accountability. *Journal of Research and Development in Education, 5*, 19-25.

Stufflebeam, D. L., & Shinkfield, A. J. (2007). *Evaluation theory, models and applications*. San Francisco, Jossey-Bass.

Super, D. E. (1957). *The Psychology of careers*. New York: Harper &

Row.

Super, D. E. (1980). A life-span, life-space approach to career development. *Journal of Vacational Behavio, 16*, 282-298.

Super, D. E. (1990). A life-span, life-space approach to career development. In S. D. Brown, L. Brooks, & Associates (Eds.), *Career choice and development: applying contemporary theories to practice*. San Francisco: Jossey-Bass.

Swanson & Holton. (2009). Foundations of Human Resource Development-Google Books, Authors, Richard, p85.

Swanson, R. A. (1987). Human resource development definition: University of Minnesota. Training and Development Research Center.

Swanson, R. A., & Holton, E. F. (2001). *Foundations of human resource development*. San Francisco, CA: Berrett-Koehler Publishers, Inc.

Swanson, R. A., & Holton, E. F. (2009). Foundations of human resource Berrett-Koehler. Development.

Swanson, R. A., & Torraco, R. J. (1995). The history of technical training. In L. Kelly(Ed.), *The ASTD technical skills training handbook*. New York: McGraw-Hill.

Swell, W. H., Haller, A. O., Portes, A. (1969). The education and early occupational attainment process. *American Sociological Review, 34*(1), 82-92.

Tiedman, D. V., O'Hara, R. P. (1963). *Career development: choice and adjustment*. New York: College Entrance Examination Board.

Torraco, R. J., & Lundgren, H. (2020). What HRD is doing—What HRD should be doing: The case for transforming HRD. *Human Resource Development Review, 19*(1), 39-65.

Tyler, R. W. (1949). *Basic Principles of Curriculum and Instruction*. Chicago: University of Chicago Press.

VanWart, M., Cayer, N., & Cook, S. (1993). *Handbook of training and development for the public sector*. San Francisco: Jossey-Bass.

Varlaam & Pole. (1988). Human Resource Development Practitioner Roles and competencles: An Analysis of Recent Research, Janelle

Moy View all authors and affiliations, 23(4).

Veiga, J. F. (1981). Plateaued versus non-plateaued managers: Career pattens, attitude and path potential. *Academy of Management Journal, 24*(1), 566-578.

Von Glinow, M. A., Driver, M. J., Brousseau, K., & Prie, J. B. (1983). The design of a career orientated human rwsource system. *Academy of Management Review, 8*(1), 23-32.

Watkins & Marsick. (1993). The Construct of the Learning Organization: Dimensions. Measurement, and Validation. easurement of the Learning Organization, 31-42.

Wenger, E. (1998). Communities of practice: Learning meaning, and identity. Cambridge: Cambridge University Press.

Wenger, E., & Snyder, W. M. (2000). Communities of practice: The organizational frontier. *Harvard Business Review, 78*, 139-145.

Wenger, E., McDermott, R., & Snyder, W. M. (2004). Cultivating Communities of Practice: Seven Principles for Cultivating Communities of Practice, Harvard Business School.

Wenger, E., Trayner, B., & de Laat, M. (2011) Promoting and assessing value creation in communities and networks: a conceptual framework.

Whitney, D., & Trosten-Bloom. A. (2010). *The power of appreciative inquiry: A practical guide to positive change*. San Francisci, CA: Berrett-Koehler.

Wholey, J. S., Hatry, H. P., & Newcomer, K. E. (2010). *Handbook of practical program evaluation*(3rd ed.), San Francisco, Jossey-Bass.

Wishart. N, A., Elam. J. J., & Robey. D. (1996). Redrawing the portrait of a learning organization. *Academy of Management Perspectives, 10*(1), 7-20.

Witkin, B. R., Altschuld, J. W., & Altschuld, J. (1995). Planning and conducting needs assessments: A practical guide. Sage.

Yawson, R. (2020). Strategic flexibility analysis of HRD research and practice post COVID-19 pandemic. *Human Resource Development International, 23*(4), 406-417.

Yorks, L. (2005). *Strategic human resource development*. Mason Ohio: South-Western, Thompson.

저자소개

강마리아

숭실대학교 교육학 박사(평생교육 전공)
현) 한국평생교육박사연구회 학술부회장
평생교육 HRD연구소 연구교수
노인교육학회 이사
서울사회복지대학원대학교 상담교수
전) 서정대학교 교수
숭실대학교 초빙교수
한국지식경제진흥원 교수
저서: 4차산업혁명시대 핵심역량(2020) 공저
평생교육실습(2021) 공저 외

강은숙

숭실대학교 교육학 박사(평생교육 전공)
현) 한국평생교육박사연구회 수석연구원
숭실대 글로벌HRD연구소 연구교수
사)한국평생교육사협회 이사
전) 사)한국여성의 전화 공동대표
한국직업능력개발원 훈련기관 평가위원
저서: 학습공동체 가치를 담다(2020) 공저
평생교육론(2021) 공저

김한준

숭실대학교 교육학 박사(평생교육 전공)
현) 한국평생교육박사연구회 수석연구원
국토교통인재개발원 기획과장
전) 한국토지주택공사 인재개발원 센터장
㈜비전홀딩스 대표이사 · 원장
경희대학교, 성결대학교 겸임교수
수상: 2020 국토교통 교육훈련 경연대회 최우수상(장관상)
저서: SHRD가 경쟁력이다(2016), 평생교육프로그램개발(2021) 외

백주현

숭실대학교 교육학 박사(평생교육 전공)
서울대학교 경영학석사
현) 숭실대학교 겸임교수
한국평생교육박사연구회 수석연구원
평생교육 HRD연구소 연구교수
성인교육학회 연구원
전) 한국평생교육박사연구회 부회장
저서: 평생교육실습(2021) 공저

이종훈

숭실대학교 교육학 박사(평생교육 전공)
현) 한국평생교육박사연구회 수석연구원
진성논문통계연구소 대표소장
단국대학교 겸임교수
평생교육·HRD연구소 연구교수
한국진로창업경영학회 부회장
논문: 공공 평생교육기관 성인학습자의 학습성과 관련 변인 간 구조관계 외 13편
저서: 평생교육방법론(2021) 공저

뉴노멀, 초연결, 플랫폼시대의

인적자원개발론

초판 1쇄 발행 / 2023년 6월 10일
초판 3쇄 발행 / 2026년 2월 6일

•

공저자 / 강마리아 · 강은숙 · 김한준 · 백주현 · 이종훈
발행인 / 이 중 수
발행처 / **동 문 사**

•

서울특별시 서대문구 홍제원 1길 12
(홍제동 137-8)
Tel: 02)736-3718(대), 736-3710, 3720
Fax: 02)736-3719
등록번호: 1974.04.27. 제9-17호
가격: 25,000원

•

ISBN: 979-11-6328-517-5 (93370)
E-mail: dong736@naver.com
www.dongmunsa.com